MW01283252

APRENDE A INTERPRETAR CON AMOR

LOS MENSAJES DE TU CUERPO

Soluciona tus dolores y enfermedades
mediante la técnica ATS®
y recupera tu salud y bienestar

Manuel Requena

Título: *Aprende a interpretar con amor los mensajes de tu cuerpo*

Diseño de cubierta: Rafael Soria

© 2015, Manuel Requena Usano

Publicado por acuerdo con el autor

De la presente edición en castellano:
© Distribuciones Alfaomega S.L., Gaia Ediciones, 2021
    Alquimia, 6 - 28933 Móstoles (Madrid) - España
    Tel.: 91 617 08 67
    www.grupogaia.es - E-mail: grupogaia@grupogaia.es

Primera edición: abril de 2023

Depósito legal: M. 8.482-2023
I.S.B.N.: 978-84-1108-044-6

Impreso en España por: Artes Gráficas COFÁS, S.A. - Móstoles (Madrid)

A mi padre, Manuel, y a mi madre, Esther, por darme la vida, que es el mayor regalo. Y a mi cuerpo, por enseñarme tanto.

Índice

Introducción

UN BUEN DÍA, me desperté.

Estaba preparando las cosas para un viaje en familia por Italia cuando sentí, sin poder evitarlo, el dolor de espalda que llevaba conmigo unos dos años. Era de esos dolores recurrentes, que llevan contigo mucho tiempo, y que no sabes qué hacer ya para evitarlos.

Recordé que llevaba ya varios meses probando de todo: cuidar la alimentación, masajes fuertes, masajes suaves, fisioterapia, masaje tailandés, hacer ejercicio con suavidad, dormir bien, analgésicos... Nada. Ahí seguía yo, con la zona dorsal más tensa que una cuerda de mi guitarra eléctrica.

Es curioso, porque a veces *creía* que tenía una explicación para ello: «Será que he dormido mal, será que ayer me forcé demasiado en el gimnasio, será que he cogido frío en la zona, será el estrés, será que..., será que..., será que...». Pero curiosamente no había nada que cambiara en mi vida que me devolviera la salud en esa zona.

Por supuesto, había días en los que me dolía menos, en los que casi ni lo notaba. De hecho, había aprendido a convivir con ello. Tenía una cosa buena, y es que me ayudaba a darme tiempo para dormir bien y descansar... Porque cada vez que no lo hacía, ¡no imaginas qué dolor!

Bueno, siguiendo con mi historia, aquel día volví a recordar dolorosamente que no había conseguido solucionar el «problema», y decidí hacer algo diferente.

Habían pasado dos años desde que mis padres se separaran, y recuerdo que yo todavía no estaba del todo a gusto con mi padre, pues sentía que no lo aceptaba tal y como era. Sin embargo, también veía que él estaba haciendo un proceso de cambio interior, y me gustaba ver que de vez en cuando se ofrecía para ayudarnos a mí y a mis hermanas, ya fuera con un masaje o con alguna de las terapias que estaba aprendiendo en su nuevo camino.

Desde pequeño había aprendido a no pedir nada a mi padre, por diversas creencias y miedos, pero por aquella época él llevaba muchos meses ofreciéndose, y yo tenía la espalda fatal, así que decidí pedirle un masaje, después de tantos que le había dado a él y a toda mi familia desde pequeño, y por una vez, y aún con dificultad, me dejé recibir.

Ese día quedé con él en su nueva casa y le pregunté si me podía ayudar con mi espalda. Hablamos un rato del viaje a Italia que iba a hacer con mis hermanas pocos días después, y finalmente se dispuso a darme un masaje en la espalda, que recuerdo que estaba tensa y dolorida.

Mientras estaba ahí sentado en su salón, me puse a leer un libro que tenía mi padre cerca; no recuerdo si me lo dio o lo cogí yo por mi cuenta. Se llamaba *Obedece a tu cuerpo*, de Lise Bourbeau, una autora canadiense.

Se trataba de una especie de diccionario con el significado de varias dolencias y enfermedades, y venía el dolor de espalda, así que lo busqué y comencé a leer el texto.

Para que entiendas cuál era mi estado mental en ese momento con respecto a los libros de autoayuda, te diré que nunca había creído en ellos. Yo me consideraba una persona racional y científica; al fin y al cabo, había estudiado Ingeniería de Telecomunicaciones y creía que lo sabía todo sobre la vida, como buen joven arrogante.

Muchas cosas han sucedido desde aquel momento; he podido comprender mucho más sobre la vida de lo que nunca hubiera imaginado entonces, y mi perspectiva es diferente. Pero aquel día, por alguna razón que todavía no entiendo bien del todo y a pesar de mis resistencias, me permití abrir ese libro y leer sus palabras con el corazón abierto.

Y entonces, algo cambió.

En un pequeño párrafo, ni siquiera un par de hojas de un libro, pude leer una descripción exacta de mi personalidad en varias áreas de mi vida.

Sentí una llamada a algo nuevo, a una nueva forma de ver el mundo, donde aparecían nuevas respuestas, acompañadas de nuevas preguntas. Pero sobre todo, me movió lo suficiente para pensar: «¿Puede ser esta la respuesta que llevo buscando desde hace meses y años? ¿Es posible que mi dolor de espalda pueda estar diciéndome exactamente cómo soy y cómo quiero ser con las personas que aprecio en mi vida?».

Cuando terminó mi padre con el masaje, recuerdo que me preguntó si quería llevarme el libro a mi viaje por Italia y, después de pensarlo un poco (todavía tenía grandes dudas hacia «lo nuevo» luchando en mi cabeza), acepté llevármelo para leerlo y devolvérselo a la vuelta.

El viaje fue una experiencia memorable. Disfruté enormemente con los paisajes, con las visitas, con la gente, con la compañía de mis hermanas.

Y cada día leía varias veces, no solo la descripción del significado de mi dolor de espalda, sino de otros muchos síntomas sobre los que tenía curiosidad, o que había sufrido con anterioridad en mi vida. Y me enganché.

De repente se abrió ante mí un mundo nuevo de respuestas que iban encajando a la perfección con mi experiencia de la vida; y no eran arbitrarias, aunque a veces podían parecerlo, sino que se podían aplicar a mis casos reales de dolores y enfermedades para descubrir la causa profunda.

Pero, a pesar de que encontraba respuestas y causas para mi dolor, todavía no sabía cómo solucionarlo. Me preguntaba: «¿Y ahora qué puedo hacer? ¿Cómo cambio mi forma de pensar para que desaparezca el dolor?».

Es curioso, pero con los años he ido descubriendo que, cuando aprendes a hacerte las preguntas adecuadas, las respuestas llegan a ti en el momento oportuno, y aquel viaje fue una gran fuente de respuestas.

Recuerdo el día más emocionante. Estábamos cerca del final del viaje, en Venecia, una mañana soleada que dejaba los canales y las antiguas casas y calles llenas de colorido y movimiento.

Yo llevaba varios días leyendo el significado del dolor de espalda y había encontrado algunas respuestas, pero algo me faltaba, no encontraba de verdad el origen profundo de mi dolor, aunque sabía lo que significaba y encajaba totalmente con mi vida y mi forma de ser.

Volví a leerlo nuevamente en el hotel. Pensé: «¿De dónde puede venir este dolor que tengo desde hace dos años? ¿Será de esto? ¿Será de esto otro?». Y así una y otra vez. Recordando eventos, fechas, relaciones, buscando la posible causa, el momento en el que decidí algo que cambió mi habitual estado de salud perfecta por una carga permanente en la espalda.

Y entonces, lo descubrí.

Me di cuenta con increíble claridad de que la mayor parte de mi dolor provenía, precisamente, de un evento que había sucedido dos años atrás. Fue una relación muy intensa con una mujer, de la que salí con mucho dolor después de haber experimentado sentimientos muy profundos (pero también muy intensos en todos los sentidos, para bien y para mal), de la que aprendí a cerrar mi corazón de muchas formas diferentes, y que me hizo crecer y madurar como nunca, en poco tiempo y de repente.

Sabiendo lo que significaba mi dolor de espalda (que está relacionado, entre otras cosas, con responsabilizarse de la felicidad de los demás), descubrí que muchas de las situaciones que viví en esa relación, tanto con ella como con mi familia, me habían hecho tomar varias decisiones para evitar el dolor emocional.

Descubrí que llevaba dos años con miedo a dar algo de mí a los demás, porque sentía que me había traicionado a mí mismo, y que ese miedo me estaba impidiendo avanzar en mi vida en muchos sentidos. Pude revisar todas y cada una de las decisiones que tomé entonces; fui comprendiendo profundamente las creencias y la parte de mi visión del mundo que estaban manifestándose en el presente como un fuerte dolor de espalda, y en ese momento decidí cambiar todo lo que sabía que ya no era parte de mí.

Y me liberé.

En ese preciso instante, sentí como si una ola de energía recorriera mi cuerpo, como si algo estuviera colocándose en mi interior, algo así como una sensación eléctrica pero agradable, que me llenó de plenitud y amor, y me puse en contacto por primera vez con una inteligencia más grande que mi mente, con la cual tendría intensas experiencias mucho más adelante.

Esa misma tarde salimos a pasear por los canales de Venecia y por sus calles, y pude sentir una nueva paz interior al saber que me había liberado de una gran carga cuando noté que no me dolía nada la espalda, después de dos años largos de búsqueda en los que había estado fijándome solo en lo exterior. Y descubrí que tal vez la búsqueda interior era un camino nuevo que merecía la pena explorar, y que seguramente me llevaría a nuevas respuestas que necesitaba encontrar en ese momento.

Eso sería el principio de un gran viaje, el viaje al reencuentro con mi Ser.

Como podrás imaginar, cuando volví del viaje a Italia las cosas no fueron tan sencillas como creí al principio.

No desapareció mi dolor como por arte de magia, sino que al regresar, por varias razones, reapareció. No era tan intenso, pero permanecía ahí, y me llevó a seguir buscando dentro de mí más y más, y a profundizar en ese mundo durante semanas. Hasta que después de dos meses de revisar mi vida, mi presente y cómo pensaba y sentía, conseguí que el dolor desapareciera definitivamente (sí, sí, incluso sin estar de vacaciones).

No fue la única experiencia de sanación que tuve a través del cambio de creencias. Durante varios meses seguí experimentando con ese libro y con muchos otros que fueron llegando a mi vida, tratando de analizar con mi mente crítica sus respuestas, y probando metódicamente si producían cambios reales en mi vida, en varios tipos de síntomas que se fueron presentando. Eso me llevó a crear poco a poco una metodología que hoy en día utilizo habitualmente conmigo y con otras personas, y me permitió conocerme más y conectar poco a poco con mi Ser interior, esa parte de mí que es sabia, y que me devuelve con sus mensajes a mi verdadero camino.

Aquel primer indicio de apertura, aquella decisión que tomé de abrirme a nuevas ideas en ese momento, marcó una gran diferencia en mi vida.

Después de ese viaje me sucedieron muchas más cosas —tantas, que me faltaría espacio para contarlas aquí— que me llevarían a recorrer un camino de desarrollo personal que nunca hubiera imaginado. Me conducirían al *coaching*, a crear mi propia empresa, a descubrir muchos dones ocultos (tanto en mí como en muchas otras personas que han ido apareciendo en mi vida en los últimos años) y a conectar con mi propia espiritualidad, largo tiempo olvidada.

Sigo buscando respuestas. Creo que la belleza de la vida está en maravillarse de lo que vamos descubriendo y en seguir teniendo sed de más.

Cada día encuentro nuevos mensajes de la vida, nuevas respuestas, y me fascina ver el modo en que me llevan, cómo no, a nuevas preguntas, pero siempre y desde entonces conservo una sensación de claridad y serenidad que me acompaña allá donde voy, en este camino de crecimiento que es la vida. Y así, y con las dudas que siguen surgiendo según voy avanzando, continúo caminando.

Pasé muchos años de aprendizaje, de experiencias, de emociones, de dolor, de alegría, de frustración, de lucha, de confusión...

Y un buen día, me desperté.

1

Tu cuerpo te habla

EN ESTE LIBRO QUIERO hablarte a ti, la persona que está leyendo estas palabras. A ti, que tienes curiosidad por saber, por profundizar, por encontrar respuestas a tus preguntas, y que deseas poner orden y concierto en el mar de información que es la experiencia humana.

Quiero pedirte un favor, y es que uses tu poder de discernimiento al leer este libro y solo tomes mis palabras como la opinión de un buscador más en el camino de la verdad. Toma aquello que te sirva en tu camino, y deja a un lado lo que no resuene con tu Ser y lo que no sientas como algo que ya sabías, pero que no recordabas, pues, como suelen decir los guías más sabios que conozco, no deseo ser un obstáculo en tu camino de búsqueda de la verdad.

Lo que voy a contarte es el resultado de muchos años probando, experimentando y perfeccionando, en mí y en otras personas, diversas formas de resolver los síntomas físicos y emocionales usando tan solo la mente: sin aditivos, sin medicamentos, sin visualizaciones (bueno, quizás alguna que otra) y sin trabajos energéticos. Solo la mente despierta.

La metodología que he creado se basa principalmente en lo que he aprendido del libro *Obedece a tu cuerpo* (Bourbeau, 2000), en los significados y resultados obtenidos mediante mi experiencia (a través de canalizaciones y prácticas con mis propios síntomas o los de otras personas) y en el material de otros autores que he utilizado como referencias y de los que he obtenido algunas ideas prácticas y confirmaciones de mi camino de búsqueda, como *La enfermedad como camino* (Dahlke y Dethlefsen,

2003), los textos del doctor Ryke Geerd Hamer (sobre la Nueva medicina germánica) y los textos de *La ley del Uno. El material de Ra* (que puede consultarse en la web de L/L Research), entre otros.

Durante mucho tiempo creí que, con los libros que ya había en el mercado, cualquiera podía interpretar sus propios síntomas y entender el mensaje que les daba el cuerpo. Al fin y al cabo, solo había que leerlos, ¿no?

Bueno, pues con el tiempo me di cuenta de que la mayoría de las personas a las que les mostraba el significado de su síntoma o enfermedad no sabían lo que tenían que hacer para que desapareciera, no sabían extraer el mensaje oculto que les estaba dando su cuerpo. Y por alguna razón yo había desarrollado esa habilidad, la de extraer el mensaje exacto que daba el cuerpo a esa persona a través de preguntas.

Así que un buen día decidí que tenía que crear un sistema que pudiera enseñar a los demás y que les pudiera servir para hacer lo que yo mismo hacía, tanto conmigo como con los demás. Y así nació la terapia ATS (Acción Transformadora desde el Síntoma), que me llevaría, tiempo después, a realizar sesiones privadas y diversos talleres donde enseñaría a otras personas a escuchar los mensajes de su cuerpo.

Tras más de siete años investigando el apasionante mundo de la interpretación de dolencias, síntomas y enfermedades, he llegado a algunas conclusiones importantes que quiero compartir contigo.

La primera es que tu cuerpo te habla. Cada parte de tu cuerpo es un símbolo, una metáfora, que trata de representar aquellos pensamientos que están en tu mente y de los cuales no eres consciente en ese momento.

Normalmente, la mayoría de las personas no son conscientes de su pensamiento, salvo que tengan cierta experiencia en la meditación (observación de la realidad presente sin pensamiento), por lo que muchas veces pasan su día entero pensando y pensando un montón de cosas, y ni siquiera se dan cuenta de las consecuencias que tiene pensar tanto.

Pero en realidad es muy importante darse cuenta de las consecuencias de tu pensamiento. Y es importante porque este crea tu realidad, dado que eres un Ser cósmico, mucho más grande y poderoso de lo que imaginas. Y no temas, no tienes que saber siempre lo que piensas, sino tan solo ir aprendiendo a observar con paciencia y amor.

Hay una parte de ti —tu alma, tu espíritu, tu esencia— que ha venido a este planeta a nacer, y que antes de venir tenía un plan. Y ese plan siempre está relacionado con ciertos aprendizajes sobre el amor y sobre el servicio.

Y cuando estás aquí, aunque definiste parte de tu plan antes de venir, otra gran parte la vuelves a decidir cada día, a cada momento, con tus pensamientos.

Eres un Ser libre, impredecible, que decide en cada momento quién elige ser, qué lecciones desea aprender, cómo desea servir con su amor. Y hay muchos tipos de lecciones y aprendizajes.

Pero lo maravilloso de todo este proceso que es la vida humana es que tenemos infinidad de herramientas para conectar con nuestro verdadero propósito y seguir el plan que teníamos pensado antes de venir, para disfrutar de una vida plena y llena de amor, salud, libertad y crecimiento.

Una de esas herramientas, la cual considero dentro de las más importantes, es el cuerpo.

Tu cuerpo ha sido diseñado como un maravilloso vehículo que permite que tu conciencia se desplace por la Tierra y pueda experimentar cosas a través de tus sentidos.

Y la experiencia está diseñada para que vayan apareciendo ante ti diversas situaciones que te van a ayudar a aprender algo importante, y que van a hacer que tu mente se abra cada vez más a ideas nuevas, equilibrando tus percepciones una y otra vez, hasta acercarte lo más posible a la verdad que se esconde detrás de todo lo que existe, que es el Gran Pensamiento Original, o lo que podríamos llamar Amor.

La segunda cosa que he descubierto es que todo en el Universo ha sido creado por la mente primero —la mente arquetípica, profunda, cósmica— y ha sido manifestado después.

Y esto significa que todo lo que experimentas es primero creado por tu mente, ya sea a nivel subconsciente (el más importante) o a nivel consciente.

Y la mente profunda, que es tu verdadero Ser, se manifiesta en el mundo a través de tu cuerpo, y por eso tu cuerpo es un símbolo, una representación física de los procesos de tu mente.

Como te he comentado, antes de venir a esta vida tu alma tenía un plan con el que deseaba manifestar su amor y, en el mismo proceso, aprender sobre el Amor y ofrecer un servicio.

Cada vez que tomas una decisión relativa al amor que está alineada con tu mente profunda, tu cuerpo refleja salud, vitalidad, energía, fluidez, paz. Y cada vez que tu mente consciente o semiconsciente está desalineada con tu verdadero Ser, con tu alma, con tu propósito, tu cuerpo te lo muestra en forma de síntomas y enfermedades, tanto físicas como emocionales.

Y así, la única forma de restablecer el equilibrio en tu interior y hacer que desaparezca el síntoma definitivamente es aprender a escuchar a tu cuerpo, y comprender los maravillosos mensajes de amor que te manda en cada momento, para que vuelvas a estar en contacto con tu esencia, con lo que realmente eres.

Otro detalle importante que quiero resaltar es que el hecho de que aprendas a escuchar los mensajes de tu cuerpo no significa que no vayas al médico si lo necesitas, o al especialista (alopático o natural) que mejor te convenga.

En este libro tienes una gran alternativa a todos los procesos de curación físicos y energéticos, pero si te rompes un hueso o te haces una herida, personalmente te recomiendo que vayas a un hospital a que te curen y después mires a ver qué mensaje te está dando tu cuerpo, usando la técnica ATS.

Verás que, usando este método, podrás encontrar respuestas y sanar, desde dolores y síntomas «simples» (como los habituales dolores de espalda o de cabeza y problemas digestivos) hasta enfermedades más graves y complejas (como el cáncer o la fibromialgia, si aprendes a descifrar sus síntomas).

En realidad, **todas las enfermedades son expresiones más o menos intensas de un deseo de tu alma** que no está siendo mostrado de forma consciente, por lo que una enfermedad grave es simplemente un grito de tu cuerpo más fuerte y algo más complejo de interpretar que un dolor momentáneo, pero en el fondo todo viene del mismo lugar: de las creencias de tu mente no alineadas con la verdad de tu Ser.

Espero que a través de este libro puedas descubrir, al menos, tantas respuestas como yo he podido encontrar en mi camino, aprendiendo a escuchar los mensajes del cuerpo y uniendo el camino que lleva, poco a poco, de la mente al corazón.

¿Comenzamos?

2

El camino
del Servicio a los Demás

UNA DE LAS COSAS que he encontrado más útiles e importantes para mi camino de búsqueda de la verdad es el concepto de **elegir el camino**.

Parece evidente que cada persona elige su camino en cada momento, aunque a veces podemos pensar que lo que nos sucede estaba predeterminado, o que alguna fuerza extraña nos guía en algunos momentos.

Quiero compartir contigo algunas reflexiones sobre cómo funciona el camino espiritual para mí, que pueden servirte para entender desde qué perspectiva estoy escribiendo este libro.

Todo lo que voy a contarte de forma muy breve a continuación es una síntesis de lo que he aprendido sobre el esquema y la arquitectura del Universo, tal y como fue creado por lo que yo considero el Amor, la Infinidad Inteligente, Dios o el Creador.

EL ORIGEN DEL UNIVERSO

En el principio, solo existía un Ser consciente de sí mismo, el Creador, que deseaba una cosa: experimentar lo que era ser él/ella mismo/a. No tenía género masculino ni femenino, era pura unidad, pura esencia, pura vibración, puro Amor (a partir de ahora me referiré a este Ser como *el Creador*, o Dios, en masculino genérico, como género neutro).

Cuando vio que la única forma de conocerse a sí mismo era dividirse, para que cada parte pudiera ver a las demás, entonces se separó en unidades activas de su esencia (Amor), a las que llamaremos Logos, y estas partes aceptaron crear un pequeño «universo» dentro de sí mismas, para experimentar cosas diferentes.

Cada supergalaxia sería un Logos; cada subgalaxia, un sublogos; un sistema solar, un subsublogos; y así sucesivamente.

El Creador estaría siempre disponible para dar su esencia de amor a sus partes y observaría lo que estas hicieran en todo momento sin juzgar, aprendiendo de su experiencia lo que era ser él mismo.

Tras varios experimentos con mejores y peores resultados, se creó un modelo que funcionaba muy bien para despertar el amor más grande en cada nueva porción del Creador, y fue el que sigue a continuación.

LAS SIETE DENSIDADES

Antes de que existiera esta galaxia, se creó una estructura para cada sol y sus planetas, de siete densidades de experiencia, con diferente intensidad de luz cada una, que formarían una octava de experiencia completa (una octava, como la musical):

La primera densidad, la de la Materia, consiste en un período relativamente largo, en el que la energía inteligente de ese planeta practica los estados de los elementos: sólido, líquido, plasma, gas, etc., hasta que los ha comprendido lo suficiente y desea «evolucionar» a una conciencia más compleja (en la Tierra, este periodo duró unos 2000 millones de años).

La segunda densidad, la de la Vida, es el período más largo de los siete, en el que se crean las formas de vida vegetal y animal; y la energía inteligente, algo más evolucionada, practica nuevas formas de moverse hacia la luz, ya sea canalizando luz y convirtiéndola en materia o moviéndose en libertad hacia la luz, hacia otros seres, etc. La conciencia inteligente no es consciente de sí misma, pero vive infinidad de experiencias en libertad, siendo una porción de conciencia, por ejemplo, una bandada de pájaros, otra un bosque… y así continúa evolucionando hasta que se crean pequeñas porciones de conciencia con cada vez menor número de seres (esta densidad duró en la Tierra unos 4600 millones de años).

La tercera densidad, la de la Autoconciencia, o de la Elección, es un breve período (de unos 78 000 años en la Tierra) donde nace el alma consciente de sí misma —o «complejo mente/cuerpo/espíritu»— por primera vez, encarnando en cuerpos físicos en el planeta. En ella se producen diversas situaciones para que estas nuevas almas puedan elegir entre dos caminos posibles: el camino del Servicio al Yo (SAY), o el camino del Servicio a los Demás (SAD).

El camino del Servicio a los Demás es radiante, y se le llama camino positivo o camino de la derecha, por ser el que toma la energía de amor del Creador y la da hacia los demás a través del corazón.

El camino del Servicio al Yo es magnético, y se le llama camino negativo o camino de la izquierda, por ser el que toma la energía de los demás para sus propios fines, viéndose a sí mismo como el único Creador que existe.

Cada uno de estos caminos es un camino válido de búsqueda de la Verdad, y cada alma elegirá, con cada situación que se le presente, si quiere interpretarla con amor, aceptación y apertura (SAD), o con temor, control y manipulación (SAY).

Una vez nacida el alma, tendrá tres ciclos de 26 000 años aproximadamente para vivir múltiples vidas, en los que podrá elegir una u otra polaridad y, en el caso de que en cada período no elija, dispondrá de tres oportunidades en total para graduarse a cuarta densidad.

La cuarta densidad, la del Amor o Compasión, es un período más largo (de unos 30 millones de años en la Tierra), en el que las almas recién graduadas (al morir en su última encarnación de tercera densidad) practican juntas lecciones de amor, de compasión y sobre la comprensión intuitiva del amor que se encuentra en todo, unidas en lo que se conoce como *complejo de memoria social*: la unión telepática de sus mentes en una sola. En el caso de los que eligen el Servicio a los Demás es así, mientras que los que elijan el Servicio al Yo vivirán en un planeta donde hay constantes luchas por el poder, como en una dictadura, puesto que no ven amor en ninguna parte y, así, practicarán lo que no es el amor.

La quinta densidad, la de la Sabiduría, es un período aún más largo, aunque variable (más de 30 millones de años), en el que las almas del SAD perfeccionan el equilibrio entre dar y recibir, armonizando el posible exceso de compasión que no está informado por la sabiduría. Las almas que hayan elegido el SAY perfeccionarán sus formas de manipular y controlar el entorno y a los demás mediante el uso de las disciplinas de la mente y la personalidad de forma negativa.

La sexta densidad, la de la Unidad o Conciencia Crística, es un período de duración indefinida, en el que ese mismo grupo de almas busca alcanzar el equilibrio entre compasión y sabiduría, para convertirse en seres de sabiduría compasiva, o amor sabio. En esta densidad el camino del Servicio al Yo desaparece, puesto que el alma de polaridad negativa no podrá alcanzar el verdadero equilibrio si no abre el corazón al amor, y por ello todos los caminos llevan a la Unidad, terminando en el Servicio a los Demás.

La séptima densidad, la de la Eternidad, es la última etapa de la octava, en la que cada alma individual ha experimentado ya todo lo que quería vivir en el mundo de la manifestación y se vuelve solamente hacia el Creador para fundirse con él, pasando a la siguiente octava de experiencia. Es en este período en el que la totalidad del complejo mente/cuerpo/espíritu de la entidad crea una ayuda para todos los yoes de su «pasado», llamada *yo superior*, que contiene toda la sabiduría de su experiencia en toda la octava.

LA TIERRA Y EL CAMBIO DE CICLO

En el caso particular de la Tierra, que es el que más nos puede interesar en este momento, en 2012 terminó el último ciclo de tercera densidad del planeta y empezó a activarse la cuarta densidad, de Amor o Compasión. Dado que la mayoría de las almas cosechables del planeta han elegido el camino del Servicio a los Demás, el propio planeta Tierra va a pasar a cuarta densidad en esa vibración positiva (SAD).

Eso significa que las almas que elijan el camino del SAD —es decir, las que hayan elegido dar a los demás un 51 % o más del amor que pueden usar del Creador— se graduarán para pasar al siguiente ciclo y seguirán avanzando en su aprendizaje del amor con sus compañeros en la Tierra durante los próximos 30 millones de años aproximadamente, con el corazón abierto, las mentes conectadas telepáticamente, y con muchas lecciones de compasión por aprender.

Las almas que elijan el camino del SAY —es decir, las que hayan elegido darse a sí mismas por lo menos un 95 % del amor que tienen disponible, manipulando a los demás— no podrán continuar en la Tierra, pues su vibración es incompatible con ellas, y tendrán que ir a otro planeta que esté en cuarta densidad del Servicio al Yo, donde vivirán la experiencia de lo que «no es», en una estructura de poder y control donde unos dominan y otros son dominados.

Y, finalmente, las que no hayan elegido poner su amor al servicio de los demás ni del yo, como ya no hay más ciclos en este planeta, tendrán que ir con otros compañeros que no se gradúen a otro planeta de la galaxia donde todavía esté experimentándose la tercera densidad, para vivir uno o varios ciclos más de 26 000 años, hasta que decidan si quieren abrirse a mover el Amor del Creador en uno u otro sentido.

EL SERVICIO A LOS DEMÁS EN ESTE LIBRO

Como puedes ver, la Tierra está en un momento en el que las almas tienen que elegir entre dos caminos: el del amor (SAD) o el de la separación (SAY). Lo más importante es recordar que los dos caminos llevan desde el nacimiento del alma hasta el Creador en un viaje misterioso e infinito a través de las densidades.

Aunque hay mucho más que se podría decir sobre los diferentes caminos y sus características, mi intención al explicar esto es establecer el esquema mental con el que trabajo a la hora de decidir el significado de cada señal que nos encontramos en nuestro camino, incluidos los síntomas físicos y emocionales que tenemos.

Todo este libro y mi visión en general se basan en el camino del amor, o del Servicio a los Demás, por lo que observarás que cada síntoma te da un mensaje relativo a amar, perdonar, aceptar o confiar.

Si el mismo libro estuviera dedicado a las personas que eligen el camino del Servicio al Yo, las recomendaciones serían la protección o defensa ante los demás, el control, la manipulación de los demás y del entorno, y la búsqueda del mayor poder posible para beneficio del yo, en detrimento de los demás. Pero este no es el caso, y simplemente quería que supieras que existen muchas opciones válidas para recorrer el camino de las siete densidades de vuelta al Creador.

En este planeta no solo hay seres de tercera densidad, sino también *errantes* o *trabajadores de la luz* del Servicio a los Demás, que son almas que provienen de cuarta, quinta o sexta densidad, y que han venido al planeta a ayudar a que se gradúe el mayor número de personas posible mediante su luz y su ejemplo en el amor.

Si estás leyendo este libro, es posible que ya hayas despertado del sueño de tercera densidad y estés en el camino de vivir en el amor con el corazón abierto. Espero que lo que he podido aprender te guíe en tu camino único de búsqueda, pues todos estamos aquí algo perdidos y cualquier ayuda es poca.

También deseo que lo que te he contado sobre el alma, el Universo y la elección en tercera densidad te sirva para que tu elección sobre tu camino sea más clara, y para entender que cada uno de nosotros puede elegir caminos muy diferentes, todos ellos válidos. Sin embargo, la persona que haya preferido el camino del Servicio al Yo encontrará poca o ninguna utilidad en las recomendaciones de este libro, salvo en el caso de que las interprete justo al contrario en lo que se refiere al amor.

En publicaciones posteriores espero incluir una descripción más detallada y útil del esquema del Universo, que pueda servirte para vivir cada día con mayor conexión con tu plan de alma.

Empecemos, pues, con el tema principal de este libro, que es el de cómo podemos escuchar a nuestro cuerpo para descubrir esa guía interior que nos devuelve a nuestro verdadero propósito cuando elegimos el camino del Servicio a los Demás.

3

Cómo escuchar a tu cuerpo

PARA ESCUCHAR E INTERPRETAR los mensajes que te da tu cuerpo, lo primero que hay que tener en cuenta es que tu cuerpo siempre está a tu servicio y siempre te habla con amor.

Recuerda:
tu cuerpo siempre te habla con amor.

Cuando decidiste entrar en este cuerpo y vivir una vida humana, tenías un plan y un propósito, y ese propósito incluía expresar tu amor de las formas que considerabas más elevadas antes de venir.

Y para que pudieras venir, un maravilloso vehículo animal, tu cuerpo, aceptó servirte para que tu conciencia pudiera ver, oler, sentir, tocar y hacer todo lo que tu Ser decidiera, de forma más o menos condicionada por tu entorno, para que crecieras en tu camino hacia el Amor.

Muchas personas creen que el cuerpo les dice lo que deben o no deben hacer, y, según mi experiencia, el cuerpo no juzga lo que haces en ningún momento. Simplemente te recuerda con amor que los pensamientos que tienes en relación con ciertas áreas de tu vida no están alineados con tu verdadero Ser.

Por eso, puede que te ayude saber que, cuando te duele algo o aparece un síntoma, se trata sencillamente de un mensaje de tu más fiel aliado para devolverte al camino más radiante y luminoso que puedas imaginar.

Te voy a poner un ejemplo: imagina que estás jugando con tus amigos a un juego con mucho movimiento y te lesionas la rodilla derecha. En ese momento descubres que no puedes andar bien y que debes guardar reposo. Podría parecer que eso es lo que tu cuerpo te pide, que descanses, ¿no?

Bueno, pues en ese caso, la interpretación sería la contraria, pues normalmente **aquello que un síntoma te impide hacer es lo que realmente deseas hacer.**

Eso significa que en realidad no deseas reposar ni descansar, sino que deseas avanzar hacia tu futuro profesional, económico o físico (por ser la rodilla derecha) de una forma más flexible, escuchando más los consejos de los demás. O, tal vez, simplemente jugar a ese juego con una actitud diferente, menos seria y más alegre y flexible.

Son muchas las ocasiones en las que un síntoma parece estar indicándonos una cosa y es la contraria, y también hay ocasiones en las que creemos que el síntoma o enfermedad ha venido a nosotros por alguna razón o causa aparentemente externa, como un accidente, un virus, etc. Te recomiendo que incluso en esos casos revises bien el significado, pues es posible que comprendas por qué has podido atraer ese «accidente» o ese virus a tu vida.

En mis últimos años de investigación he podido ver muchas visiones y opiniones sobre el apasionante mundo de la interpretación de la enfermedad, y de cada una he sacado algo positivo que me ha servido para crear mi propia visión y compartirla contigo.

Y si algo he aprendido es que los mensajes que mejor reciben mis clientes —y, por supuesto, yo mismo también— son los **mensajes de amor, perdón, tolerancia, respeto, libertad y compasión.**

Por eso, cuando uses la metodología de este libro para solucionar tus síntomas, trata de ser una persona amorosa contigo; imagina que eres tu mejor amigo o tu mejor amiga y que te dices lo que él o ella te dirían para que te sintieras mejor y soltaras aquello que te limita y te impide mostrar tu verdadero brillo.

De esta forma, sabrás que el mensaje que has encontrado es válido para ti, pues te sentirás mucho mejor al leerlo y decirlo en tu mente. Es lo que a mí me ha funcionado mejor y lo que me hace cada día creer más y más en el amor que nos rodea y que nos alimenta a todos.

Deseo que tu lenguaje sea siempre claro y amoroso contigo, y que tu cuerpo pueda «sonreír» cuando tu mente se dé cuenta de que, aunque a veces le cueste entenderlo, todo lo que existe es amor.

EL LENGUAJE DE TU CUERPO: METÁFORAS

Nuestro cuerpo utiliza un lenguaje muy claro, pero sin palabras, en el que trata de mostrarte el proceso mental que estás viviendo de forma inconsciente, para que lo hagas consciente.

Esto lo hace a través del lenguaje de las metáforas, es decir, representando en el cuerpo aquello que está sucediendo en la mente, en forma de un símbolo que puedas entender de forma intuitiva.

Y si no has desarrollado aún la intuición necesaria para interpretarlo, puedes hacerlo a través de un sistema de interpretación ya desarrollado (como el sistema ATS, que verás más adelante en este libro).

Hay muchos mensajes del cuerpo que son metáforas muy claras:

- Por ejemplo, cuando te duele la parte alta de los hombros, significa que te estás echando encima una carga mayor que la que realmente sientes que te corresponde, como si llevaras un «peso» sobre tus hombros.
- Cuando pierdes visión de lejos, es decir, tienes miopía, significa que no quieres ver algo que temes de tu futuro, algo que «ves lejos». Estás anticipando un suceso que crees que será negativo, pero haces como que no está, y «cierras los ojos» a lo que está pasando, sin afrontar el miedo que tienes.
- Cuando te duelen las piernas al andar, significa que quieres avanzar hacia tu futuro o hacia tus metas, pero una creencia o un miedo te lo está impidiendo (las piernas se usan para avanzar hacia algún lugar, y su símbolo es que nos impedimos «avanzar», si nos duelen al hacerlo).
- Cuando te duele el estómago o tienes indigestión, significa que no estás digiriendo bien algún acontecimiento o nueva persona de tu vida, y te invita a ver esa situación con más amor y aceptación, evitando juzgar (el sistema digestivo simboliza la digestión de las ideas y de los procesos mentales).

Como te decía anteriormente, es habitual pensar que cuando el cuerpo te duele y te impide andar, o usar los brazos, lo que te indica es que debes parar y no actuar, pero no es así normalmente.

Cuando tu cuerpo duele al hacer algo, en realidad eso que no puedes hacer es lo que realmente deseas hacer, pero con una actitud diferente.

Como ves, el cuerpo te habla de una forma bastante directa, mediante símbolos y metáforas, para que te des cuenta de lo que piensas y de aquello que te bloquea en tu evolución, y puedas cambiarlo con amor.

**Tu cuerpo expresa los bloqueos
de tu mente en forma de síntomas.**

Si aprendes a interpretar las metáforas que te ofrece tu cuerpo, verás que es más sencillo de lo que pensabas y que cada parte de tu cuerpo te ofrece una herramienta valiosísima para encontrar las respuestas que buscas.

Veamos el modo en que se produce el proceso creativo de la mente, para percatarnos de cómo aparecen los síntomas cuando no estamos alineados con nuestro verdadero propósito.

EL PROCESO CREATIVO DE LA MENTE

Coherencia Pensamiento-Emoción-Acción

Cada vez que generas un pensamiento basado en tus creencias y en la información de tus sentidos, pones en marcha toda la energía del Universo para mostrarte aquello que estás creando.

De esta forma, cada pensamiento que generas te produce una emoción que te permite saber si lo que has pensado es coherente contigo, y entonces realizas la acción correspondiente, o generas nuevos pensamientos.

En detalle:

- Todo pensamiento no equilibrado genera una emoción, positiva o negativa.
- La emoción te permite decidir si lo que has pensado te traerá consecuencias agradables o desagradables.
- La acción resultante de un pensamiento y emoción acordes con tu Ser interior será creativa y te generará plenitud.
- La acción incoherente con tus verdaderos deseos producirá eventos no deseados, bloqueos físicos (síntomas) y aprendizaje.

Este es el esquema del proceso creativo como suele ser entendido:

PENSAMIENTO

EMOCIÓN

ACCIÓN

Te voy a poner un ejemplo: imagina a un chico que está en una discoteca con sus amigos. De repente ve a una chica muy guapa y se siente atraído por ella, y piensa: «Voy a acercarme y a decirle algo». En ese momento siente como una emoción excitante, como una gran energía, y está a punto de ponerse en marcha hacia ella, cuando aparece un nuevo pensamiento: «¿Y si me rechaza?». En el instante en que piensa eso, la emoción que siente en su cuerpo es un nudo en el estómago, y empieza a sentir miedo. Y claro, en ese estado, lo que le sale es… no hacer nada. ¿Y qué sucede? Que su cuerpo responde a su no-acción, contraria a lo que realmente desea, con un conocido síntoma: la diarrea.

Literalmente, y usando un término coloquial, «se ha cagado de miedo».

Y lo que le dice su cuerpo es que no quiere escuchar esa voz que dice que le puede rechazar, sino la primera, la que dijo: «¡A por ella! ¡Seguro que sale bien!».

Y eso es porque la diarrea nos indica que rechazamos de golpe una idea que nos puede llevar a algún sitio bueno para nosotros, normalmente debido a un miedo.

Si consigues percibir cómo te sientes después de un pensamiento, podrás tomar decisiones acordes con el propósito de tu Ser interior, escuchando tu intuición.

Pero ¿de dónde vienen los pensamientos que causan la acción y por qué hay unos pensamientos «buenos» y otros «malos»? ¿Qué podría explicar que esto sea así?

El origen de todo: El espíritu

Dado que existen ciertos pensamientos que podríamos denominar «correctos» —o que producen salud y bienestar— y otros «incorrectos» —o que no te llevan a lo que realmente quieres ser y hacer, y cuyas consecuencias son desagradables (síntomas, reacciones, negatividad, crisis)—, cabe formular la pregunta: ¿qué es lo que causa que nuestros pensamientos sean o no «correctos»?

Lo primero es darse cuenta de que no existen pensamientos correctos ni incorrectos de forma absoluta, pues todo cambia y siempre influye la perspectiva del que observa. Como hemos visto, existen dos caminos válidos de evolución (SAY y SAD) y puedes escoger cualquiera de ellos, o ninguno.

Pero si nos fijamos atentamente en las señales que nos da la vida, veremos que hay **una parte de nosotros que decide** qué es lo que realmente deseamos experimentar y qué es lo que no. Esa parte es nuestro yo más elevado, nuestro espíritu, nuestro Ser interior o el alma.

Esa es la conclusión a la que llegué hace unos años, cuando descubrí que mi mente racional no podía encontrar respuestas suficientes si pensaba que el Universo era un lugar caótico y sin un sentido o propósito, pues eso no explicaba por qué, al cambiar mi forma de pensar, mis síntomas desaparecían siempre, sin excepción.

Es curioso, pero, para mí, que exista el espíritu o el alma es casi la respuesta más «lógica» que he podido encontrar, por paradójica que suene esta afirmación. Y la vida me demuestra esta visión, una y otra vez, cada día.

Con nuestra parte espiritual incluida, el verdadero proceso creativo quedaría así:

ESPÍRITU

PENSAMIENTO

EMOCIÓN

ACCIÓN

Cuando cada uno de nuestros pensamientos está verdaderamente alineado con nuestro espíritu, la consecuencia natural es un estado emocional sano y fluido, unas acciones claras e inspiradas y una salud física completa.

La coherencia de nuestros pensamientos, emociones y acciones con nuestro espíritu es lo que restablece la salud.

Y si entendemos que para conectar con nuestra parte espiritual debemos ser conscientes de nuestros procesos mentales y buscar alinearlos lo más posible con nuestros verdaderos deseos, solo necesitamos averiguar qué pensamientos están causando la desarmonía en nuestras vidas.

El espíritu es la parte de nuestra mente que está más allá del subconsciente, de la mente racial, de la mente planetaria, y que se aproxima más y más a la mente arquetípica, que es la que ha creado nuestro universo de experiencia.

Al conectar con esa mente, cuya vibración es la más cercana al Gran Pensamiento Original que ha creado todo lo que existe —y que representa la vibración del amor puro y sin distorsionar—, conseguimos traer ese amor a nuestra vida cotidiana, y llevarlo al mundo de la manifestación.

EL ORIGEN DE LOS SÍNTOMAS: LAS CREENCIAS

La causa por la cual aparece un síntoma físico, como hemos visto, es que existe una forma de pensar que no está alineada con nuestro verdadero Ser.

Y esto sucede cuando hemos dejado entrar en nuestro campo mental **algún tipo de creencia que no está basada en el Amor**, y que nos separa del plan de nuestra alma para esta vida.

Desde que somos bebés (incluso en la gestación, y además de lo que traemos de otras vidas), nuestro campo mental empieza a recibir influencias de otros seres y, conforme vamos creciendo, aprendemos a adaptarnos a este mundo según lo que nos van enseñando nuestros padres, nuestros maestros, nuestros amigos y personas cercanas, y a través de nuestras propias experiencias.

Si de alguna forma habíamos planeado aprender algo importante en esta vida, como por ejemplo a ser tolerantes, es posible que nos hayamos programado un entorno donde se nos enseñe la intolerancia, para aprender lo contrario de lo que deseábamos y sufrir durante un tiempo hasta que despertemos a nuestro verdadero Ser.

De esta forma, nos dejamos influir por lo que nos dicen, abriendo una barrera en nuestra mente y dejando que entren ideas de separación, de juicio a las personas diferentes, o creencias que nos dicen que lo que pensamos nosotros es lo mejor.

Llegado un punto de nuestra vida, veremos que esa forma intolerante de pensar nos produce dolor, porque nos hace discutir y nos separa de otras personas, pero está tan automatizada en nosotros que ni siquiera somos conscientes de que la tenemos, ni de que esa forma de pensar es la que nos hace sufrir.

En ese momento, es posible que, si hemos llegado a percibir sutilmente la necesidad de un cambio interior, nuestro cuerpo haya empezado a avisarnos de que sería bueno abrir nuestro punto de vista, usando en este caso un síntoma típico que simboliza la dificultad para aceptar ideas o sucesos nuevos en nuestra vida: la indigestión.

La persona que sufre del estómago suele ser del tipo que rechaza aquello que no le agrada, y que le gustaría que el mundo o ciertas personas fueran diferentes. El síntoma le hace consciente de que esa forma de pensar no le beneficia y que sería bueno que aprendiera a ser más tolerante con los demás, sobre todo con lo que es diferente a lo que conoce.

En el momento en el que se permita cambiar esa forma de pensar y abrirse a lo nuevo, su alma recordará que se propuso aprender eso antes de venir, y el síntoma dejará de ser necesario, pues esa persona habrá entendido que la intolerancia no le lleva por el camino que realmente desea.

Es importante entender que ese paso no se puede forzar, pues las creencias que cada persona tiene son muchas y crean sistemas complejos de pensamiento que a veces tardan bastante en cambiarse, sobre todo si se han mantenido durante varias vidas.

Los síntomas son causados por creencias aprendidas, contrarias al amor.

Lo importante es ser consciente de aquellos patrones de pensamiento que ya sabes que te perjudican, aunque todavía no tengas la seguridad de que quieres cambiarlos, y, a partir de ese momento, hacer un proceso de aceptación de tu Ser y de tus elecciones anteriores, para empezar a cambiar.

El verdadero deseo del alma es recordar su origen y su esencia. **Tu alma quiere que recuerdes, pase lo que pase, que eres un Ser de amor**.

Y eso solo lo puedes hacer a través del proceso de vivir con creencias contrarias al Amor y ver que no te sirven, que ya no te aportan nada, y así entender que esas formas de pensar ya no representan lo que eres, ni expresan de la forma que deseas el amor que quieres mostrar al mundo.

Porque en el momento en que sabemos lo que no somos, podemos expresar verdaderamente lo que somos.

Y cuando **reconocemos las creencias que ya no nos sirven**, podemos empezar a sustituirlas por otras que nos inspiran, que nos llenan, que nos hacen expresar nuestra verdad, y volver a nacer como seres creadores.

En este libro podrás ver como **cada síntoma te muestra con mucha claridad el tipo de creencias que puedes haber dejado entrar** en tu campo mental en algún momento de esta u otras vidas, y podrás elegir, si así lo deseas, cambiarlas por otras nuevas, basadas en el amor.

Toda creencia que sientas que todavía te sirve, consérvala. Tal vez la necesites durante algún tiempo para seguir aprendiendo, incluso aunque te produzca dolor.

Y si te das cuenta de que alguna ya es obsoleta y no te ayuda en tu camino, simplemente deséchala. Escribe un nuevo programa en tu mente y empieza a disfrutar de las ventajas de una fresca y nueva forma de pensar.

A veces da miedo cambiar, lo sé; pero el miedo te ayuda a recordar que estás a punto de expandirte, de crecer, y que quizás lo nuevo que venga sea mejor de lo que esperabas.

Comprobarás que tu mente se adapta muy bien al cambio cuando veas y experimentes que, **al cambiar tu forma de pensar, tus síntomas desaparecen con gran facilidad,** y sentirás como si un peso se liberara de tu Ser.

Y tal vez te pase como a mí y descubras al hacerlo que todo lo que vemos —y lo que no vemos— ha sido creado por la mente, y que solo tenemos que aprender a unir nuestra mente humana con la parte divina que hay en nosotros, con lo que verdaderamente somos, para recuperar la salud y el equilibrio interior.

LA SOLUCIÓN: MENSAJES DE AMOR

Para poder cambiar las creencias que te impiden expresar tu verdadero Ser, lo más importante es volver a conectar con tu esencia, con tu verdad, con lo que eres en lo más profundo de ti, es decir, amor en estado puro.

Puede parecer algo banal, una frase hecha, pero he podido comprobar en mi experiencia que todo lo que nos rodea, lo que somos y lo que forma todo aquello que existe es el amor.

Una de las partes más importantes del amor, desde mi perspectiva, es el perdón.

En un universo armónico todo está en equilibrio siempre, y en realidad no hay nada que perdonar; pero desde nuestra perspectiva humana no es siempre tan fácil de entender este equilibrio.

Eso significa que muchas veces vemos cómo fallamos en lograr vivir nuestros propios ideales una y otra vez, y vemos también cómo todas las personas cometemos errores que producen dolor a otros seres.

No es fácil entender las miserias y maldades de la experiencia humana, salvo que puedas conectar con la fe de quien eres y que sepas que eres un Ser de Amor viviendo una experiencia terrenal que deseabas ansiosamente para poder expresar tu amor de formas nuevas.

Y la clave de ello es el perdón: tanto al otro —que siempre es un reflejo de una parte de nosotros— como, sobre todo, **el perdón al yo**.

Perdonarte sería, para mí, equivalente a aceptarte tal y como eres, sentir compasión hacia ti, amarte con tus virtudes y tus defectos. Y ese es todo un camino, ¿no crees?

Según mi experiencia y desde la perspectiva de muchos autores, es muy importante comenzar a resolver la creencia que te bloquea y que produce un síntoma mediante la aceptación completa de tu Ser, tal y como es, aunque sientas que hayas hecho algo incorrecto, pues es solo una percepción, y **al aceptarte con tus defectos permites que el amor envuelva esas distorsiones que has creado previamente y facilitas el proceso de liberación**.

Si quieres saber una metodología sencilla para ver amor donde antes no lo veías, usando tu mente, te recomiendo que investigues el proceso del método que explica John Demartini, al que denomina «proceso de Colapso cuántico» (Demartini, 2003), para disolver emociones bloqueadas. Verás que cada evento y parte de tu Ser y de otros tiene siempre un perfecto equilibrio de positivos y negativos, de ventajas e inconvenientes, de alegría y de tristeza, y que solo somos nosotros, mediante nuestros sesgos y prejuicios, los que convertimos un suceso equilibrado en algo que tiene carga emocional para nosotros mismos. Por eso lo más sabio es buscar en cada situación ese equilibrio que no vemos, para poder entender que todo es y será siempre perfecto, pues nos permite descubrir facetas nuevas de nuestro Ser que no conocíamos previamente.

A lo largo de los años he comprobado cómo la parte más importante de la sanación de un síntoma es el amor hacia el yo, pero no como egoísmo a costa de otros —que sería la polaridad negativa o del Servicio al Yo—, sino como sano respeto por uno mismo y como la aceptación de nuestro lado humano, que no puede evitar cometer lo que vemos como errores, para poder corregirlos y seguir creciendo en el Amor.

**Encuentra mensajes de amor
que te permitan aceptarte y perdonarte,
tanto a ti como a los demás.**

Y para poder cambiar los pensamientos de autocrítica y de juicio sobre lo que hacemos, **la ayuda más poderosa que he encontrado es la creación de mensajes de amor** basados en los principios del Amor Incondicional, que restauren el perdón hacia el yo y que nos hagan recuperar la fe en que todo es amor, en que todo está bien y todo va a salir bien.

Para ello, te ofrezco la síntesis de todo lo que he aprendido al respecto hasta el momento, en forma de la metodología que aplico en mis sesiones y que he bautizado así: ATS (Acción Transformadora desde el Síntoma).

Que la disfrutes.

4

La técnica ATS

TRAS VARIOS AÑOS DE PRÁCTICAS, ensayo y error, he tratado de sinte-
tizar y convertir en un método sencillo todos los principios que utilizo
en mis sesiones de terapia y en mis talleres, pues son las bases con las
que he conseguido resolver en mí mismo diversos síntomas y enfermedades, desde dolores leves hasta tumores, y con los que he podido ayudar ya a muchas personas a escuchar a su cuerpo, sanar sus dolencias y
encontrar respuestas profundas de su alma.

En primer lugar, te hablaré de los principios del Amor Incondicional, pues siento que son la base y el origen de todos los mensajes que te
envía tu cuerpo cuando aparece un síntoma o enfermedad. Cuando tu
cuerpo «te habla», te está recordando alguno de esos principios, en los
que tu mente ha elegido dejar de creer temporalmente, para experimentar el sufrimiento y luego volver a recordar.

Después, te mostraré unas bases de interpretación generales que te
ayudarán a dar más precisión a cada uno de los síntomas concretos que
busques.

A continuación, te explicaré los cinco pasos de la técnica ATS
(Acción Transformadora desde el Síntoma) y te contaré cómo debes
seguir cada uno de los pasos para resolver cualquier síntoma que te
encuentres.

Y, finalmente, podrás ver un listado completo, por orden alfabético
y por secciones, de todos los síntomas que he podido recopilar en este
libro, los más comunes y que afectan a cada parte del cuerpo; he usado

en cada uno de ellos los cinco pasos de la técnica ATS para que puedas seguirlos con facilidad.

Espero que te sirva en tu propio camino de desarrollo personal; quizás sea un apoyo en el descubrimiento de tu propia misión en esta vida o, incluso, quién sabe, tu propio sistema de interpretación de síntomas.

Empecemos por los principios que nos van a ayudar a interpretar los síntomas de forma más clara y sencilla, para aprender a vivir desde los principios del amor.

Principios básicos del amor

El amor es algo que no es fácil de entender por la mente humana, pues incluye tanto el amor humano que conocemos en sus múltiples formas como la energía fundamental que lo ha creado todo; es algo misterioso que cada ser consciente trata de sentir y conocer a lo largo de toda su existencia.

Aquí voy a hablarte del amor, tal y como yo lo entiendo, en el sentido no solo humano, sino también cósmico y espiritual.

El amor es una fuerza universal responsable de crear todo lo que existe, pero capaz también de destruir todo lo que ya ha cumplido su propósito y ya no sirve.

Y además, al mismo tiempo, el amor es algo muy humano que impregna nuestras relaciones, nuestras vivencias y nuestras emociones, y que las rodea de un sentido más profundo, difícil de describir con palabras.

En esta ocasión me gustaría poner tu atención en el amor más elevado, en el que podemos alcanzar cuando avanzamos en nuestra evolución como almas hacia la Conciencia de Sexta Densidad, es decir, hacia el Amor Incondicional, que es un amor que todo lo abraza y todo lo une.

Toda alma en algún momento de su evolución llegará a ese estado, puede que en muchas o puede que en pocas existencias, pero tarde o temprano todos llegaremos a sentir el amor que lo conecta todo, a nuestra manera única, pues así es el proceso de la evolución de la conciencia y el alma.

Para poder interpretar bien los mensajes que te da tu cuerpo, te ayudará tener en cuenta los principios de este amor, pues, en mi experiencia, tu cuerpo siempre te dirige hacia ellos. Lo que tienes a continuación son los principios que he encontrado como los más reales sobre el Amor Incondicional en mi propia experiencia.

Principios del Amor Incondicional

1. Todos somos uno. Todos somos el único infinito Creador experimentándose a sí mismo.
2. Siempre eres un Ser de amor, y eres un Ser maravilloso.
3. Sea lo que sea lo que hayas hecho o no hayas hecho, eres digno de amor.
4. Siempre te mereces ser amado, aceptado, cuidado, respetado y perdonado tal y como eres, solo por existir. Los demás también.
5. La vida te ama, te cuida y te protege siempre, pase lo que pase, y hagas lo que hagas.
6. No existen los errores, solo experiencias donde poder elegir quién eres y cómo deseas expresar el amor.
7. Todos los seres son libres y responsables de su propia vida y de sus elecciones.
8. Todo miedo se puede superar a través del amor y la fe.
9. Ya eres un Ser perfecto, no hay nada que tengas que hacer.
10. Todos los seres son perfectos, y no necesitan mejorar o cambiar; solo eligen lo que desean experimentar.
11. Siempre tienes todo el amor del Universo a tu disposición, y también las señales que necesitas, todo accesible a través de tu corazón.
12. El perdón hacia ti te permite perdonar a los demás.
13. Siempre eres capaz de abrazar en tu corazón nuevos aspectos de ti, de otras personas, de la vida y del Universo.
14. Siempre eres capaz de crear algo nuevo y siempre tienes todos los medios que necesitas para hacerlo.
15. Nada se pierde nunca, solo cambia de forma. Si algo o alguien aparentemente se va de tu vida, es por una buena razón.
16. Siempre tienes el derecho de elegir con libertad qué deseas hacer con tu amor y de disfrutar del servicio que das o te das. Los demás también.
17. Siempre tienes derecho a respetar tus límites actuales, a expresar tu verdad y a pedir aquello que necesitas. Los demás también.
18. La gratitud te permite ver la perfección en todo lo que Es.
19. Todo está bien y todo siempre estará bien.

Si tenemos en cuenta estos principios, podemos ser conscientes de las formas de pensar que no están alineadas con ellos, o con aquellos principios que consideramos más elevados para nosotros, y empezar a acercarnos a la mayor y más elevada versión de nosotros mismos.

SÍNTESIS SOBRE LOS SIETE CENTROS ENERGÉTICOS

La explicación que viene a continuación proviene de los principios anteriores y de las descripciones sobre los siete centros energéticos que se encuentran en los textos canalizados extraídos de la página web de L/L Research y de *La Ley del Uno*, todo ello unido a mi experiencia personal. Contiene afirmaciones específicas que pueden ayudarte a liberar la energía de cualquiera de los centros.

Según la visión que creo más útil sobre dichos centros y el flujo de energía entre ellos, la energía inteligente del Universo llega primero al planeta Tierra desde el Sol, que es la porción del Creador encargada de cuidar y sostener a las entidades de este sistema solar y, cuando alcanza el planeta, sube desde la Tierra hasta cada ser humano, entrando por el **primer centro energético o chakra, que brilla con el color rojo** y que está situado en la base de la columna vertebral.

Después la energía sube, si no hay bloqueos, hasta el **segundo centro, de color naranja**, situado cerca del ombligo, ligeramente por debajo.

La energía continúa subiendo, y pasa por el **tercer centro, de color amarillo**, situado en el plexo solar o boca del estómago.

Y, si los tres primeros centros están abiertos, la energía puede llegar al **cuarto centro, de color verde**, situado en el corazón. En ese punto, la energía universal que entra por abajo se reúne con la energía inteligente que cada uno posee al nacer como alma y que viene de arriba, y esa unión nos permite por primera vez compartir nuestro amor con los demás y comenzar a realizar un trabajo sobre la conciencia del Ser.

Si permitimos que la energía siga subiendo, llegamos al **quinto centro, de color azul**, situado en la garganta, donde podemos usar el amor que viene del cielo para expresarlo en todas sus formas verbales o creativas.

Y si la energía sube más aún, llegamos al **sexto centro energético, de color índigo**, situado en el tercer ojo o entrecejo. Desde ahí conectamos con la infinidad inteligente, y podemos sentirnos uno con el Creador, irradiando nuestra esencia divina.

El **séptimo centro energético, de color violeta**, está situado en la coronilla (en lo alto de la cabeza) y nos conecta con la naturaleza sagrada de las cosas. En él tenemos una representación del brillo y la armonía de los otros seis centros; percibiendo su brillo y color, podemos saber si necesitamos trabajar en los demás centros o no. Este centro es el que permite al Ser ir atravesando los diferentes portales de evolución que le llevan a la unidad, en función de su grado de aceptación de la luz divina.

Veamos las afirmaciones que nos permiten conectar con el amor en cada centro y hacen posible que la energía fluya libremente de abajo arriba.

Primer centro (rayo rojo): Supervivencia y sexualidad

Elijo confiar en que estoy siempre seguro, sostenido y protegido y en que soy siempre amado. Siempre tengo todos los medios que necesito para crear la vida que deseo y para disfrutar de la vida y de mi sexualidad. Puedo pedir al Creador todo lo que necesito. Elijo confiar en Dios y en la vida, pase lo que pase. Doy gracias por todo lo que tengo. Todo está bien, y todo siempre sale bien.

Segundo centro (rayo naranja): Relaciones individuales en libertad

Soy siempre libre y elijo encontrar la armonía en mis relaciones individuales (conmigo y con otros seres). Me doy libertad, respeto mi libertad y confío en mi libertad. Doy a otros libertad, respeto su libertad y confío en que son libres. En cada relación, soy libre de estar o de no estar, de hacer o de no hacer lo que siento, de aceptar en mi entorno lo que deseo y de no aceptar lo que no deseo, de pedir lo que necesito y de aceptar o no el resultado, y respeto que la otra persona es libre igualmente. Me merezco amor en libertad, y los demás también. Soy responsable de lo que hago con mi libertad, y los demás también.

Tercer centro (rayo amarillo): Relaciones grupales en libertad

Soy siempre libre y elijo encontrar la armonía en mis relaciones en grupos (pareja, familia, sociedad, compañeros, etc.). Me doy libertad, respeto mi libertad y confío en mi libertad. Doy libertad, respeto su libertad y confío en que las personas en esos grupos son libres. Soy libre de estar o de no estar en el grupo, de hacer o de no hacer lo que siento, de aceptar en mi entorno lo que deseo y de no aceptar lo que no deseo, de pedir lo que necesito y de aceptar o no el resultado, respetando al grupo y su libertad como es. Si quiero pertenecer a él, cuido al grupo y sus reglas, pero soy libre. Las demás personas del grupo son libres de hacer lo que quieran, aunque no siempre me guste, y puedo amarlas o dejar la relación. Soy responsable de lo que hago con mi libertad, y el grupo también.

Cuarto centro (rayo verde):
Amor y compasión, dar y recibir

Elijo abrir mi corazón, ser vulnerable, amar todo lo que sucede en mi presente y amar todo lo nuevo, lo que percibo como bueno y como malo en mí y en los demás. No existen errores, solo experiencias. Todos los seres somos dignos de amor, perfectos y maravillosos. Abrazo con amor todos los opuestos, y elijo ser compasivo conmigo y con los demás. Me perdono y perdono a los demás. Elijo servir con amor a los demás y recibir con amor todo lo que me da la vida, uniendo en mi corazón el Cielo y la Tierra.

Quinto centro (rayo azul):
Expresión de la verdad y la creatividad

Elijo expresar siempre la verdad de mi Ser y mi creatividad y expresar siempre las palabras de amor de mi corazón, haciéndome entender con claridad. Tengo derecho a comunicar mi verdad. Soy capaz de crear todas las manifestaciones del amor que deseo. Busco el entendimiento mutuo y elijo ser un canal de la palabra de amor del Creador.

Sexto centro (rayo índigo):
Visión interior, claridad, unidad

Elijo conectar cada día con mi intuición y mi visión interior profunda, más allá de las superficies y de las apariencias. Veo con claridad las señales y el camino de mi alma. Elijo conectar con el Creador y su voluntad, sentir el amor en todo lo que existe, ver al Creador en todo y en todos y ver al Creador en mí. Comprendo que todos somos uno, que todo es perfecto, que nada se pierde y que solo cambia de forma, y que soy digno* de amor solo por existir. Doy gracias por todo, tal y como es. Soy perfecto, tal y como soy, y veo la perfección en los demás también. Elijo sentirme digno hijo de Dios e irradiar la esencia de mi Ser como Creador.

Séptimo centro (rayo violeta): Armonía del yo individual

Mi rayo violeta refleja mi armonía interior, y busco la mayor armonía posible entre los distintos centros, además de la armonía de cada uno de ellos, para lograr la paz.

Nota: Ten en cuenta que el orden en el trabajo interior con los centros energéticos es importante. Es decir, que primero necesitamos sentirnos seguros y protegidos, para que pase la energía por el primer chakra desde la tierra; luego necesitamos sentirnos libres y dar libertad en nuestras relaciones individuales, y seguidamente sentirnos libres y dar libertad en las relaciones grupales; después, podemos abrir el corazón y amar, expresar nuestra verdad y creatividad, y ver al Creador en todo. El orden es importante, porque la energía puede bloquearse o sobreactivarse en cualquiera de ellos y no avanzar. Por ejemplo, no es fácil amar o ver al Creador en todo si no respetas tus necesidades básicas o no proteges tu libertad lo primero. El proceso de refinado es como una danza en la que se va equilibrando cada centro con los demás y que busca siempre una expresión más refinada de cada uno y del conjunto.

BASES PARA INTERPRETAR UN SÍNTOMA

Para poder aplicar la técnica ATS a cualquier síntoma, enfermedad o dolencia, es importante tener en cuenta algunas ideas básicas que te ayudarán a buscar en tu interior la información necesaria para sanarte.

Cada síntoma o dolor te indica un área de tu vida que debes buscar dentro de tu mente para localizar las creencias que te limitan y cambiarlas por otras.

Puedes usar estas ideas que te muestro a continuación como una referencia general, una base en la que puedes apoyarte y dirigir tu atención cuando aparezca un síntoma en alguna parte de tu cuerpo.

---

* En esta obra empleamos el masculino genérico siguiendo las normas de la gramática española, sin que ello implique la exclusión de ningún tipo de identidad de género. *(N. del E.)*

Además del significado de cada dolor y de cada parte del cuerpo, hay algunos significados especiales por zonas «geográficas» de tu cuerpo que te pueden ayudar a obtener más información.

Por ejemplo, si tienes un dolor en la rodilla IZQUIERDA, deberás dirigir tu atención al área **familiar, sentimental o emocional**, por ser el lado izquierdo, y sabrás que tienes un bloqueo entre lo que sientes y lo que haces (P-E-A), por ser la articulación de la rodilla.

Veámoslo con más detalle a continuación.

Lado izquierdo y lado derecho

Cada lado del cuerpo tiene un significado diferente por lo que, si tienes un síntoma que aparece solo en un lado, es importante que observes el significado de ese lado, para ver en qué área de tu vida está situado el problema.

Los hemisferios cerebrales están conectados con la parte contraria del cuerpo, de forma cruzada.

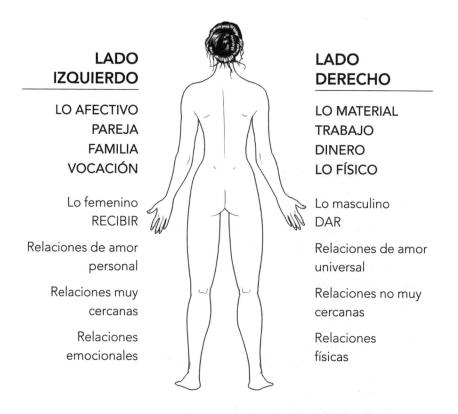

LADO IZQUIERDO	LADO DERECHO
LO AFECTIVO	LO MATERIAL
PAREJA	TRABAJO
FAMILIA	DINERO
VOCACIÓN	LO FÍSICO
Lo femenino	Lo masculino
RECIBIR	DAR
Relaciones de amor personal	Relaciones de amor universal
Relaciones muy cercanas	Relaciones no muy cercanas
Relaciones emocionales	Relaciones físicas

Lado izquierdo del cuerpo: femenino

Los síntomas en este lado del cuerpo nos indican temas relacionados con **la pareja, la familia**, las personas con las que tenemos un **vínculo afectivo fuerte**; también se relaciona con el RECIBIR, nuestro **lado femenino** y **la vocación**, que es una expresión profunda e interna de nuestra esencia.

El lado izquierdo del cuerpo (conectado al hemisferio derecho del cerebro) representa el principio femenino (el lado YIN en medicina china), receptivo, creativo, artístico, donde se encuentran la compasión, las emociones y la intuición, y se refiere a tu naturaleza interior, a la parte más profunda de tu Ser.

Este lado es también un símbolo de la polaridad negativa o absorbente, es decir, del Servicio al Yo, que todos llevamos dentro.

Lado derecho del cuerpo: masculino

Los síntomas en ese lado del cuerpo nos indican un bloqueo o preocupación en el área de **lo material, el trabajo, la profesión, el dinero, el sostén físico**, las **relaciones menos afectivas** (o con personas por las que sentimos **amor universal**), y también está asociado con **dar**, con nuestro **lado masculino** y con **la parte física** de una relación, es decir, **la sexualidad** a nivel físico.

El lado derecho del cuerpo (conectado al hemisferio izquierdo del cerebro) representa el principio masculino (lado YANG en medicina China), y sus cualidades principales son la acción, el valor, la potencia, la lógica. Representa el lado activo de cada persona, que toma las ideas e intuiciones del lado femenino y las pone en práctica.

Este lado también representa la polaridad positiva o radiante, es decir, el Servicio a los Demás.

Casos particulares

Los ojos: En los ojos se da una diferencia particular entre el izquierdo y el derecho: **el izquierdo** representa cómo nos vemos a nosotros mismos y **el derecho** representa cómo vemos a los demás.

Después se pueden añadir precisiones relativas al significado general de cada lado, pero teniendo en cuenta esa diferencia principal.

Las manos, los brazos y la espalda: Una de las diferencias fundamentales entre el lado derecho y el izquierdo se puede ver en las manos y en los brazos, como expresión de las acciones del corazón.

Así, la mano derecha y su brazo simbolizan el DAR, con amor y libertad, y la mano izquierda y su brazo simbolizan el RECIBIR, con alegría y gratitud.

El resto del cuerpo en general no tiene esta precisión, por no usarse para la acción en el presente, excepto en el torso, el pecho, la espalda o los hombros, que pueden reflejar movimientos relacionados con dar o con recibir, en función del lado afectado.

Te invito a consultar esas partes del cuerpo para ampliar la información que necesites.

Teniendo en cuenta las diferencias que hemos visto en cada lado, cuando un síntoma aparezca solo en uno de los dos lados trata de enfocar tu atención en situaciones relacionadas con lo que significa esa parte.

Por ejemplo, si te duele la mano DERECHA, es posible que tengas un conflicto interno o sientas culpa por no poder DAR lo que deseas, o por creer que estás dando demasiado.

Si, en cambio, te duele la espalda en la parte alta, en la ZONA IZQUIERDA, significará que te estás responsabilizando de alguien muy cercano, **alguien con un vínculo emocional fuerte**, como un familiar, o tu pareja si el vínculo es fuerte.

Hay veces que la pareja aparece en el lado derecho como la persona relacionada con nuestro conflicto interior, pero eso significa normalmente que a nuestra pareja no la vemos con una conexión emocional fuerte, sino como una unión más física, más mental, menos emocional. O puede ser que nuestra pareja simbolice para nosotros el sustento físico o material.

En mi caso, cuando hago una sesión con alguien, o miro mis propios síntomas, suelo pensar: «Si es en el lado izquierdo del cuerpo, es un tema de pareja, familiar o relacionado con la vocación, en algunos casos. Y si es el lado derecho, es un tema de trabajo, dinero o la parte física de una relación».

No siempre se obtienen todas las respuestas así, pero ayuda a descartar los casos del lado contrario, y en mi experiencia he encontrado numerosos casos que avalan que esta forma de asignar un significado a los dos lados del cuerpo funciona muy bien.

Algunos autores, como el doctor Hamer o Enric Corbera, han encontrado utilidad en separar los significados de cada parte del cuerpo dependiendo de si la persona es zurda o diestra. Sin embargo, en mi experiencia he podido comprobar que la división que te he contado se aplica tanto a personas diestras como zurdas con resultados muy certeros.

Es decir, que tanto si la persona es zurda como si es diestra, un problema en la pierna derecha le hablará de un miedo a avanzar hacia su futuro material o profesional, más que de un tema familiar o sentimental.

Según yo lo entiendo, la diferencia entre una persona zurda y una diestra es que la zurda tiende a ver el mundo de una forma más emocional —propia del hemisferio derecho— y la diestra de forma más racional —propia del hemisferio izquierdo—, y por eso sus síntomas a veces son diferentes, para heridas o conflictos emocionales que son aparentemente iguales o similares.

En todo caso, te recomiendo que utilices tu propio criterio para elegir lo que más te resuene, y descubras así cuál es tu verdad.

Lo más importante:
Lado izquierdo: **pareja, familia, vocación.**
Lado derecho: **trabajo, dinero, físico.**

Pensamiento-Emoción-Acción

Recordando el proceso creativo que hemos visto, existe una **secuencia de creación** en el ser humano mediante la cual, desde el pensamiento, surge todo lo que vemos en nuestro mundo visible. Dicha secuencia es: primero el pensamiento, luego la emoción y por último la acción.

Esto significa que el origen de todo es un pensamiento, que se traduce en el cuerpo en una emoción (sensación) y que a su vez produce una acción física (o a veces una no-acción).

Cuando el ser humano **conecta con su Ser esencial** y su propósito divino, se produce una **coherencia natural**, de tal forma que tanto los pensamientos como las emociones y las acciones están alineadas y son coherentes entre sí.

Y por el contrario, cuando estamos desalineados con nuestra esencia en este proceso creativo, aparece la incoherencia y, por tanto, la enfermedad.

En el cuerpo, esto se refleja en sucesivas divisiones físicas, que representan cada uno de los tres estados de la secuencia creativa (pensamiento-emoción-acción).

Y esto se repite dentro de cada segmento, creando una nueva división en tres partes (P-E-A). Por ejemplo:

- En el cuerpo: cabeza, pecho, vientre (o zona genital).
- En la cabeza: frente, nariz, boca.
- En los brazos: manos, antebrazo, brazo.
- En las piernas: pie, pantorrilla, muslo.

Queda así:

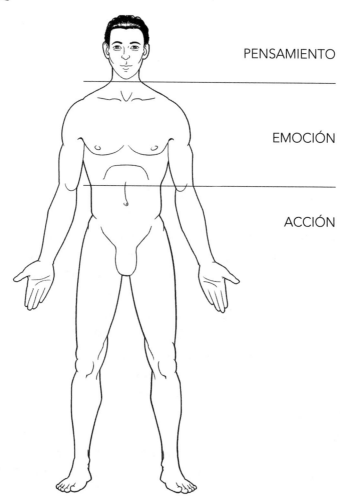

PENSAMIENTO

EMOCIÓN

ACCIÓN

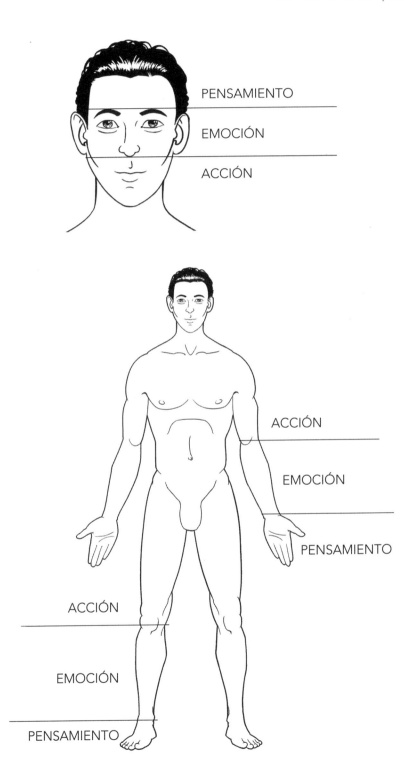

PENSAMIENTO

EMOCIÓN

ACCIÓN

ACCIÓN

EMOCIÓN

PENSAMIENTO

ACCIÓN

EMOCIÓN

PENSAMIENTO

Atendiendo a dicha lógica, podemos observar que un problema en la garganta, además de su significado específico, puede indicar un bloqueo entre lo que piensas (cabeza) y lo que sientes (corazón), es decir, que no te permites sentir lo que acaba de crear tu pensamiento, o lo que ha creado hace poco.

En las manos y en los pies sucede lo mismo: los dedos representarían el pensamiento; la parte intermedia de la mano, la emoción, y la unión con la extremidad (incluido el pulgar, en la mano), la acción.

En las falanges de los dedos se puede establecer una división desde la punta hasta la base, siendo la falange de la punta el pensamiento; la siguiente, la emoción, y la siguiente, la acción.

Y de la misma forma, cuando se tapona la nariz, se puede observar que literalmente estamos «bloqueando» nuestras emociones.

En cambio, si nos mordemos la boca, es como si nos impidiéramos hablar, expresarnos, es decir, pasar a la «acción».

Todos los problemas citados estarían representando un conflicto de incoherencia entre pensamiento, emoción y acción a algún nivel, lo que indica que no estamos escuchando el verdadero lenguaje de nuestra alma.

Podemos imaginar que la energía fluye de forma natural desde el pensamiento hacia la emoción, y luego a la acción, y que un síntoma representa un bloqueo de ese flujo de energía.

Estos son algunos ejemplos de posibles incoherencias:

- Dolor de cuello: bloqueo entre el pensamiento y la emoción, es decir, entre el *yo soy* y el amor por mí mismo. Pienso que algo que realmente me molesta no debe molestarme, porque creo que soy mejor que eso. No me permito sentirme mal, y pienso que «soy mala persona si digo que la situación me molesta».
- Bloqueo de la nariz: bloqueo de la emoción. Prefiero pensar que no siento amor o deseo hacia alguien, o no quiero reconocerlo, porque me hace vulnerable.
- Dolor en la primera falange del dedo anular izquierdo: bloqueo en el pensamiento; no llega a la emoción. Me castigo por ser inflexible al molestarme que mi pareja no me quiera como yo espero; me preocupan los detalles de mi ideal de pareja.

Esta forma de interpretación por secciones físicas nos puede ayudar en ocasiones a dar una mayor precisión a la traducción del mensaje del cuerpo, pues a veces no basta con saber más o menos el lugar del cuerpo; por ejemplo, un dolor en el brazo tal vez no sepamos de dónde proviene, pero quizás si sabemos que es en el antebrazo, podamos ver que bloqueamos nuestras emociones en esa área y eso nos ayude a encontrar mejor la creencia que nos bloquea.

Si tienes un síntoma y ves que esta división en partes no te dice nada en ese momento, no te preocupes, quizás tu intuición te dará una pista en el momento apropiado.

Con práctica verás que cada detalle que aprendas a usar te aportará algo en tu búsqueda de respuestas.

El padre y la madre

Cuando tratamos de interpretar un síntoma físico o emocional, es habitual observar que hay conflictos pendientes con nuestro padre o nuestra madre, y que tales conflictos suelen activarse en el presente mediante otra persona, como puede ser la pareja, que refleja el conflicto original y activa la aparición del síntoma.

A la hora de interpretar dicho síntoma, e incluso siendo cierto que la madre y el padre pueden haber participado en nuestro conflicto o trauma de la infancia —con casos muy duros y reales, como el maltrato o los abusos, el miedo a la autoridad o el miedo a defraudar a alguno de los padres—, he observado que normalmente los padres son nuevamente un símbolo de algo más grande que nos puede ayudar a comprender la esencia espiritual del problema con ese progenitor.

La **madre**, dado que es la persona a través de la cual vienes al mundo, simboliza la vida. La vida como experiencia física, desde el nacimiento a la muerte, en un planeta físico como la Tierra, donde se viven experiencias que ayudan al alma a crecer en su comprensión del amor.

La madre simboliza la vida, que nos nutre y nos sustenta.

De esta forma, todo conflicto con la madre o rechazo a ella simboliza un rechazo a la vida, a haber nacido, a haber elegido encarnar en un cuerpo físico, y también un rechazo a la parte dolorosa de la vida: al miedo, a la tristeza, a la dualidad (lo bueno y lo malo); porque la vida fuera de la encarnación física está basada en el amor eterno e infinito, pero la vida material humana está basada en la dualidad, pues solo a través de la dualidad podemos experimentar el contraste, que es lo que nos da la sabiduría de la experiencia.

El **padre**, en cambio, simboliza a Dios, al Creador, al «padre» celestial, esa figura de autoridad que nos guía y nos protege, y a la que a veces sentimos que debemos algún tipo de obediencia (lo cual no es cierto).

El padre simboliza al Creador, que nos guía y nos protege.

Así, todo conflicto con nuestro padre terrenal, o la persona que lo representa, nos habla de un conflicto en nuestra relación con Dios, con nuestro Creador, y nos indica que o bien buscamos su aprobación, esforzándonos en ser «buenos», o bien estamos enfadados con «él» porque no nos ha protegido o no ha impedido que sufriéramos daño en nuestra vida o en otras vidas.

Al ver el símbolo del padre y la madre, podemos ver que, aunque hayamos programado en nuestro plan de alma situaciones complicadas con ellos, en el fondo el deseo más profundo de nuestro Ser es aprender a reconciliarnos con nuestro «padre» celestial y con nuestra «madre» divina. Es decir, que deseamos sentir que somos amados, guiados y protegidos por Dios, seamos como seamos, y que deseamos sentirnos aceptados, cuidados y abrazados por la vida, por la Tierra, por la existencia.

Entrando en los diferentes síntomas y enfermedades, puedes ver estos símbolos en varios casos. Por ejemplo, cuando tienes síntomas que te hacen rechazar la vida —como problemas de alimentación (anorexia, bulimia, etc.) o problemas en los pulmones—, significa que seguramente también rechazas a tu madre en algún aspecto, pues ella representa el ser que te ha traído a este mundo, la persona que te ha dado la vida. Y puede que sientas que la vida (y tu madre terrenal) no te ha tratado bien y que te gustaría irte de este mundo, para vivir en un mundo más amoroso, amable y espiritual.

En ese caso, tu mayor deseo es perdonarte por haber elegido vivir experiencias difíciles, y abrazar la vida en toda su plenitud, con todo lo bueno y todo lo que percibes como malo, viendo el amor en todo.

En cambio, cuando tienes síntomas de miedo a la autoridad o rechazo a ella (pérdidas de orina, problemas de huesos, problemas en las defensas) es debido a que tienes miedo de recibir un castigo de Dios, a nivel simbólico, o rechazas esa figura por sentir que no te ha apoyado suficiente, lo cual ves reflejado normalmente en tu relación con tu padre terrenal.

Si es así, lo que más desea tu Ser es reconciliarse con la figura del Creador, que te sientas digno hijo suyo, que entiendas que siempre tienes su ayuda y apoyo en tu camino, y que tú eres la única persona que ha decidido vivir experiencias distintas al amor, para luego saber lo que es el amor de nuevo, al despertar.

Así, la relación que tienes con tus padres (estén o no vivos), o con las personas que hacen ese papel, es un reflejo de tu relación con tu parte más espiritual, y puede ayudarte a sanar algunos conflictos con ellos si entiendes que todo forma parte de un plan mayor, en el que ellos solo han jugado un papel necesario para tu crecimiento en el amor.

Inflamación e infección

Toda enfermedad suele tener dos fases: una en la que vivimos un bloqueo emocional de forma activa (con estrés, preocupación, etc.) y otra en la que el bloqueo desaparece, en la que el conflicto ya no está activo (para más información sobre las dos fases de la enfermedad, ver la teoría de la Nueva medicina germánica del Dr. Hamer).

La inflamación y la infección aparecen normalmente al liberarnos de un conflicto interior.

He podido comprobar en numerosas ocasiones que eso es así, que ciertos síntomas aparecen más bien cuando algo que nos preocupaba se resuelve y otros aparecen cuando todavía está el problema en nuestra mente.

Tanto la inflamación como la infección son síntomas que se originan normalmente cuando el conflicto ya no está activo, es decir, cuando te has alejado de él o se ha resuelto con amor.

La inflamación es un síntoma que nos indica que hemos pasado a la segunda fase del problema interior y que se han liberado emociones acumuladas. También nos indica que la parte del cuerpo afectada está en vías de reparación y que debemos reponernos físicamente (cuando aparece dolor de cabeza, fiebre, sudores), tanto si nos hemos alejado simplemente del problema como si nos hemos liberado definitivamente mediante el perdón o el amor (por ejemplo, teníamos un conflicto con ira hacia alguien, nos despedimos de esa persona de forma emotiva y sintiendo liberación, y al poco tiempo aparece un dolor de tipo inflamatorio).

Normalmente el hecho de que persista la inflamación, como en el caso de los EDEMAS, es una indicación de que hay un conflicto entre el ego (nuestra personalidad) y el corazón (nuestro verdadero Ser), y de que nos cuesta perdonar y perdonarnos, aunque parte del conflicto se haya resuelto. En ese caso la inflamación nos invita a elegir perdonar y amar, para que el síntoma no vuelva a aparecer.

La infección indica una cierta actitud de debilidad en el área afectada y también que nos dejamos invadir por los pensamientos o ideas de los demás, o que consideramos que alguien o algo nos agrede. Como es una invasión de virus o bacterias, nos dice que hemos abierto las puertas de nuestra mente a ideas o miedos del exterior, y que hemos permitido que se perturbe nuestra integridad física, al permitir una invasión en el plano mental.

Al mostrarnos que hemos dejado entrar pensamientos nocivos ajenos, la infección nos ayuda a ponernos en contacto con nuestra fuerza interior y a valorar mejor nuestra propia forma de ver la vida, evitando dejarnos influir por la de los demás.

La infección, cuando va acompañada de pus, normalmente indica ira reprimida, es decir, que la ira se acumula de esa forma en esa parte del cuerpo para ser expresada, dado que no hemos sido conscientes de ella. Nos indica en qué área de la vida experimentamos esa ira y nos invita a afrontarla y a expresarla la próxima vez de la mejor manera posible, afrontando los miedos que ella representa (por ejemplo: granos con pus, infección de encías, etc.).

El RESFRIADO es un ejemplo de enfermedad de tipo inflamatorio e infeccioso que aparece al resolver un conflicto mental fuerte (por ejemplo: «Siento confusión e indecisión en relación con dar los pasos en un proyecto. Tengo la creencia de que no llego a tiempo y de que la situación se me viene encima y, al resolverlo y empezar a actuar, aparece el resfriado) y está asociado también con dejarse influir por otras personas, por sus miedos, de igual modo a cuando creemos que «el frío resfría» o cuando creemos en el contagio.

Puedo decirte que, en mi caso personal, desde que dejé de creer que «el frío resfría», ya no me pongo malo cuando siento frío. Y he dejado de transmitir esa creencia a las personas que quiero, pues ya no me parece una creencia útil; prefiero creer que cada persona es dueña de su destino y de sus pensamientos, que es de donde surgen los desequilibrios que llevan a los síntomas.

Cada persona es responsable de cuidar su propio espacio mental, y de elegir sembrar o no aquellas semillas mejores o peores en las vidas de aquellos a los que quiere.

Si tienes alguna enfermedad que incluya inflamación o infección y deseas saber más de lo que significa, solo tienes que sumar los significados que hemos visto a la información de esa enfermedad, que se manifiesta en una parte concreta del cuerpo. Podrás deducir así que, probablemente, **el conflicto que había en esa área está en vías de resolución.**

Los líquidos en el cuerpo

Un detalle que es importante recordar respecto al cuerpo y sus síntomas es que **los líquidos representan de forma simbólica nuestros deseos y emociones.**

Los líquidos representan nuestros deseos y emociones.

Cuando una persona retiene líquidos o grasas, por ejemplo, normalmente significa que retiene y se contiene de expresar sus emociones y sus deseos, y no se permite expresarlos o liberarlos, al menos no totalmente, o no en la medida que su alma desea.

Otro ejemplo es el sudor. Cuando una persona tiene exceso de transpiración, suele significar que ha estado conteniendo sus emociones mucho tiempo en el área más afectada por el sudor y su cuerpo le indica que ya no puede contenerse más y que necesita expresar sus deseos y emociones urgentemente, porque, literalmente, «están chorreando» por los poros de su piel.

Cuando tienes muchos deseos de ir a orinar y no puedes contenerte, normalmente significa que tienes la creencia de que no puedes controlar tus deseos en la situación en la que te encuentras. Por ejemplo, eso me ha pasado en alguna ocasión estando con una mujer que me atraía mucho, cuando pensaba que no podía aguantarme las ganas de estar en intimidad con ella. El mensaje de mi cuerpo era que sí era perfectamente capaz de aguantar y de esperar al momento apropiado, que debía perder ese miedo y esa necesidad de que todo sucediera al instante, para permitirme sentir ese deseo naturalmente.

Como ves, los líquidos también te pueden dar pistas del mensaje que te indica tu cuerpo en varias situaciones.

Cuando haya algún líquido corporal involucrado en el síntoma o enfermedad que tratas de interpretar, recuerda que te va a hablar de deseos y emociones; úsalo como información adicional al significado concreto de ese síntoma.

Interpretación de varios síntomas a la vez

Cuando nos duele algo o vemos que aparece una enfermedad, el primer impulso es buscar el significado de ese dolor o enfermedad concreta y nada más.

Sin embargo, para poder hacer una buena interpretación, es importante conectar entre sí toda la información posible relacionada con la enfermedad o dolencia que nos preocupa.

En el caso de **dolores simples**, la información que debemos buscar es la de todas las zonas afectadas.

Por ejemplo, si nos duele el codo derecho, podríamos ir a buscar en el diccionario de este libro la información del CODO y del LADO DERECHO, como hemos visto antes. Pero como el codo pertenece al brazo y es una articulación, es importante que miremos también el significado de BRAZO y ARTICULACIONES para obtener una lectura completa.

En cambio, en el caso de una **enfermedad compleja**, como la FIBROMIALGIA, es importante que miremos no solo el significado general de la enfermedad, sino también —y principalmente— el significado de las partes concretas del cuerpo afectadas.

Es diferente si son los brazos o son las piernas, y, si hay dolor en todo el cuerpo, es bueno tener mucha paciencia e ir mirando el significado de cada una de las partes del cuerpo que nos duelen y de qué forma nos afecta a nuestra vida diaria, para ir descubriendo el mensaje que nos está dando la enfermedad.

> **Cuando tengas varios síntomas, busca el significado de cada parte del cuerpo afectada y del síntoma concreto.**

Cuando tengas el diagnóstico de lo que te pasa, lo importante no es el nombre de la enfermedad o lo que te hayan dicho de su pronóstico o avance. **Lo importante es que observes los síntomas específicos de ella** y averigües el mensaje que te está dando cada uno de ellos, y lo que tienen en común.

Piensa que, aunque tengas gran cantidad de dolores o síntomas, para identificar su causa lo importante es el momento en el que apareció cada uno de ellos o si aparecieron a la vez, porque eso te indicará el momento en el que creaste una o varias formas de pensar que te perjudican desde entonces, y habrá un significado para cada uno de los síntomas, asociado a una preocupación que apareció en el momento en que surgió el síntoma.

Con el tiempo y la práctica, descubrirás que ciertos síntomas están relacionados entre sí por algunas creencias comunes y eventos de tu vida que los han producido al mismo tiempo, y que otros no están relacionados pero puedes descifrar su mensaje por separado.

Sobre todo, aunque más adelante he tratado de unir por bloques conceptuales los distintos síntomas, trata de buscar toda la información posible relacionada con el síntoma que te preocupa, pues, si sobra algo, te darás cuenta pronto.

Sigue tu intuición y, si tienes dudas, contacta conmigo a través de la página web www.losmensajesdetu cuerpo.com o ven a alguno de mis cursos, formaciones o directos, donde verás la técnica ATS en acción.

¿Te gustaría conocer por fin los pasos de la técnica ATS (Acción Transformadora desde el Síntoma)?

Vamos allá.

LOS CINCO PASOS DE LA TÉCNICA ATS

Para poder interpretar cualquier síntoma, es importante saber hacerse las preguntas adecuadas, pues es necesario conectar la metáfora que te muestra el síntoma con lo que está sucediendo en tu vida personal en el momento en el que aparece el síntoma.

Para ello, y tras varios años de experiencia interpretando síntomas, he creado estos cinco pasos que te ayudarán en el proceso:

1. **SIGNIFICADO:** Averigua el significado (la metáfora o símbolo) de tu síntoma, y de los demás síntomas y partes del cuerpo relacionadas.

2. **INVESTIGACIÓN:** Haz las preguntas necesarias para conectar el significado del síntoma con el momento en que apareció en tu vida y con lo que te ocurría en ese momento.

3. **CREENCIAS:** Descubre las creencias erróneas que te impiden vivir los principios del Amor Incondicional, es decir, ser quien quieres ser, amarte tal y como eres y amar a los demás tal y como son.

4. **MENSAJES:** Crea los mensajes que tu alma necesita escuchar, para recibir el amor que necesitas y volver a conectar con tu esencia y tu propósito.

5. **ACCIONES:** Pon en práctica las acciones necesarias para integrar en tu vida los mensajes de tu cuerpo y volver a recuperar la salud en tu cuerpo y en tu alma.

Ahora vamos a ver en detalle cada uno de los pasos, para que puedas seguirlos mientras interpretas alguno de tus síntomas.

Si estás tratando de averiguar el mensaje que te está dando uno de tus síntomas en este momento, te recomiendo que cojas papel y un bolígrafo para ir apuntando todo lo que necesites durante el proceso.

¿Empezamos?

Paso 1: Significado

El primer paso para escuchar a tu cuerpo es **conocer el significado del síntoma** o enfermedad que tienes.

> **El significado es la metáfora que te muestra
> tu cuerpo para que veas en qué área
> de tu vida te has desviado del amor.**

Cada parte de tu cuerpo, cada órgano, cada sistema, significa algo diferente, y es importante saber el significado de todas las partes de tu cuerpo que se relacionan con tu dolencia.

El significado más importante es **el del síntoma concreto** que tienes y el de **la parte del cuerpo donde aparece**. Por ejemplo, el síntoma podría ser un DOLOR y la parte del cuerpo la ESPALDA, en la zona DORSAL.

Después hay que añadir los síntomas más generales y las bases de interpretación que te puedan ayudar (si el dolor está en el lado izquierdo o el derecho; si está en la parte del cuerpo que representa pensamiento, emoción o acción, o el paso entre alguno de ellos, o si hay inflamación o infección).

En el caso de que el síntoma aparezca tanto en el lado derecho como en el izquierdo, simplemente debes tener en cuenta que afecta de forma equilibrada a todas las áreas de tu vida, o que primero afectó a una y luego se equilibró, afectando a la otra.

Por ejemplo, un grano de acné en la parte alta de la espalda, en el lado derecho, te indica que debes buscar ACNÉ, PROBLEMAS EN LA PIEL, ESPALDA DORSAL y LADO DERECHO, por ese orden; anotar después todo el significado de los dos primeros (acné y problemas de piel) y añadir solo lo más importante del resto (en *espalda dorsal*, solo apuntarías lo más importante, «responsabilizarse de la felicidad de los demás o de alguien en concreto»).

Al consultar el significado, deberás buscar lo siguiente:

1. El síntoma concreto.
2. La parte del cuerpo afectada.
3. El lado del cuerpo afectado.

Todos ellos tienen importancia, pero el síntoma más importante es el que más llama tu atención, y por eso pondríamos en este caso todo el significado completo de *acné* y *piel*, porque *espalda* es el lugar, pero no hay «dolor de espalda», por ejemplo.

Otros ejemplos:

- Si tienes un esguince en la muñeca derecha deberás buscar, en este caso, el significado de ESGUINCE, MUÑECAS, MANOS y LADO DERECHO.
- Si tienes dolor en el codo derecho, busca CODOS, ARTICULACIONES y BRAZOS, y anota también el significado de la parte del cuerpo donde aparece (como es el LADO DERECHO, anota que está relacionado con lo material, el trabajo, etc.).
- Si tienes problemas en las encías, busca ENCÍA, BOCA, DIENTES, y anota el significado específico de la zona de la boca donde tienes el problema (por ejemplo, la mandíbula superior representa lo

que deseamos y la inferior, la manifestación de los deseos, como verás más adelante en el «Diccionario de síntomas»). Luego escribe el significado del LADO DERECHO O LADO IZQUIERDO.

- Si el problema es en la rodilla izquierda, busca RODILLAS, PIERNAS, LADO IZQUIERDO y, si necesitas más información, ARTICULACIONES.

- Si el problema son MIGRAÑAS, busca ese significado, y también DOLOR DE CABEZA.

- Si te duele un dedo de la mano, busca DEDOS, MANOS, y anota también el significado específico de la mano que duele (la mano derecha es DAR y, la izquierda, RECIBIR), del dedo concreto y del lado del cuerpo donde aparece.

- Si es una enfermedad compleja, como por ejemplo la fibromialgia, busca sus síntomas, las zonas del cuerpo donde aparecen dichos síntomas o el dolor (BRAZOS, PIERNAS, ESPALDA DORSAL, etc.) y también los órganos afectados (MÚSCULOS, HUESOS, etc.).

En caso de duda, cuanta más información, mejor. Con el tiempo podrás ir simplificando, porque verás que ciertos significados no te aportan lo que necesitas en un caso particular, pero es cuestión de experiencia y entrenamiento, y al principio es mejor que haya bastante información para trabajar.

Eso sí, tampoco cojas tanta información que no puedas manejarla con la mente, porque lo importante es que los significados que escojas te ayuden a orientar tu mente hacia el tema o conflicto en tu vida que ha podido causar la aparición del síntoma para darte un mensaje.

Recomendaciones

Una primera forma de revisar lo que te dice tu cuerpo puede ser mirar solo la sección «Lo más importante», en el paso 1 de «Significados».

Después mira el apartado «Tu verdadero deseo», que te indicará lo que tu cuerpo está tratando de decirte que deseas hacer, creer o ser.

Eso te dará la pista que necesitas para imaginar el tipo de situación que pudo causar dicho síntoma en tu vida cotidiana.

Según vayas aprendiendo el método y necesites profundizar más, puedes mirar después el significado completo para ayudarte a comprender bien de dónde viene el síntoma.

Más adelante, en el diccionario, podrás ver indicaciones de las partes del cuerpo que debes mirar, como información adicional, cuando busques el significado de tu síntoma, enfermedad o parte del cuerpo.

Paso 2: Investigación

¡Comienza el proceso de actuar como un gran detective!

Para poder precisar bien el mensaje que te da tu cuerpo, es necesario **averiguar cómo se relaciona el significado de tu síntoma con lo que pasaba en tu vida en el momento en que apareció**, o las últimas veces que lo sentiste.

Para ello, he diseñado un sistema de preguntas que te ayudarán a viajar en tu mente al momento en que apareció el síntoma y conectar tus recuerdos con los significados que has obtenido en el paso 1.

Si conoces alguna técnica de *coaching* relacionada con hacer buenas preguntas, como hace la PNL (Programación Neurolingüística), te ayudará en este proceso.

Hay varias preguntas que te van a ayudar a precisar el origen de tu síntoma o enfermedad, y te recomiendo que sigas un proceso de dos partes cuando estés interpretando un síntoma:

En una primera parte, mira las preguntas generales que tienes a continuación y que puedes hacer para cualquier síntoma. Todas ellas suelen tener respuesta, pero si no encuentras una no pasa nada, anota las respuestas que te salgan y, si ves que al final te falta información, trata de volver atrás y sigue preguntando a tu mente.

En una segunda parte, debes hacer preguntas específicas de tu enfermedad o síntoma, usando las que encontrarás en el «Diccionario de síntomas», para cada uno de los síntomas y partes del cuerpo que anotaste en el paso 1.

Ten en cuenta que la mente es como un ordenador y su gestión se parece a la de un bibliotecario. Si tienes dolor de espalda y le preguntas a tu mente: «¿Dónde puedo encontrar el "libro" de lo que me pasó hace dos años, relacionado con responsabilizarme de la felicidad de los demás?», tu mente buscará la información y te responderá.

Normalmente, la primera respuesta que te viene es la correcta, así que anota lo que te venga y, si luego viene más información durante el proceso, sigue anotando hasta que, en tu mente, todas las piezas encajen y sepas que has encontrado el mensaje de tu cuerpo.

Estas son las preguntas generales

1. ¿Cuándo comenzó a aparecer la enfermedad o síntoma?
2. ¿Qué pasó en tu vida poco antes de que apareciera el síntoma (relacionado con el significado que has buscado en el paso 1)?
3. ¿En qué situaciones aparece o te molesta más?
4. ¿Qué te impide hacer (o lo dificulta) el síntoma?
5. ¿A qué te obliga el síntoma?
6. ¿Cuál es el deseo de tu alma que no está siendo expresado?

Veámoslas en detalle:

1. ¿Cuándo comenzó a aparecer la enfermedad o síntoma? Busca en tu memoria **el momento más lejano en el tiempo** donde tuvieras ese síntoma. Sé lo más específico posible, pero no pasa nada si solo recuerdas que fue hace unos meses o unos años. Tu parte inconsciente encontrará la información adecuada en el momento oportuno.

Busca también en tu interior la última vez que lo sentiste; seguro que hay algo en común en ambos momentos.

Si te has dado cuenta hoy de un dolor (por ejemplo, al despertarte), es probable que el suceso o el pensamiento que activó el problema ocurriera poco antes de irte a dormir el día anterior.

2. ¿Qué pasó en tu vida poco antes de que apareciera el síntoma, en relación con el SIGNIFICADO **que has buscado anteriormente?** Trata de **conectar los significados que has encontrado con eventos** que sucedieron en tu vida en el momento o poco antes de que apareciera el síntoma o enfermedad (pueden ser minutos, horas o pocos días) y que siguen presentes en tu vida de una u otra forma.

Recuerda también la última ocasión o las más recientes en que notaste la aparición del síntoma o enfermedad, y pregunta a tu mente qué pasó relacionado con el significado encontrado. Por ejemplo:

- Si te duele la ESPALDA en la zona DORSAL, en el lado DERECHO, podrías preguntarte: «¿De quién me estaba responsabilizando (alguien no muy cercano o alguien del trabajo, por ejemplo) cuando apareció mi dolor de espalda? ¿A qué persona no le expreso mis necesidades? ¿Dónde no estoy poniendo un límite o no me estoy respetando?».

- Si te duele el CODO IZQUIERDO: «¿En qué situación sentía que no tenía libertad de movimientos cuando apareció el dolor, en el área sentimental o familiar?».
- Si tienes PROBLEMAS DE DIGESTIÓN: «¿Qué situación o a qué persona me cuesta digerir desde que aparecieron las molestias?».
- Si tienes DOLOR DE ENCÍAS (que significa que te cuesta poner en práctica una decisión ya tomada, por temor a las consecuencias), podrías preguntarte: «¿Qué decisión estoy evitando poner en práctica desde que comenzó el dolor?».
- Si te duele el BRAZO DERECHO, que está relacionado con dar y con actuar en el presente o abrazar una situación nueva o a alguien, las preguntas podrían ser: «¿En qué situación me cuesta dar, o me siento obligado a dar algo que no deseo? ¿Qué situación me cuesta abrazar con amor desde que apareció el dolor?».

Busca en el «Diccionario de síntomas» las preguntas que te puedan ayudar, usa tu imaginación para crear otras nuevas que te ayuden y anota las respuestas que te vengan.

Sé una persona imaginativa y pregúntate todo lo que se te ocurra hasta dar con una respuesta que encaje con tu historia. Si encuentras conexiones, el siguiente paso será más fácil y al final verás resultados cuando acabes el proceso, en poco tiempo. Permítete escuchar a tu intuición.

Anota todas las respuestas que te vengan a la mente.

3. ¿En qué situaciones aparece o te molesta más? Deja que tu mente te dé la respuesta más inmediata, y anota en el cuaderno de trabajo los momentos que recuerdas en los que más te afecta ese síntoma. Esas situaciones te darán pistas de algo importante que te quiere decir tu síntoma.

Si te aparece un ataque de TOS cuando vas a ver a tu tía, te ayudará a darte cuenta de que hay alguna creencia que te hace criticarte internamente cuando estás delante de ella.

Si te duele la PIERNA al pasear por el parque con tu pareja, es posible que tu miedo al futuro se active por alguna situación o conflicto que tienes pendiente con ella o del que te acuerdas cuando estás hablando con ella.

Simplemente observa cuándo lo notas y verás alguna posible pista para tu mente que probablemente te ayudará.

4. ¿Qué te impide hacer, o lo dificulta, el síntoma?

Aquello que el síntoma te impide hacer
es ALGO QUE DESEAS HACER, pero
te impides hacerlo debido una CREENCIA.

Piensa en las situaciones en las que no puedes hacer algo por tener ese síntoma o sientes molestias al hacerlo (no hace falta que te lo impida totalmente, solo que no lo hagas con total soltura, libertad y comodidad).

Por ejemplo, un dolor de rodilla que te impide caminar bien, o un problema de garganta que te dificulta hablar en público, o una infección de oídos que hace que te moleste escuchar la voz de tu pareja, te indican que deseas realizar esas acciones, pero no te lo permites.

En el caso de la RODILLA, puede que quieras avanzar más rápido hacia tus metas profesionales (si es la rodilla derecha), pero crees que tienes que hacerlo a tu manera, y tu cuerpo te avisa de que tu inflexibilidad mental te impide escuchar los consejos de los demás y te impides avanzar más deprisa, que es lo que realmente deseas.

Si te molesta la GARGANTA al hablar en público, el síntoma te indica que lo que realmente deseas es expresarte con soltura en ese ambiente, de forma clara y sincera, sin limitarte por tus miedos.

Si te duelen los OÍDOS al escuchar a tu pareja, significa que juzgas demasiado sus palabras y deseas abrirte a escucharla con más amor y compasión.

Como ves, y como he comprobado muchas veces, lo que te impide hacer el síntoma es normalmente lo que en realidad deseas hacer, pero de forma diferente o con una actitud diferente.

5. ¿A qué te obliga el síntoma?

Aquello que el síntoma te obliga a hacer
es algo que realmente NO DESEAS HACER, pero
te fuerzas a hacerlo debido a una CREENCIA.

Anota las cosas que te ves obligado a hacer debido a tener el síntoma o enfermedad descrito.

Por ejemplo, si un dolor de ESPALDA te obliga a estar agachado o encorvado, puede que te obligues a doblegarte ante las exigencias de alguien porque te sientes responsable de la felicidad de esa persona, pero tu mayor deseo es liberarte de esa carga, estirarte, afirmarte.

Si un dolor en las NALGAS o en la zona del COXIS te obliga a levantarte del asiento, tu cuerpo te dice que realmente deseas concederte un descanso, pero puede que creas que eres una persona perezosa y entonces tu creencia es la que te hace levantarte para demostrar a otros que eres una persona laboriosa.

En estos casos, el síntoma te permite ver lo que hay en tu mente, que puede ser un miedo o un pensamiento de culpa y no lo que deseas hacer en realidad, que es lo que harías sin ese síntoma.

Es decir, que si te obliga a parar, lo que deseas es actuar; si te obliga a callarte, lo que deseas es hablar; si te obliga a doblarte, lo que quieres es estirarte, que simboliza hacerte valer o mostrar tu autoconfianza; si te obliga a no ver, quieres ver; si te obliga a no oír, deseas oír; si te molesta cuando te tocan la piel y eso hace que los demás no te toquen, tu deseo es ser tocado; y así sucesivamente.

Y recuerda que cada gesto o movimiento también es un símbolo, es una metáfora de algo más profundo. Si una fisura en el LABIO te obliga a cerrar la boca porque si la abres te duele, simboliza que te sientes culpable por «abrir la boca», que significa hablar. Te obligas a «cerrar la boca» por sentirte dividido, cuando tu mayor deseo es hablar alto y claro.

Usa los símbolos según te indique tu intuición.

6. ¿Cuál es el deseo de tu alma que no está siendo expresado?

Escribe **eso que deseas ser o hacer** y de lo cual te está avisando tu síntoma o enfermedad.

Normalmente, el deseo está relacionado con vivir desde el Amor Incondicional, así que puedes recordar los principios que hemos visto anteriormente.

**Tu verdadero deseo está siempre
relacionado con los principios
del Amor Incondicional.**

Por ejemplo, la persona que tiene dolor en la rodilla derecha, puede tener el deseo de avanzar más rápido hacia su verdadero proyecto profesional, de creer en sí misma y de abrirse a escuchar nuevas ideas para lograr sus metas materiales o laborales.

La persona a la que se le dobla la ESPALDA, normalmente tiene el deseo de liberarse de su carga y sentirse libre e independiente, erguida, como diciendo: «¡Aquí estoy yo, y soy libre!».

Cada síntoma tiene detrás un deseo y debes averiguar cuál es para poder restaurar el equilibrio dentro de ti.

Cuando hayas conectado tu síntoma con lo que pasó poco antes de que apareciera, verás que hay un deseo que tu alma quiere expresar y que es importante para ti.

Anota todos los deseos que hayas reconocido que tiene tu verdadero Ser, relacionados con el significado, y descubrirás aquello por lo que te está avisando el síntoma.

Preguntas específicas del síntoma

Si las preguntas generales no te han dado toda la información que necesitas para saber qué situación ha causado que aparezcan creencias relacionadas con el síntoma, puedes usar las preguntas específicas de cada síntoma, que encontrarás en el «Diccionario de síntomas», y unirlas con tu creatividad.

Paso 3: Creencias

Este es un paso muy importante. He podido observar en mi experiencia que, si no encuentras la creencia o creencias que te están impidiendo expresar una parte de tu Ser, aunque te digas mensajes positivos es difícil que el síntoma desaparezca totalmente, a menos que definas con claridad y precisión el mensaje que sirva para sustituir esa creencia oculta que hay en tu mente por otra positiva que la haga desaparecer.

Es decir, que **la clave de este paso es encontrar todo tipo de creencias erróneas, ocultas e inconscientes** que te están impidiendo ser quien quieres ser o amarte tal y como eres.

Lo que causan los síntomas son
CREENCIAS ERRÓNEAS INCONSCIENTES
que nos separan de nuestro verdadero Ser.

Estas creencias normalmente están ocultas para nuestra mente consciente, de tal forma que, si tratas de averiguar si estabas pensando eso que te indica tu cuerpo, es posible que no «escuches» en tu mente esas creencias, porque la mente las guarda a un nivel muy profundo. Y por eso aparece el síntoma, para hacerte ver esas creencias a las que tu mente consciente normalmente no tiene acceso.

Cuando las busques, **trata de suponer que las tienes** y busca la que pueda haber que sea similar en tu mente. Cuando creas que la has encontrado, aunque no sea con seguridad, usa los últimos dos pasos (el paso 4 y el paso 5) para cambiarla. **Si era la correcta, tu síntoma desaparecerá**.

Muchas veces nos cuesta aceptar que tenemos ciertas creencias, porque algunas son muy duras (por ejemplo: «No soy digno de ser amado porque he hecho daño a los que quiero») y es normal tener miedo de reconocer que pensamos cosas que no nos gustan, pero piensa que tienes creencias de todo tipo, creencias buenas y creencias no tan buenas, y que lo importante es encontrar las que una vez dejaste entrar en tu campo mental, y que ahora has entendido que no te sirven más (como por ejemplo: «No sirvo para nada y he decepcionado a todo el mundo»), para cambiarlas por otras mucho mejores (como por ejemplo: «Soy un Ser maravilloso, totalmente digno de ser amado como Soy; acepto haber cometido errores en el pasado y me perdono»).

Ten en cuenta que puede que tengas una creencia negativa muy fuerte en tu subconsciente («no merezco amor», por ejemplo) y hayas oído una buena idea («todos merecemos amor», por ejemplo), pero la segunda no corrige la primera, al no ser consciente de que la tienes y al tener menos presencia la positiva que la negativa. Debes hacerte consciente de que tienes la primera para poder reprogramarla cada vez que la detectes usando la versión amorosa y positiva adecuada.

> **Aunque no sepas si tienes una creencia
> determinada, imagina que la tienes
> y verás que, si la tenías y cambias tu mente,
> el síntoma desaparecerá.**

En este paso, te puedo dar un truco que uso para encontrar creencias negativas en mi mente: **cuanto más teatrales sean las frases que se**

te ocurran, mucho mejor, porque así le pondrás sentido del humor al proceso. Por ejemplo, si te das cuenta de que te da vergüenza hablar en público porque sientes que vas a hacer el ridículo, cuando escribas tus creencias, en lugar de poner: «Me da miedo hacer el ridículo en público», es más impactante y te ayudará a reírte más de ti mismo el escribir: «¡Creo que si salgo en público voy a ser absolutamente ridículo y vergonzoso, porque creo que doy pena!».

En cierto modo estoy bromeando, no tienes por qué pensar eso exactamente, pero si lo piensas no pasa nada, y es mejor que lo escribas tal y como lo sientes, aunque suene muy estrafalario.

Y esto es porque nuestras creencias son voces de nuestro pasado, que se han quedado en nuestra mente y que pueden sonar así de exageradas y ridículas, pero las tenemos. Y es maravilloso poder reírse de uno mismo.

A veces serán creencias de tus padres, de una figura a la que admiraste, de alguien que te dio miedo, etc., y que simplemente se quedaron grabadas en tu mente.

Por eso es bueno ser honestos con nosotros mismos y escribir las creencias tal y como las sentimos, **porque luego haremos la mejor parte: ¡cambiarlas por otras!**

Te recomiendo que pongas **mucha compasión y mucho sentido del humor** cuando vayas encontrando las frases que hay en tu mente relacionadas con el síntoma que sufres. Verás que tu mente es a veces como un pequeño dictador que te impide mostrar tu verdadero brillo, pero que no lo hace con maldad, sino que una vez, hace tiempo, creyó que, guardando esa creencia en su biblioteca, te ayudaría a sobrevivir o a protegerte, y lo hizo con la mejor intención.

Y seguro que cumplió su función durante un tiempo, para que tu alma viviera el dolor de tener una creencia limitante (como «No valgo nada» o «Tengo que responsabilizarme de mi madre porque, si no, no voy a ser amado») y para que después te dieras cuenta de que esa idea ya no te servía y la soltaras de una vez para siempre.

El alma necesita vivir una creencia negativa para poder aprender de ese sufrimiento y sentir la alegría de liberarse, pero sabiendo (y a veces sufriendo) primero lo que es lo contrario de esa libertad.

Podrás ver, cuando acabe el proceso, que la vida es como un gran juego y que solo hay que ir jugando a ser detective para encontrar las respuestas que buscas y volver a recordar tu amor.

Vamos a ver algunas técnicas que puedes usar para encontrar las creencias que pueden estar en tu mente y que están generando el síntoma que tienes.

Cómo encontrar las creencias que te bloquean

Busca en el «Diccionario de síntomas» aquellas creencias relacionadas con el síntoma que pueden impedirte expresar un aspecto *amoroso* o *positivo* de tu Ser (recuerda los principios básicos del amor).

¿Qué pensamiento me impide lograr ser quien quiero ser?

Por ejemplo: si te duele la ESPALDA en la zona DORSAL, verás que el síntoma aparece porque te impides ser libre, creyendo que debes salvar a otra persona. Y puede que la creencia que tengas es que no debes ser libre, y está relacionada con «Soy responsable de la felicidad de… (esta persona), por… (esta razón)».

Para precisar más la razón por la cual te impides amarte tal y como eres, haz la pregunta: «Si me permito *hacer* eso que el mensaje de mi cuerpo me está diciendo que deseo, ¿qué es eso tan malo que creo que va a suceder?».

¿Qué me da miedo que pase si decido ser quien deseo ser?

En nuestro ejemplo, una persona A que se siente responsable de su madre podría pensar (es decir, su creencia es): «Si me permito dejar a mi madre libre y no me preocupo por ella, *va a pensar que soy un mal hijo y no voy a tener su cariño*». En este caso, teme el juicio externo y perder el amor de su madre.

Otra persona B, en cambio, podría pensar: «Si me permito dejar a mi madre libre y no me preocupo por ella, *voy a ser rechazado por Dios*». En este caso, la creencia sería el temor a no cumplir sus propios valores espirituales.

Como ves, aunque a las dos personas les duele la espalda por responsabilizarse de la felicidad de alguien, sus creencias son diferentes. Deben cambiarlas, porque la creencia que tiene cada una es incorrecta para sí misma, al estar creándoles el síntoma.

Anota en el cuaderno de trabajo todas las creencias negativas que se te ocurran, relacionadas con el síntoma, que puedan estar impidiéndote ser libre y amarte tal y como eres.

¿Qué creencia me impide amarme
o amar a otro ser?

¿Qué creencia me impide ser libre
o dar libertad a otro ser?

Como te he recomendado antes, trata de buscar *frases exageradas* o teatrales, para reírte un poco de lo que has elegido creer (por ejemplo: «¡Creo que soy una persona totalmente ridícula!» o: «Si hago eso mal voy a ser condenado por toda mi familia al paredón de fusilamiento», y cosas así). Reírse de uno mismo es el primer paso para cambiar esa forma de pensar.

Cuantas más creencias que te perjudican encuentres, más fácil será después crear los mensajes que te está dando tu cuerpo.

Tal vez te sorprenda la cantidad de creencias que tienes que ya no te sirven, pero ese es el proceso de evolución del alma: averiguar lo que *no es* tu verdad, para luego *decidir lo que sí es.*

Usa tu creatividad y diviértete.

Paso 4: Mensajes

Este es el paso en el que puedes usar tu amor y creatividad para empezar a quererte un poco más donde antes no lo hacías, o en el que puedes abrir nuevas puertas al verdadero amor.

Cuando tienes localizadas las *creencias claras y específicas* que te están impidiendo mostrar una parte de tu alma, el siguiente paso es sencillo, aunque tiene algo de truco y puede necesitar práctica.

En este paso solo **debes generar** *mensajes positivos y amorosos* **para reprogramarte,** que te devuelvan a tu verdadero Ser y te permitan expresar tus verdaderos deseos —los cuales ya has encontrado en los pasos anteriores— usando un lenguaje muy preciso.

Cómo generar los mensajes de tu cuerpo (método general)

Los mensajes de tu cuerpo son **frases que te ayudan a corregir las creencias** negativas encontradas en el paso anterior desde el Amor Incondicional.

Para ello, puedes ayudarte recordando los principios del Amor Incondicional que hemos visto anteriormente.

Ten en cuenta que el mensaje que hagas te debe ayudar a *confiar, ser libre, aceptar y amar*.

Para generar los mensajes de tu cuerpo, puedes ayudarte de lo siguiente:

Reformula la creencia que hay en tu mente convirtiéndola en algo positivo, amoroso y generador.

Para crear tus mensajes utiliza siempre un lenguaje amoroso y positivo.

Por ejemplo, si la *creencia* que yo tengo es: «Si me permito dejar a mi hijo libre y no me preocupo por él, va a pensar que soy una mala madre y no voy a tener su cariño», entonces *el mensaje* que debería generar se podría parecer a este: «Me permito dejar a mi hijo libre, y confío en que sigo siendo una buena madre, digna de ser amada tal y como soy».

Usa en lo posible afirmaciones liberadoras y poderosas. Dos comienzos de frase muy útiles son: «ELIJO…» y «ME PERMITO…».

Principios de frases útiles:

ELIJO…

ME PERMITO…

Si tienes miedo de hablar en público, no sirve de mucho decir: «Soy un gran orador», porque internamente sabes que no es cierto. Pero puedes decir: «**Me permito** hablar en público y confiar en que lo haré cada vez mejor».

Y si te cuesta confiar en otras personas, no es fácil que te veas sincero diciendo: «Confío en las personas de mi vida», pero puede ayudarte abrirte a tomar una decisión eligiendo confiar: «**Elijo confiar** en las personas de mi vida». De esta forma, vas creando cada día la confianza, y un buen día será cierto que confías; pero mientras tanto puedes decir con honestidad que «eliges» confiar cada vez más.

Ejemplos:

«Me permito afrontar mis miedos con valor y confío en que la vida me protege».

«Elijo confiar en mi capacidad de salir adelante en mi proyecto profesional».

«Me permito ser más tolerante con mi familia, y aprendo a aceptar que hacen lo que pueden».

Evita usar frases en negativo, pues pueden reprogramarte de forma incorrecta.

En lugar de decir (un ejemplo exagerado): «Voy a dejar de odiar profundamente a mi padre y evitar maltratarme psicológicamente por ser mala madre», **un buen mensaje de tu cuerpo con amor sería:** «Me permito perdonar a mi padre poco a poco y elijo aceptarme con mis defectos como madre, tratando de ser cada día mejor y conectar con mi amor».

Anota en el cuaderno de trabajo todos los mensajes que se te ocurran que puedan corregir creencias negativas. Cuantos más mensajes anotes, mucho mejor.

Busca en el «Diccionario de síntomas» las recomendaciones de mensajes para cada uno de ellos.

Usa todas las que te sirvan de cada síntoma o parte del cuerpo relacionada con lo que te pasa y únelas de forma creativa en tu mente.

Puedes crear tus propias frases a partir de las que encuentres en el «Diccionario de síntomas».

Por ejemplo:

Si me duele la RODILLA IZQUIERDA y uno de los mensajes de la rodilla es «Me permito escuchar los consejos y sugerencias de los demás para avanzar hacia mi futuro y decidir con mi corazón», entonces, como es la rodilla *izquierda*, podría escribir el mensaje: «Me permito escuchar los consejos y sugerencias de los demás para avanzar hacia mi futuro *sentimental y familiar* y decidir con mi corazón».

Lo importante de este paso es que sientas que los mensajes que te das sean liberadores y que se anulan todas las creencias negativas que han aparecido en el paso anterior.

Si revisas tus creencias de nuevo y ves que todavía hay un miedo presente y que te falta algún mensaje que te dé paz, entonces escribe ese mensaje que necesitas, simplemente leyendo los principios del Amor Incondicional y repitiéndote aquello que tu alma desea escuchar.

Por lo general, incluirá perdonarte y aceptarte tal y como eres, como mínimo.

Sabrás que has encontrado el mensaje cuando, al leerlo o repetirlo en tu mente, te sientas en paz y con una gran sensación de gratitud y amor, como si una persona a la que quieres te hubiera dado el mejor consejo del mundo, justo lo que necesitabas oír, y dijeras: «Qué bien, ¡gracias! Eso es justo lo que necesitaba escuchar».

Paso 5: Acción

En este último paso del proceso, lo más importante es grabar en tu mente de la forma más clara posible los mensajes que te ha dado tu cuerpo.

Para ello, hay varias cosas que puedes hacer:

La acción más importante es la siguiente: REPETIR.

Repite los mensajes de tu cuerpo al menos una vez al día durante un mes.

Puede que te cueste creer lo increíblemente fácil que es cambiar una creencia negativa por otra positiva solo **mediante la repetición**.

Podría parecer que es necesario un profundo proceso subconsciente para reprogramarte, pero en mi experiencia he visto que no es así. En el momento en que comprendes cuál es la creencia limitante que te provocaba el síntoma, como está asociada a la enfermedad o dolor, tu mente se da cuenta muy fácilmente de que el mensaje nuevo es una verdad profunda de tu Ser y lo acepta con facilidad. A veces tarda un poco y otras es muy rápido, pero si das con el mensaje adecuado, el proceso es sencillo y efectivo.

Lo he comprobado en cientos de ocasiones, conmigo y con otras personas: en el momento en que empiezas a sustituir una creencia antigua (que no te sirve) por otra nueva (*tu mensaje*) que te ayuda, los cambios son instantáneos y se graban en tu mente subconsciente de manera fácil.

Solo tienes que dar con el mensaje más sencillo y amoroso que disuelva los miedos y cambie la creencia negativa, y repetirlo una y otra vez hasta que el síntoma desaparezca.

Haz una lista de todos tus mensajes y busca la forma de repetirlos al menos una vez al día, todos ellos, durante un mes.

Mi receta básica es repetir una vez al día durante un mes. He comprobado que más o menos con un mes es suficiente, pero a veces el síntoma desaparece antes y otras tarda un poco más.

Al principio es importante que lo repitas este tiempo para que durante el mes aparezcan situaciones que disparen el miedo o la creencia antigua y así puedas sustituirla todas las veces por tus mensajes. Puede que en ocasiones sea importante para ti mantener el mensaje presente durante varios meses, si deseas no olvidarlo o si la creencia negativa contraria es muy fuerte o está muy arraigada.

Uno de mis trucos favoritos para hacerlo es usar un programa del teléfono móvil (o celular, para mis amigos y amigas de América) capaz de poner alarmas diarias con texto, y normalmente lo utilizo para ponerme todos mis mensajes a distintas horas del día. De esta forma no gasto apenas tiempo, porque el mensaje suena en mi teléfono como si me llegara un mensaje de texto, y lo leo en un momento.

Te recomiendo usar una aplicación de tu teléfono que te permita poner alarmas diarias con el texto de tus mensajes.

Para ello creas una alarma, le asignas el texto del mensaje que quieres reprogramarte, lo pones a una hora del día que te guste, por ejemplo a las 11:37, y lo configuras para que se repita todos los días.

Luego haces lo mismo con el resto de los mensajes, poniéndolos a diferentes horas. Así solo gastas unos segundos en leerlos, y el efecto es muy poderoso, ya lo verás.

Puedes añadir símbolos o emoticonos en color, para darle más atractivo al mensaje, si cuentas con esa opción. A mí me gusta, porque tengo una parte de mí muy visual que aprecia la belleza, y así me produce más emociones positivas el leer mis mensajes.

Cuando lleves un mes leyendo un mensaje, puedes continuar, si crees que necesitas reforzarlo más, o borrarlo y cambiarlo por otro.

También puedes repetirlos más de una vez al día, si lo crees necesario y no te cansa. **Lo importante es que, cuando leas el mensaje, sientas que es tu alma la que te está hablando.**

También puedes usar otras opciones para leer los mensajes todos los días, como escribirlos en una hoja con letra bonita y en colores, o ponerte notas adhesivas en el espejo del baño, o cualquier sistema que te inspire y que te haga leerte todos los días esas frases que te van a ayudar a cambiar las creencias negativas que ya no te sirven por los mensajes de tu verdadero Ser.

**Sabrás que has encontrado
el mensaje correcto cuando al leerlo
sientas paz, alegría, libertad o plenitud.**

Sabrás que has encontrado el mensaje correcto cuando al leerlo sientas tranquilidad, alegría o plenitud, y notes que poco a poco desaparecen los síntomas.

Si ves que desaparecen solo parcialmente, seguramente debas empezar el proceso de nuevo: buscar nuevas creencias que te puedan estar perjudicando y cambiarlas por mensajes positivos que te inspiren.

Otras acciones opcionales

Además de repetir los mensajes, **es importante poner en práctica acciones concretas** que refuercen tus nuevas actitudes.

Por ejemplo, si te duele la ESPALDA y has decidido quitarte la responsabilidad por la felicidad de tu pareja, dejándola libre, y empezar a hacer cosas nuevas en tu vida, puede ser un buen plan de acción **hablar con ella, contarle que a partir de ahora necesitas más tiempo para ti** y que va a tener que contar menos contigo para algunas cosas.

En cada síntoma del diccionario encontrarás acciones específicas para reforzar el cambio de creencias que has decidido hacer. Dependiendo del síntoma, habrá distintas acciones que puedes poner en práctica para aplicar tus nuevas decisiones sobre quién quieres ser.

Utiliza tu creatividad, o pide ayuda a un *coach* o a un terapeuta que use la técnica ATS, para crear un plan de acción a tu medida.

**Crea y anota un plan de acción
que te ayude a poner en práctica
e integrar los mensajes de tu cuerpo.**

Verás que, en cuanto pongas en acción las nuevas creencias que te dicen tus mensajes, tu vida empezará a cambiar y podrás observar resultados sorprendentes.

No solo desaparecerán los síntomas, sino que descubrirás, por un lado, importantes mensajes sobre quién deseas ser en cada momento y, por otro, las pistas que te llevan a cumplir tu verdadero propósito en esta vida.

Poner en práctica este sistema cada día en mi vida diaria me ha llevado a reconectar con mi verdadero Ser, a encontrar respuestas que nunca hubiera imaginado y a avanzar con confianza en mi camino de crecimiento espiritual, además de mejorar exponencialmente mi salud y bienestar.

Espero que este sistema te ayude a ti y a las personas a las que desees ayudar; si necesitas recursos adicionales para crecer, te invito a seguir mis novedades en los cursos, talleres y vídeos que podrás encontrar en la página web:

www.losmensajesdetucuerpo.com

A continuación tienes el «Diccionario de síntomas» completo para que puedas resolver cualquier dolor o enfermedad siguiendo los pasos indicados con anterioridad.

Que tu intuición te guíe y te lleve al mejor camino que tu Ser pueda imaginar.

5

Diccionario de síntomas

ESTE DICCIONARIO INCLUYE las enfermedades y síntomas más generales y conocidas —según mi particular criterio— y las partes del cuerpo más relevantes.

El orden de cada sección se corresponde con una especie de estructura «de arriba abajo» en el cuerpo y al final se sitúan las enfermedades más complejas y globales. No he elegido la ordenación alfabética exacta de las secciones, porque me parecía más fácil localizar los síntomas de forma visual en el cuerpo, en la medida de lo posible.

Te informo de que **al final del libro tienes un listado por orden alfabético de los diferentes síntomas** (por si el listado por secciones no te ayuda a encontrar el tuyo), y de las partes del cuerpo que he elegido añadir a este volumen. Si echas alguno en falta, te recomiendo buscarlos en la web (www.losmensajesdetucuerpo.com), en mis redes sociales en formato vídeo o post, y en futuras publicaciones, donde pueda profundizar más en ciertos temas.

También quiero contarte que cuando en algún síntoma (o zona) hago referencia a «problema» asociado al mismo, me refiero a cualquier manifestación física de esa parte del cuerpo que se salga del estado de salud normal, como puede ser un dolor muscular o articular, una rotura de hueso o tejido, una herida en la piel o problemas en la piel de esa zona, un quiste, una infección o cualquier otro síntoma posible.

Una vez detectado el «problema» o síntoma que tienes y averiguado el significado de la zona en la que se encuentra, debes buscar el significado de ese «problema» en particular (como te explico más atrás en el apartado «Significado»). Por ejemplo, si tienes un grano en la piel del brazo derecho, busca el significado del síntoma (grano) y, luego, la zona (brazo derecho).

Si tienes dudas, repasa el principio del libro, donde se explica en detalle la metodología del sistema ATS. Espero que te ayude a encontrar lo que buscas.

Ejemplo de síntoma

A continuación tienes explicado un síntoma de ejemplo, con todos los pasos de la técnica ATS, para que veas en detalle lo que encontrarás en el diccionario que empieza en el siguiente apartado.

Síntoma X

Aquí irá normalmente una descripción del síntoma o zona en cuestión, para reconocerlo y saber si es lo que tienes.

1. Significado

Lo más importante: Aquí encontrarás una descripción del significado más importante de este síntoma o zona del cuerpo, para verlo rápidamente. Más adelante podrás localizar una descripción más detallada del significado.

En caso de que el síntoma pueda aparecer tanto en el lado izquierdo del cuerpo como en el derecho, verás el siguiente texto como indicación para que busques el significado de cada lado en el principio del libro:

Añade el significado del lado afectado, DERECHO O IZQUIERDO (p. 50), para saber en qué área de tu vida debes buscar el mensaje.

Después aparecerá una indicación con la lista de otros posibles síntomas a consultar, para que los busques si tu síntoma tuviera alguna relación con otros. Unas veces tendrás que mirar todos, otras veces solo los relevantes para tu dolencia.

Puedes consultar también el significado de SÍNTOMA Y, SÍNTOMA Z.

Tu verdadero deseo: Aquí podrás leer el deseo inconsciente que tiene tu alma, y que es específico para cada síntoma, de forma resumida.

Significado en detalle: Aquí encontrarás una descripción detallada del significado metafísico del síntoma o zona del cuerpo, para que puedas profundizar y comprenderlo mejor, en caso de que la sección breve «Lo más importante» no sea suficiente para ti.

2. Investigación

Viaja con tu mente al momento en que apareció el síntoma; ayúdate de las **preguntas generales (p. 68)** y añade las siguientes:

Aquí verás las preguntas que debes hacerte para buscar en tu mente la situación que causó que aparecieran ciertas creencias en tu mente y, por tanto, el síntoma.

3. Creencias (erróneas)

Busca las creencias limitantes (normalmente inconscientes) con las que más te identificas o encuentra en ti algunas similares:

Aquí verás ejemplos de creencias que es posible que tengas y que pueden estar causando el síntoma. Normalmente las que tienes serán iguales o similares, pero no olvides buscar otras que puedan estar impidiéndote lograr el deseo que aparece en el paso 1 («Significado»).

4. Mensajes

Para cambiar tus creencias puedes usar las siguientes afirmaciones; te invito a crear las tuyas usando el **método general (p. 76)**:

Aquí podrás ver los mensajes de amor que te da tu cuerpo, en forma de afirmaciones positivas, para que sustituyas por ellas tus creencias erróneas obtenidas en el paso anterior. Recuerda que también puedes, y es bueno, crear tus propios mensajes, usando la metodología general que hemos visto antes.

5. Acciones

Aquí encontrarás un listado de acciones recomendadas para ayudarte a cambiar la forma de pensar que está creando el síntoma y para anclar en tu mente subconsciente nuevas formas de ser que tu alma desea experimentar. Las siguientes son las que te recomiendo para todos los mensajes:

• Repite los mensajes de tu cuerpo todos los días.
• Investiga más posibles mensajes y… ¡ámate!

5.1. Cabeza, cabello, ojos, oídos

La cabeza es una parte muy importante del cuerpo, pues en ella están presentes todos los sentidos (vista, oído, olfato, gusto y tacto). Además, representa nuestro *yo soy*, nuestra individualidad como partícula del Creador, y nos conecta con lo divino a través del cabello y los chakras o centros energéticos superiores.

Todo problema en la cabeza, sobre todo el dolor, produce una dificultad para usar los sentidos, para percibir correctamente la realidad que nos rodea; nos invita a parar la mente racional y los juicios para simplemente sentir y reconectarnos con el Ser que realmente somos, es decir, un Ser de amor que desea vivir una experiencia única y ofrecérsela al Creador.

En este apartado no se describen ni el olfato, ni el gusto ni el tacto, pues pertenecen al sistema respiratorio, al sistema digestivo y a la piel, respectivamente.

CABELLO: PROBLEMAS GENERALES (Y CAÍDA, ALOPECIA Y CASPA)

Este significado se refiere a los problemas generales que afectan al pelo de la cabeza, a su caída, a su fortaleza o a su aspecto.

1. Significado

Lo más importante: Cuando el cabello se cae o tiene algún síntoma, te avisa de que estás perdiendo la seguridad en ti mismo y la confianza en tu conexión con tu parte divina, con el Universo, con lo espiritual o con Dios.

De alguna forma no te sientes protegido por la vida o crees que te va a faltar algo importante para tu bienestar o tu felicidad.

En caso de tratarse de calvicie (pérdida total del cabello), consulta CALVICIE.

Tu verdadero deseo: Deseas creer en ti, conectarte con tu alma y con tu parte espiritual más profunda, y confiar en que todo va a salir bien, en que nada importante se pierde y en que siempre estás protegido.

Significado en detalle: El pelo representa las antenas que nos unen con lo cósmico, con lo divino, con el mundo espiritual. Cuando se debilita o lo perdemos, nos indica que estamos perdiendo nuestra fe y nuestra confianza en que el Universo nos ayuda, ya sea por un miedo repentino (caída espontánea) o por exceso de uso de la mente racional, que solo ve el mundo material pero no el espiritual (caída progresiva).

Si sufres una CAÍDA o pérdida repentina de cabello, es posible que pienses que has perdido algo o a alguien, y creas que sin ello no eres «lo que debes ser». En ese caso tienes que aprender a creer que eres perfecto tal y como eres, y que siempre vas a tener amor, aunque no tengas algo o a alguien. Es bueno que aprendas el desapego.

Los cabellos también representan una protección en tu piel, y los problemas como la ALOPECIA (caída de algunas zonas de pelo de la cabeza) pueden indicarte que no te sientes protegido por Dios o por la vida en tus relaciones con los demás. Además, los problemas que afectan a tu estética y al cuero cabelludo, como la CASPA, te indican que, además de no confiar en tu parte divina, te importa lo que piensan de ti en relación con tu lado espiritual, te preocupa el juicio de los demás en esa área.

Tu pelo te indica que debes aprender a confiar en la vida y, si temes perder algo que crees indispensable o que te hace sentirte protegido, te invita a que confíes en que nada importante se pierde nunca. Aquello que temes perder o haber perdido, o bien no es tan importante para tu vida como crees, o, si lo es, no debes tener miedo de perderlo, porque seguirás teniéndolo mientras lo necesites.

Te dice que elijas creer en un Universo amoroso y protector, que siempre te cuida y te guía, para que alcances tu más glorioso destino.

Descubre las creencias que te impiden confiar en la vida y en tu conexión con el Universo o con lo divino en ti, y conviértelas en mensajes de amor que te devuelvan la paz.

2. Investigación

Viaja con tu mente al momento en que apareció el síntoma; ayúdate de las **preguntas generales (p. 68)** y añade las siguientes:

- ¿Qué temiste perder cuando comenzó el problema del cabello? ¿Qué crees *ser* gracias a eso que temes perder?
- ¿En qué áreas de tu vida has perdido tu confianza y tu conexión con lo divino desde que apareció el síntoma?

- ¿Qué creencias te impiden confiar en que todo va a salir bien y en que estás protegido?
- ¿Qué creencias te impiden mostrar tu parte espiritual o tu visión de que todo es amor y que el Universo o Dios te cuida?

3. Creencias (erróneas)

Busca las creencias limitantes (normalmente inconscientes) con las que más te identificas o encuentra en ti algunas similares:

- «Siento que estoy solo y sin ayuda en esta vida, no existe amor ni protección divina».
- «El mundo es solo lo racional y lo material; no existe el mundo espiritual, son abstracciones sin sentido».
- «Creo que he perdido _____ (algo o a alguien importante para ti) o que voy a perderlo, y creo que sin eso no voy a estar bien ni voy a sentirme protegido».
- «No soy especial, ni tengo una conexión con la vida ni con el Universo, y no creo que tenga ayuda para crear mi vida».
- «No puedo ser yo mismo; la vida tiene muchas preocupaciones y estoy solo. Para ser amado tengo que hacer cosas que otros aprecien o tener cosas que no tengo; no es suficiente con existir para tener amor».

4. Mensajes

Para cambiar tus creencias puedes usar las siguientes afirmaciones; te invito a crear las tuyas usando el **método general (p. 76)**:

- «Elijo confiar en mi conexión con el Universo y con Dios; siempre estoy protegido y siempre estoy rodeado de AMOR».
- «Soy un ser espiritual y me permito mostrarme al mundo tal y como soy».
- «Elijo confiar en que _____ (lo que temo perder o haber perdido) estará en mi vida si es necesario, y, si no es necesario, se irá por una buena razón, y todo saldrá bien».
- «Me permito ser libre y hacer lo que siento, confiando en que estoy siempre protegido, y en que siempre encuentro la forma de darme lo que necesito para estar bien».
- «Elijo confiar en mi fuerza interior y en mi conexión divina».
- «Me permito conectar con mi Dios interior, con mi lado más espiritual, y profundizar en mi verdadero Ser».

5. Acciones

* Repite los mensajes de tu cuerpo todos los días.
* Habla con otras personas expresando lo que necesitas o lo que temes perder, y verás que lo realmente importante siempre lo tienes y que la mayoría de las veces no lo vas a perder.
* Siempre que puedas, elige confiar y pedir ayuda y amor a las fuerzas invisibles, y aprende a escuchar tu voz interior en el silencio de la meditación: te dará las respuestas que buscas para confiar más en la vida.
* Busca formas de conectar con tu lado más espiritual y rodéate de personas que te apoyen en ese camino, para que sientas que no estás solo y que siempre tienes la ayuda y el apoyo que necesitas.
* Investiga más posibles mensajes y... ¡ámate!

CABELLO: CALVICIE

La calvicie es la pérdida de cabello en la cabeza de forma permanente, sobre todo en la parte superior de esta.

1. Significado

Lo más importante: Este síntoma te indica que sufres conflictos internos con el hecho de tener que manifestar tu autoridad, es decir, a veces te muestras como una persona excesivamente autoritaria por falta de confianza en ti mismo y en la vida, imponiendo tus puntos de vista o tus conocimientos, pero en tu fuero interno no aceptas que estás siendo autoritario.

Puedes consultar también el significado de CABELLO (problemas).

Tu verdadero deseo: Deseas confiar más en ti y en la vida, aceptar que a veces eres una persona autoritaria y vivirlo de forma más armónica, con naturalidad, respetando las ideas de los demás.

Significado en detalle: El cabello es tu conexión con lo divino y cuando se cae del todo significa que has sentido una desconexión total con tu parte intuitiva, con tu sabiduría femenina; has perdido la fe en que existe un orden divino que dirige todo con amor. Solo confías en tu mente racional, por eso has enfocado tus esfuerzos en controlar la vida a tu alrededor para que esté ordenada, imponiendo en ocasiones tu autoridad y tus puntos de vista, porque crees que así te sentirás más seguro.

En el fondo sientes que la vida no te protege ni te cuida, que ciertas cosas que pasan no tienen sentido, así que utilizas tu mente poderosa para tratar de poner orden en las cosas que te suceden, permitiendo que tu parte masculina, puramente racional, dirija tu vida.

Cuando te sientes atacado, reaccionas con agresividad y autoritarismo, creyendo que tienes «buenas razones» para defenderte con fiereza, porque anteriormente has tratado de ser muy amable y «correcto» todo el tiempo; pero cuando sale tu agresividad rechazas esa actitud en ti, llegando a pensar que no eres una persona autoritaria o impositiva.

El mensaje de tu calvicie es que vuelvas a confiar en que existe un orden superior que guía todo en el amor y que no tienes que imponer tus puntos de vista a nadie, pues cada persona elige quién quiere ser, y todo lo que aparece delante de ti es para tu crecimiento y aprendizaje.

Acepta que a veces sientes miedo y tienes la necesidad de defenderte sacando tu autoridad, pero sé consciente de que si impones algo a otros estás alterando su libertad y eso te traerá consecuencias negativas.

Trata más bien de decir con amor aquello que te molesta o que te da miedo, explicando cómo te sientes, y sin juzgar ni culpar a los demás de lo que te pasa. Verás que te comprenden más de lo que pensabas y que no tienes que imponerte para sentirte respetado.

La persona que confía en sí misma emana una autoridad natural que no necesita defender con violencia de ningún tipo, ni física ni verbal. Simplemente sabe poner límites con amor y firmeza, expresar sus opiniones con claridad y con respeto hacia los demás; confía en que todo tiene un orden y un sentido y en que no necesita comprenderlo todo.

Descubre las creencias que te hacen sentir inseguridad e imponer tu autoridad de manera desordenada, impidiéndote confiar en la vida.

2. Investigación

Viaja con tu mente al momento en que apareció el síntoma; ayúdate de las **preguntas generales (p. 68)** y añade las siguientes:

- ¿En qué circunstancias crees que debes imponer tus conocimientos o tu autoridad por miedo a que las situaciones se descontrolen, desde poco antes de aparecer el problema de calvicie?

- ¿En qué situaciones no confías en que todo tiene un sentido y tratas de imponer tus puntos de vista, pero a la vez te falta confianza en ti?
- ¿Qué personas te ven como alguien autoritario a veces, pero a ti mismo te cuesta reconocer que lo eres?

3. Creencias (erróneas)

Busca las creencias limitantes (normalmente inconscientes) con las que más te identificas o encuentra en ti algunas similares:

- «No hay orden ni control en el Universo; debo poner orden yo o todo saldrá mal».
- «No confío en mí y no creo que la vida sea un lugar seguro; creo más bien que hay peligros y que debo estar alerta y usar mi mente para protegerme».
- «Con mi mente poderosa veo los errores de los demás y creo que debo corregirlos por cualquier medio necesario».
- «Trato de comportarme siempre bien y hacer "lo correcto", pero a veces me atacan y ya no puedo más, y como no veo sentido a eso que me hacen, debo defenderme y sacar toda mi ira, aunque haga daño».
- «Después de sacar mi ira para defenderme, me siento mal; no debería ser autoritario, debería ser siempre amable y amoroso».
- «Muchas veces creo que tengo razón y que debo convencer a los demás de que mi visión es la correcta, pero luego no me gusta que me vean como una persona impositiva o autoritaria».
- «Me niego a creer que sea una persona autoritaria; siempre tengo buenas razones para hacer lo que hago, y las personas que me ven así se equivocan».

4. Mensajes

Para cambiar tus creencias puedes usar las siguientes afirmaciones; te invito a crear las tuyas usando el **método general (p. 76)**:

- «Elijo confiar en que la vida tiene un orden divino y amoroso que hace que todo lo que sucede tenga un sentido, y aprendo a ver el amor en todo».
- «Me abro a mi intuición y a mi parte femenina, confío en que mi corazón sabrá dar un sentido a todo con amor y dejo que mi parte masculina me defienda cuando lo necesito, respetando a los demás».

- «Me perdono por haber sido una persona autoritaria e impositiva en ocasiones y me abrazo con amor».
- «Me permito ser humano y tener momentos buenos y malos; puedo no ser amable siempre y expresar con respeto lo que me molesta».
- «Acepto que a veces tengo miedo y necesito defenderme, y aprendo a poner límites a los demás con firmeza y amor».
- «Aprendo cada día a expresar lo que me molesta o me da miedo, y acepto las reacciones de los demás con amor».
- «En el amor todos tenemos derecho a ser entendidos y aceptados; elijo soltar la razón y amar a las personas tal y como son».
- «Todo lo que me ocurre sucede por una buena razón y, aunque no sepa cuál es, confío en que me enseñará a amar cada día más».
- «Elijo confiar en mí mismo, en mi fuerza y capacidades, y elijo también confiar en Dios y en la vida; siempre estoy protegido y cuidado».
- «No tengo que demostrar nada a nadie; puedo ser tal y como soy, y puedo respetar que otros no piensen igual que yo y ser libre».

5. Acciones
- Repite los mensajes de tu cuerpo todos los días.
- Haz una lista de los miedos y creencias que te llevan a no confiar en la vida y cámbialas por mensajes de amor.
- Atrévete a hacer cosas que supongan un reto para ti y que te ayuden a afrontar tus miedos, y observa que todo sale bien cuando confías, a pesar del miedo.
- Si sueles esforzarte para hacer lo correcto, y luego te enfadas y sacas tu agresividad y tu autoritarismo, trata de ser menos exigente contigo mismo y muestra más tus emociones negativas antes de llegar a explotar, hablando de cómo te sientes (por ejemplo: «Hoy me siento dolido por lo que me dijiste ayer y no me apetece ser amable, necesito mi espacio»). De esta forma, la persona entenderá que sobrepasó tus límites, y que necesitas tiempo y comunicación para encontrar de nuevo la armonía.
- Dedica un tiempo cada día a reflexionar sobre por qué te molestan ciertas cosas que te suceden y busca en ti lo que no te gusta de los demás. Verás que, si te perdonas por tener eso que no te gusta en otros, serás más compasivo con ellos y crecerás en amor y tolerancia.
- Trata de meditar (vaciar tu mente) cada día un rato, usa lo menos posible tu mente racional (solo para asuntos prácticos) y haz cosas

que inspiren tu parte artística y emocional, como escuchar música, ver belleza y naturaleza, practicar baile o canto, o cualquier cosa que te haga sentir. Así restablecerás la conexión con tu parte divina.
• Investiga más posibles mensajes y... ¡ámate!

CABELLO: PIOJOS

Los piojos son un tipo de parásito que suele aparecer en el cabello, produciendo picor y molestias cuando se mueven o se alimentan. Consulta «Síntomas globales: PARÁSITOS».

CABEZA: DOLOR

Suele manifestarse como presión o también como un dolor punzante en alguna región del cráneo.

1. Significado

Lo más importante: El dolor de cabeza te indica que no te aceptas tal y como eres en algún área de tu vida, que te desvalorizas, que te percibes como insuficiente; te indica que no te aprecias en tu *yo soy*. Puede que creas que debes esforzarte en hacer o tener algo para conseguir aceptación, sin valorarte por lo que *eres*.

En ocasiones, el dolor de cabeza es un síntoma de liberación cuando hemos resuelto una situación que nos preocupaba, aunque normalmente antes nos hemos desvalorizado.

Añade el significado del lado afectado, DERECHO O IZQUIERDO (p. 50), para saber en qué área de tu vida debes buscar el mensaje.

Puedes consultar también el significado de MIGRAÑA.

Tu verdadero deseo: Aceptarte tal y como eres, sin tener que hacer nada ni demostrar nada, valorando tu **Ser único y especial**.

Significado en detalle: Cuando tienes dolor de cabeza, sobre todo en la **parte alta**, en forma de presión o dolor punzante, significa que te castigas por *ser* lo que eres, te «golpeas en la cabeza» con tu autocrítica.

Cuando el dolor es **de tipo inflamatorio**, es probable que te hayas liberado de un conflicto emocional por el que llevabas un tiempo sufriendo, en el que no te valorabas lo suficiente.

Puede que hayas pensado que no haces las cosas bien, que eres inútil en algo, que no sabes amar, o cualquier creencia que te haga no valorarte tal y como eres.

En ese caso tu cuerpo te avisa de que empieces a amarte de manera incondicional, con todos los errores y defectos que ves en ti, pues, hagas lo que hagas y seas como seas, eres digno de amor.

Cuando te duelen las **sienes** o la **frente**, este dolor suele indicarte que piensas demasiado sobre algún asunto y no te das tiempo para asimilar la información en silencio y meditación, o que tratas de ver con tu mente la mejor forma de hacer las cosas «bien» para ser aceptado.

El mensaje de tu cabeza es que te aceptes incondicionalmente, que te permitas respetar tus tiempos para comprender las cosas y que no te esfuerces tanto en tratar de ser como los demás esperan, pues es imposible satisfacer a todo el mundo.

Debes permitirte ser como eres y dejar que salga tu amor en la forma que tu corazón desea, aunque otros no estén de acuerdo con ello. Seguro que encuentras las personas adecuadas en tu vida que aprecian tu forma única de *ser*, si te permites ser tú mismo y encontrarlas.

Descubre las creencias que te hacen no valorarte o apreciarte y conviértelas en mensajes que te devuelvan al amor.

2. Investigación

Viaja con tu mente al momento en que apareció el síntoma; ayúdate de las **preguntas generales (p. 68)** y añade las siguientes:

- ¿En qué área de tu vida sientes que no vales lo suficiente o que no eres lo bastante bueno, desde que apareció el dolor?
- ¿Con qué personas o en qué situaciones te esfuerzas en ser como esperan de ti, en lugar de ser tú mismo?
- ¿De qué te acusas? ¿Dónde no te amas tal y como eres?
- ¿En qué situación sientes que eres una persona que no piensa suficiente y crees que debes pensar más hasta encontrar una respuesta?
- ¿A qué situación le das vueltas y vueltas tratando de entenderla y sin dejar tiempo a que vengan las soluciones?

3. Creencias (erróneas)

Busca las creencias limitantes (normalmente inconscientes) con las que más te identificas o encuentra en ti algunas similares:

* «No valgo para nada, no soy lo suficientemente bueno».
* «Soy malo, he hecho algo de lo que me arrepiento, no merezco vivir».
* «Debería ser diferente, debería ser mejor, debería cambiar, porque si no, no voy a ser amado».
* «No he hecho las cosas bien, debería ser mejor persona, merezco un castigo por ser como soy».
* «Si no tengo lo que otros esperan de mí o no hago lo que desean, no merezco amor; debo pensar cómo mejorar para que me acepten».
* «No tengo derecho a guiar a otros o ir a la cabeza; no valgo».
* «Debo esforzarme en entender lo que los demás necesitan de mí, para ser tal y como esperan y encajar en este mundo».

4. Mensajes

Para cambiar tus creencias puedes usar las siguientes afirmaciones; te invito a crear las tuyas usando el **método general (p. 76)**:

* «Elijo apreciarme y valorarme tal y como soy en este momento. Soy un ser perfecto siempre».
* «Acepto ser como soy, aunque otras personas no me aprecien o quieran que sea diferente».
* «Me relajo en mi forma de ser y dejo que mi verdad fluya hacia fuera desde mi corazón».
* «Elijo aceptarme con mis virtudes y mis defectos. Soy una persona maravillosa y soy digno hijo de Dios».
* «Yo valgo, soy una buena persona, merezco amor y soy digno de ser amado».
* «No tengo que hacer nada ni tener nada para ser amado; me merezco amor siempre, pase lo que pase».
* «Soy una persona digna de guiar a otros, y me dejo guiar por mi intuición y mi amor».
* «Me permito relajarme y dejar que mi mente procese a su ritmo la información; me tomo mi tiempo para entender mis procesos».

5. Acciones

* Repite los mensajes de tu cuerpo todos los días.
* Decídete a aceptarte seas como seas y hagas lo que hagas, y a abrazarte con amor. Cuídate como cuidarías de un niño al que amaras con todo tu corazón.

- Atrévete a hacer aquello que sientes y afronta tu miedo a no gustar a los demás. Verás que, cuando tú te aceptes, los demás también acabarán haciéndolo.
- Cuando tengas algún dolor, ira o tristeza por liberar, permítete buscar un lugar tranquilo donde puedas estar a solas, llorar o expresarte libremente, y deja salir el dolor mientras te abrazas física y mentalmente con amor. Ese ejercicio de autoaceptación te liberará más de lo que nunca hayas podido imaginar.
- Si te duele la cabeza después de llorar o liberar una pena de tu corazón, es normal; solo necesitas reposar unos días, darte mucho amor y cuidar tu cuerpo como nunca. Verás como en poco tiempo te recuperas y te sientes mejor.
- Investiga más posibles mensajes y... ¡ámate!

CABEZA: MAREO, ATURDIMIENTO, DESMAYO

El mareo es una sensación de desvanecimiento o pérdida de la consciencia, sin llegar al desmayo o síncope (que es la pérdida total de la consciencia durante unos momentos). El aturdimiento es similar al mareo, con sensación de embotamiento de los sentidos, que afecta sobre todo a la vista y al oído.

Si hay pérdida de equilibrio y sensación de movimiento, se trata de VÉRTIGO y deberás consultar ese término, y si aparecen ganas de vomitar, consulta NÁUSEAS o VÓMITO.

1. Significado

Lo más importante: Toda pérdida de la consciencia, en mayor o menor medida, indica un deseo de escapar o huir de una situación que nos afecta y nos produce demasiadas emociones.

Puedes consultar también el significado de HIPOGLUCEMIA, HIPOTENSIÓN.

Tu verdadero deseo: Deseas estar consciente en esa situación que te afecta y vencer un miedo importante para ti, afrontándolo con confianza y fe.

Significado en detalle: Cuando sientes mareo o aturdimiento, empiezas a dejar de percibir tu entorno correctamente con tus sentidos, y el síntoma te obliga a parar y dejar de hacer lo que sea que estuvieras haciendo. Si llega el desmayo, la desconexión con la realidad es total.

Eso significa que tu cuerpo te avisa con este síntoma de que una parte de ti tiene miedo de afrontar una situación que ves delante que te molesta o te afecta, o bien sucede por una situación que imaginas dentro de tu mente y que no quieres vivir; pero lo que tu alma realmente desea es estar presente y confiar en la vida.

Si el problema es leve, una parte de ti quiere escapar, pero aún te sientes capaz de afrontar lo que temes. Si te desmayas, significa que el miedo es tan grande que crees que no puedes afrontarlo de ninguna manera.

Si afecta a la vista y al oído, significa que no quieres ver ni quieres oír lo que sucede, por miedo a que pase algo que temes (ver en su caso OJOS (problemas) y OÍDOS (problemas).

Normalmente lo que ocurre es que quieres huir de esa situación porque te hace revivir un miedo del pasado y todavía crees que no puedes afrontarlo, como no pudiste en algún momento de tu infancia o con anterioridad. Te hace sentir temor y angustia y te exiges demasiado, creyendo que no vas a lograrlo.

Tu cuerpo quiere darte el mensaje de que ya estás preparado para afrontar eso que temes, y que seguir alimentando el miedo escapando de la situación no te ayuda ya más. También te dice que no te presiones tanto para hacerlo todo perfecto, y que aceptes tus limitaciones mientras aún están ahí, hasta que puedas actuar con confianza y vencer tu miedo.

Debes observar qué es lo que realmente temes de la situación y cambiar tus pensamientos de miedo por otros de amor, apertura y confianza.

Trata de hablar de lo que sientes con otras personas y busca la ayuda que necesites hasta que puedas afrontar la situación, y verás que no sucede nada tan malo como pensabas.

La vida está protegiéndote siempre, y ya ha llegado el momento de que confíes en tus capacidades y veas que tu Ser es más poderoso de lo que imaginabas.

Descubre las creencias que te hacen querer escapar de una situación frente a la que realmente ya estás preparado para actuar.

2. Investigación

Viaja con tu mente al momento en que apareció el síntoma; ayúdate de las **preguntas generales (p. 68)** y añade las siguientes:

- ¿Qué sucedía delante de ti o en qué pensabas, que te dio miedo afrontar, poco antes de la aparición del mareo o el desmayo?
- ¿De qué situación estás tratando de escapar, por miedo a no ser capaz de resolverla?

3. Creencias (erróneas)

Busca las creencias limitantes (normalmente inconscientes) con las que más te identificas o encuentra en ti algunas similares:

- «Debería poder hacer esto bien, pero no me creo capaz y me da miedo fracasar; me gustaría irme y no estar aquí».
- «Me da miedo _____ (lo que ves), y siempre me ha dado miedo; no sé cómo vencerlo y prefiero huir».
- «Estoy en una situación personal que me agobia, y me da miedo afrontarla por si pierdo a alguien; me dan ganas de escapar».
- «No puedo ver _____ (eso que temes), me hace sentirme desprotegido, y no me atrevo a pedir ayuda y confesar que tengo miedo: se reirían de mí».
- «Debería ser fuerte y valiente para afrontar eso que temo, pero no lo soy, y me gustaría desaparecer».

4. Mensajes

Para cambiar tus creencias puedes usar las siguientes afirmaciones; te invito a crear las tuyas usando el **método general (p. 76)**:

- «Tengo derecho a tener miedo; me perdono y me acepto tal y como soy, y aprendo cada día a confiar más en mi fuerza y mi capacidad».
- «Soy un Ser poderoso y maravilloso, y tengo todo lo necesario para afrontar esa situación con valor y confianza, a mi ritmo».
- «Aunque en el pasado no supe afrontar mi miedo, ahora he crecido y soy una persona nueva, capaz de superar cualquier situación».
- «Mis miedos son solo recordatorios del amor que necesita mi niño interior, y elijo darle ese amor siempre, pase lo que pase».
- «Sé que, aunque tenga miedo, todo va a salir bien y siempre estoy seguro y protegido, por lo que puedo permitir esa experiencia».

- «Me permito ser imperfecto y abrazo mis miedos con amor, permitiendo que la confianza regrese poco a poco, y viendo que todo está bien».
- «Elijo afrontar eso que temo con valor y confianza, acercándome a ello poco a poco y a mi ritmo».
- «Me permito hablar de aquello que me preocupa con la persona adecuada y pido la ayuda que necesito para volver a estar bien y confiar».
- «Elijo confiar en que las personas de mi vida se quedarán en ella si son importantes, y afronto lo que me da miedo con amor y aceptación».

5. Acciones

- Repite los mensajes de tu cuerpo todos los días.
- Imagina en tu mente a tu niño interior y pregúntale cuál es su miedo. Después háblale con amor y dile que todo va a salir bien, y que ya tenéis todo lo necesario para superar esa dificultad. Deja que te hable y abrázalo hasta que se sienta bien.
- Permite que tus acciones reflejen ese nuevo valor, pero tómate el tiempo que necesites para dar esos pasos. Por ejemplo, un niño no pierde el miedo a los perros si le obligas a acariciar a uno que teme, sino cuando ve poco a poco que no pasa nada cuando tú le acaricias, y se permite acercarse cuando está preparado. Así puedes hacerlo con tu niño y te lo agradecerá.
- Investiga más posibles mensajes y... ¡ámate!

CABEZA: MIGRAÑA

La migraña es un tipo de dolor de cabeza que puede manifestarse como un intenso dolor en uno de los lados de la cabeza o en ambos, acompañado a veces de mareos, náuseas y trastornos visuales.

1. Significado

Lo más importante: La migraña te indica que no te permites ser lo que quieres ser ni crear lo que quieres crear. Sobre todo se refiere a lo que quieres hacer con tu vida profesional, con realizar tu vocación y tu misión, ante el miedo a defraudar a otros y a cuestionar lo que otros desean para ti.

Puedes consultar también el significado de CABEZA: DOLOR.

Tu verdadero deseo: Permitirte buscar lo que realmente deseas hacer en tu vida, y realizarlo con alegría y sin miedo.

Significado en detalle: Si tienes migrañas, observa las situaciones, los pensamientos y las conversaciones que tienes poco antes de que aparezcan. Seguramente hay en ti un deseo de cambio, de dedicarte a lo que realmente quieres, pero sientes que, si lo haces, decepcionarás a aquellos que siempre te han influido en tu forma de vivir.

El dolor te indica que te cuestionas demasiado a ti mismo, que no te permites expresar tu *yo soy*, tu esencia, porque crees que debes escuchar más la voz de otros que la tuya propia. Puedes temer el juicio de tus padres o de otras figuras de autoridad que están presentes en tu vida o en tu memoria y, por miedo a defraudarles, anulas tus deseos y tu poder creativo.

Si tienes migrañas es posible que padezcas también algún bloqueo en tu sexualidad, porque ahí también reside la creatividad. Si es así, mira el significado del síntoma o la zona correspondiente.

Este síntoma te indica que debes conectar con tus deseos más profundos. Descubre lo que te gustaría ser en tu vida si todo fuera perfecto. ¿Qué harías? Mira bien dónde pones ahora tu tiempo, tu energía, tus conversaciones, tus pensamientos, tu dinero, tus sueños, y verás lo que realmente te gustaría estar haciendo de verdad como medio de vida.

El principal mensaje de la migraña es que te liberes de la culpa por querer ser diferente a lo que esperan los demás de ti. Ha llegado el momento de que te permitas dejar salir tus emociones y de que conectes con lo que te hace sentir realmente bien.

Si tienes miedo de hacer lo que quieres de verdad, atrévete a afrontarlo y verás que la vida te va dando las herramientas para conseguirlo.

Ya no necesitas creer que dependiendo de los demás vas a ser más querido. Por el contrario, concédete el derecho de tener esos temores y de tomarte el tiempo necesario para llegar a tu meta.

Es hora de aceptar tus impulsos internos, tu creatividad y tus pasiones, y dejar que el mundo y las personas que te han influido hasta ahora vean y acepten tus nuevas elecciones.

Es hora de ser tú mismo y crear tu propia vida.

2. Investigación

Viaja con tu mente al momento en que apareció el síntoma; ayúdate de las **preguntas generales (p. 68)** y añade las siguientes:

- ¿Qué parte de tu Ser y de tu creatividad has bloqueado, por intentar ser lo que otros esperaban de ti, desde que empezó el síntoma?
- ¿En qué situación te estás esforzando en ser algo para ser aceptado por alguien que tiene influencia sobre ti?
- ¿En qué parte de tu vida te has impedido crear lo que quieres, y desde entonces sufres emociones negativas?

3. Creencias (erróneas)

Busca las creencias limitantes (normalmente inconscientes) con las que más te identificas o encuentra en ti algunas similares:

- «Realmente no puedo hacer lo que me gustaría, porque defraudaría a mis seres queridos».
- «No soy capaz de hacer lo que me gusta; de hecho, no sé lo que es y no sé cómo encontrarlo».
- «Siento que no puedo expresarme tal y como soy, no puedo sacar mi creatividad, no soy lo suficientemente bueno».

4. Mensajes

Para cambiar tus creencias puedes usar las siguientes afirmaciones; te invito a crear las tuyas usando el **método general (p. 76)**:

- «Soy perfecto tal y como soy y, haga lo que haga en mi vida, me relajo y me suelto, confiando en que mi alma puede brillar».
- «Me permito hacer lo que realmente quiero en mi vida y acepto con amor que otras personas pueden no estar de acuerdo».
- «Escucho a mi intuición y avanzo con el corazón».
- «Aprendo cada día más a saber lo que me gusta y lo que quiero hacer en mi vida, y lo manifiesto con valor y confianza».
- «Observo aquello que me llena en mi vida y encuentro la forma de vivir de ello o de hacerlo pase lo que pase».
- «Permito que mis pensamientos creativos salgan, vivo mis emociones y dejo que me guíen hacia mis sueños y hacia la vida más maravillosa que pueda imaginar».

5. Acciones

- Repite los mensajes de tu cuerpo todos los días.
- Escribe tus sueños, tus valores, lo que te importa, y encuentra poco a poco la forma de manifestar la vida que deseas, paso a paso.

- Habla con las personas por las que te sientes cuestionado y hazles saber que respetas su opinión pero que vas a seguir tu camino. Al final, si te quieren y vencen sus propios miedos, lo entenderán.
- Crea un plan de acción (puedes buscar la ayuda de un *coach* o guía personal para ir desarrollando las acciones que necesitas para llegar a donde deseas) y actúa para lograr tus metas. ¡No hay límites!
- Investiga más posibles mensajes y... ¡ámate!

CABEZA: VÉRTIGO

El vértigo es una sensación subjetiva de movimiento de los objetos que nos rodean, causada por una afección de una parte del oído interno que se ocupa de mantener el equilibrio del cuerpo.

1. Significado

Lo más importante: Si tienes vértigo, tu cuerpo te dice que estás viviendo un cambio hacia algo nuevo que, a tus ojos o a los de los demás, no parece muy equilibrado, y que te produce miedo y angustia. Frenas tus deseos y tratas de permanecer en lo que parece «equilibrado», aunque no te haga feliz.

Puedes consultar también el significado de CABEZA: MAREO, por si se ajusta más a lo que sientes.

Tu verdadero deseo: Permitirte dar el paso hacia lo nuevo y desconocido, confiando en que, aunque pueda ser diferente de lo anterior, seguro que es el momento de probarlo y aprender cosas nuevas y valiosas.

Significado en detalle: Si sufres vértigo, percibes que las cosas dan vueltas a tu alrededor, que pierdes la vertical y tu equilibrio. Eso significa que los mismos miedos suceden en tu mente, por los cambios que realmente deseas hacer en tu corazón.

Quieres moverte hacia una nueva vida, un nuevo lugar, una nueva persona o una nueva idea, pero sientes que si lo haces estás tomando una decisión desequilibrada, de consecuencias potencialmente negativas. O si a ti no te lo parece, crees que lo van a ver así tus seres queridos o personas de referencia.

Sientes angustia por tener que tomar una decisión que te haga dejar lo antiguo, aunque esa vida anterior no fuera realmente satisfactoria para ti, solamente conocida.

El mensaje de tu vértigo es que revises bien lo que crees que es una vida «equilibrada» y te abras a nuevas formas de equilibrio diferentes. Quizás cuando des ese paso que te produce miedo, lo que temes perder tome una nueva forma o te muestre su rostro real, y podrás elegir con más claridad lo que realmente quieres.

Recuerda que nada se pierde en la vida, solo vamos experimentando e integrando experiencias, y lo que es realmente importante para nosotros siempre nos acompaña, ya que todo está guiado por el amor.

Si te preocupa lo que los demás piensen de tu cambio, debes entender que siempre va a haber personas que te apoyen en tu camino y otras que no, pero eso está bien, es el equilibrio. Lo importante es dejarse acompañar por quienes nos apoyan o al menos nos respetan, aunque no nos entiendan del todo, y dejar ir a los demás.

Encuentra tu «nuevo equilibrio» y danza con los cambios de la vida, ¡seguro que te alegrarás de haberlo hecho!

2. Investigación

Viaja con tu mente al momento en que apareció el síntoma; ayúdate de las **preguntas generales (p. 68)** y añade las siguientes:

- ¿Qué situación, que representa un gran cambio en mi vida que me da miedo hacer, apareció poco antes del vértigo?
- ¿Qué deseo hacer en el fondo de mi corazón, pero me parece desequilibrado y loco?
- ¿Quién creo que me puede juzgar como desequilibrado si me permito ir hacia lo que la vida me ofrece en este momento?

3. Creencias (erróneas)

Busca las creencias limitantes (normalmente inconscientes) con las que más te identificas o encuentra en ti algunas similares:

- «Esta idea que me ha venido de forma clara me parece muy loca y descabellada; seguro que no es posible llevarla a cabo».
- «Si hago esto que siento, parecerá que estoy desequilibrado, y prefiero siempre parecer normal a los ojos de los demás».
- «En una vida equilibrada no caben ciertas cosas, ideas o personas; no puedo permitirme dejarme llevar por eso o perderé _____ (lo que temes perder)».

4. Mensajes

Para cambiar tus creencias puedes usar las siguientes afirmaciones; te invito a crear las tuyas usando el **método general (p. 76)**:

- «Me permito abrirme a lo nuevo con fe y alegría, y confío en que siempre hay nuevos equilibrios que encontrar para cada experiencia que me trae mi Ser».
- «Me perdono por haberme aferrado a lo conocido, aunque no me haga feliz, y me abro a vivir nuevas experiencias en armonía con mi verdad y con el amor de mi corazón».
- «Acepto que otras personas pueden no estar de acuerdo con mis nuevos cambios y me permito dar el paso confiando en que vendrán cosas maravillosas de ello».
- «Aunque no sea consciente de ello, mis deseos me guían hacia nuevas oportunidades y elijo descubrirlas con curiosidad».

5. Acciones

- Repite los mensajes de tu cuerpo todos los días.
- Observa las situaciones y personas en las que te afecta más el síntoma, para saber dónde te da más miedo experimentar lo nuevo. Cuando te sientas en calma, haz una lista de los posibles deseos reales de tu corazón, aunque te parezcan locos, y permítete mirarlos con curiosidad.
- Si hay alguien que temes que te juzgue por ese cambio que deseas hacer, habla con esa persona y expresa tus miedos. Si hay amor en ella, verás que te respeta y desea que encuentres tu mejor camino. Y si no, siempre puedes ver si te respeta o te rechaza, y si debes tomar distancia o poner límites fuertes a la relación.
- Da pequeños pasos hacia lo nuevo mientras buscas cuál puede ser tu nuevo equilibrio; verás que es más fácil de lo que pensabas.
- Investiga más posibles mensajes y... ¡ámate!

OJOS: PROBLEMAS GENERALES
(E IRRITACIÓN, CONJUNTIVITIS Y OJERAS)

Este significado se refiere a cualquier problema que pueda afectar a los ojos, tanto molestias físicas como defectos de visión.

1. Significado

Lo más importante: Cualquier problema en los ojos normalmente te impide ver, por lo tanto te indica que hay algo que no quieres ver, algo que te molesta cuando lo ves, algo que juzgas o que temes afrontar y haces como que no existe, pensando que si no lo miras desaparecerá, aunque no sea así.

El **ojo izquierdo** simboliza la visión interior (cómo te ves a ti mismo) y la visión de tu vida emocional, sentimental y familiar, o de tu vocación.

El **ojo derecho** simboliza tu visión de lo exterior (cómo ves a los demás) y la visión que tienes de lo material, lo superficial, lo físico o lo económico.

Puedes consultar también el significado de MIOPÍA, ASTIGMATISMO, HIPERMETROPÍA, PRESBICIA o cualquier otro síntoma específico.

Tu verdadero deseo: Deseas mirar aquello que te molesta ver, afrontar tus miedos y ver las cosas con más amor; deseas ver con los ojos del corazón.

Significado en detalle: Hay muchas ocasiones en que los ojos se ven afectados; por ejemplo, cuando entra una mota de polvo, cuando sentimos una pestaña, cuando se irritan, pican, etc., y en todas nos vemos obligados a cerrar los ojos. Eso nos indica que hay algo que no queremos ver.

Si el problema deforma la visión, ya sea de lejos, de cerca o de cualquier otra forma, mira el significado del problema específico (astigmatismo, hipermetropía, miopía, presbicia, etc.). El número de dioptrías te indicará hasta qué punto no quieres ver o si llevas mucho tiempo sin querer ver, pues si corriges el problema con lentes, te aumentará para que sigas teniendo presente el mensaje, hasta que lo escuches.

Tanto si hay una aparente causa física como si no, el defecto en la visión es una indicación de que, poco antes de que apareciera, hubo algo que te molestó ver o que no querías ver, por algún miedo. No tiene por qué ser algo físico que esté delante de ti; también puede ser algo que ves en tu mente, algo que visualizas con tus ojos mentales, ya sea del pasado o del futuro.

Si el problema está en el **ojo izquierdo**, normalmente será que te ha molestado algo que has visto en ti, y si es en el **ojo derecho**, será algo que no te ha gustado ver fuera de ti, en los demás. Si el problema te impide ver de lejos, te preocupa el futuro, y si te impide ver de cerca, te preocupa tu entorno cercano y lo que te rodea en el presente (ver cada síntoma específico).

Si tienes IRRITACIÓN en los ojos, significa que hay algo que te irrita ver. Si además se te ponen rojos, quiere decir que se te hace pesado y triste lo que ves.

La CONJUNTIVITIS tiene un significado similar, pues tiene irritación y enrojecimiento, pero además la inflamación te indica ira reprimida o emociones contenidas después de ver algo que no te ha gustado.

Las OJERAS y otros problemas de piel cerca de los ojos también te indican dificultad para ver o tristeza y cansancio por lo que ves, además de una preocupación por el juicio de los demás hacia ti.

Si la molestia aparece **al cerrar el ojo** y no al abrirlo, significa que te obligas a mirar todo y a estar siempre atento por si pasa algo, y en ese caso debes permitirte relajarte y no mirar todo tanto, confiando en que todo irá bien.

El mensaje general de cualquier problema ocular es que te permitas ver, que no cierres los ojos a lo que ves por el hecho de que te molesta verlo o porque temes que pase algo que no deseas que suceda.

Tus ojos te dicen que tienes la capacidad de ver las cosas con más amor, que puedes afrontar lo que temes, que puedes perdonar aquello que ves que no te gusta, que puedes mirarte con más amor si no te gusta algo que ves en ti y que puedes mirar las cosas sin juzgarlas, solo observando con neutralidad y viendo el equilibrio que hay en todo.

Descubre las creencias que te impiden mirar algo y aprende a verlo y a afrontar tus miedos; verás que tus ojos responden enseguida y recuperas tu visión.

2. Investigación

Viaja con tu mente al momento en que apareció el síntoma; ayúdate de las **preguntas generales (p. 68)** y añade las siguientes:

- ¿Qué te ha molestado o no querías ver poco antes del problema ocular?
- Ojo izquierdo: ¿Qué es lo que no te ha gustado ver dentro de ti justo antes de que te molestara el ojo izquierdo?
- Ojo derecho: ¿Qué es lo que no te ha gustado ver en otra persona o fuera de ti justo antes de que te molestara el ojo derecho?

3. Creencias (erróneas)

Busca las creencias limitantes (normalmente inconscientes) con las que más te identificas o encuentra en ti algunas similares:

* «No me gusta lo que veo y lo critico; prefiero hacer como que no lo veo y como si no existiera ese problema, aunque me moleste».
* «Estoy recordando una situación que no me gustó ver, pero creo que no está bien recordarlo y, aunque no lo haya sanado o perdonado, prefiero ignorarlo».
* «Si afronto lo que temo ver, puede que pierda algo o a alguien».
* Ojo izquierdo: «No me gusta eso que veo en mí o en lo que puedo convertirme, y prefiero no verlo».
* Ojo derecho: «No me gusta eso que veo en la calle o eso que hace otra persona, y no quiero verlo con amor: no quiero verlo, sin más».

4. Mensajes

Para cambiar tus creencias puedes usar las siguientes afirmaciones; te invito a crear las tuyas usando el **método general (p. 76)**:

* «Me permito ver con amor aquello que no quiero ver, y afronto con valentía los retos que me muestra mi alma».
* «Acepto lo que veo y abro mi corazón a la verdad del presente».
* «Elijo aceptar con amor todo lo que veo, y aprendo así a amarme más a mí mismo, pues lo que veo fuera es mi reflejo».
* «Me permito ver con claridad lo de dentro y lo de fuera, lo mío y lo de los demás, y aprendo a amar la verdad».
* Ojo izquierdo: «Me miro con amor y compasión; perdono y acepto cada parte de mi Ser y todos mis pensamientos y emociones».
* Ojo derecho: «Miro con amor y compasión a los demás y les perdono por todo lo que veo que no me gusta tanto».

5. Acciones

* Repite los mensajes de tu cuerpo todos los días.
* Cuando notes una molestia en el ojo o algo que te obliga a cerrarlo, date cuenta de qué es lo que no querías ver, en ti o fuera de ti, y abre tu mente y tu corazón a la aceptación y al amor.
* Analiza lo que no te ha gustado ver y busca aquello que equilibra tu percepción, aquello que te proporciona paz interior y te ayuda a dejar de juzgar, para ver la vida con más amor.
* Investiga más posibles mensajes y… ¡ámate!

Ojos: astigmatismo

Es una deformación de la curvatura de la córnea, que impide el enfoque claro de los objetos cercanos y lejanos (la persona ve borroso a todas las distancias).

1. Significado

Lo más importante: El astigmatismo te indica que tiendes a ver las cosas de forma diferente según se trate de ti o de los demás, es decir, te falta objetividad en tu forma de ver la realidad, pues pones distinta vara de medir para los demás que para ti.

Si es en el **ojo izquierdo**, la percepción que tienes de ti está distorsionada, o no ves tu interior ni tu parte afectiva o emocional con objetividad.

Si es en el **ojo derecho**, la percepción que tienes de los demás está distorsionada, o no ves tu parte material o física con objetividad.

Puedes consultar también el significado de ojos (problemas).

Tu verdadero deseo: Permitirte ver más con los ojos de los demás y encontrar el equilibrio en tu forma de ver el mundo sin verte tan diferente a otros.

Significado en detalle: Al ver borroso en varias distancias, este síntoma te indica que tu dificultad para ver no es ni en el futuro ni en lo que te rodea, sino en tu percepción general de la realidad.

Cuando miras al mundo, es posible que quieras verlo todo a tu manera, según tus reglas y tu visión, y te cuesta ver las cosas con los ojos de los demás. Te cuesta aceptar cambios en ti o en tu vida si provienen de la visión de otra persona, pero, si los cambios los propones tú, te adaptas con más facilidad. Crees que debes juzgarte a ti de forma diferente a como juzgas a los demás, y eso te causa distorsión interior.

Quizás poco antes de que apareciera el síntoma decidiste que no te dejarías influir por la opinión de los demás, porque en el pasado eso te hizo sufrir; pero ahora tu cuerpo te dice que mantener esa visión tuya, sin contrastarla con lo que ven los demás, ya no te beneficia.

Es importante que trates de ver las cosas como te las muestran los demás, aunque a veces no estés de acuerdo, para que tu criterio sea más amplio. También te ayudaría sentirte parte del mundo, como uno más.

Si el problema es en el **ojo izquierdo**, es posible que no te veas a ti mismo con objetividad, es decir, que a los demás les permites algunas cosas y a ti no, o que valoras en los demás cosas que en ti no quieres ver, porque te juzgas de forma diferente. Es bueno saber que cada persona es distinta, pero tu amor te quiere llevar a una visión más equilibrada de ti y de los demás, y a que veas que tú también tienes derecho al mismo amor que los demás.

Si es en el **ojo derecho**, es posible que no te guste cómo son los demás, porque les juzgas demasiado y de forma diferente a como te juzgas a ti mismo. Sería bueno que miraras lo de fuera con más compasión y amor y que aplicaras el mismo rasero a todas las personas, incluyéndote a ti.

En general, el mensaje del astigmatismo es que veas las cosas con más equilibrio, que te permitas ver con amor las situaciones donde te juzgas diferente a los demás, ya sea porque sientes que pierdes valor ante los demás o porque ellos pierden valor ante ti. Acepta que existen muchas visiones y que todas son válidas, cada una en su momento y para la persona que las defiende.

Descubre las creencias que te impiden mirar el mundo y a ti mismo con más objetividad y compasión.

2. Investigación

Viaja con tu mente al momento en que apareció el síntoma; ayúdate de las **preguntas generales (p. 68)** y añade las siguientes:

- ¿En qué situación, poco antes de que apareciera el astigmatismo, dejaste de querer ver las cosas como las ven los demás y decidiste verlas solo a tu manera?
- ¿En qué situación alguien perdió valor ante tus ojos porque no estabas de acuerdo con su visión, y no quisiste ver más lo que pasaba?
- ¿En qué partes de tu vida te juzgas distinto a como juzgas a los demás?
- ¿En qué situación te percibes como menos valioso que los demás y te juzgas de forma diferente?

3. Creencias (erróneas)

Busca las creencias limitantes (normalmente inconscientes) con las que más te identificas o encuentra en ti algunas similares:

- «No puedo permitir que nadie me influya, así que prefiero ver las cosas solo a mi manera para no sufrir».

- «Me cuesta relacionarme con algunas personas, porque su visión es diferente a la mía y no me gusta».
- «Otras personas pueden equivocarse, pero yo no; soy diferente y debo juzgarme por otros criterios».
- «No me gusta que las personas piensen distinto a mí; no entienden que tengo razón y que mi visión es la correcta».
- «Si veo las cosas como los demás, seré un borrego, no seré yo mismo y me perderé; debo ver todo como he aprendido por mí mismo».
- «Me molesta que otros puedan hacer las cosas de cierta manera y ver que yo no puedo; somos diferentes y no tenemos las mismas reglas, así que prefiero cerrar los ojos y hacer como que no lo veo».
- Ojo izquierdo: «Puedo ver que otros sean desagradables conmigo, pero yo no puedo verme desagradable con nadie, o seré mala persona».
- Ojo derecho: «Los demás deberían hacer las cosas mejor, pero no pueden, porque no tienen mis habilidades o no son tan buenos como yo».

4. Mensajes

Para cambiar tus creencias puedes usar las siguientes afirmaciones; te invito a crear las tuyas usando el **método general (p. 76)**:

- «Me permito verme a mí y a los demás con más amor y equilibrio, observando a todos desde las mismas reglas y criterios de igualdad».
- «Me permito ver las cosas con más objetividad, poniéndome en el lugar de los demás y apreciando diferentes puntos de vista».
- «El amor es igual para mí y para otros, todos somos iguales cuando miramos desde el amor».
- «Puedo ver y apreciar nuevas formas de pensar, y confío en que seguiré siendo libre para hacer lo que siento, respetando a los demás».
- «Todo el mundo tiene derecho a ver la vida de forma diferente; aprendo cada día a apreciarme más y a apreciar las diferencias con los demás».
- Ojo izquierdo: «Me permito verme con el mismo amor con el que veo a los demás y darme el mismo respeto y aprecio que le doy a otras personas».
- Ojo derecho: «Me permito ver a los demás con más amor y acepto que cada uno tiene maravillosas y diferentes cualidades, y que todos merecemos respeto y amor».

5. Acciones

* Repite los mensajes de tu cuerpo todos los días.
* Observa tu día a día, y haz una lista de las ideas o visiones ajenas que te molestan y que haces como que no te importan. Después busca en esas ideas el amor hacia ti o hacia otro, y trata de verte igual a esas personas, tal vez en áreas similares pero diferentes.
* Haz una lista de las cosas que no te gusta ver en ti, pero que no te importa ver en los demás, y sé consciente de tu juicio. Busca la forma de perdonarte y permitirte apreciar eso que no te gusta ver en ti, abrazando a tu niño interior.
* Investiga más posibles mensajes y... ¡ámate!

OJOS: HIPERMETROPÍA

Es un defecto del ojo que hace que los objetos cercanos se vean borrosos, al proyectarse su imagen más allá de la retina. Si no es grave, lo puede compensar la acomodación de enfoque del cristalino, pero conlleva cansancio ocular.

1. Significado

Lo más importante: Al no ver bien de cerca, tu cuerpo te dice que tienes miedo de ver y afrontar algunas situaciones que te rodean, porque crees que necesitas mucho tiempo de reflexión y no confías en poder resolver los detalles.

Si es en el **ojo izquierdo**, no quieres afrontar partes de ti mismo, o alguna situación en tu vida emocional, sentimental o familiar, o tu vocación.

Si es en el **ojo derecho**, no quieres afrontar situaciones externas a ti, algo que ves en los demás o en algo relacionado con lo material, lo superficial, lo físico o lo económico.

Puedes consultar también el significado de OJOS (problemas).

Tu verdadero deseo: Confiar en tu capacidad de afrontar lo que te rodea y vivir la vida, en vez de observarla desde la distancia.

Significado en detalle: Al ser un problema visual, significa que hay algo que no quieres ver, y, al impedirte ver de cerca con claridad obligándote a alejarte de las cosas, te indica que crees que siempre necesitas ver las cosas desde la distancia, que tienes que tomarte tu tiempo antes de interactuar con la realidad que te rodea.

Como te obliga a acomodar la vista de forma forzada para ver los detalles de las cosas, es posible que pienses que no tienes capacidad para afrontar los detalles de tu vida, por lo que te alejas de ellos y no los ves.

Si te produce **cansancio ocular** o dolor de cabeza, significa que tratas de esforzarte en ser algo que no eres, observando y analizando los detalles de las situaciones que te molestan, pero sin confiar en que puedes resolverlas por ti mismo.

Tu cuerpo te dice que confíes en la vida, en tu intuición y en tu capacidad para afrontar las situaciones cotidianas que te rodean. No es necesario que reflexiones tanto antes de actuar, porque te pierdes algunas vivencias que te ayudarían a crecer y a llegar a donde tu alma desea que llegues.

Vive la vida, abriéndote poco a poco a ver sus detalles de cerca y confiando en tu capacidad de análisis, a tu ritmo. Aprende a confiar en que todo va a salir bien, aunque no controles todo lo que sucede antes de actuar, pues al final la vida coopera con tu propósito y te lleva a tu destino.

Descubre las creencias que te impiden afrontar lo que te rodea, que te llevan a dudar de tu capacidad y a que te fijes demasiado en los detalles.

2. Investigación

Viaja con tu mente al momento en que apareció el síntoma; ayúdate de las **preguntas generales (p. 68)** y añade las siguientes:

* ¿En qué situación, poco antes de que comenzara el problema, tuviste miedo de actuar por temor a no ver con claridad todos los detalles?
* ¿En qué situación no has querido afrontar una dificultad y has preferido verlo todo en la distancia, haciendo como que no era importante?
* ¿Qué crees que sucederá si te atreves a actuar ante situaciones nuevas y haces algo para afrontarlas y superarlas?

3. Creencias (erróneas)

Busca las creencias limitantes (normalmente inconscientes) con las que más te identificas o encuentra en ti algunas similares:

- «Hay situaciones en mi entorno cercano que no me gustan, pero no sé cómo afrontaras ni cómo analizarlas o resolverlas, así que mejor me alejo y las miro a distancia».
- «No soy capaz de ver bien los detalles de las cosas, no tengo habilidades para entender bien las relaciones o las cosas que me pasan».
- «No debo improvisar en mi vida, tengo que pensar bien las cosas y tomarme mi tiempo antes de actuar; prefiero ignorar lo que me rodea para que no me afecte».
- «Debería tener todos los detalles controlados antes de hacer nada, pero no soy bueno en ello y necesito distancia para verlos todos».
- «Es un esfuerzo para mí ver las cosas en detalle, me complica la vida, y prefiero estar tranquilo y sin preocuparme; mejor dejo pasar las complicaciones».

4. Mensajes

Para cambiar tus creencias puedes usar las siguientes afirmaciones; te invito a crear las tuyas usando el **método general (p. 76)**:

- «Soy perfectamente capaz de afrontar las situaciones que me rodean y que me preocupan, y aprendo a disfrutar de la vida de cerca».
- «Me permito abrirme a ver los detalles de la vida con más claridad, y confío en mi capacidad de análisis y discernimiento».
- «Puedo actuar cuando siento un impulso que me guía; elijo confiar en que la vida me protege y en que todo va a salir bien».
- «Elijo ver y afrontar las situaciones de mi vida que me molestan; soy una persona creativa y hábil, y sabré manejarme pase lo que pase».
- «Soy cada día más bueno con mis relaciones y afrontando situaciones nuevas; cada día comprendo más los detalles de mi viaje por la vida».
- «Me permito ver la vida en detalle, tomándome mi tiempo, de forma tranquila y natural».
- «Me permito improvisar más y confiar en que mi intuición me guía y me permite ver lo que debo hacer en cada momento».

5. Acciones

- Repite los mensajes de tu cuerpo todos los días.
- Busca las situaciones de tu vida en las que te tomas demasiado tiempo y a las cuales miras desde lejos, y haz un plan para afrontarlas y

actuar antes; eso te hará vivir la vida con más pasión y tus ojos verán con más claridad.

- Haz una lista de las áreas de tu vida que te interesan y donde sí eres una persona que se fija en los detalles y ve las cosas claras. Te ayudará a confiar en tu capacidad de visión y análisis en otras áreas.
- Investiga más posibles mensajes y... ¡ámate!

OJOS: MIOPÍA

Representa una pérdida de visión de lejos, que impide ver con nitidez a partir de una cierta distancia, al formarse la imagen del objeto en un punto anterior a la retina.

1. Significado

Lo más importante: La miopía te indica que no quieres ver algo que te preocupa en tu futuro, algo que temes que suceda y que a su vez haces como que no te importa, cuando realmente sí te preocupa.

Si es en el **ojo derecho**, te preocupa el futuro de los demás, de tus seres queridos o de tus circunstancias externas o materiales.

Si es en el **ojo izquierdo**, te preocupa tu propio futuro: o bien tu Ser interior y tus emociones en el futuro, o bien tus relaciones sentimentales o tu vocación en el futuro.

Puedes consultar también el significado de ojos (problemas).

Tu verdadero deseo: Afrontar ese miedo a tu futuro y adquirir la confianza de saber que podrás resolver cualquier situación que se te presente.

Significado en detalle: Como la miopía te hace perder vista de lejos, te indica que has visto algo en tu futuro que no te gustaría que sucediera y que te da miedo pero prefieres no afrontar y hacer como que no va a suceder, por creer que así desaparecerá solo el problema.

Tu cuerpo te dice que mires bien aquello que te preocupa, que observes lo que temes perder o lo que te parece tan malo del futuro, y que veas que todo tiene solución si confías en ti y en tus capacidades.

Si es en el **ojo izquierdo**, puede que te preocupe convertirte en algo que no te gusta, o no ser bueno, o no lograr realizar tu misión o tu vocación, o no tener la relación de pareja o con tu familia que realmente deseas.

Si es en el **ojo derecho,** puede que temas que otros seres sufran si no haces nada o te preocupes si ves que van a sufrir y sientes que no puedes ayudar, o tal vez temas que algo en lo externo o lo material de tu vida va a salir mal y no vas a tener todo lo que necesitas para estar bien.

En ambos casos, debes observar tu miedo exacto y encontrar una solución con tu mente que te ayude a confiar en que, pase lo que pase, lo sabrás gestionar bien. Sobre todo, debes aprender a confiar en ti y en tus capacidades.

Encuentra las creencias que te impiden mirar a tu futuro y afrontarlo con valor y confianza.

2. Investigación

Viaja con tu mente al momento en que apareció el síntoma; ayúdate de las **preguntas generales (p. 68)** y añade las siguientes:

- ¿Qué aspecto de tu futuro te dio miedo ver, desde poco antes de que apareciera la miopía por primera vez? Recuerda el significado de cada ojo.
- ¿Qué es eso tan malo que crees que sucederá si afrontas lo que temes del futuro? ¿Qué ves en tu futuro que no quieres ver?
- ¿Qué creencias te impiden confiar en tu capacidad de resolver las dificultades del futuro y en que todo saldrá bien?
- Ojo derecho: ¿Qué temes del futuro de otras personas, o de la parte exterior o material de tu vida en el futuro?
- Ojo izquierdo: ¿Qué te da miedo ver de ti mismo en el futuro, o de tu parte familiar, afectiva o sentimental en el futuro?

3. Creencias (erróneas)

Busca las creencias limitantes (normalmente inconscientes) con las que más te identificas o encuentra en ti algunas similares:

- «Temo que, si afronto eso que me da miedo del futuro, sea muy doloroso y no pueda soportarlo; no tengo la capacidad de resolverlo».
- Ojo izquierdo: «Me da miedo, después de la discusión que he tenido con mi pareja (o en otra situación), verme convertido en mala persona en el futuro por esto. Me da miedo ver mi parte oscura».
- Ojo derecho: «He visto que mis seres queridos van a sufrir si siguen así, y prefiero hacer como que no lo veo, para no sufrir y no perderlos».

- Ojo izquierdo: «Creo que, si tomo una mala decisión, no voy a vivir mi vocación, así que prefiero no hacer nada, hacer como que no lo veo».
- Ojo derecho: «Me da miedo perder mis bienes materiales por algo que he visto, pero, como no sé qué hacer, prefiero ignorarlo».

4. Mensajes

Para cambiar tus creencias puedes usar las siguientes afirmaciones; te invito a crear las tuyas usando el **método general (p. 76)**:

- «Me perdono por haber sentido miedo a mi futuro y, desde ahora, elijo confiar en mí y en mis capacidades».
- «Me permito afrontar eso que temo de mi futuro y encuentro la manera de resolverlo con mis habilidades; elijo creer en mí».
- «Soy perfectamente capaz de resolver cualquier situación que se me presente y confío en que la vida me dará las herramientas que necesite en cada momento».
- «Confío en que soy buena persona y que soy digno de amor, y confío en que seguirá siendo así en el futuro».
- «Miro a la cara a mis miedos y los afronto con valentía, confiando en mis capacidades y mi amor».
- «Elijo confiar en mí en el futuro, y elijo aceptar lo que me suceda si es algo que no puedo cambiar, o resolverlo si puedo hacerlo».

5. Acciones

- Repite los mensajes de tu cuerpo todos los días.
- Observa exactamente lo que te da miedo, en ti o fuera de ti. Después piensa en lo que harías para estar mejor si eso sucede. Hazlo para cada miedo, hasta que llegues al más profundo. Verás que siempre encuentras que puedes hacer algo, aunque sea simplemente aceptar y perdonar, a ti o a otro.
- Investiga más posibles mensajes y… ¡ámate!

OJOS: ORZUELO

Un orzuelo es un absceso en la glándula de una pestaña, que produce un abultamiento doloroso en la proximidad del ojo y, cuando revienta, normalmente deja salir pus.

1. Significado

Lo más importante: El orzuelo te indica que sientes emociones negativas acumuladas —como la ira— por lo que ves, ya sea en ti mismo (ojo izquierdo) o en los demás (ojo derecho). Juzgas demasiado lo que ves, quieres controlar ciertas cosas a tu manera y te gustaría que los demás vieran las cosas como tú y que cambiaran.

Puedes consultar también el significado de ojos (problemas), ABSCESO.

Tu verdadero deseo: Ser más tolerante contigo o con los demás y ver las cosas con más amor y compasión, expresando tus emociones.

Significado en detalle: Todo problema que afecta a los ojos te indica que hay algo que no quieres ver y, si además produce dolor e infección, significa que te llenas de ira por juzgar lo que ves y después te sientes culpable por ello.

Si es en el **ojo izquierdo**, significa que juzgas demasiado lo que ves en ti, en tu interior o en el área afectiva y emocional.

Si es en el **ojo derecho**, significa que juzgas lo que ves en otras personas o en situaciones externas o de tu vida material o física.

El orzuelo está ahí para indicarte que veas las cosas con más amor y tolerancia, sin tratar de controlarte tanto ni controlar a los demás, pues solo eres dueño de tu propia vida. No hace falta que decidas lo que es mejor para otros ni que te exijas tanto a ti.

Aunque tu perspectiva sea a veces sabia y elevada, eso no significa que debas imponer tus puntos de vista ni esperar que los demás cambien para acercarse a tu visión de lo que es «correcto».

Tu alma desea que vuelvas al verdadero amor, que es capaz de ver y abrazar las diferencias y las imperfecciones, permitiendo que todo sea como es, y creando oportunidades de mejorar para quien está preparado para recibirlas.

Encuentra las creencias que te impiden verte a ti y a los demás con más amor y descubrirás cómo llenar de paz y alegría tu vida.

2. Investigación

Viaja con tu mente al momento en que apareció el síntoma; ayúdate de las **preguntas generales (p. 68)** y añade las siguientes:

- ¿En qué situación, poco antes de que apareciera el orzuelo, te molestó ver algo en ti (izquierdo) o en los demás (derecho), y sentiste ira?

- ¿Qué situación o persona te costó ver y aceptar con amor, y te guardaste lo que sentías?

3. Creencias (erróneas)

Busca las creencias limitantes (normalmente inconscientes) con las que más te identificas o encuentra en ti algunas similares:

- «No me gusta lo que veo, no debería ser así, pero me da miedo que piensen que soy una persona demasiado crítica y que juzga».
- «Me siento culpable por lo que veo en mí que no me gusta; debería ser mejor y hacer las cosas mejor».
- «Me da rabia que las personas no vean las cosas como yo, ¡es evidente que mi forma de verlas es mejor!».
- «Quiero que todo sea como yo he previsto; no me gusta que las personas hagan las cosas a su manera, y lo han hecho».
- «Debo estar atento a todo y controlar todo para que nada salga mal, y me enfada cuando yo mismo u otros hacemos que algo salga mal».

4. Mensajes

Para cambiar tus creencias puedes usar las siguientes afirmaciones; te invito a crear las tuyas usando el **método general (p. 76)**:

- «Me permito ver las cosas con más amor y aceptación, hacia mí y hacia los demás, y ver con los ojos del corazón».
- «Acepto que hay cosas que no me gusta ver, me perdono y me abro poco a poco a verlas con más tolerancia y compasión».
- «Me permito soltar el control de las cosas y confío en que todo saldrá bien si hago lo que siento y tengo fe en la vida».
- «Existen muchas formas de hacer las cosas, y la mía es solo una más; elijo respetar a los demás y ofrecerles mi ayuda solo si la necesitan».
- «Elijo confiar en la vida y disfrutar de lo que veo, tanto si me parece perfecto como imperfecto, y me abro al amor».
- «Me permito verme con compasión y afecto; acepto que puedo cometer errores y abrazo a mi niño interior como haría una madre amorosa».
- «Elijo ser una persona flexible y abierta, capaz de ver lo bueno y lo malo con compasión y respeto, y me amo tal y como soy».

5. Acciones

- Repite los mensajes de tu cuerpo todos los días.
- Si ya te ha molestado algo que has visto, perdónate y abraza a tu niño interior, expresando lo que sientes a la persona adecuada para liberarte, sin responsabilizar a esa persona de tu rabia o tu dolor. Después, encuentra una forma de ver esa misma situación con más amor, buscando el equilibrio de positivos y negativos que tiene para ti y para el mundo eso que has visto que no te gusta.
- Trata de ver la vida como una parte de un viaje muy largo de varias vidas; entiende que cada persona está en su proceso de evolución único y que necesita ir a su ritmo y aprender a su manera. Desde el amor, la ayuda que tú tienes o los consejos que puedes dar son más efectivos cuando los ofreces desinteresadamente y si esperas a que te pidan ayuda cuando la necesitan de verdad. Recuerda que tienes todo lo necesario para ver todo con más amor y aceptación.
- Investiga más posibles mensajes y... ¡ámate!

OJOS: PRESBICIA (O VISTA CANSADA)

Se caracteriza por una dificultad para acomodar la vista y enfocar, que impide ver los objetos muy cercanos al ojo y obliga a alejarlos.

1. Significado

Lo más importante: La presbicia te indica que hay ciertas cosas que suceden a tu alrededor que no te gusta ver cerca de ti. Puede ser alguna situación que te molesta en casa o en el trabajo, frente a la que haces como que no te importa o como si no la vieras; o puede ser que no te guste verte de cerca, ver cómo envejeces o cómo estás cambiando.

Si es en el **ojo izquierdo,** no te gusta cómo te ves a ti mismo o alguna situación en tu vida emocional, sentimental o familiar, o en tu vocación.

Si es en el **ojo derecho,** no te gusta ver algo en el exterior, algo que ves en los demás o relacionado con lo material, lo superficial, lo físico o lo económico.

Puedes consultar también el significado de ojos (problemas).

Tu verdadero deseo: Mirar con claridad esa situación o aspecto que te molesta ver cerca de ti o en ti mismo, y poner amor y aceptación o solucionarla.

Significado en detalle: Como la vista cansada te impide ver bien de cerca por una dificultad para enfocar, te indica que no quieres ver con claridad lo que sucede a tu alrededor en el presente, porque piensas que así sufrirás menos.

Tu defecto visual te obliga a alejarte de los objetos o situaciones que miras de cerca, para así sentirte más seguro al verlos a distancia. Te cuesta adaptarte a lo que pasa a tu alrededor.

Por eso les sucede a muchas personas al envejecer o hacerse adultas, porque su cuerpo físico puede deteriorarse, y muchas veces no les gusta ver cómo envejecen o pierden su belleza, y por eso se «alejan» del problema con su vista, para no verlo bien.

En otros casos puede que no te guste alguna situación en tu hogar, como una visita que no deseas pero que llevas sufriendo durante un tiempo, que has decidido hacer como que no te molesta, aunque no sea así. También puede ser una situación laboral.

En todo caso, su mensaje es que mires a la cara al problema o a lo que te molesta y le pongas solución, en lugar de mirar para otro lado. Adáptate a lo nuevo y aprende a verlo con más amor.

Unas veces la solución es aceptar con amor y otras veces requiere hablar con alguien para que alguna circunstancia cambie y te sientas bien en tu entorno.

Si tienes miedo a verte envejecer o no te gusta perder tu belleza, debes empezar a comprender que el cuerpo solo muestra tu propio equilibrio en el amor y que, si te amas, tu cuerpo mostrará belleza, aunque envejezcas. Y en caso de que no puedas evitar que degenere tu belleza, el mensaje es que te aprecies tal y como eres, por tu interior, por tu experiencia, por tu sabiduría, y prestes menos atención a tu aspecto exterior; aprende a amar tu Ser único y especial.

Si hay una situación que no aceptas bien pero sientes que debes aceptar y mirar, trata de ver los aspectos positivos que vienen con eso que tanto te molesta y encuentra la paz y el equilibrio.

Si lo que sientes es que debes irte de esa situación o poner un límite, actúa y expresa lo que sientes a la persona o personas adecuadas.

Encuentra las creencias que te impiden ver bien lo que ocurre cerca de ti, afrontarlo y resolverlo con amor.

2. Investigación

Viaja con tu mente al momento en que apareció el síntoma; ayúdate de las **preguntas generales (p. 68)** y añade las siguientes:

- ¿Qué sucedió cerca de ti, que te molesta ver o afrontar y que haces como que no te importa, desde que empezó la presbicia?
- ¿Te cuesta ver tu aspecto físico de cerca? ¿Qué temes si envejeces?
- Ojo izquierdo: ¿Qué parte de tu interior o qué relación cercana te disgusta ver con claridad por miedo a sufrir?
- Ojo derecho: ¿Qué parte del exterior o de tu vida material o física cercana te cuesta ver con claridad?

3. Creencias (erróneas)

Busca las creencias limitantes (normalmente inconscientes) con las que más te identificas o encuentra en ti algunas similares:

- «Hay algo en mi entorno que ha cambiado y no me gusta, pero no debo decir nada para no molestar; prefiero no verlo».
- «La vida cambia y no me gusta adaptarme a los cambios a mi alrededor, prefiero hacer como que no ha cambiado nada y así no sufriré».
- «Hay una situación en mi trabajo que no me gusta ver, pero no puedo hacer nada, así que hago como que no la veo».
- «No me gusta verme envejecer, quiero seguir siendo como cuando era joven o nadie me querrá».
- «Los viejos son rechazados; no me gusta hacerme mayor».

4. Mensajes

Para cambiar tus creencias puedes usar las siguientes afirmaciones; te invito a crear las tuyas usando el **método general (p. 76)**:

- «Me permito ver con claridad todo lo que sucede a mi alrededor y hago lo que siento para estar bien en mi entorno».
- «Soy capaz de adaptarme a las circunstancias nuevas con amor y flexibilidad, y ver lo que ocurre desde nuevas perspectivas».
- «Elijo afrontar la situación cercana que me molesta y hablar con las personas adecuadas para resolverla y que todos estemos bien».
- «Me permito ver mi aspecto físico con claridad y aprendo a mirarme cada día con más amor, vea lo que vea en mi cuerpo y en mi rostro».

- «Elijo quererme y apreciarme tal y como soy, y acepto que puedo ser amado por mi maravilloso Ser interior, más que por mi físico».
- «Cuando me hago mayor, mi espíritu es más sabio y muestro a los demás mi inteligencia y experiencia, y eso es muy bello».
- «Las personas mayores que se quieren tienen mucho amor y atención de sus seres queridos y del resto del mundo».
- «Siempre se puede encontrar amor en cualquier momento, y me permito verme y amarme para poder ser amado».

5. Acciones

- Repite los mensajes de tu cuerpo todos los días.
- Descubre lo que te molesta o aquello a lo que no te adaptas bien a tu alrededor, y actúa para resolverlo. La verdad te hará libre.
- ¿Tienes que decir algo que no te gusta? Dilo con amor.
- ¿Tienes que irte de una situación que te molesta? Vete con alegría, libertad y gratitud por saber tu verdad.
- Si te cuesta ver cómo envejeces, haz una lista muy larga de todas las ventajas que tiene madurar y hacerse mayor, hasta que veas que tienes todo el derecho a ser amado, no por tu físico, sino por tu Ser.
- Investiga más posibles mensajes y... ¡ámate!

OJOS: SEQUEDAD (O FALTA DE LÁGRIMAS)

Las lágrimas sirven para hidratar y pulir la córnea. La sequedad ocular es un problema de falta de hidratación de los ojos, que causa normalmente irritación y la necesidad de parpadear con frecuencia.

1. Significado

Lo más importante: Este problema te indica que te esfuerzas mucho por ocultar tu sensibilidad y tu amabilidad y que tratas de mostrar dureza o frialdad para no parecer una persona débil o sumisa.

También puede indicarte que estás demasiado alerta con lo que sucede en tu entorno, para que no te tomen por sorpresa.

Mira también el significado de ojos (problemas) y el significado del ojo izquierdo o el derecho, según el caso.

Tu verdadero deseo: Ser más amable y cortés, y mostrar tu sensibilidad, relajándote ante la vida y lo que ves en ella.

Significado en detalle: Las lágrimas nos permiten tener la córnea pulida y ver bien, y a la vez representan las emociones que fluyen hacia fuera cuando vemos algo que nos hace sentir.

Cuando tienes los ojos secos, la irritación te indica que «te irrita» lo que ves, que sientes algo hacia una persona, o una situación que te ha hecho desconfiar de alguien, y evitas ser amable con esa persona o personas porque crees que puede pasar algo si no prestas mucha atención a sus movimientos o no estás alerta. Sería bueno que averiguaras si tus miedos tienen fundamento o no, hablando con las personas adecuadas.

Es posible que tengas miedo de ser amable porque crees que, si muestras tu sensibilidad y amabilidad, se aprovecharán de ti. Quizás creas que ves cosas que otros no ven, y que eso te va a obligar a hacer más por los demás, y te irrita que otros no vean las cosas como tú.

Yo, en una ocasión, tuve sequedad en los ojos, la cual notaba cuando estaba en mi trabajo como ingeniero (me había operado de la vista poco antes de conocer los mensajes de mi cuerpo y al volver al trabajo noté que se me secaban mucho los ojos), y averigüé que se debía a que me sentí traicionado por un compañero. Después de hablarlo y aclararlo, creía que no debía ser demasiado amable para que no me tomara por débil o tonto, pero en cuanto me permití perdonarle del todo y volver a hablarle con mi afecto habitual, la sequedad desapareció completamente.

El mensaje de este síntoma es que te relajes y vuelvas a confiar en que puedes ser una persona amable, cortés y cariñosa con las personas que te rodean, sabiendo que podrás hacer respetar tus derechos y tus sentimientos si lo necesitas, sin tener que mostrar frialdad para hacerte respetar, ni observar todo lo que hacen otros con tanta atención.

Descubre las creencias que te impiden ser amable, afectuoso y mostrar tus emociones a los demás.

2. Investigación

Viaja con tu mente al momento en que apareció el síntoma; ayúdate de las **preguntas generales (p. 68)** y añade las siguientes:

- ¿En qué situación, poco antes de que apareciera el síntoma, creíste que debías estar muy alerta para no ser tomado por sorpresa?
- ¿En qué situación te impides ser amable y cortés para que no te tomen por una persona débil?

3. Creencias (erróneas)

Busca las creencias limitantes (normalmente inconscientes) con las que más te identificas o encuentra en ti algunas similares:

- «Si muestro mi dulzura y sensibilidad y soy amable, abusarán de mí o me tratarán mal».
- «Me han hecho daño, así que debo estar muy alerta y mirar todo lo que sucede a mi alrededor, para que no me cojan por sorpresa».
- «En la vida hay que tener cuidado con los demás e intentar que no vean que eres buena persona, o abusarán de ti».
- «Siento que ya he hecho bastante por los demás y, aunque sé lo que hay que hacer porque veo todo con más claridad, ahora debo ocultar lo que siento y mostrarme frío, para que no se aprovechen de mí».
- «Las personas amables parecen débiles y sumisas».

4. Mensajes

Para cambiar tus creencias puedes usar las siguientes afirmaciones; te invito a crear las tuyas usando el **método general (p. 76)**:

- «Me perdono por haberme mostrado débil en el pasado, y confío en que puedo ser firme y respetarme, a la vez que soy cariñoso».
- «Elijo perdonar a quien me hizo daño en el pasado y me permito mostrar mi lado sensible y amable a esas personas».
- «Cuando me muestro vulnerable y sensible, muestro mi verdadera fortaleza interior y mi capacidad de perdonar».
- «Puedo ser amable y cortés cuando lo deseo, y soy capaz de poner límites si alguien trata de abusar de mí, pues me respeto con amor».
- «Puedo ver las cosas con claridad y aceptar que otros no las ven igual que yo, respetando en todo momento mis necesidades».
- «Las personas amables están siempre protegidas por el amor».

5. Acciones

- Repite los mensajes de tu cuerpo todos los días.
- Realiza un proceso de visualización para perdonar a las personas de las que desconfías y para perdonarte a ti mismo, tal y como eres.
- Habla con las personas que necesites para saber si realmente tienes que prestar atención y estar alerta, o bien estás exagerando. Si ves

que puedes llegar a sufrir, actúa para resolver la situación, y después busca el perdón y la aceptación de ti y del otro.
• Investiga más posibles mensajes y... ¡ámate!

OJOS: TIC EN EL OJO

Consiste en la actuación involuntaria de alguno de los músculos que mueven los párpados, lo que provoca que se cierren o que tiemblen. Consulta TIC NERVIOSO; agrega el significado del ojo afectado, del síntoma OJOS (problemas).

OÍDOS: PROBLEMAS GENERALES
(Y DOLOR, SORDERA Y OTITIS)

Este significado se refiere a cualquier problema que afecte al oído, ya sea en forma de infección, de dolor o de pérdida de audición.

1. Significado

Lo más importante: Cualquier problema de oídos que te impida oír bien te indica que hay algo que no te gusta escuchar o que desearías no oír porque te hace sentir demasiadas emociones.

Si hay dolor, significa que «te duele» lo que oyes, que te hace sentirte culpable por algo y que te gustaría no haberlo escuchado.

El **oído izquierdo** se refiere a escuchar a tu voz interior y a oír tu verdad en los temas familiares, sentimentales y emocionales.

El **oído derecho** se refiere a escuchar lo que viene de fuera, las señales o palabras de ayuda externa y tu verdad en los temas materiales, laborales o físicos.

Puedes consultar también el significado de OÍDOS: ZUMBIDO.

Tu verdadero deseo: Escuchar con más amor y sin juicio aquello que te cuesta oír en tu vida, y cambiar lo necesario para que no «te duela» tanto oírlo.

Significado en detalle: Si has perdido capacidad de audición en alguno de tus oídos (SORDERA), tu cuerpo te indica que hay ciertas palabras o ciertas voces que no te gusta escuchar, desde poco antes de que empezara el problema.

Puede ser que alguien te esté diciendo una verdad incómoda que no te gusta reconocer, o que alguien esté diciéndote cosas que van en contra de tus principios, pero que aceptas sin protestar, cerrando tus oídos en lugar de hacer algo.

También puede ser que estés junto a alguien, en casa o en el trabajo, a quien no te gusta escuchar, o que dice cosas que no te gustan pero prefieres dejar de oír con tal de no crear un conflicto o por miedo a ser juzgado.

A veces la solución está en perdonar o ponerse en el lugar del otro, a veces lo que no te gusta oír te ayuda a quererte más a ti mismo, o a veces puede que necesites cambiar de entorno o poner límites a las personas que hacen algo que te molesta oír.

Si no oyes bien, tu cuerpo te dice que deseas escuchar más, pero con una actitud diferente. Te dice que debes juzgar menos lo que escuchas, ser más flexible y aprender a escuchar con el corazón, encontrando el amor en lo que oyes. Comprende que los demás hacen las cosas lo mejor que saben y que se expresan como pueden.

Si te vuelves más tolerante contigo mismo y perdonas tus errores al expresarte, serás más tolerante con los demás.

Si crees que los demás te dicen cosas para perjudicarte, debes aprender a ver desde su punto de vista y preguntarles, para ver sus verdaderas intenciones, en lugar de cerrar tus oídos. Y si descubres que su intención no es buena, solo tienes que alejarte de esa persona y escuchar lo que realmente te gusta escuchar.

Si te sucede porque eres una persona muy sensible y con mucho amor, y no quieres escuchar para no tener que actuar o ayudar tanto, sería bueno que aprendieras a escuchar las demandas de los demás y a decir que no cuando no deseas actuar.

Si te sucede porque tienes miedo de desobedecer y la sordera te sirve de excusa para hacerlo, tu cuerpo te dice que puedes hacer siempre lo que deseas sin necesidad de perder tu capacidad auditiva; solo debes aprender a expresar más lo que quieres y lo que no quieres.

En caso de que se produzca una inflamación (OTITIS) o DOLOR, esta te indica que sientes culpa por aquello que no te gusta escuchar, y que acumulas tus emociones de rabia e ira porque crees que nadie te entiende. Les suele suceder a los niños pequeños que escuchan muchas veces cosas que no les gustan, o gritos y órdenes sin explicaciones convincentes, coherentes o inteligentes. Puede que se sientan atacados por lo que oyen, o que se sientan culpables por creer que provocan conflictos en la familia.

En ese caso, si le sucede a tu hijo (incluso si es un bebé), es importante que le expliques que, aunque venga de un lugar más amoroso, en este mundo todos escuchamos cosas de todo tipo, bonitas y feas, y que eso que no le gusta escuchar es normal, y también es amor. Debe entender que es normal que a veces las personas griten y se peleen, que no sepan explicarse siempre bien y que de ahí se aprende la paciencia, la tolerancia y el respeto, y por eso le ayudaría abrazar con más amor las situaciones que escucha. Si te ocurre a ti, es el momento de que comprendas la utilidad de lo que escuchas y de abrir los oídos del corazón.

Descubre las creencias que te impiden oír lo que tu alma te muestra cada día con claridad para que ames más.

2. Investigación

Viaja con tu mente al momento en que apareció el síntoma; ayúdate de las **preguntas generales (p. 68)** y añade las siguientes:

- ¿Qué empezaste a escuchar que no te gustó, desde poco antes de que empezaras a perder audición?
- ¿En qué área de tu vida juzgas lo que escuchas y lo rechazas, pero haces como que no te molesta oírlo?
- ¿A qué personas prefieres no escuchar en tu vida porque crees que quieren perjudicarte?
- ¿En qué situaciones la sordera te sirve de excusa para no hacer algo que no deseas o para desobedecer sin que lo parezca?
- Oído izquierdo: ¿En qué situación de tu vida personal, familiar, sentimental o de tu vocación te impides escuchar tu voz interior o el consejo de alguien?
- Oído derecho: ¿En qué situación de tu vida laboral, económica, material o física-sexual te impides escuchar a los demás y hacer lo que sientes?
- Otitis: ¿Qué escuchaste que te hizo sentir ira y rabia, en una situación en la que te sentiste culpable por lo que oíste?

3. Creencias (erróneas)

Busca las creencias limitantes (normalmente inconscientes) con las que más te identificas o encuentra en ti algunas similares:

- «Lo que dice esa persona que está en mi vida no lo entiendo y no me interesa; no sirve para nada».
- «He aceptado compartir mi tiempo con una persona a la que no me gusta escuchar, pero me aguanto por miedo a _____ (algo que temes)».
- «Hay personas que dicen cosas negativas para hacerme daño, y no puedo hacer nada».
- «Prefiero no oír bien, así tengo una excusa para no tener que decir que no a las demandas de los demás».
- «Si desobedezco, seré castigado, así que es mejor no oír, para tener una razón para no obedecer».
- Otitis: «No me gusta y no acepto nada de lo que he oído, parece que he hecho algo mal; ¿por qué las personas son tan injustas conmigo?».

4. Mensajes

Para cambiar tus creencias puedes usar las siguientes afirmaciones; te invito a crear las tuyas usando el **método general (p. 76)**:

- «Me permito oír con claridad lo que me dicen otras personas y actúo según lo que siento en mi corazón».
- «Abro mis oídos y mi corazón a las palabras de los demás y aprendo a escuchar con amor y compasión».
- «Cada persona se expresa lo mejor que sabe y lo mejor que puede; aprendo a perdonarme y a perdonar a los demás».
- «Todo lo que escucho está ahí para enseñarme algo, ya sea para amar, o para alejarme de lo que no me gusta y poner límites a los demás».
- «Soy capaz de elegir las cosas y también a las personas a las que deseo escuchar y a las que no; siempre soy libre».
- «Me permito decir que no a los demás cuando no me apetece hacer algo, escucho con amor y respeto mis necesidades».
- «Me permito desobedecer y reconozco mi fuerza, mi independencia y mi individualidad; soy libre y me amo».
- «Las voces negativas y del miedo me recuerdan dónde debo poner amor en mi mente y me ayudan a amarme más; les doy las gracias y me despido, escuchando el amor de mi corazón».
- «Cuando oigo algo que no me gusta, confío en que soy un Ser maravilloso y en que las otras personas lo hacen lo mejor que saben; elijo perdonar y amar».

- «Cuando alguien no me habla bien está mostrándome sus límites y debilidades, y puedo comprender lo que siente».
- Oído izquierdo: «Me abro a escuchar mi voz interior y a conectar con mi fe y mi confianza para sentir el amor en lo que escucho».
- Oído derecho: «Me permito escuchar los consejos y señales que me llegan de fuera y que me ayudan a conectarme con el mundo y con todos los seres».
- Otitis: «Me permito preguntar el porqué de aquello que he oído y que no me ha gustado; me trato con amor y aceptación, y expreso mis emociones».

5. Acciones
- Repite los mensajes de tu cuerpo todos los días.
- Si estás en una situación en la que no te gusta lo que oyes y puedes decir algo con amor, habla con las personas adecuadas y expresa tus necesidades; verás que era más fácil de lo que pensabas.
- Si te da miedo decir que no o pedir lo que necesitas, empieza a practicarlo poco a poco, afrontando tu miedo, y te liberarás.
- Investiga más posibles mensajes y... ¡ámate!

OÍDOS: ZUMBIDO (O PITIDO, ACÚFENOS O *TINNITUS*)

Este significado se refiere a la aparición de un sonido, zumbido o silbido en alguno de los oídos, de forma esporádica o continuada.

1. Significado
Lo más importante: Un pitido o un zumbido en tus oídos es una indicación de que tienes demasiado ruido mental y de que estás escuchando más a la razón que a tu intuición.

Cuando el sonido es en el **oído izquierdo**, suele ser una indicación de que estás recibiendo una señal negativa o de la polaridad del Servicio al Yo, es decir, un pensamiento basado en el miedo o la separación, que no deseas escuchar.

Cuando el sonido es en el **oído derecho**, suele indicar una señal positiva o de la polaridad del Servicio a los Demás, basada en el amor, y te recuerda que prestes atención a tus pensamientos para ver las señales que no ves y que la vida te está dando.

Tu verdadero deseo: Deseas escuchar a tu corazón y parar la mente para oír las señales que te lleven al camino del amor.

Significado en detalle: Observa qué parte de tu vida estabas analizando con tu mente cuando empezó el pitido o zumbido. Te indicará el tema que te preocupa demasiado, hasta el punto de no escuchar a tu corazón por estar escuchando demasiado a tu mente lógica y racional, creyendo que es tu intuición.

Tu cuerpo quiere que no confundas el intelecto con la intuición y que busques más cómo escuchar a tus emociones, en lugar de analizar todo con las reglas de la lógica. La mente es una gran herramienta, pero hay que saber conectarla con la intuición, porque si no, puedes desviarte de lo que realmente deseas vivir y aprender.

En mi caso tuve la oportunidad de experimentar un zumbido en el oído izquierdo cuando, estando en pareja, quería dejar la relación por motivos equivocados (por el físico). Mi oído me estaba diciendo que no debía dejarla por esa razón mental, sino que debía encontrar mis verdaderos sentimientos, y que si la dejaba, que fuera por tener claridad desde el corazón. Cuando aceptaba seguir en la relación, aunque no entendiera aún por qué, el zumbido desaparecía, y cuando cuestionaba seguir en la relación por motivos equivocados (usando la razón), aparecía de nuevo. Era mi miedo a no tener lo que realmente quería, y a estar perdiendo el tiempo, lo cual no era cierto, como vería años más tarde, al entender el gran amor que estaba recibiendo en ese momento.

Si tienes este síntoma, busca las creencias que te hacen razonar tanto las decisiones que tomas y averigua si estás pensando mucho y sintiendo poco. A veces no es fácil distinguir entre razón e intuición, pero tu oído te dice que te permitas escuchar nuevas ideas basadas en el amor y dejes de escuchar las voces del miedo en tu interior.

Permítete sentir más tus emociones y silenciar tu mente de vez en cuando para permitir que tu voz interior se oiga en medio de tus pensamientos.

Cuando te afecte al **oído izquierdo**, date cuenta de que tus pensamientos respecto al tema que tratas se basan en el miedo y no en el amor, y busca nuevos pensamientos que te ayuden a volver al Amor Incondicional.

Cuando notes el sonido en el **oído derecho**, simplemente presta atención a los buenos pensamientos que tienes en ese momento y que no percibes, o a las señales que aparecen ante tus ojos, pues ese sonido te avisa para que estés atento, porque puede que tengas delante una señal importante para ti que te ayudará a seguir tu camino.

2. Investigación

Viaja con tu mente al momento en que apareció el síntoma; ayúdate de las **preguntas generales (p. 68)** y añade las siguientes:

- ¿Qué pensamientos tenías cuando apareció el sonido del oído?
- ¿En qué áreas de tu vida piensas o analizas demasiado las cosas y te cuesta dejarte llevar por lo que sientes o por la intuición?
- ¿Qué creencias te impiden atreverte a escuchar la sabiduría de tus emociones y de tu intuición desde el silencio interior, sin usar tu intelecto?
- Oído izquierdo: Justo antes de que apareciera el sonido, ¿qué pensamientos tenías que pudieran estar relacionados con un miedo o con no ver con amor algo de tu presente?
- Oído derecho: Poco antes de que apareciera el sonido, ¿qué señales positivas y significativas para ti estabas recibiendo que tuvieran relación con algo que te preocupaba?

3. Creencias (erróneas)

Busca las creencias limitantes (normalmente inconscientes) con las que más te identificas o encuentra en ti algunas similares:

- «Debo analizar todo con mi mente siempre para no equivocarme».
- «No puedo parar de pensar, mi mente no para nunca».
- «No sé usar mi intuición, o no sé ni siquiera si tengo intuición».
- Oído izquierdo: «*Creo* que debo hacer esto que *pienso*, porque parece lo lógico; hacer otra cosa me da miedo, y puede suceder _____ (algo que temes)».
- Oído derecho: «No existen señales a las que prestar atención, la vida es lógica y nada más».

4. Mensajes

Para cambiar tus creencias puedes usar las siguientes afirmaciones; te invito a crear las tuyas usando el **método general (p. 76)**:

- «Me permito relajar la mente y aprender a escuchar la sabiduría de mi intuición y de mis emociones más puras y claras».

- «Es posible parar la mente, y aprendo cada día a escuchar más a mi corazón».
- «Me permito disfrutar del silencio interior y observo el presente con mi conciencia despierta».
- «Soy perfectamente capaz de observar el presente con la mente tranquila y de sentir primero lo que deseo hacer y lo que me pide mi alma, para luego analizar las posibilidades y tomar una decisión».
- Oído izquierdo: «Elijo abrazar la voz del miedo con amor y dejarla ir; veo las posibilidades de amar que se encuentran en otras opciones diferentes a la que dice mi mente».
- Oído derecho: «Me permito confiar en las señales que me muestra la vida y en que todo forma parte de un plan perfecto que puedo descubrir si paro mi mente y escucho en silencio».

5. Acciones
- Repite los mensajes de tu cuerpo todos los días.
- Cuando oigas el zumbido o pitido, busca en tu mente los pensamientos que más te preocupan en ese momento (pueden ser varios) e investiga cómo puedes cambiarlos por otros basados en el Amor Incondicional.
- Practica el silencio interior o meditación diariamente, si puedes; busca ese momento del día donde estar en paz contigo mismo y conecta con el amor de tu centro energético del corazón. Verás que cada día es más fácil escuchar a tu intuición y que tu mente funciona de manera más clara.
- Investiga más posibles mensajes y... ¡ámate!

5.2. Cuello, pecho, espalda y hombros

Esta zona del cuerpo está formada por la columna vertebral, desde la cadera hasta el cráneo, y la caja torácica, que protege el corazón y los pulmones.

En sentido metafísico, la columna representa las formas de pensar y creencias que nos hacen sentirnos sostenidos o capaces de sostener o apoyar a otros, con mayor o menor flexibilidad. La caja torácica, en cambio, simboliza la familia y la dependencia del amor de otros para ser felices y sentirnos amados.

Todas las cargas que nos imponemos, haciendo cosas que no nos agradan para conseguir el amor que deseamos de los demás, sin ver el gran amor que tenemos dentro de nosotros mismos, se traducen en problemas de cuello, hombros y espalda.

Cuando vemos las cosas de forma inflexible y no afrontamos lo que nos molesta, se ve afectado el cuello. Cuando nos echamos cargas que no nos corresponden y que no deseamos, aparece el dolor de hombros. Cuando nos responsabilizamos de la felicidad de otra persona, duele la parte alta de la espalda. Cuando nos da miedo pedir lo que necesitamos para sentirnos queridos, seguros y protegidos, duele la zona lumbar. Cuando nos sentimos mal por no poder cuidar de alguien o por no sentirnos acogidos, aparecen problemas en el pecho.

Aquí podrás ver cómo los síntomas de esta zona te ayudarán a volver a descubrir el amor que ya tienes dentro de ti y también a pedir lo que necesitas y a dar solo lo que realmente deseas de corazón.

CLAVÍCULA (DOLOR, FRACTURA)

Las clavículas son los huesos que unen el esternón con los omóplatos, y sus problemas más comunes suelen ser: dolor espontáneo, esguinces o fracturas. Si el dolor se produce en la articulación del hombro, ver BRAZOS: ARTICULACIÓN DEL HOMBRO.

1. Significado

Lo más importante: Cualquier dolor en la clavícula te indica que tienes dificultades para afirmarte o mostrar tu autoridad ante alguien que sientes que te está dando órdenes y ante quien crees que no puedes expresarte.

Añade el significado del lado afectado, DERECHO O IZQUIERDO (p. 50), para saber en qué área de tu vida debes buscar el mensaje.

Tu verdadero deseo: Deseas afirmarte, expresar lo que sientes y hacer tus demandas.

Significado en detalle: En general, los problemas en los huesos nos hablan de un problema con las estructuras y la autoridad.

Por ser un hueso que está situado sobre el pecho y que permite muchos movimientos, relacionados con subir o bajar los hombros o los brazos, la clavícula te habla de «sacar pecho» o afirmarte ante alguien. Eso quiere decir que si te duele o tienes algún síntoma en ese hueso, te sientes limitado en tus acciones por la autoridad de otra persona, que percibes que te da órdenes impuestas, a las que no puedes decir que no.

Puede que te sientas culpable por tener pensamientos de rebeldía, o por no tener el valor de hacer lo que sientes, y mediante ese dolor te castigas.

Sin embargo, el mensaje de tu clavícula es que debes confiar en tu fuerza y en tu capacidad de expresar ante cualquier otro ser tus necesidades y tus límites, por mucha autoridad que percibas que tiene.

Si no lo haces, estarás dejando que tus miedos dirijan tu vida y no estarás viendo al otro ser ni a ti mismo como el Creador, merecedor por igual de todo el respeto y el amor, sin nadie por encima ni por debajo.

Si tienes, además, **fractura** del hueso, te indica que has volcado hacia ti mismo la ira que sientes hacia la otra persona, por no querer revisar tus ideas sobre dejarte someter a los demás.

Es importante que empieces a confiar en tu poder y capacidad para defenderte y afirmarte, entendiendo que los miedos que alguna vez sentiste no tienen por qué seguir dirigiendo tu vida. Si te permites expresar cada vez más lo que sientes y pedir lo que necesitas, verás que las personas que te quieren están más que dispuestas a respetarte con amor, y cada vez será más sencillo.

2. Investigación

Viaja con tu mente al momento en que apareció el síntoma; ayúdate de las **preguntas generales (p. 68)** y añade las siguientes:

- ¿En qué situación has sentido que alguien está dándote órdenes o usando su autoridad sobre ti, sin poder defenderte?
- ¿Ante quién crees que no puedes expresar lo que sientes o lo que necesitas, debido a los límites que sientes que te impone?

3. Creencias (erróneas)

Busca las creencias limitantes (normalmente inconscientes) con las que más te identificas o encuentra en ti algunas similares:

- «Creo que no puedo afirmar mi fuerza o mi independencia, o sufriré un daño o una pérdida».
- «No debería ser tan rebelde; es mejor obedecer, ya que la otra persona es más sabia o más poderosa que yo».
- «No soy lo bastante valiente para enfrentar la autoridad de _____ (la persona a la que temes desafiar), y no puedo hacer lo que realmente quiero».
- «Esta persona me está imponiendo sus reglas y no puedo hacer nada para expresarme o para defenderme, no soy capaz».

4. Mensajes

Para cambiar tus creencias puedes usar las siguientes afirmaciones; te invito a crear las tuyas usando el **método general (p. 76)**:

- «Elijo confiar en mi fuerza y en mi capacidad para afirmarme, expresar mi verdad y pedir lo que necesito ante _____ (la persona a la que me da miedo enfrentarme)».
- «Me perdono por haber sentido miedo a la autoridad de otra persona y confío en que somos Uno; somos igualmente poderosos y dignos de expresarnos».
- «Elijo confiar en que puedo expresarme ante quien representa una autoridad y en que si me ama respetará mi espacio y escuchará mis necesidades».
- «Si al expresar mi verdad a otra persona esta me limita o me quita libertad, puedo discernir si no tiene amor para mí y permitirme dejarla ir con amor».
- «Tengo derecho a pensar diferente a otra persona y a expresarlo con todo el amor que pueda, en libertad».
- «Dentro de mí está todo el valor y la fuerza necesarias para mostrar mi verdad y respetar mis necesidades».

5. Acciones

- Repite los mensajes de tu cuerpo todos los días.
- Habla con la persona ante quien te sientes intimidado expresando simplemente lo que sientes, tus miedos, tus deseos y necesidades, aceptando que puedes equivocarte mientras lo haces. Recuerda que la vulnerabilidad es lo que permite que reconozcas si la otra persona elije el amor o no ante ti.

- Si la otra persona te escucha y atiende tus necesidades, aunque no pueda satisfacerlas o no esté de acuerdo contigo, sabrás que tiene amor para ti y que puedes ir expresándote cada vez más con libertad en esa relación. Considera que el otro puede tener sus propios miedos y heridas, y también sus distorsiones, aunque a ti te parezca una autoridad por encima de ti que no se equivoca en ciertos temas.
- Si la otra persona no puede respetarte y realmente no te deja libertad para afirmarte, quizás debas revisar si esa relación te aporta el amor que necesitas o no, y si debes dejarla ir por ahora.
- Investiga más posibles mensajes y... ¡ámate!

COLUMNA VERTEBRAL (PROBLEMAS, DOLOR)

Es un tubo óseo, largo y flexible, que une la cadera y la cabeza, pasando por la espalda y el cuello, y que sostiene el cuerpo erguido.

Consulta la zona afectada del cuello o de la espalda (CUELLO, ESPALDA: DORSAL, ESPALDA: LUMBAR, ESPALDA: SACRO, ESPALDA: COXIS) y, en su caso, HERNIA DISCAL.

COLUMNA: HERNIA DISCAL

Una hernia discal es la salida de un disco intervertebral de su posición natural, lo que produce rigidez en la columna y un dolor a veces intenso.

1. Significado

Lo más importante: Este síntoma te indica que te cargas demasiado con el peso de la vida porque no te sientes apoyado y que te cuesta tomar decisiones, por una falta de flexibilidad en tu forma de actuar, a veces demasiado perfeccionista. Esperas recibir más apoyo de la vida o de los demás antes de decidirte.

Consulta la zona afectada del cuello o de la espalda (CUELLO, ESPALDA: DORSAL, ESPALDA: LUMBAR).

Tu verdadero deseo: Deseas decidirte más rápido para lograr lo que quieres, y respetar tus límites, pidiendo la ayuda que necesitas y confiando en tu capacidad de sostenerte.

Significado en detalle: Como la columna es una parte flexible del cuerpo y que te sostiene, la salida de un disco te indica que has excedido tu capacidad de «soportar» cargas, por una actitud demasiado rígida contigo.

Es posible que te sientas inmovilizado porque crees que no tienes apoyo de los demás o de la vida y que creas que debes hacerlo todo tú, y esa creencia te perjudica.

Puede que pienses también que puedes equivocarte si tomas decisiones y avanzas hacia lo que deseas, por miedo a no tener el soporte necesario en caso de fallar. Te ayudaría decidirte más rápido, sin esperar que los demás te apoyen, o que todo sea perfecto.

Esta dolencia también puede indicarte que te cuesta cambiar ciertas creencias relacionadas con la parte de la columna afectada (mira su definición). Al salirse el disco tu cuerpo te indica que no quieres ver que ciertas situaciones se repiten como un «disco rayado» y que debes aprender a liberarte de tus cargas y ser más abierto y flexible.

Por ejemplo, si es en la zona del cuello, o cervical, haces como que ciertas situaciones no te molestan, pero no es así. Si es en la zona dorsal, las cargas que te impones están relacionadas con responsabilizarte de la felicidad de los demás. Si es lumbar, tienes miedo a pedir lo que necesitas y a reconocer que necesitas ayuda.

Libérate de tus cargas, confiando en que cada persona es libre y capaz de valerse por sí misma, y en que todos estamos siempre protegidos por la vida.

Concédete el derecho de vivir experiencias y de aprender viviéndolas, sabiendo que todo sale bien siempre y que cada aparente error es un aprendizaje para llegar a manifestar todo tu potencial.

Mira las situaciones que se repiten en tu vida y en las que sientes rigidez o falta de flexibilidad, y ábrete a lo nuevo, a cambiar, a ceder. ¡Vuelve a ser libre y tu cuerpo lo agradecerá!

2. Investigación

Viaja con tu mente al momento en que apareció el síntoma; ayúdate de las **preguntas generales (p. 68)** y añade las siguientes:

- ¿Qué cargas te echas sobre la espalda por no sentirte apoyado?
- ¿En qué situación te estás frenando de tomar decisiones y actuar, porque no es todo como esperabas?

- ¿Qué parte de tu vida, relacionada con no sentirte sostenido o responsabilizarte de los demás, se repite una y otra vez como un disco rayado? ¿En qué sientes que te pones rígido?

3. Creencias (erróneas)

Busca las creencias limitantes (normalmente inconscientes) con las que más te identificas o encuentra en ti algunas similares:

- «Debo cargarme yo con todo el peso y las responsabilidades de mi entorno; no me siento libre de hacer lo que quiero».
- «Me bloqueo y no puedo hacer lo que he planeado, porque no me siento apoyado».
- «Me cuesta decidirme; creo que debo esperar a que todo sea perfecto para dar el paso, porque la vida no me sostiene».
- «Me cuesta hacer lo que quiero por miedo a equivocarme o a que no sea todo perfecto y salga mal».
- «No me siento suficientemente fuerte para ocuparme de mi propia vida y tengo muchas cargas».
- «Me cuesta valorarme si no veo los resultados de lo que hago a través de otras personas que me valoran o me apoyan».
- «No entiendo por qué se repiten ciertas situaciones negativas y me da miedo cambiar».

4. Mensajes

Para cambiar tus creencias puedes usar las siguientes afirmaciones; te invito a crear las tuyas usando el **método general (p. 76)**:

- «Me libero de mis cargas y asumo solo lo que me corresponde y lo que me apetece hacer con alegría y amor».
- «Soy mi propio apoyo y elijo creer que todo va a salir bien si hago lo que siento y respeto mis límites».
- «Me permito avanzar y decidirme más rápido para lograr lo que deseo».
- «Elijo dejar de exigirme tanto y me permito ser más flexible conmigo y con mi proceso; la vida me lleva con suavidad».
- «Me abro a lo nuevo, a cambiar, a ceder, y veo en las situaciones que se repiten grandes oportunidades de crecer y aprender sobre el Amor».

5. Acciones

- Repite los mensajes de tu cuerpo todos los días.
- Aprende a decir a otras personas que necesitas libertad y apoyo, y actúa con libertad mientras refuerzas tu confianza usando los mensajes de tu cuerpo.
- Toma decisiones y actúa más pronto, aprendiendo a confiar cada día más en la vida.
- Lee los mensajes de la parte de la columna donde se encuentra la hernia de disco y averigua lo que necesitas decirte para estar bien.
- Investiga más posibles mensajes y... ¡ámate!

COSTILLAS: PROBLEMAS GENERALES
(Y DOLOR INTERCOSTAL Y FRACTURA)

El significado se refiere a un problema en la caja torácica, incluidas las costillas y los músculos intercostales, que protegen el corazón y los pulmones.

1. Significado

Lo más importante: Si tienes dolor o cualquier problema en las costillas o múculos intercostales, significa que tienes miedo a estar desprotegido, que crees que no tienes la armadura que necesitas para defenderte de lo externo.

Añade el significado del lado afectado, DERECHO O IZQUIERDO (p. 50), para saber en qué área de tu vida debes buscar el mensaje.

Puedes consultar también el significado de HUESOS, FRACTURA, DOLOR.

Tu verdadero deseo: Confiar en que puedes mostrarte vulnerable, y en que al mismo tiempo estás siempre protegido y puedes defenderte si lo necesitas.

Significado en detalle: La caja torácica representa la «armadura» que nos protege de los golpes externos que pueden afectar al corazón —que representa el amor, sobre todo a uno mismo— y a los pulmones —que representan la conexión con la vida—.

Cuando sientes molestias o dolor en esa parte del cuerpo, es como si sintieras que has perdido tu protección y que no vas a poder defenderte de algo que temes (probablemente el miedo sea más a sentir dolor emo-

cional que dolor físico). Si el problema es muscular (DOLOR INTERCOS-
TAL), el miedo es menor que si se produce una FRACTURA (ver FRACTURA).

Si te duele al respirar, sé consciente de que tienes miedo de sentir
algo hacia alguien o de dejar entrar emociones nuevas en tu vida por
creer que no tienes la protección que necesitas.

El mensaje de tus costillas es que confíes más en ti, en tu capacidad
para defenderte si lo necesitas y en que normalmente no necesitas defenderte tanto, sino más bien abrir tu corazón y observar que el amor
es la fuerza más poderosa del Universo.

Cuando te abres a ser vulnerable, mostrando tus defectos y tus
debilidades, y permites que otras personas toquen tu alma y muevan
tus emociones, entonces tu dolor sale y sanas completamente, volviéndote más fuerte de lo que eras, no porque estés protegido, sino porque
tu amor te hace intocable, al no tener dolor dentro que resuene con el
de los demás.

Confía en tu fuerza y en el amor, y verás que nunca hay nada que
temer, sino solo experiencias que vivir y de las que aprender.

2. Investigación

Viaja con tu mente al momento en que apareció el síntoma; ayúdate de las **preguntas generales (p. 68)** y añade las siguientes:

- ¿En qué situación, poco antes de que apareciera del dolor, sentiste
  que no podías protegerte o defenderte de alguien o de algo que temías?
- ¿En qué situación te dio miedo sentir algo por creer que te podían
  hacer daño o por creer que se produciría una ruptura que dolería
  demasiado?

3. Creencias (erróneas)

Busca las creencias limitantes (normalmente inconscientes) con las
que más te identificas o encuentra en ti algunas similares:

- «Me siento inseguro, no tengo la protección que necesito en esta
  situación, me van a hacer daño».
- «No soy capaz de defenderme ante esta persona, no debo abrir mi
  corazón».
- «Me da miedo sentir lo que siento, esa persona mueve mis emociones, pero tengo miedo de que me rompa el corazón».

* «No debo exponerme, no debo ser vulnerable; debería ser más fuerte, pero no sé si lo soy».

4. Mensajes

Para cambiar tus creencias puedes usar las siguientes afirmaciones; te invito a crear las tuyas usando el **método general (p. 76)**:

* «Estoy siempre seguro y protegido; todo va a salir bien».
* «Me permito abrir mi corazón y ser vulnerable; confío en que el amor siempre me protege».
* «Tengo todo lo necesario para defenderme y protegerme si alguien intenta hacerme daño; soy capaz de hacer respetar mis límites con firmeza y amor».
* «Me permito sentir lo que siento hacia _____ (la persona hacia la que temes abrirte) y confío en que sabré sanar mis emociones y estar bien».
* «Cuando abro mi corazón, puedo sentir dolor, pero es la forma de sanarme de verdad, abrazando a mi niño con amor y compasión».
* «Soy un Ser de Luz y el Creador es mi protección».

5. Acciones

* Repite los mensajes de tu cuerpo todos los días.
* Si lo deseas, habla con las personas adecuadas para averiguar si realmente quieren hacerte el daño que temes o si es imaginación tuya.
* Haz una lista de tus habilidades a la hora de defenderte en situaciones difíciles y descubre las muchas capacidades útiles que tienes.
* Investiga más posibles mensajes y… ¡ámate!

CUELLO: PROBLEMAS GENERALES (Y TORTÍCOLIS Y DOLOR CERVICAL)

El dolor de cuello se manifiesta cuando la persona mueve la cabeza en cierta dirección, en los extremos de algún movimiento o simplemente sin moverlo (la molestia aumenta en algunas posiciones, gestos o al tacto).

1. Significado

Lo más importante: Cuando te duele el cuello o tienes un problema en él, es una indicación de que hay una situación que te molesta o que te produce emociones y haces como si no te afectara. Quieres creer que no sientes nada, pero en realidad no es así; te indica que estás siendo inflexible en tu punto de vista.

Si, al mover el cuello, el dolor llega a los hombros o la espalda, ver el significado de HOMBROS: TRAPECIO o ESPALDA: DORSAL.

Añade el significado de LADO DERECHO o LADO IZQUIERDO, en función de la parte del cuello afectada.

Tu verdadero deseo: Tu deseo es afrontar el problema y hacer algo para volver al equilibrio y sentirte mejor, en lugar de ignorar lo que te pasa.

Significado en detalle: El dolor de cuello (DOLOR CERVICAL) tiene múltiples significados dependiendo de dónde aparezca el dolor y de los movimientos que te impida hacer.

Si el cuello te duele más **en la parte derecha**, la situación que te molesta está normalmente relacionada con lo material, el dinero, el trabajo, lo físico o el sexo.

Si te duele más **en la parte izquierda**, la situación que te afecta está relacionada habitualmente con lo emocional, con la familia, la pareja, la vocación o los sentimientos más profundos.

Si te duele el cuello **al girar la cabeza hacia la izquierda** (tanto si el dolor es en la izquierda como en la derecha), significa que deseas prestar atención a tu parte emocional y afectiva (pareja, familia, vocación) y no tanto a la parte material o física, pero te sentirías culpable si lo hicieras. Tu deseo es decir «no» a lo que te lo impide.

Si te duele **al girarla hacia la derecha** (tanto si el dolor es en la izquierda como en la derecha), indica que deseas prestar más atención y «mirar» hacia tu parte material o física (trabajo, ocio, dinero, sexo, etc.) y menos a la afectiva, pero no te lo permites. Igualmente, tu deseo es decir «no» a lo que te lo impide.

Si te duele **al mirar hacia arriba**, significa que te cuesta «mirar hacia el cielo», es decir, te cuesta aceptar tu parte espiritual y tu conexión con Dios o con tu alma. Quieres decir «sí» a tu lado espiritual. Si es al levantar la cabeza desde abajo, es decir, al estirarte desde la posición agachada, significa que te obligas a doblegarte y que no te permites afirmarte.

Si te duele **al mirar hacia abajo,** te indica que te cuesta «mirar hacia ti», te cuesta velar por tus necesidades y decirte «sí» a ti mismo. También puede indicar dificultad para mostrar humildad o pedir ayuda.

Debes encontrar la creencia o creencias exactas que te impiden afrontar lo que te pasa; normalmente será un miedo a que pase algo negativo.

En el caso de la TORTÍCOLIS, puede que te sientas bloqueado o encerrado en un círculo vicioso por haber adoptado una actitud demasiado rígida en una cierta área de tu vida. Puede que quieras decir «sí» o decir «no» a una situación o a una persona de forma muy clara, pero no te lo permites.

El dolor de cuello te dice que te permitas ver las cosas desde una nueva perspectiva. Aquello que te preocupa o te molesta no está ahí para hacerte daño, sino para que evoluciones. Seguramente te ayude a amar de una forma más profunda a los demás y a ti mismo.

Tu cuello te pide que afrontes esa situación que te molesta, que aceptes que tienes miedo y que busques las acciones más importantes para resolverla desde el amor.

Para más detalle, si te duele al mover la cabeza de arriba abajo (que simboliza un sí en muchos países —aunque, por ejemplo, en Bulgaria es al contrario—), tienes miedo de decir que sí por una creencia equivocada, y el mensaje es que te permitas decir que sí a esa persona o a esa situación nueva en tu vida, que la dejes entrar.

Si te duele al mover la cabeza hacia los lados, el mensaje es que te atrevas a decir que no, a poner límites a otra persona, sin sentirte culpable por ello.

2. Investigación

Viaja con tu mente al momento en que apareció el síntoma; ayúdate de las **preguntas generales (p. 68)** y añade las siguientes:

- ¿Qué situación te molesta o te hace sentir muchas emociones, pero haces como que no te molesta?
- ¿A quién querías decir «sí» o «no» poco antes de que empezara el dolor o el día anterior?
- ¿Hacia qué lado te duele más mover el cuello? Lee su significado.
- Si, por ejemplo, te duele en el lado **derecho** al mirar hacia la izquierda, ¿en qué situación de tu vida **profesional, material o física** te

impides escuchar a tus emociones o prestar atención a tu área familiar o sentimental? ¿A quién deseas decir «no»?

- Si te duele en el lado **izquierdo** al mirar hacia la derecha, ¿en qué situación **familiar, sentimental o emocional** te impides mirar hacia tus intereses materiales o físicos? Si es al mirar hacia la izquierda, ¿en qué situación familiar o sentimental te cuesta decir que no?
- Si te duele al mirar hacia arriba, ¿en qué situación de tu vida, desde que empezó el dolor, te impides mostrar tu lado más espiritual o tu conexión con Dios,?
- Si te duele al mirar hacia abajo, ¿en qué situación te cuesta mirar por tus intereses y te impides decir «sí» a tus propias necesidades?

3. Creencias (erróneas)

Busca las creencias limitantes (normalmente inconscientes) con las que más te identificas o encuentra en ti algunas similares:

- «Ha pasado _____ (algo que te molesta o que mueve tus emociones), pero prefiero hacer como que no existe, porque si lo afronto puede pasar _____ (algo malo que temes)».
- «Prefiero ver las cosas a mi manera (prefiero ser inflexible); no me gusta que las cosas cambien como lo están haciendo, haré como si no pasara nada y ya se solucionarán solas».
- «He querido decir que no a alguien (o he querido decir que sí), pero me ha dado miedo por alguna razón (ser rechazado, quedar mal, etc.)».
- «No quiero ver las cosas desde nuevas perspectivas, estoy bien como estoy».
- «Me cuesta aceptar mi lado más espiritual, mi conexión con todo lo que existe, porque puedo ser rechazado».
- «No debo velar por mis necesidades, porque si lo hago, seré considerado egoísta».

4. Mensajes

Para cambiar tus creencias puedes usar las siguientes afirmaciones; te invito a crear las tuyas usando el **método general (p. 76)**:

- «Elijo afrontar esa situación que me molesta o que mueve mis emociones y resolverla».

- «Me permito ver esta situación nueva con amor, desde una nueva perspectiva, y me permito ser más flexible».
- «Reconozco que me molesta lo que sucedió, y me permito mostrar mis verdaderos sentimientos y mis necesidades».
- «Todo lo que me sucede es por alguna razón y forma parte de un maravilloso plan cósmico; elijo aprender de lo que me sucede».
- «Me permito decir «sí» cuando quiero decir «sí», con naturalidad y confianza, y soy digno de amor».
- «Me permito decir «no» cuando quiero decir «no», con seguridad y valor, y soy digno de amor».
- «Acepto mi lado espiritual, me permito conectar con mi verdad y con el Ser único y especial que soy».
- «Me permito velar por mis necesidades y hacer lo que realmente deseo».

5. Acciones

- Repite los mensajes de tu cuerpo todos los días.
- Haz lo necesario para resolver la situación que te está afectando, toma decisiones y afírmate.
- Descubre si tu temor a expresarte y a afirmarte está justificado hablando con la persona involucrada.
- Ábrete a nuevas opciones, mira la vida desde nuevos ángulos, piensa en hacer cosas nuevas, tener ideas nuevas, salirte de tu zona cómoda; crece, ¡disfruta!
- Aprende a decir «sí» y «no» cuando es lo que sientes y aprende a escuchar a tu intuición: verás que tu cuerpo responde y tu corazón se alegra.
- Investiga más posibles mensajes y… ¡ámate!

ESPALDA: ZONA DORSAL
(PROBLEMAS, DOLOR)

La zona dorsal es la parte alta de la espalda, que va desde la cintura hasta el cuello. El significado de los problemas de espalda se refiere a la columna vertebral y a los músculos de esa zona.

1. Significado

Lo más importante: Cuando te molesta o te duele la parte alta de la espalda (zona dorsal) significa que te responsabilizas de la felicidad de alguien o de varias personas en ciertas situaciones de tu vida. Tu espalda te indica que te obligas a hacerte cargo del bienestar emocional de otras personas y que te esfuerzas más allá de tus posibilidades, cuando esa no es tu misión.

Añade el significado del lado afectado, DERECHO O IZQUIERDO (p. 50), para saber en qué área de tu vida debes buscar el mensaje.

Tu verdadero deseo: Deseas dejar la felicidad de otras personas en sus propias manos y responsabilizarte solo de tu propia felicidad. Quieres aprender a liberarte de lo que no es tuyo.

Significado en detalle: Si tienes este síntoma, es muy posible que creas que debes salvar a alguien o que debes hacer algo por los demás para demostrar que mereces ser amado.

Puede que te sientas responsable de la felicidad de una o varias personas cercanas (tu pareja, tu familia, tus empleados, etc.) y que sientas que debes ayudarlas, porque ves las cosas desde una perspectiva más elevada: sientes que tienes la obligación de hacer algo por tener la capacidad de ver más y de actuar.

Si aparece en el **lado izquierdo**, significa que te estás responsabilizando de una persona cercana (o de varias) con la que sientes un vínculo fuerte. Si aparece en el **lado derecho**, significa que te estás responsabilizando de alguien no tan cercano o de alguien por quien sientes amor universal (no personal).

También es posible que al hacer algo esperes mucho de los demás, porque crees que tu ayuda debería ser recompensada, y, cuando tus expectativas no se cumplen, te decepcionas. Te gusta hacer cosas por los demás y te sientes amado cuando otros hacen algo por ti, pero tu dolor te indica que no siempre haces lo que realmente deseas en tu corazón.

Si te duele **al respirar**, este dolor te indica también que evitas sentir algo hacia alguien por miedo a tener que responsabilizarte de esa persona (ver PULMONES).

Tu espalda te indica que lo que hagas por los demás debes hacerlo solo por placer, con amor y con alegría, sin sentir que es una carga y sin esperar nada a cambio: únicamente por el placer de agradar.

El amor divino es tal que, cuando das por inspiración, te recargas de amor y sientes que recibes más de lo que das. Pero si llevas tiempo sin permitirte recibir amor, es posible que hayas decidido dar aunque no tengas fuerzas o energía, simplemente para conseguir que te quieran. Tu cuerpo quiere que entiendas que no necesitas hacer nada para ser amado: simplemente cree en tu amor y en que mereces amor, y haz solamente lo que tu corazón desea, sin importarte que otras personas te juzguen por ello, pues al hacerlo ellos están juzgando únicamente sus propias acciones, ya que todos somos espejos unos de otros.

Si crees que debes salvar a otras personas, sé consciente de que crees que los demás no tienen tus mismas capacidades para salir adelante y que, consciente o inconscientemente, piensas que tú lo puedes hacer mejor por ellos, y eso en el fondo es una forma de orgullo espiritual.

Es como si una madre, por ser adulta y estar más preparada, hiciera todo por sus hijos, en lugar de dejarles equivocarse y tener sus propias experiencias. Como ves, no aprenderían nada.

Para liberarte del dolor de espalda, debes entender que las otras personas han elegido sus propios retos y que deben solucionarlos y aprender de ellos por sí mismas. Si realmente es necesaria tu ayuda, lo sabrás, porque ayudar te producirá mucha alegría y liberación, en lugar de sentirlo como una carga. Debes dejar libres a los demás para que vivan sus experiencias y confiar en que son capaces de vivir su propia vida.

Aprende a ver también que puede que otras personas te quieran aunque no hagan por ti todo lo que te gustaría, pues cada uno expresa el amor a su manera. Simplemente expresa tus necesidades y llegará el día en el que recibas sin esfuerzo lo que deseas, porque serás tú quien te quieras.

Descubre las creencias que te hacen ocuparte de otros y de su felicidad, cuando realmente no puedes o no quieres hacerlo.

2. Investigación

Viaja con tu mente al momento en que apareció el síntoma; ayúdate de las **preguntas generales (p. 68)** y añade las siguientes:

- ¿En qué situaciones, desde que apareció el dolor de espalda, te estás responsabilizando de la felicidad de alguien?
- ¿A qué persona crees que debes ayudar o salvar porque crees que no puede avanzar por sí misma o porque crees que, si no lo haces, no vas a recibir amor?

- ¿En qué situaciones de tu vida esperas mucho de los demás, pero te cuesta decir que no a esas mismas personas cuando te piden algo?
- ¿En qué situaciones no pides lo que necesitas y te sientes frustrado porque esperas recibir cuando das y no recibes?

3. Creencias (erróneas)

Busca las creencias limitantes (normalmente inconscientes) con las que más te identificas o encuentra en ti algunas similares:

- «Debo ayudar a aquellos a los que quiero y que creo que lo necesitan, aunque no tenga energía suficiente ni ganas, o seré una mala persona».
- «Si veo con más perspectiva que los demás, tengo la obligación de ayudarles a solucionar sus problemas».
- «Creo que esa persona a la que aprecio no puede solucionar por sí misma sus problemas; tengo que ayudarla yo o no podrá estar bien».
- «Siento que tengo más capacidad que otros para dar cariño y comprensión o para cuidar de alguien, y prefiero hacerlo yo todo, aunque no sea lo que más me gustaría en este momento».
- «Yo debo ayudarte, tú no puedes por ti mismo».
- «No debo pedir lo que necesito; los demás deberían entender mis necesidades y darme amor cuando yo les doy algo».

4. Mensajes

Para cambiar tus creencias puedes usar las siguientes afirmaciones; te invito a crear las tuyas usando el **método general (p. 76)**:

- «Me permito hacer por los demás solo aquello que me apetece hacer con alegría y placer».
- «Dejo libre a _____ (mi madre, mi pareja, etc.) para que viva sus propias experiencias y aprenda de ellas, como yo he aprendido de las mías, y disfruto de la vida».
- «Doy servicio con mi intención amorosa simplemente por ser».
- «Cada persona es creadora de su vida y es capaz de solucionar sus problemas con la ayuda que le ofrece la vida y el Creador».
- «Me libero de mis obligaciones y hago solo lo que me hace sentir bien».
- «Soy digno de amor siempre, aunque no haga nada por nadie; solo por existir me merezco alegría y amor».

- «Hago con amor solo aquello que realmente deseo hacer para ayudar a los demás, y me aprecio por ello».
- «Me permito pedir aquello que necesito para sentirme querido».
- «Elijo aceptar que los demás me quieren a su manera, aunque no puedan o no sepan darme todo lo que yo necesito».
- «Cuando necesito que hagan algo por mí para sentirme querido, lo pido y lo recibo con amor».
- «No hay nada que tenga que hacer, soy digno de amor solo por Ser».

5. Acciones

- Repite los mensajes de tu cuerpo todos los días.
- Antes de hacer algo por alguien, acostúmbrate a preguntarte si realmente te apetece y si disfrutarías haciéndolo. Si no es así, permítete decir «no» a lo que te pidan y evita ofrecerlo solo porque sueles hacerlo o «parece correcto». Si realmente te apetece, di que sí y hazlo con gusto, y verás que tu espalda permanece relajada y saludable.
- Practica el pedir lo que necesitas para sentirte querido y acostúmbrate a aceptar que te digan que no, con amor y aceptación. Verás que, si te permites pedir, recibirás más de lo que imaginabas.
- Investiga más posibles mensajes y... ¡ámate!

Espalda: zona lumbar (problemas, dolor y lumbago)

La zona lumbar comprende la parte de la espalda que está en la cintura, entre el sacro y la zona dorsal. El significado de los problemas de espalda se refiere a la columna vertebral y a los músculos de esa zona. La lumbalgia tiene el mismo significado que el dolor lumbar, y el lumbago se especifica dentro del síntoma, en este mismo apartado.

1. Significado

Lo más importante: Cuando te duele la zona lumbar (cintura), significa que tienes miedo de carecer de algo, ya sea a nivel afectivo o material, y también significa que te cuesta admitir que lo necesitas, pedirlo y recibirlo.

Añade el significado del lado afectado, DERECHO O IZQUIERDO (p. 50), para saber en qué área de tu vida debes buscar el mensaje.

Puedes consultar también el significado de CIÁTICA.

Tu verdadero deseo: Deseas permitirte pedir lo que necesitas, recibirlo con amor y gratitud y aprender cada día a confiar más en la vida.

Significado en detalle: Siendo la columna el sostén del cuerpo, el dolor en la zona lumbar te indica que no te sientes sostenido, que crees que la vida no te sostiene, bien en lo emocional o afectivo (lado izquierdo), o bien en lo material o físico (lado derecho). Puede que tengas miedo de que te falte algo en un futuro próximo o que sientas que ahora mismo no tienes lo que necesitas.

El dolor lumbar también te indica que crees que no es bueno pedir ni necesitar y que piensas que no mereces recibir, o que no es «espiritual» o «correcto», lo cual te impide disfrutar de los regalos que te da la vida.

Es posible que seas una persona que lo hace todo por sí misma porque crees que nadie te ayuda, o que creas que tú puedes con todo, pero no te das cuenta de que todos necesitamos pedir ayuda de vez en cuando y que al pensar así te cargas demasiado, lo cual se traduce en tu dolor de espalda.

Si te duele **al inclinarte** hacia delante, significa que te sientes culpable de doblegarte o ceder, pero que eso es lo que realmente quieres: ser más flexible. Si, en cambio, te duele al levantarte, deseas «plantarte» y mostrar quien eres, respetar tu dignidad y afirmarte.

Si sufres de LUMBAGO, entonces sientes ira y culpa porque crees que no puedes hacer frente a todas tus responsabilidades materiales y afectivas. Debes soltar esas responsabilidades, permitirte ceder y dejar que otros te ayuden, confiando en que la vida te cuida, y en que cuida de todos tus seres queridos también.

Es bueno que te permitas pedir más, y que comprendas que es perfectamente normal tener necesidades humanas y tener miedo, para así poder superarlo y crecer en el amor. Cuando pidas, trata de entender que los demás pueden darte o no lo que pides, pero que eso no significa que no debas pedir; simplemente acepta su respuesta con amor y sigue pidiendo, ya sea al Creador, a otras personas, al Universo o a quien sientas, confiando en que la ayuda que necesitas llegará.

Date cuenta de que tus miedos irán desapareciendo si los reconoces y los abrazas con tu amor. Debes confiar en que la vida siempre te sostiene, y en que siempre eres digno de amor. Tu dolor lumbar te recuerda que tengas fe y que confíes en la vida.

2. Investigación

Viaja con tu mente al momento en que apareció el síntoma; ayúdate de las **preguntas generales (p. 68)** y añade las siguientes:

- ¿Qué es lo que realmente necesitas y te da miedo o vergüenza pedir porque crees que no está bien necesitar?
- ¿Qué tienes miedo de perder, o de que no llegue a tu vida, desde poco antes de que comenzara el dolor?
- ¿En qué áreas te esfuerzas mucho por hacerlo todo sin pedir la ayuda o la atención que necesitas?
- ¿En qué situaciones no confías en que la vida te sostiene y te protege?
- Lumbago: ¿Qué responsabilidades materiales excesivas has adquirido hacia alguien sin permitirte pedir ayuda?

3. Creencias (erróneas)

Busca las creencias limitantes (normalmente inconscientes) con las que más te identificas o encuentra en ti algunas similares:

- «Me siento inseguro porque creo que me puede faltar _____ (lo que necesitas), pero no debo pedir ayuda, debo resolverlo todo por mí mismo».
- Lado derecho: «Creo que voy a carecer de algo material o físico en el futuro y tengo miedo, pero prefiero que nadie lo sepa: son mis problemas y debo resolverlos yo».
- Lado izquierdo: «Me da miedo perder el afecto de mi pareja, pero me da más miedo pedírselo o preguntarle si me quiere».
- «Me preocupa no tener lo suficiente para vivir bien y sentir seguridad, pero me siento culpable si pido lo que necesito a otras personas o a la vida».
- «No debo pedir dinero, cariño, sexo o lo que necesite, porque debería valerme por mí mismo y no necesitar nada».
- «Tengo miedo de que, si expreso lo que siento y necesito, no me comprendan y la carga se vuelva más pesada».
- «Creo que nadie me ayuda y me cuesta mucho pedir la ayuda que necesito; no está bien pedir».
- «No es espiritual necesitar cosas, personas o afecto».
- «La vida no me cuida; no existe el amor, no hay un Dios de amor que cuide de todos y tengo miedo de estar solo».

Lumbago:

- «No puedo pedir ayuda material, debo cuidar yo de los demás y debo hacerlo yo solo; tengo responsabilidades».
- «Tengo que valerme por mí mismo y hacerlo a mi manera, y debo cuidar de otros porque yo he sufrido y no quiero que otros sufran».

4. Mensajes

Para cambiar tus creencias puedes usar las siguientes afirmaciones; te invito a crear las tuyas usando el **método general (p. 76):**

- «Me permito necesitar _____ (dinero, afecto, una pareja, un trabajo que me gusta, ahorros para mi seguridad, etc.) y me permito pedirlo y recibirlo».
- «Pido lo que necesito y acepto con amor la respuesta que me dan».
- «Siempre estoy acompañado en esta aventura de la vida y elijo dejarme ayudar por mis compañeros de viaje».
- «Aprendo cada día más a confiar en que la vida me protege y me sostiene, en que me da todo aquello que necesito y lo que es mejor para mí en cada momento».
- «Pedir a otros es bueno, porque les ayuda a amar y a aprender a dar, y si no desean dar, les ayuda a poner límites».
- «Me permito mostrar a los demás mis necesidades y mi vulnerabilidad, y veo que eso me hace fuerte y valiente por atreverme a hacerlo».
- «Elijo expresar mis necesidades y mis deseos a otras personas, y acepto que no todos lo entiendan ni me lo den todo; soy capaz de comprender a otros con amor».
- «La vida me sostiene siempre; hay un maravilloso plan detrás de todo lo que veo y elijo confiar en que todo va a salir bien».
- «Elijo confiar en Dios y en la vida».

Lumbago:
- «Me permito pedir la ayuda material que necesito y la recibo con amor, porque me la merezco».
- «Elijo dejarme ayudar por otras personas y me suelto dejando libres a los demás, pues todos somos cuidados por la vida».

5. Acciones

- Repite los mensajes de tu cuerpo todos los días.
- Repite el mensaje «Me permito necesitar...» con cada cosa que necesites, todas las veces necesarias hasta que el dolor desaparezca.
- Habla con otras personas de tus necesidades, y empieza a pedir lo que necesitas, tanto a las personas como a la vida, a Dios o a quien sientas que te puede escuchar. Verás que las respuestas van llegando en forma de sincronicidades.
- Aprende a confiar más en la vida, a dar pasos ante lo desconocido, a sentir que siempre se te da lo necesario, pase lo que pase, y, después de confiar, comprueba que todo acaba saliendo siempre bien, de una forma u otra. La vida te quiere, ¡confía!
- Investiga más posibles mensajes y... ¡ámate!

ESPALDA: SACRO (PROBLEMAS, DOLOR)

El sacro representa la parte baja de la columna, formada por cinco vértebras soldadas, entre el coxis y la zona lumbar. El significado de los problemas de espalda se refiere a la columna vertebral y a los músculos de esa zona.

1. Significado

Lo más importante: Los problemas en esta zona te indican que tienes miedo a perder tu libertad cuando otra persona necesita tu ayuda: representa tu necesidad de proteger tu libertad sagrada. Te indica un temor a ser controlado por otra persona o entidad en algún aspecto de tu vida.

Añade el significado del lado afectado, DERECHO O IZQUIERDO (p. 50), para saber en qué área de tu vida debes buscar el mensaje.

Tu verdadero deseo: Deseas decidir lo que quieres hacer con tu libertad y con tu amor sin dejarte controlar por los demás, y poner límites cuando alguien te pide ayuda y no deseas ofrecer ese servicio.

Significado en detalle: Cuando aparece un dolor en esa zona, debes mirar hacia atrás, hacia los miedos del pasado, y descubrir la situación en la que sientes que no tienes la capacidad de ofrecer ayuda de forma coherente con tu verdad.

El sacro es la protección de la libertad sagrada y esta puede sentirse amenazada por el control que pueden tratar de ejercer otros sobre ti o por la necesidad de aprobación de los demás.

La clave está en discernir si tu libertad proviene de la expresión sagrada del Creador que hay en ti o de una autoridad externa.

Cualquier problema en el sacro te indica que tienes miedo a ser controlado por otro, que necesitas confiar en que eres libre y en que nadie tiene el poder para obligarte a hacer algo que no deseas.

Te dice que creas en tu libertad sagrada y que te permitas decir «no» cuando no deseas hacer algo por otra persona, pues la mayor expresión del Creador que hay en ti aparece cuando das aquello que realmente deseas dar en plena libertad y amor.

Es posible que pienses que, si ves a alguien necesitado de ayuda, tienes la obligación de actuar, y en ocasiones sientes que se pueden estar aprovechando de ti.

Por una parte, crees que no puedes decir «no» si te piden ayuda y, por otra, crees que no tienes capacidad de dar más a los demás, y esas creencias te perjudican.

Encuentra las creencias precisas que te impiden confiar en tu libertad y que te hacen dar tu poder a una entidad externa a ti, aun de forma inconsciente.

2. Investigación

Viaja con tu mente al momento en que apareció el síntoma; ayúdate de las **preguntas generales (p. 68)** y añade las siguientes:

- ¿En qué área de tu vida sientes que puedes perder libertad o sientes que alguien te controla o te puede controlar, consciente o inconscientemente, desde que apareció el dolor?
- ¿En qué situación crees que alguien necesita tu ayuda y no sabes decir «no»?

3. Creencias (erróneas)

Busca las creencias limitantes (normalmente inconscientes) con las que más te identificas o encuentra en ti algunas similares:

- «Siento que _____ (una persona) me necesita, pero creo que voy a perder mi libertad si la ayudo».

- «He ayudado a muchas personas y se han aprovechado de mí, así que prefiero no ayudar tanto, pero me cuesta decir que no».
- «Tengo miedo a ser controlado, a que otra persona tenga poder sobre mí».
- «No tengo suficiente amor para dar a los demás, porque he dado mucho y los demás se pueden aprovechar».
- «Necesito que _____ (otra persona) me apruebe y eso me hace perder mi libertad».

4. Mensajes

Para cambiar tus creencias puedes usar las siguientes afirmaciones; te invito a crear las tuyas usando el **método general (p. 76)**:

- «Elijo defender mi libertad y confiar en mi propia autoridad interna, pues soy una parte del Creador».
- «Me permito decir que no cuando alguien me pide ayuda y no me apetece actuar; protejo mi libertad».
- «Me perdono por haber dado mucho a los demás en mi pasado, y poco a poco me permito ayudar más a otros, para así recibir más de la vida».
- «Me permito ayudar a otros cuando yo quiero; me siento libre».
- «Las personas que me piden mucho me ayudan a aprender a poner límites cuando es necesario».
- «Me libero de la necesidad de tener la aprobación de alguien y hago solo lo que realmente siento de corazón desde mi libertad y mi amor».
- «Doy mi ayuda cuando lo siento de corazón y me permito recibir la ayuda de los demás cuando la necesito».
- «Tengo todo lo necesario para sobrevivir y valerme por mí mismo, soy autosuficiente».
- «La vida provee de todo lo que necesito en cada momento; elijo confiar en la vida».
- «Respeto y defiendo mi libertad sagrada».

5. Acciones

- Repite los mensajes de tu cuerpo todos los días.
- Cuando sientas que debes decir que no a una petición, atrévete a decirlo usando las palabras más amorosas que puedas. Verás que otras personas acaban respetándote cuando tú te respetes primero.

- Si tienes miedo de que se aprovechen de ti, atrévete a dar poco a poco, pero siempre a una persona que te inspire darle amor, y descubrirás que es más fácil de lo que pensabas volver a dar por placer.
- Investiga más posibles mensajes y... ¡ámate!

ESPALDA: COXIS (PROBLEMAS, DOLOR)

El coxis es la parte terminal de la columna vertebral; es un hueso que se forma a partir de la unión de las cinco primeras vértebras coccígeas. Es muy sensible, y el dolor más habitual aparece al permanecer sentado un cierto tiempo. El significado se refiere al hueso y a los músculos de la zona correspondiente.

1. Significado

Lo más importante: Los problemas en esta zona te indican que te preocupas demasiado por tus necesidades básicas y por tu supervivencia, y que no tienes confianza en la ayuda del Universo.

También te indica que te gustaría que alguien se ocupara de ti, pero te cuesta reconocer que eres dependiente en este momento.

Añade el significado del lado afectado, DERECHO O IZQUIERDO (p. 50), para saber en qué área de tu vida debes buscar el mensaje.

Tu verdadero deseo: Deseas ser consciente de que en este momento tienes miedo y eres dependiente, y quieres aceptarlo para poder pedir lo que necesitas. También deseas confiar cada día más en la vida.

Significado en detalle: Los problemas en el coxis se relacionan con el miedo por la propia supervivencia, con problemas en nuestra conexión con la Tierra, con nuestra capacidad de estar presentes en el ahora y con una dificultad para aceptar la realidad que nos rodea confiando en que todo está siempre bien y en que todo siempre sale bien.

Es posible que temas carecer de lo básico por algún suceso inesperado en tu vida o que estés en una situación en la que dependes de alguien y te sientas culpable por ello.

Si el coxis solo te molesta **cuando te sientas**, puede significar que te sientes culpable de «sentarte a tus anchas» y querer que otra persona se ocupe de ti mientras tú descansas o te diviertes.

Cuando tememos por nuestra supervivencia, normalmente es porque se nos ha olvidado que la vida siempre nos cuida y nos protege.

Tu cuerpo te indica que no pasa nada por ser dependiente, por atreverte a pedir lo que necesitas para que sientas que la vida verdaderamente te cuida y te protege siempre, y que eres digno de ese amor.

Si crees que otros son dependientes y que necesitan tu ayuda, y por eso te sientes culpable por pedir, date cuenta de que los demás también están protegidos y cuidados siempre por la vida, y que solo debes apoyarlos cuando tú te sientas bien.

Para confiar más en la vida, simplemente tienes que **elegir confiar**, a pesar del miedo. No se trata de no tener miedo (todos tenemos miedo alguna vez), sino de tomar la decisión cada día de confiar en que todo está bien y en que todo estará bien, pase lo que pase. Debes escuchar a tu corazón y, si al hacerlo te da miedo lo que pueda pasar, elige confiar en que todo saldrá bien y actúa. Verás que tu elección de confiar se va confirmando con la práctica.

Descubre las creencias que te hacen temer por tu supervivencia y no querer reconocer tu dependencia o tu necesidad de seguridad.

2. Investigación

Viaja con tu mente al momento en que apareció el síntoma; ayúdate de las **preguntas generales (p. 68)** y añade las siguientes:

- ¿Qué situación de tu vida te hace sentir miedo a carecer de lo básico?
- ¿En qué situación crees que no vas a poder sobrevivir por ti mismo?
- ¿En qué situación te sientes dependiente y te sientes culpable por serlo?
- ¿En qué momentos te sientes mal si te permites un descanso?

3. Creencias (erróneas)

Busca las creencias limitantes (normalmente inconscientes) con las que más te identificas o encuentra en ti algunas similares:

- «No confío en que la vida me vaya a dar lo necesario, tengo miedo de no tener cubiertas mis necesidades básicas».
- «No me siento seguro y protegido. Estoy solo y la vida no me cuida ni me protege».
- «Necesito la ayuda de los demás o de alguien en concreto, pero me siento culpable por pedir ayuda y por ser dependiente; creo que no está bien hacerlo».

- «Siento que me estoy aprovechando de alguien si pido lo que necesito para sobrevivir».
- «Creo que no merezco que la vida me dé lo que necesito porque sí, sin hacer nada o sin esforzarme para lograrlo».
- «No debo pararme, no debo descansar, debo actuar para ganarme la vida y mi supervivencia sin ayuda externa».
- «Los demás necesitan mi ayuda y no puedo dejarlos tirados ni ser yo débil o dependiente; debo estar disponible para ellos».

4. Mensajes

Para cambiar tus creencias puedes usar las siguientes afirmaciones; te invito a crear las tuyas usando el **método general (p. 76)**:

- «Me permito temporalmente ser dependiente y necesitar ayuda de otras personas, y me merezco amor».
- «Elijo aceptar que necesito ayuda ahora mismo y la pido con amor y humildad».
- «Elijo pedir a otras personas lo que necesito y acepto con amor su respuesta mientras expreso mis necesidades».
- «Me merezco recibir ayuda de los demás por ser parte del Creador, por ser una persona muy especial».
- «Me permito descansar, divertirme y hacer cosas que necesito para estar bien sin el consentimiento de los demás; les dejo libres y me doy libertad».
- «Todas las personas son libres y capaces de valerse por sí mismas y de pedir lo que necesitan, y yo también».
- «Elijo confiar en la vida y pedir la ayuda del Universo y de mi parte espiritual, y aprendo a confiar en que siempre voy a tener mis necesidades cubiertas».
- «Me permito sentarme a descansar siempre que lo necesito; confío en que las soluciones me irán llegando con naturalidad y en que voy a estar protegido».
- «La vida me cuida siempre y yo me dejo cuidar por ella».
- «Elijo confiar en la vida siempre, pase lo que pase».

5. Acciones

- Repite los mensajes de tu cuerpo todos los días.
- Revisa tu vida, y descubrirás que siempre has tenido lo necesario para estar bien, ya sea exterior o interiormente. Repitiendo los men-

sajes y confiando, verás que la vida te da todo lo necesario para tu supervivencia.

- Habla con las personas que te puedan ayudar y pide lo que necesitas desde el amor. Acepta que no todos te dirán que sí, y que la ayuda llegará en el momento oportuno si sigues pidiendo. Ah, y ¡permítete recibir!
- Aprende a aceptar y recibir ayuda cuando la necesites y a disfrutar de lo que recibes.
- No te olvides: ¡elige confiar en la vida!
- Investiga más posibles mensajes y... ¡ámate!

ESPALDA: CIÁTICA (EN ZONA LUMBAR, NALGAS Y PIERNAS)

La ciática es un dolor (neuralgia) del nervio ciático, el más largo del cuerpo humano, que va desde la zona lumbar hasta los pies. Puede afectar a cualquier parte del trayecto del nervio o a todo él.

1. Significado

Lo más importante: Este síntoma te indica que, por temor al dolor, tienes dificultad en afrontar un miedo del pasado, relacionado con carecer de bienes materiales o de afecto, respecto al futuro. Quieres creer que no sientes y que no necesitas nada, pero no es así: necesitas permitirte ver ese dolor y sanarlo.

Puede que creas que si pides ayuda vas a tener que someterte a los deseos de otra persona y que sientas miedo por ello.

Añade el significado del lado afectado, DERECHO O IZQUIERDO (p. 50), para saber en qué área de tu vida debes buscar el mensaje.

Si el síntoma aparece en la zona lumbar, ver ESPALDA: LUMBAR; si afecta a las piernas, ver PIERNAS (problemas) y la parte de la pierna afectada (NALGAS, MUSLOS, etc.).

Consulta también NEURALGIA.

Tu verdadero deseo: Deseas reconocer que tienes miedo y sanar el dolor de esa herida del pasado, permitiéndote pedir la ayuda que necesitas, y avanzando hacia el futuro con alegría y fe.

Significado en detalle: Por ser una neuralgia de un nervio, este dolor te indica que en tu pasado viviste un miedo muy grande a carecer de algo, ya sea afectivo (izquierdo) o material (derecho), y has bloqueado tu capacidad de sentir para evitar el sufrimiento. Cuando ha aparecido el dolor del nervio ciático es porque has vuelto a revivir ese mismo miedo, y el dolor te recuerda que realmente deseas sentir y sanar ese dolor, que ya no puedes ocultarlo más.

Debes ser consciente de por qué te da tanto miedo avanzar hacia tu futuro, de por qué te da miedo correr riesgos o afrontar nuevos retos con valor. ¿Es porque te enseñaron que la vida es complicada, dura, y el futuro incierto? ¿Tal vez porque crees que no es bueno desear bienes materiales o apoyo de tus seres queridos?

Es posible que sientas rabia por no querer ser como alguno de tus padres o que no quieras seguir sus ideas respecto a pedir o necesitar.

Para resolverlo debes recordar la situación en la que viviste ese miedo tan fuerte a no tener el apoyo que necesitabas para el futuro y ver qué creencias erróneas forman tus miedos concretos: si crees que vas a sufrir mucho si te permites sentir, si crees que no tienes apoyo, que la vida no te protege, etc.

Tu cuerpo te indica que debes mirar de frente a ese miedo que tienes; te recuerda que tienes todo lo necesario para afrontar el dolor y superarlo. Te muestra que es urgente para ti expresar tu dolor y tu rabia, llorar y liberarte, reconocer que tienes miedo, que necesitas afecto o soporte económico o material, y permitirte abrazar al niño o a la niña que hay en ti, que una vez sintió miedo.

Una vez abraces tus miedos, permítete aprender a confiar en Dios y en la vida, sintiendo en tu corazón que todo va a salir bien y que tu futuro va a ser perfecto, pase lo que pase.

Debes entender que es normal necesitar tener lo material o tener afecto de vez en cuando, y es bueno permitirte ser humano, con todos tus miedos y necesidades, para luego poder superar esos miedos con amor.

2. Investigación

Viaja con tu mente al momento en que apareció el síntoma; ayúdate de las **preguntas generales (p. 68)** y añade las siguientes:

- ¿Qué situación actual te provoca miedo a no tener lo necesario para sobrevivir, desde que apareció el dolor?
- ¿Qué recuerdo del pasado que te da miedo afrontar por ser muy doloroso, relacionado con carecer de bienes materiales o de afecto, te viene a la mente?

- ¿En qué situación haces como que eres fuerte, pero en realidad sientes miedo y te cuesta pedir ayuda?
- ¿Hacia qué persona del pasado guardas rencor por no haberte hecho sentir sostenido o por haberte enseñado que está mal necesitar?
- ¿Hacia dónde te da miedo avanzar en tu futuro por creer que vas a sufrir si te falta algo?
- ¿Quién crees que te va a controlar o a quién crees que obedeces si pides ayuda?

3. Creencias (erróneas)

Busca las creencias limitantes (normalmente inconscientes) con las que más te identificas o encuentra en ti algunas similares:

- «No me gusta reconocerlo, pero tengo mucho miedo a que me falte el sustento económico o material».
- «Las personas que tienen necesidades materiales o afectivas son débiles o poco espirituales, no me gustan».
- «Creo que sufriría mucho si me faltaran medios materiales; esa situación me recuerda a mi infancia y a problemas que viví entonces».
- «Pienso que, si no tengo bienes materiales y no cuido de los míos, no valgo o no soy digno de amor, y me da miedo el futuro».
- «Si pido ayuda, voy a tener que someterme a los deseos de otra persona y voy a sufrir como sufrí en el pasado».
- «El futuro es algo impredecible y puede salir todo mal, así que debo preocuparme, pues tal vez me falte dinero, trabajo o amor».
- «Estoy embarazada y temo que me vaya a faltar algo en el futuro, como me sucedió de niña».

4. Mensajes

Para cambiar tus creencias puedes usar las siguientes afirmaciones; te invito a crear las tuyas usando el **método general (p. 76):**

- «Acepto que necesito tener seguridad material para sentirme apoyado y pido la ayuda que necesito».
- «Elijo afrontar la herida que me da miedo de mi pasado y sanar el dolor expresando mis emociones con alguien que me escuche con amor».

- «Me permito arriesgarme más para conseguir mis sueños, aunque eso signifique afrontar mis miedos a carecer de dinero, de bienes materiales o de afecto, y confío en que todo va a salir bien».
- «Si mi miedo es muy grande, me permito sentirlo y me acepto, y poco a poco aprendo a lograr lo que deseo y a confiar en la vida».
- «Aprendo cada día más a confiar en mi capacidad de crear; soy capaz de crear en cada momento lo que necesito».
- «Mi futuro es brillante y elijo creer que todo siempre sale bien».
- «Acepto que los bienes materiales vienen y se van, y que lo importante es vivir la vida y disfrutar el camino, pues el Creador cuida de mí».
- «Es normal y humano desear tener bienes materiales o afecto; me permito desear y disfruto lo que recibo, confiando en la vida».
- «Si me siento sometido cuando pido para tener seguridad, entiendo que siempre soy libre y aprendo a confiar en mí y en mis sueños».

5. Acciones

- Repite los mensajes de tu cuerpo todos los días.
- Toma decisiones para crear tus sueños y realizarlos; eres un magnífico Ser creador y tienes un poder infinito.
- Según la parte afectada, lee los mensajes de la ESPALDA: LUMBAR o PIERNAS y averigua lo que necesitas decirte para estar bien.
- Busca una persona que te ayude a definir tus sueños y a hacer un plan de acción para llevarlos a la práctica y ¡confía en tus capacidades! Da los pasos necesarios, permítete hablar de tus miedos y llora cuando lo necesites, abrazando a tu niño interior.
- Investiga más posibles mensajes y... ¡ámate!

HOMBROS: TRAPECIO
(DOLOR EN LA PARTE SUPERIOR)

El trapecio es la musculatura que une el cuello con la articulación de los hombros; el dolor suele manifestarse en esa zona en forma de contractura muscular o al presionar. Si el dolor se produce en la articulación del hombro o en los músculos que unen el brazo y el hombro (denominados deltoides), ver BRAZOS: ARTICULACIÓN DEL HOMBRO.

1. Significado

Lo más importante: El dolor en la parte superior de los hombros significa que te echas encima responsabilidades que no te corresponden y que te haces cargo de tareas que te resultan pesadas en ciertas áreas de tu vida.

Añade el significado del lado afectado, DERECHO O IZQUIERDO (p. 50), para saber en qué área de tu vida debes buscar el mensaje.

Tu verdadero deseo: Deseas liberarte de las tareas y actividades que no quieres realizar, y actuar solo por amor y por placer.

Significado en detalle: Si tienes dolor de hombros en la parte superior, significa que en tu mente hay algunas creencias relacionadas con el «deber» o el «tener». Puede que creas que «tienes que» hacer ciertas tareas por otros, por diversas razones: porque es tu deber, porque nadie lo sabe hacer tan bien, porque algo va a salir mal o alguien no va a tener lo que necesita si no lo haces, etc.

Es importante que te des cuenta de que no has venido a este planeta a asumir tareas que no disfrutas haciendo, sino que solo debes coger aquellos deberes que son un honor para ti. Al ser libre, tus verdaderos dones saldrán a la luz y podrás ayudar a los demás con mucho más amor y energía.

Cuando decidas hacer alguna tarea por los demás, pregúntate si realmente es algo que disfrutas haciendo. Si no es así, acepta que no es tu responsabilidad y deja que los demás resuelvan esa tarea por sí mismos; verás que todo se coloca solo en su sitio.

Cuando dejas a los demás las tareas que no deseas, les enseñas a responsabilizarse de su propia vida y a sentirse libres de ser ellos mismos, y eso es un gran regalo.

Encuentra las creencias que te hacen obligarte a cargar con responsabilidades que no son tuyas y cámbialas para liberarte.

2. Investigación

Viaja con tu mente al momento en que apareció el síntoma; ayúdate de las **preguntas generales (p. 68)** y añade las siguientes:

- ¿Qué responsabilidades te has echado encima últimamente, desde que empezó el dolor, que no deseas realmente?
- ¿En qué situación o situaciones te sientes indispensable?
- ¿Qué «obligaciones» crees que tienes? ¿Qué es aquello que crees que «debes hacer» o que «tienes que hacer»?

3. Creencias (erróneas)

Busca las creencias limitantes (normalmente inconscientes) con las que más te identificas o encuentra en ti algunas similares:

- «Creo que debo hacer ciertas cosas porque sí, por obligación».
- «Tengo que / debo hacer _____ (lo que crees que es tu obligación), porque si no lo hago sucederá _____ (algo malo que temes)».
- «Soy responsable de otra persona o del trabajo de otra persona; si no lo hago, mi empresa se hundirá».
- «Como estoy en un sistema, en un trabajo o en una familia, debo hacer ciertas cosas aunque no me gusten».
- «Por ocupar una cierta posición en el grupo, tengo la obligación de actuar por el bien común».
- «Creo que sin mi ayuda los demás no van a poder resolver sus problemas, así que mejor lo hago yo todo».

4. Mensajes

Para cambiar tus creencias puedes usar las siguientes afirmaciones; te invito a crear las tuyas usando el **método general (p. 76):**

- «Me permito dejar de hacer aquello que no deseo hacer; soy libre y solo hago lo que me llena de alegría y satisfacción».
- «Permito que los demás solucionen sus propios problemas, deberes y obligaciones, incluso aunque yo sea capaz de hacerlo mejor».
- «Me lleno de compasión y perdón por no hacer (solo ser es suficiente), y soy digno de amor».
- «Elijo poner límites a los demás y encargarme solamente de aquello que considero justo y razonable para mí».
- «Es mejor hacer menos pero con más amor».
- «Respeto mis necesidades y me cuido».
- «Cuando yo me respeto, los demás aprenden a respetarme y a respetarse a sí mismos».
- «Hago por los demás solo aquello que me apetece hacer con amor».
- «Me doy derecho a no hacer nada, me abrazo con amor y me perdono».

5. Acciones

- Repite los mensajes de tu cuerpo todos los días.

- Habla con las personas que sientes que te han cargado de responsabilidades y expresa tus límites. Diles que solo estás dispuesto a hacer lo que consideras justo para ti.
- Aprende a preguntarte, antes de hacer algo, si realmente deseas hacerlo. Te ayudará a sentirte más libre y a dar solo por amor.
- Investiga más posibles mensajes y... ¡ámate!

PECHO, SENOS: PROBLEMAS GENERALES (Y MASTITIS)

Su significado se refiere a los síntomas de los músculos pectorales y la zona de las mamas, en la mujer y en el hombre, tales como dolor, problemas en la piel de la zona, etc.

1. Significado

Lo más importante: Cualquier problema en el pecho te indica que te sientes mal por no acoger o cuidar a alguien como crees que deberías, o por no sentirte acogido en el pecho de alguien como te gustaría.

Añade el significado del lado afectado, DERECHO O IZQUIERDO (p. 50), para saber en qué área de tu vida debes buscar el mensaje.

Puedes consultar también el significado de QUISTE.

Tu verdadero deseo: Deseas sentirte libre de acoger a quien quieras como quieras, y de no hacerlo si no puedes o no deseas hacerlo, amándote tal y como eres.

Significado en detalle: La zona del pecho y el tórax simboliza la familia, y las mamas o pectorales simbolizan nuestra parte más maternal, nuestra forma de «nutrir», cuidar, proteger o «amamantar» a los que queremos.

El **pecho izquierdo** normalmente se refiere a acoger o ser acogido por personas muy cercanas o muy queridas, como la pareja, los hijos, la madre, etc. El **pecho derecho** normalmente se refiere a personas más lejanas o con un vínculo más físico o material, como compañeros de trabajo, clientes, un familiar con una relación menos afectiva, la pareja (si simboliza solo lo físico o el sustento material), etc.

Si tienes **un dolor** en el pecho, significa que te sientes culpable por no estar acogiendo o cuidando de alguien a quien crees que deberías proteger o nutrir con tu amor o tus acciones.

También puede indicarte que no te sientes acogido por otra persona, y eso te hace sentir culpa, porque crees que has hecho algo malo y que no mereces que te acojan o te cuiden.

Los **problemas en la piel** o estéticos en el pecho te indican que te juzgas por tu imagen como madre (o como persona protectora o maternal) y que temes lo que piensen de ti otras personas a la hora de expresar tu lado cuidador y maternal.

La MASTITIS, que es una inflamación que se puede presentar durante la lactancia, te indica cierta ira reprimida por cómo vives la maternidad, posiblemente por querer ser perfecta; necesitas aprender a expresar lo que sientes antes de que se acumulen las emociones negativas en tu interior, y ser más vulnerable y humana.

Si eres mujer y te duele el pecho o tienes un **quiste** (ver QUISTE), puede que te sientas mala madre por no haber impedido que alguno de tus hijos o seres queridos sufrieran daño, o por no darles todo lo que piensas que necesitan, porque crees que dependen de ti.

Tanto si eres hombre como mujer, tu pecho quiere hacerte consciente de que ya eres todo lo maternal que debes ser y de que ya cuidas de tus seres queridos o personas cercanas lo mejor que sabes y puedes. Te dice que no debes sentir culpa y que no es necesario que demuestres tanto que cuidas de los demás; debes darte el derecho de abrazarte tal y como eres en tu forma de nutrir, amamantar y acoger a los demás.

Los seres a los que quieres cuidar necesitan libertad para valerse por sí mismos y son dignos creadores; su vida es responsabilidad suya, por lo que debes aprender a soltarles para que vivan su vida y aprendan de sus errores. Aprende a seguir sintiéndote maternal con ellos en la distancia, aunque no controles tanto lo que hacen.

Permítete también ser acogido por otras personas y acepta tus necesidades, abriéndote a entender la forma de amar que tienen otros, aunque no te acojan como tú necesitas. Si te acoges tú mismo, verás que llegan a tu vida nuevas personas que te dan todo el amor que mereces.

Perdona a la madre que tuviste o a las personas que te cuidaron por cómo lo hicieron y perdónate a ti por tus errores al cuidar a otros; verás que tu pecho recupera su estado de salud natural.

2. Investigación

Viaja con tu mente al momento en que apareció el síntoma; ayúdate de las **preguntas generales (p. 68)** y añade las siguientes:

- ¿En qué situación, poco antes de que empezara el problema en el pecho, creíste que no estabas cuidando bien de alguien?
- ¿A quién crees que deberías acoger más o cuidar más?
- ¿Dónde no te sientes bien acogido por los demás o por otra persona?
- Pecho izquierdo: ¿A qué persona —muy cercana y que amas— crees que no has cuidado o acogido bien, o que no has tratado con suficiente amor?
- Pecho derecho: ¿A qué persona —con un vínculo no tan cercano o más físico— has sentido que no cuidabas bien o quién sientes que te ha dejado de cuidar o proteger a ti?

3. Creencias (erróneas)

Busca las creencias limitantes (normalmente inconscientes) con las que más te identificas o encuentra en ti algunas similares:

- «No cuido bien de las personas a las que quiero o de los que están a mi cargo; debería ser más amoroso y protegerles más».
- «Soy mala madre: no soy capaz de cuidar bien de mis hijos ni de darles lo que necesitan para estar bien».
- «He debido de hacer algo mal, porque la persona que quiero ha sufrido un daño y no la he sabido cuidar o proteger; me siento culpable».
- «Debería acoger a _____ (tu pareja, tu madre, tu padre, etc.) y cuidar de él/ella, pero no me sale hacerlo, así que soy mala persona».
- «Debo preocuparme más por los demás que por mí; debo demostrar que soy buena madre (o padre), porque conmigo no lo fueron».
- «No me apetece cuidar de esa persona, pero si no lo hago no está bien; debo forzarme aunque no quiera».
- «Si no cuido de mis hijos, entonces soy mala madre; debo estar pendiente siempre y no dejarlos libres, pues las madres se preocupan siempre».
- «Mi familia no me acogió cuando lo necesitaba, así que debo de haber sido mala persona o haber hecho algo malo».
- «Mi pareja no me cuida como necesito; será que no merezco amor».

4. Mensajes

Para cambiar tus creencias puedes usar las siguientes afirmaciones; te invito a crear las tuyas usando el **método general (p. 76):**

- «Mi forma de cuidar a las personas que quiero es perfecta tal como es; soy capaz de cuidar a mis seres queridos como deseo con mi amor».
- «Soy buena madre, tal y como soy, siempre».
- «Soy buen padre, tal y como soy, siempre».
- «Mis hijos (o seres queridos) son dignos creadores, capaces de crear su propia vida como desean, y yo solo los cuido y protejo en lo que puedo y siento que quiero hacer, con amor y alegría».
- «Cuido de mi pareja y de mis seres queridos lo mejor que sé, y así está bien, soy buena persona».
- «Lo que les sucede a las personas a las que cuido es decisión suya y de su alma; respeto con amor sus decisiones y acepto que las cuido con el mejor amor que tengo».
- «Si le ha pasado algo a alguien a quien quiero, me perdono por lo que crea no haber hecho bien y me abrazo con amor».
- «Tengo derecho a no acoger a mi pareja o a mis seres queridos cuando no me sale hacerlo, y sigo siendo buena persona».
- «Acepto que puedo ser juzgado cuando no cuido de otras personas como opinan los demás, y me amo completamente como soy».
- «Puedo ser buena madre aunque no esté pendiente de mis hijos; son libres y siempre estaremos conectados estén donde estén».
- «Mi familia o mis padres me cuidaron lo mejor que sabían y me dieron el amor que supieron darme; elijo perdonarles y darme yo ahora el amor que necesito».
- «Me permito llorar y liberarme por no haber pedido los cuidados que necesitaba; me perdono y me amo».
- «Me merezco amor siempre, aunque otras personas no sepan cuidarme como lo necesito en cada momento».

5. Acciones

- Repite los mensajes de tu cuerpo todos los días.
- Si necesitas tu tiempo y espacio sin cuidar de otros, habla con ellos y muestra tus necesidades; así lo entenderán.
- Si necesitas que alguien te acoja, te cuide o te proteja, pídelo y acepta cualquier respuesta que recibas, sabiendo que la vida te cuida siempre.
- Si tienes algún problema estético en el pecho, haz una lista de tus cualidades como madre o como persona que cuida y protege a los demás, y verás que eres mucho mejor de lo que creías.

- Si sientes que alguien ha sufrido por tu culpa, o que has permitido que te hicieran daño sin pedir protección a los que te cuidaban, realiza un proceso de visualización para perdonar a tu niño interior y abrázate con amor mientras lloras para liberarte.
- Investiga más posibles mensajes y... ¡ámate!

5.3. Sistema respiratorio y fonador

El sistema respiratorio nos ayuda a intercambiar el aire del organismo, que es lo que nos da la vida. Al mismo tiempo, el aire que respiramos nos pone en contacto inevitablemente con los demás seres que nos rodean, pues todos compartimos el mismo aire.

Todo problema al respirar se relaciona con un problema para aceptar la vida, para sentir las emociones que nos provoca el contacto con otros seres y para aceptar que toda emoción viene y se va, tanto las positivas como las negativas.

Al mismo tiempo, el aparato fonador forma parte de la respiración y, cuando tenemos problemas con el aire, aparecen dificultades para expresarnos adecuadamente. Esto sucede porque la expresión de nuestro verdadero Ser es una expresión de la vida, es la vida expresándose a sí misma a través de nosotros mediante los ritmos vitales que se reflejan en la respiración.

Toda dificultad para hablar o expresarnos nos indica un miedo a dejar salir la expresión verdadera de nuestra alma, y una dificultad para aceptar que nuestras creaciones son dignas de salir a la luz.

La tos y el carraspeo, por ejemplo, representan al mismo tiempo la expresión de ciertas emociones negativas que hemos sentido previamente y una dificultad para expresar algo que deseamos por miedo a equivocarnos.

Los síntomas de este apartado te ayudarán a permitirte sentir de verdad la vida y a expresar tu verdadero Ser con libertad y confianza.

Afonía (y laringitis)

La afonía sucede cuando tu voz es muy débil o está apagada; puede llegar incluso a la incapacidad absoluta para emitir sonidos. La laringitis es una inflamación de la laringe, que normalmente causa afonía y además puede incluir dolor en la garganta y tos.

1. Significado

Lo más importante: Cuando pierdes la voz o tienes un problema que te dificulta hablar, tu cuerpo te indica que hay algo que deseas decir pero no te lo permites, o bien que, si finalmente te expresas, te culpas por ello.

También puede indicarte un bloqueo en la expresión de tu creatividad.

Puedes consultar también el significado de TOS, CARRASPEO.

Tu verdadero deseo: Expresarte con sinceridad y con claridad, aceptando que mereces ser escuchado, y que es bueno que lo hagas, sin miedo.

Significado en detalle: Al impedirte hablar bien, la afonía o laringitis te dicen que tu mayor deseo es hablar y expresarte, pero tienes un miedo que te lo impide.

Eso no significa que no hables o que no digas lo que piensas en ese momento, sino que, internamente, no te lo permites o te juzgas por ello. Hay personas que se guardan sus pensamientos y emociones y no las expresan; otras se expresan siempre pero internamente se critican cuando lo hacen.

En el caso de la **LARINGITIS**, además sientes ira acumulada por no haberte expresado, y si aparece **tos**, significa que tienes muchos pensamientos de crítica hacia ti mismo cuando te expresas en ciertos temas o ante ciertas personas.

Es posible que tengas miedo de pedir algo que necesitas, por temor a ser rechazado, y que ese miedo te impida avanzar hacia tus deseos.

También puede ser que quieras expresar tus sentimientos y emociones a alguien, tanto los positivos como los negativos, pero te dé miedo hacerlo por creer que puedes hacer daño o que no es correcto decir ciertas cosas.

Otra posibilidad es que desees manifestar tu parte creativa, ya sea hablando en público, cantando o expresando de alguna forma tus sentimientos, pero temas el juicio de los demás o sufrir de alguna forma.

Sea lo que sea lo que te impides expresar, tu cuerpo te dice que es hora de que te lo permitas y que entiendas que no siempre puede gustar a todo el mundo lo que dices, pero que es importante para ti ser honesto, sincero y decir lo que sientes y piensas. Si te das el derecho de hacerlo, aunque a veces no lo lleves a cabo de la forma más amorosa, irás mejorando en tu forma de expresión.

Permítete sacar tu parte creativa y convierte el amor de tu corazón en palabras o formas de expresión que te hagan vibrar de alegría y plenitud.

Descubre el miedo que te impide expresar la verdad de tu corazón y afróntalo con valentía y amor, respetando tus necesidades.

2. Investigación

Viaja con tu mente al momento en que apareció el síntoma; ayúdate de las **preguntas generales (p. 68)** y añade las siguientes:

- ¿En qué situación, poco antes de la aparición del síntoma, te impediste expresar algo importante para ti o lo expresaste pero te culpaste por ello?
- ¿Qué palabras o sentimientos te has guardado de expresar por algún miedo?
- ¿Qué temes que suceda si expresas lo que eres de verdad o qué te hace pensar que es tan malo lo que dices o cómo lo dices?

3. Creencias (erróneas)

Busca las creencias limitantes (normalmente inconscientes) con las que más te identificas o encuentra en ti algunas similares:

- «No puedo decir lo que pienso, porque sucederá _____ (algo malo que temes)».
- «Cuando me enfado, siempre grito y me expreso, pero creo que está mal y que no soy buena persona cuando lo hago».
- «Me da miedo pedir _____ (algo que deseas), porque me pueden rechazar y voy a sufrir».
- «Siento muchas cosas hacia alguien, pero me da miedo su reacción si se lo digo todo».
- «Me han enseñado a guardar mis emociones; no debo expresar lo que pienso y siento, debo controlarme».
- «Tengo el deseo de expresar mi parte artística y creativa, pero me da miedo fracasar y que no guste a todo el mundo lo que hago».

- «Me gustaría hablar en público o cantar, pero no soy capaz, no tengo voz y me da miedo que me juzgue el público cuando me vea».

4. Mensajes

Para cambiar tus creencias puedes usar las siguientes afirmaciones; te invito a crear las tuyas usando el **método general (p. 76):**

- «Soy perfectamente capaz de expresar mis pensamientos y sentimientos, y me permito hacerlo en todo momento».
- «Tengo todo el derecho a ser escuchado; mis palabras son importantes y valiosas».
- «Me perdono si alguna vez no me expreso con todo el amor que deseo y sigo aprendiendo a expresarme cada día mejor».
- «Mi opinión es válida y tengo derecho a expresarla siempre con respeto y amor».
- «Me permito pedir lo que necesito, y acepto y respeto la respuesta que me den los demás, con amor».
- «Me permito expresar lo que siento y deseo, y acepto que otras personas pueden no entenderme o no aceptarme y elijo amarme».
- «Elijo expresarme con libertad, sinceridad y honestidad respetando mis necesidades y la libertad de otras personas de ser como son».
- «Puedo expresar siempre lo que siento y confío en que la vida me cuida, me protege y me enseña la mejor forma de hacerlo».
- «Cuando expreso mi verdad, puedo ver las reacciones de los demás y aprender cosas nuevas de mí y de ellos».
- «Me permito expresar mi parte artística y creativa, y mostrar al mundo mis talentos; soy una persona brillante y luminosa».
- «Me permito cantar o hablar en público, y confío en que cada vez me saldrá mejor y podré disfrutar de hacer lo que me gusta».

5. Acciones

- Repite los mensajes de tu cuerpo todos los días.
- Descubre lo que no has dicho y a quién no se lo has dicho, y... ¡habla! Sobre todo, encuentra las creencias por las que te lo impides y cámbialas por hermosos mensajes de amor y confianza.
- Afronta tus miedos de forma activa, busca en el momento apropiado una situación en la que puedas expresar algo que antes temías hacer y prueba a hacerlo. Verás que la vida te responde de forma más positiva de lo que pensabas.

• Si te sientes culpable por expresar ciertas cosas o por no saber hacerlo con amor, haz una visualización en la que abrazas a tu niño interior y perdónate por tus fallos e imperfecciones, sabiendo que son temporales y que poco a poco irás mejorando y sabrás expresarte con mucho amor. No te olvides de seguir expresándote.

• Investiga más posibles mensajes y... ¡ámate!

Catarro (o constipado, resfriado o coriza)

Consiste en una infección vírica que causa normalmente algunos o todos estos síntomas: congestión nasal, irritación de garganta, tos, estornudos y dolor de cabeza.

1. Significado

Lo más importante: El catarro o resfriado es una indicación de que has estado un cierto tiempo con una preocupación en la mente, creyendo que cierta situación negativa se te venía encima y que no podías hacer nada por evitarla.

También te indica que te has dejado influir por un miedo ajeno que te ha hecho preocuparte demasiado, juzgarte y criticar a los demás.

Puedes consultar también el significado de ESTORNUDO, DOLOR DE CABEZA, GARGANTA (dolor), NARIZ, TOS.

Tu verdadero deseo: Ser menos influenciable por los miedos de los demás, aceptar tus límites y miedos y amar aquello que criticas en ti y en los demás.

Significado en detalle: El **resfriado** normalmente es un síntoma de liberación de un conflicto emocional sostenido en el que has debido de estar varios días.

Al ser una infección vírica, tu cuerpo te indica que te has dejado invadir en el plano mental por formas-pensamiento ajenas, basadas en el miedo, que te han hecho reaccionar con temor a esa situación vivida.

Los **estornudos** te indican que te has vuelto muy sensible a cosas que te molestan de los demás, por guardarte tus emociones todo este tiempo; la tos, la irritación y los mocos, que te criticas internamente y que has acumulado emociones negativas que ahora expulsas en forma de mucosidad.

Seguramente has sufrido un exceso de actividad mental durante varios días queriendo que se resolviera la situación rápidamente y sin respetar tus verdaderas necesidades, preocupándote demasiado por los detalles.

El hecho de que te hayas dejado invadir por el virus es una indicación de que, en ciertas áreas de tu vida, eres influenciable y dejas que los miedos y preocupaciones de los demás te impidan disfrutar el presente.

Ten en cuenta que las infecciones víricas solo son contagiosas cuando las personas creen que pueden contagiarse. La persona que no cree en el contagio nunca coge una infección de otra persona (salvo que necesite el mismo mensaje por su parte, claro).

Yo mismo creí durante un tiempo en la idea extendida de que «el frío resfría». Sin embargo, cuando descubrí que era un miedo colectivo, empecé a pensar que el frío era algo normal, como el calor, y que podía estar bien, y dejé de resfriarme cuando «cogía frío».

El principal mensaje de tu catarro es que te relajes más ante las situaciones que se te presentan, que trates de enfocarte en el momento presente y que evites juzgar a otros o a ti mismo en el proceso, mientras buscas descubrir la lección de amor que se encuentra detrás de lo sucedido.

Evita criticarte internamente y criticar a los demás, y empieza a valorar a tu Ser tal y como es; confía en que la situación se resolverá por sí misma si tú te permites abrazar con amor lo que sucede.

Descubre las creencias que te hacen dejarte invadir por miedos ajenos y pensar demasiado en los detalles hasta preocuparte tanto.

2. Investigación

Viaja con tu mente al momento en que apareció el síntoma; ayúdate de las **preguntas generales (p. 68)** y añade las siguientes:

- ¿Qué situación te preocupó y en la cual temiste un desenlace negativo, desde unos días antes de que apareciera el catarro?
- ¿Qué miedos has dejado que te invadan en los últimos días, que te han hecho pensar demasiado en el problema, sin pensar en tu descanso o en tus necesidades?
- ¿En qué situación has juzgado y criticado algo o a alguien, y te has guardado tus emociones negativas dentro, hasta que ha aparecido el catarro?

3. Creencias (erróneas)

Busca las creencias limitantes (normalmente inconscientes) con las que más te identificas o encuentra en ti algunas similares:

- «Me da miedo que pase algo; creo que se me viene encima una catástrofe y no puedo evitarlo».
- «Tengo que preocuparme mucho por los detalles de esta situación, no confío en que se solucione sola y temo que pase algo malo».
- «No confío en la vida, y pienso en todo lo malo que he oído y que me hace temer lo peor, y creo que puede suceder».
- «No comprendo por qué esa persona me ha hecho esto; siento miedo y creo que debería haber sido de otra forma, no acepto lo que pasa».
- «Me siento frustrado y no puedo dejar de pensar, pero no debo expresar mis emociones, debo hacer como que estoy bien y que puedo con todo».
- «Me culpo por no saber gestionar bien las situaciones estresantes, debería saber hacerlo mejor».
- «El frío resfría; he debido de coger frío».
- «Las enfermedades son contagiosas, me da miedo coger algo».
- «No soy capaz de protegerme ante los miedos de los demás y me acaban influyendo».

4. Mensajes

Para cambiar tus creencias puedes usar las siguientes afirmaciones; te invito a crear las tuyas usando el **método general (p. 76):**

- «Me permito relajarme y soltar la situación que me preocupaba; confío en que todo saldrá bien».
- «Elijo cuidarme más, relajarme más y velar por mis necesidades, expresando lo que siento y dejándome ayudar por los demás».
- «Todo sucede por una buena razón, y elijo sentir con el corazón para averiguar la lección de amor que está detrás de lo que ha pasado».
- «Cuando confío y me permito sentir, todo se soluciona solo».
- «Me relajo y confío en la vida; entiendo que esta situación ha venido a enseñarme algo y abrazo con amor lo que no me resulta fácil aceptar».
- «Me perdono por haberme juzgado a mí y a otras personas, y elijo amarme tal y como soy, con mis dudas y miedos, llenándome de amor».

- «Elijo disfrutar del presente, relajar la mente, expresar lo que siento y confiar en que todo sucede por una buena razón».
- «Elijo dejar fuera de mí las creencias negativas de otras personas; confío en que siempre estoy protegido en el amor y la luz del Creador».
- «Yo elijo mi propio destino y creo mi propia vida a mi manera, respetando lo que piensan otras personas».
- «Puedo sentir frío y estar sano y saludable».
- «Mi mente causa mi salud y puedo estar bien cuando estoy en equilibrio».
- «Soy perfectamente capaz de protegerme de los efectos negativos de los demás con mi amor y mi confianza en Dios y en la vida».
- «Cada enfermedad me muestra una parte de mi campo energético de luz que no está sellado y protegido con amor, y encuentro siempre las creencias de amor que me dan la paz que deseo».

5. Acciones

- Repite los mensajes de tu cuerpo todos los días.
- Una vez aparece el catarro, lo más importante es descubrir el miedo que lo provocó, aunque ya no lo hayas podido evitar, y cambiar tu mente para estar protegido para la siguiente vez en el amor y en la luz.
- Normalmente tu mente estará muy sensible por el exceso de uso y te sentarán mal cosas que normalmente no te importarían tanto, así que permítete sentir lo que sientes y manda amor a todo tu cuerpo y a las partes afectadas, aceptando en lo posible lo que veas en otros y en ti.
- Cuando estés mejor, haz una lista de los miedos que has aceptado de otros y cámbialos por mensajes de amor que te hagan sentir bien.
- Investiga más posibles mensajes y... ¡ámate!

ESTORNUDO

Es la expulsión de forma violenta, tras una inspiración brusca e involuntaria, del aire de los pulmones, junto con líquido, por la nariz y la boca. Suele ayudar a la expulsión de cuerpos extraños de las fosas nasales.

1. Significado

Lo más importante: Cuando estornudas, tu cuerpo te dice que acabas de criticar algo externo a ti, ya sea algo que acabas de ver u oír que no te gusta, o algo en lo que has pensado, incluso del pasado, pero que criticas en el presente.

Puedes consultar también el significado de CATARRO.

Tu verdadero deseo: Hacer algo para que aquello que criticas cambie, o aceptarlo con amor, si no puedes cambiarlo.

Significado en detalle: Como el estornudo nos permite expulsar partículas o cuerpos extraños de nuestras vías respiratorias, su significado es que deseamos «expulsar» alguna idea o emoción que hemos sentido y que nos produce contrariedad. Es una crítica externa, al contrario que la tos (que es una crítica interna, a nosotros mismos).

Puede ser que hayas visto algo que no te gusta en otra persona, o que te moleste algo que ves, oyes o sientes (el sol, el viento, el frío, un ruido, palabras desagradables, una crítica de otro, etc.).

Normalmente el mensaje del estornudo es doble. Por un lado, te dice que, si algo no te gusta, lo expreses abiertamente, sin callarte y sin engañarte creyendo que no te molesta realmente. Y por otro lado, te dice que una parte de ti quiere aceptar aquello que criticas, que lo quieres ver con más amor y tolerancia.

Por ejemplo, si ves a una persona que ha hecho o dicho algo que crees que está mal y quieres protestar o insultar a esa persona, pero no lo has hecho, aparecerá un estornudo para hacerte consciente de que, en el interior y de forma inconsciente, estás criticando a esa persona. Y su mensaje sería que expreses tu crítica (con amor) y que a la vez trates de aceptar eso que criticas, en ti y en otros.

Si te molesta el sol o el frío, en vez de criticarlo, descubre las cosas buenas que tiene para ti, pues el sol representa el amor y el frío te invita a abrazar con amor tus miedos.

En el caso de estornudos debido a otro tipo de enfermedades infecciosas, es posible que, al dejarte invadir por miedos externos, tu mente se haya vuelto hipersensible y te molesten muchas más cosas de las que te molestarían habitualmente, y por eso el nivel de estornudos puede aumentar considerablemente.

Descubre eso que has criticado fuera de ti y encuentra el amor en ello para volver a estar en paz.

2. Investigación

Viaja con tu mente al momento en que apareció el síntoma; ayúdate de las **preguntas generales (p. 68)** y añade las siguientes:

- ¿Qué es lo que te ha molestado, poco antes de estornudar, en otra persona o situación a la que criticabas sin darte cuenta?
- ¿En qué situación —pasada o futura— estabas pensando, poco antes de estornudar, en la que criticabas algo que sucedía?
- ¿Qué situación externa que has percibido con tus sentidos (gritos, sol, lluvia, frío, etc.) has criticado mentalmente sin darte cuenta?

3. Creencias (erróneas)

Busca las creencias limitantes (normalmente inconscientes) con las que más te identificas o encuentra en ti algunas similares:

- «No está bien criticar, así que no digo nada aunque me moleste lo que veo y por dentro lo critique».
- «_____ (eso que criticas) me molesta, no le veo utilidad, ¡quiero que se vaya!».
- «Esa persona es _____ (un insulto), no sé cómo puede pensar así».
- «¿Cómo pueden existir personas así?».
- «¿Qué hace el sol ahí, brillando tanto? ¡No me gusta!».
- «No me gusta que hablen mal de mi amigo, pero me callo y no digo nada».

4. Mensajes

Para cambiar tus creencias puedes usar las siguientes afirmaciones; te invito a crear las tuyas usando el **método general (p. 76):**

- «Me permito expresar a la persona adecuada aquello que me molesta, con amor y respeto».
- «Acepto que a veces soy una persona crítica con los demás, y aprendo cada día a ser más tolerante y comprensivo».
- «Eso que no me gusta está ahí para enseñarme algo valioso y aprendo a ver dónde está el amor en este momento».
- «El sol, con su brillo, me muestra que en el fondo deseo recibir más luz y aceptar el amor que viene hasta mí».
- «El frío me ayuda a ver mi propia fortaleza y a afrontar mis miedos con valentía y amor».

- «Acepto que cada persona tiene su forma de pensar diferente a la mía y que todos somos dignos de amor y respeto».

5. Acciones
- Repite los mensajes de tu cuerpo todos los días.
- Si dices en voz alta tus críticas (te recomiendo que lo hagas con amor) o tienes claro que algo no te gusta y actúas en consecuencia, verás que evitas muchos estornudos.
- Busca respuestas para ver con amor aquello que criticas y comprobarás que se te pasa mucho antes el síntoma y no vuelve a aparecer.
- Investiga más posibles mensajes y... ¡ámate!

HIPO

Consiste en una contracción involuntaria y brusca del diafragma que interrumpe el ritmo normal de la respiración y que suele ser difícil de detener por voluntad propia.

1. Significado
Lo más importante: Cuando te da hipo significa que has tenido miedo de no poder parar de hacer algo (reír, comer, pensar, gritar, etc.).

Tu verdadero deseo: Relajarte y confiar en tu capacidad para detenerte cuando quieras.

Significado en detalle: El hipo, como es un movimiento involuntario del diafragma que no puedes detener y que bloquea tu respiración normal, te indica que has sentido una emoción intensa por algo y has creído que no podías parar de sentirla, lo que te ha hecho bloquearte para no sentir demasiado.

Al bloquear la respiración de forma brusca e involuntaria, tu hipo te dice que te has obligado a frenar de golpe algo que sentías y que en el fondo querías seguir sintiendo.

Por ejemplo, puede que hayas empezado a reír y hayas pensado que no podías parar, o puede que hayas creído que no podías parar de llorar, o de comer, o de toser, o cualquier manifestación de una emoción intensa.

En mi experiencia, he observado que el hipo normalmente se quita solo por sí mismo cuando nos relajamos o mediante la retención de la respiración el tiempo suficiente como para que pare el proceso involuntario.

Sin embargo, también he visto casos de personas que, simplemente afirmando «yo soy capaz de parar», han detenido el proceso de hipo.

El mensaje que te da este síntoma es que confíes en tu capacidad de vivir emociones intensas, tanto positivas como negativas, y que te sientas seguro, confiando en que podrás parar de sentir en cualquier momento. Eres perfectamente capaz de parar de reír, de llorar y de cualquier otra cosa.

2. Investigación

Viaja con tu mente al momento en que apareció el síntoma; ayúdate de las **preguntas generales (p. 68)** y añade las siguientes:

- ¿Qué proceso o emoción has vivido poco antes de que apareciera el hipo y has creído que no podías parar?

3. Creencias (erróneas)

Busca las creencias limitantes (normalmente inconscientes) con las que más te identificas o encuentra en ti algunas similares:

- «Me agobia reír mucho, creo que me voy a morir de risa y que no voy a poder aguantar tanta emoción; no puedo parar».
- «Me he criticado antes de toser y creo que no puedo parar de toser ni de criticarme».
- «He empezado a comer con ansiedad y no soy capaz de parar».
- «Estoy tan triste que no puedo parar de llorar; no se va a terminar nunca el dolor».
- «Estoy tan ocupado que no puedo parar de hacer cosas; me agobio y no puedo parar».

4. Mensajes

Para cambiar tus creencias puedes usar las siguientes afirmaciones; te invito a crear las tuyas usando el **método general (p. 76)**:

- «Yo soy perfectamente capaz de parar y elijo parar».
- «Me permito sentir todas las emociones que siento y confío en que puedo parar de sentir en cualquier momento».

- «Toda emoción tiene un principio y un final, y elijo fluir con lo que siento en cada momento».
- «Puedo reír todo lo que quiera; sé que al final descansaré y estaré bien».
- «Puedo permitirme llorar todo lo que deseo; sé que el dolor se irá y estaré bien».
- «Observo mi necesidad de comer, aprendiendo de lo que siento, y sé que me quedaré bien y podré parar cuando lo desee».
- «Elijo hacer solo lo que realmente deseo y me tomo mi tiempo; soy capaz de parar de hacer cosas y respetar mi ritmo».

5. Acciones
- Repite los mensajes de tu cuerpo todos los días.
- Piensa en lo que crees no poder parar de hacer y afirma tu capacidad con fuerza, verás que puedes parar en cualquier momento.
- Respira hondo y aguanta la respiración, o bebe agua, hasta que el hipo se vaya, en caso de que no funcionen directamente las afirmaciones.
- Averigua lo que te da miedo que no pare nunca y háblate con amor para restaurar tu confianza en ti para la próxima vez.
- Investiga más posibles mensajes y… ¡ámate!

MUCOSIDAD (O EXCESO DE MOCO, FLEMAS)

Consiste en la generación de una sustancia viscosa que aparece en forma de síntoma en los pulmones o en la nariz y normalmente ayuda a la expulsión de sustancias previamente respiradas o de desecho del cuerpo. Puede generar tos como forma de sacar el moco del cuerpo.

1. Significado
Lo más importante: El exceso de mucosidad nasal o en los pulmones te indica que has estado un tiempo conteniendo la expresión de emociones negativas, como la tristeza o el miedo, y que ahora se muestran de forma involuntaria en forma de líquido espeso.

Puedes consultar también el significado de PULMONES, NARIZ, TOS, ESTORNUDO.

Tu verdadero deseo: Deseas expresar la próxima vez tus emociones negativas antes para que no se acumulen en el cuerpo y tengan que ser expulsadas más tarde.

Significado en detalle: Los líquidos en el cuerpo representan los deseos y emociones; normalmente la mucosidad aparece cuando previamente nos hemos dejado invadir por miedos ajenos (infección), por lo que su mensaje es que has contenido demasiado ciertos deseos y emociones negativas, dejándote invadir primero por creencias y miedos de los demás, y luego has encontrado tu liberación, pero tu cuerpo te pide sanar lo que previamente has bloqueado.

Al igual que la inflamación y la infección, la mucosidad **es un síntoma de liberación emocional**, por lo que es bueno que le permitas al cuerpo sacar lo que te impediste sentir, mientras reflexionas sobre las emociones a las que anteriormente no prestaste atención.

Si la mucosidad viene acompañada de tos, significa que también anteriormente te has estado criticando por dentro; si viene con estornudos, significa que tus emociones negativas también aparecían porque tenías la necesidad de criticar a los demás.

En general, su mensaje es que observes más tus procesos mentales y emocionales cuando te sientas mal, y trates de protegerte con amor de las influencias negativas de otras personas para permitir que lo que sientes —ya sea miedo, tristeza, ira, etc.— salga de forma natural en el proceso y no tengas que expulsarlo después a través de la mucosidad.

Descubre las creencias que te impiden dejar salir tus emociones negativas cuando las sientes.

2. Investigación

Viaja con tu mente al momento en que apareció el síntoma; ayúdate de las **preguntas generales (p. 68)** y añade las siguientes:

- ¿En qué situación sentiste emociones negativas, pero te reprimiste y no las expresaste, poco antes de que apareciera el exceso de mucosidad?
- ¿Qué emociones te guardas, tanto hacia ti como hacia los demás, y luego necesitas tener tiempo para revisar y analizar?

3. Creencias (erróneas)

Busca las creencias limitantes (normalmente inconscientes) con las que más te identificas o encuentra en ti algunas similares:

- «Es mejor que no diga lo que siento aunque esté dolido, porque puedo hacer daño».
- «No es bueno expresar las emociones negativas, debo hacer como que no me afecta y bloquearlas».
- «No me gusta estar triste, prefiero evadirme y distraerme para no sentir».
- «La sociedad no me deja ser libre y expresar lo que siento, no puedo ser natural».

4. Mensajes

Para cambiar tus creencias puedes usar las siguientes afirmaciones; te invito a crear las tuyas usando el **método general (p. 76):**

- «Me permito expresar todas mis emociones negativas en el momento en que las siento, con amor».
- «Soy perfectamente capaz de sentir lo positivo y lo negativo, y de expresarlo de la forma más adecuada».
- «Me permito analizar lo que siento en cada momento y me doy lugar para expresarlo a la persona apropiada».
- «Sentir tristeza es normal, y me permito sentir todo y dejarlo salir mientras abrazo a mi niño interior».
- «Todas las emociones son sanas y saludables, y mostrarlas es de personas valientes y amorosas».
- «Las emociones negativas, como la tristeza, la ira, la envidia, etc., son parte de la vida, y elijo aceptarlas y abrazarlas con mi amor».
- «Siempre estoy protegido en el amor y dejo los miedos de los demás con ellos, permitiéndome sentir lo que siento».

5. Acciones

- Repite los mensajes de tu cuerpo todos los días.
- Dado que la mucosidad ya está liberándose, permítete dar reposo a tu cuerpo y analiza lo que pasó poco antes para averiguar la causa.
- Dedica tiempo a perdonarte y abrazarte por haber sentido esas emociones negativas y permítete expresarlas antes la próxima vez.
- Investiga más posibles mensajes y… ¡ámate!

NARIZ: PROBLEMAS GENERALES
(Y CONGESTIÓN, RINITIS Y SINUSITIS)

Los problemas de la nariz más comunes son los que impiden respirar bien, oler o los que producen dolor (rinitis, sinusitis) y mucosidad.

1. Significado

Lo más importante: Todo problema en la nariz te indica que estás bloqueando tus emociones y que te impides sentir, aunque es lo que más deseas.

También puede indicar un bloqueo en relación con la sexualidad.

Añade el significado del lado afectado, DERECHO O IZQUIERDO (p. 50), para saber en qué área de tu vida debes buscar el mensaje.

Puedes consultar también el significado de MUCOSIDAD, PULMONES.

Tu verdadero deseo: Abrirte a sentir de nuevo, aceptando que las emociones son parte de la experiencia humana y que está bien lo que sientes.

Significado en detalle: La nariz, situada en la cara, se encuentra en el centro y, dentro del proceso creativo explicado al principio del libro (que incluye pensamiento, emoción y acción), está situada en la emoción.

Todo bloqueo en ella, como la CONGESTIÓN o una dificultad para respirar con normalidad, te indica que no te permites que entren en ti todas las emociones y los sentimientos que te provoca una persona o situación, ya sean positivos o negativos.

Deseas sentir verdaderamente la vida, pero tienes algún miedo que te lo impide y te convences de que en realidad no sientes nada, aunque no sea así. Puede que temas sufrir si sientes algo por alguien y no te corresponde, o que te dé miedo que otras personas vean que sientes ira, tristeza o cualquier emoción negativa.

Yo, por ejemplo, he tenido varios momentos en los que se me tapaba la nariz cuando estaba delante de una persona que me gustaba y me atraía, pero percibía que ella no me correspondía y entonces me decía a mí mismo: «No pasa nada, en realidad no siento tanto por esa persona». Ni siquiera era consciente de lo que pensaba, pero de repente se me tapaba la nariz y no sabía por qué. Cuando averigüé lo que era, decidí aceptar mis verdaderos sentimientos y entonces el bloqueo nasal desapareció como por arte de magia, todas las veces. Además, descubrí que necesitaba aprender a confesar mis verdaderos sentimientos a la persona que me gustaba y a aceptar un posible rechazo, para perder el miedo a ser rechazado.

Puedes observar que la nariz se tapona también en ciertos momentos en los que se producen reuniones familiares (Navidad, etc.); ese hecho se asocia al catarro o al frío, pero te indica que esas personas te hacen sentir muchas cosas (positivas o negativas) y que tratas de reprimir lo que sientes, tal vez por el bien de la armonía en el grupo.

La nariz también es un órgano que percibe y detecta hormonas sexuales y representa una protuberancia metafóricamente similar al órgano masculino. He observado que un problema de nariz, tanto funcional como estético, puede estar relacionado con un bloqueo en el área de la sexualidad, como no permitirte sentir deseo hacia alguien o temer lo que otros puedan pensar de ti en el aspecto sexual.

Si además tienes **mucosidad,** tu cuerpo te dice que has estado un tiempo bloqueando y acumulando tus emociones, sobre todo las negativas, y que ahora salen de esa forma por la nariz.

La RINITIS te indicaría que tienes ira reprimida porque hay una situación que te molesta y te contraría (de ahí la expresión «estar hasta las narices»), pero crees que no deberías sentir toda esa rabia y la controlas. La rinitis aparecería al alejarte del problema, no mientras te reprimes.

La SINUSITIS, como afecta a la cara y a los ojos, te dice que has sentido ira porque te duele algo que has visto, pero la reprimes por lo que puedan pensar otros de ti si te expresas.

Si el problema de nariz te impide **oler bien,** es porque piensas que hay una cierta situación en la que ves que algo no está bien («no huele bien»), pero te resistes a aceptarlo por miedo a afrontar el problema.

Si te preocupa la **estética** de tu nariz, es probable que te preocupe demasiado lo que piensan los demás de tu forma de sentir, y sería bueno que te enfocaras en valorar más el interior que el exterior.

El mensaje de tu nariz es que aceptes que eres una persona sensible y que esas emociones que se te presentan te ayudan a vivir experiencias muy importantes para el crecimiento de tu alma en el amor.

Cada emoción es una expresión de un pensamiento, más o menos alineado con el Gran Pensamiento Original de amor del Creador y, al permitirte sentir lo que sientes, puedes buscar el equilibrio en la emoción opuesta y acercarte cada vez más a ese amor universal.

Si crees que sientes demasiado las emociones de los demás y que debes protegerte para no sufrir, debes empezar a creer que lo que sientes es siempre tuyo, y que, cuando encuentres el equilibrio mediante la aceptación de los opuestos, en ti y en el otro, las emociones fluirán con suavidad a través de ti y serás cada vez más capaz de amar.

De esta forma podrás ayudar a otras personas a comprender sus emociones, a sanarlas liberando las lágrimas que fluyen cuando abrazamos a nuestro niño interior y a convertirlas en amor.

Descubre qué creencias te hacen bloquear lo que sientes e impiden que el amor fluya al mundo a través de tus emociones.

2. Investigación

Viaja con tu mente al momento en que apareció el síntoma; ayúdate de las **preguntas generales (p. 68)** y añade las siguientes:

- ¿En qué situación, poco antes de que se te bloqueara la nariz, te impediste sentir porque creíste que pasaría algo malo si sentías?
- ¿Qué emociones reprimes cuando estás con algunas personas o en determinadas situaciones?
- ¿Qué situación te hace sentir muchas emociones y notar que estás «hasta las narices», pero bloqueas lo que sientes?
- ¿Qué situación crees que «huele mal», pero haces como que no sientes nada?

3. Creencias (erróneas)

Busca las creencias limitantes (normalmente inconscientes) con las que más te identificas o encuentra en ti algunas similares:

- «No debo sentir lo que siento por esa persona, porque voy a sufrir; prefiero pensar que no siento nada, aunque no sea verdad».
- «Algunas personas me hacen sentir demasiado sus emociones; soy una persona demasiado emotiva y no sé cómo gestionar mis emociones».
- «Tengo demasiada empatía con los demás y sufro mucho, así que prefiero bloquear lo que siento y hacer como que no me importa».
- «Me da miedo sentir lo que siento, puede suceder _____ (algo que temes)».

- «Amo y deseo a esa persona, pero creo que no me corresponde y voy a sufrir si se lo digo y me rechaza, así que mejor no siento nada».
- «Estoy hasta las narices de esta situación, tengo mucha ira y llevo aguantando mucho tiempo, pero me da miedo expresarme».
- «Me da miedo lo que piensen los demás de lo que siento o que sepan mis miedos respecto a la sexualidad».
- «No es bueno sentir tanto, porque puedo perderme y desestabilizar mi vida».

4. Mensajes

Para cambiar tus creencias puedes usar las siguientes afirmaciones; te invito a crear las tuyas usando el **método general (p. 76):**

- «Acepto mis verdaderos sentimientos y mis emociones, y me permito sentir, abrazándome con amor».
- «Está bien, sí, lo acepto, siento algo hacia esa persona y me permito sentirlo con libertad, confiando en que es bueno para mí».
- «Elijo confiar en que sentir es bueno y me ayuda a crecer, a conocerme mejor y a amar mejor».
- «Acepto lo que siento hacia _____ (otra persona) y confío en que aquello que impulsa mis deseos es para mi mayor bien».
- «Aprendo cada día a sentir más y a afrontar mis miedos con valor y confianza para descubrir cómo amar más y así poder ayudar a otros».
- «Soy perfectamente capaz de gestionar mis emociones, y aprendo a hacerlo usando mi mente para ver el equilibrio de lo positivo y lo negativo en todo».
- «Cuando siento lo de otra persona estoy realmente sintiendo mis propias emociones activadas por ella y aprendo así a amar nuevas partes de mi Ser».
- «Puedo sentir lo que siento y confío en que todo va a salir bien».
- «Acepto que otra persona me puede rechazar si le digo lo que siento, y elijo seguir amándome tal y como soy».
- «Me permito mostrar mis emociones negativas cuando una situación me molesta, y trato de solucionarla hablando con la persona adecuada».
- «Acepto y abrazo todo lo que pienso y siento acerca de mi sexualidad, y me permito ser yo mismo en esa área».
- «Sentir es maravilloso, y es lo que me hace ser humano y divino».

- «Acepto que la vida tiene momentos buenos y malos, y emociones positivas y negativas, y me permito sentir todo ello con amor».

5. Acciones

- Repite los mensajes de tu cuerpo todos los días.
- Averigua qué persona o situación te hace sentir tanto y permítete «respirar» tus emociones y sentir la vida en su totalidad. Verás que tu vida se vuelve mucho más rica y llena de matices, y que no sucede nada tan malo como pensabas.
- Permítete llorar más, tanto en lo bueno como en lo malo que percibes; deja que tus emociones recorran tu cuerpo desde el chakra raíz hasta tu corona y salgan por tus ojos en forma de lágrimas.
- Acepta y expresa más lo que sientes y aprende de las reacciones de los demás, mandándote amor a ti en todo momento, pase lo que pase.
- Investiga más posibles mensajes y... ¡ámate!

PULMONES: PROBLEMAS GENERALES (Y PROBLEMAS RESPIRATORIOS)

El significado se refiere a los problemas pulmonares, como insuficiencia respiratoria, dolor en la pleura al respirar, infección y todo lo que impide respirar con total libertad.

1. Significado

Lo más importante: Cualquier problema pulmonar o que te impida respirar bien es una indicación de que no te permites sentir verdaderamente la vida, de que temes vivir intensamente o de que crees que ya no tienes ánimo para vivir.

Añade el significado del lado afectado, DERECHO O IZQUIERDO (p. 50), para saber en qué área de tu vida debes buscar el mensaje.

Puedes consultar también el significado de NARIZ, BRONQUITIS, QUISTE.

Tu verdadero deseo: Sentir más tus emociones, tanto las positivas como las negativas; aspirar la vida a pleno pulmón, conectar con las personas, vivir con intensidad.

Significado en detalle: Los pulmones, por un lado, son los órganos que nos conectan con la vida, pues son los encargados de llevar el oxígeno a nuestras células y liberar el dióxido de carbono sobrante; por otro lado, son los órganos que nos conectan con otras personas inevitablemente, pues todos compartimos la respiración y vivimos del mismo aire.

Cuando tienes un problema pulmonar que te dificulta respirar (**PROBLEMAS RESPIRATORIOS**), significa que has vivido una situación que te ha producido miedo a sentir demasiado la vida, a sentir demasiado las emociones que te producen tus relaciones con los demás, sobre todo la familia o seres muy queridos, o a sentir dolor y emociones negativas.

Es posible que te dé miedo sentir mucho amor hacia alguien, o que te dé miedo vivir una vida apasionada y llena de aventuras, o que te asuste dejar que otras personas te hagan sentir cosas nuevas.

El **fumar**, por ejemplo, te indicaría que prefieres no sentir directamente el contacto emocional con otras personas, sino a través de una «cortina de humo», la cual te protege de sentir en exceso.

A veces aparecen problemas pulmonares, como **tumores**, cuando la persona tiene miedo a morir y ha perdido el ánimo por la vida; cree que la tristeza o alguna situación la ahoga, le impide respirar.

Observa si solo está afectado uno de los pulmones y verás si tu miedo a sentir se encuentra en el área emocional-afectiva (pulmón izquierdo) o en la material-física (pulmón derecho).

El mensaje de cualquier problema pulmonar es que te permitas sentir más, aspirar completamente la vida, con fuerza; que aceptes las emociones que vienen con ella, tanto las positivas como las negativas, pues todas son parte de la maravillosa experiencia del alma.

Tu deseo más profundo es conectarte más con las personas y no alejarte ni protegerte de ellas. Quieres sentir alegría, tristeza, dolor, placer, miedo, liberación, y quieres aceptar con amor todas tus emociones para integrarlas dentro de tu Ser.

Aprende a abrirte más a tus emociones y a tu respiración y descubre las creencias que te impiden sentir plenamente la vida.

2. Investigación

Viaja con tu mente al momento en que apareció el síntoma; ayúdate de las **preguntas generales (p. 68)** y añade las siguientes:

- ¿Qué situación te hizo tener miedo de sentir demasiado, poco antes de que apareciera el problema pulmonar?

- ¿Qué creencias te hacen perder el deseo de vivir o te hacen preocuparte por la vida hasta el punto de no querer vivir?
- ¿En qué relaciones cercanas tienes miedo a sufrir por creer que van a moverse demasiado tus emociones?

3. Creencias (erróneas)

Busca las creencias limitantes (normalmente inconscientes) con las que más te identificas o encuentra en ti algunas similares:

- «No soy capaz de vivir la vida intensa y plenamente; me da miedo sentir demasiado».
- «Sentir es sufrir y la vida está llena de sufrimiento».
- «No me gusta acercarme ni sentir a otras personas, porque creo que pueden hacerme daño y voy a sufrir».
- «Las pasiones son destructivas; debo ser siempre racional y tranquilo, sin vivir demasiadas emociones».
- «Me gustan las emociones positivas, pero no soporto las negativas; no debería existir el dolor ni el sufrimiento».
- «Me da miedo la muerte, me da miedo sentir dolor, no confío en una vida de amor».
- «Los humanos estamos solos en la vida y ya no tengo fuerzas para seguir viviendo: he recibido demasiados disgustos y decepciones».

4. Mensajes

Para cambiar tus creencias puedes usar las siguientes afirmaciones; te invito a crear las tuyas usando el **método general (p. 76):**

- «Me permito sentir completamente la vida, aspirarla a pleno pulmón, sentir sus emociones y vivirla al máximo».
- «Las relaciones con los demás son buenas para mi alma y me ayudan a aprender distintos significados y experiencias del amor».
- «Me abro a la vida, elijo confiar en que todo es amor y en que todo sucede por una buena razón, para ayudarme a vivir en plenitud».
- «Soy capaz de amar cada reto y dificultad, pues me ayudan a crecer en el amor, y soy capaz de crear una vida alegre, plena, llena de alegrías y satisfacciones».
- «Me conecto con los demás con el corazón abierto y me dejo tocar por su presencia y por lo que me hacen sentir; estoy abierto».

- «Me abro a experimentar, sanar e integrar las emociones que siento con mis familiares y mis seres queridos, abrazando cada día nuevos aspectos de mi Ser con mi amor y compasión».
- «Elijo ver todo lo bueno que cada situación nueva trae a mi vida y dejo que las emociones fluyan a través de mí con amor y aceptación».

5. Acciones

- Repite los mensajes de tu cuerpo todos los días.
- Elabora una lista de tus miedos más grandes relacionados con sentir demasiado, sobre todo en tus relaciones, y escribe qué harías si eso que temes sucediera, hasta que no quede ningún miedo en ti.
- Dedica un tiempo con frecuencia a estar en silencio y permite que tu tristeza o dolor salga a la superficie, aunque no entiendas bien su origen. Visualiza cómo le preguntas a tu niño interior lo que siente y lo que necesita, y dale todo el amor que precisa abrazándote y perdonándote.
- Haz cosas que te hagan sentir y permite que tus emociones afloren, ya sea riendo más, llorando más, gritando, saltando o expresándote de cualquier forma que consideres oportuna.
- Pasea más por la naturaleza y conecta con tu paz y con tu respiración. Te ayudará a volver a sentir la vida en los planos emocional y mental.
- Investiga más posibles mensajes y… ¡ámate!

PULMONES: BRONQUITIS

La bronquitis es una inflamación de los bronquios, los cuales llevan el aire de la tráquea a los alveolos pulmonares. Suele manifestarse en forma de tos con mucosidad, fatiga, sonidos pulmonares y dificultad para respirar.

1. Significado

Lo más importante: Los bronquios simbolizan la relación con la familia o los seres cercanos; su inflamación te indica que tienes conflictos con los miembros de tu familia y que sientes que tu espacio es invadido por ellos, lo cual te impide hacer lo que deseas al dejarte influir por su opinión.

Añade el significado del lado afectado, DERECHO O IZQUIERDO (p. 50), para saber en qué área de tu vida debes buscar el mensaje. Puedes consultar también el significado de FATIGA, MUCOSIDAD, PULMONES, TOS.

Tu verdadero deseo: Deseas ocupar tu verdadero lugar en la familia y vivir tu vida como te plazca, respetando a los demás.

Significado en detalle: Como la bronquitis es un síntoma que afecta a tu capacidad para respirar bien y crea tos y mucosidad, es un indicador de que te preocupa demasiado lo que sucede en tu familia o tu entorno cercano, sientes muchas emociones negativas que no aceptas bien y te criticas demasiado por querer tomar tu espacio, o incluso por querer separarte de tu familia (o de las personas más cercanas) o de parte de ella.

Observa qué situaciones te afectan tanto, y averigua cuáles son tus verdaderos deseos. Tal vez quieres que te traten de otra forma o que respeten tus límites y necesidades, o deseas irte y alejarte de ellos para encontrar tu lugar en el mundo.

Sea cual sea tu caso, el mensaje de tu cuerpo es que te tomes tu vida familiar menos en serio y que aceptes que tu familia no tiene que estar de acuerdo contigo o con lo que haces todo el tiempo. Tu síntoma te dice que es hora de que tomes tu lugar en la familia y que dejes de esperar a que te lo den ellos, porque puede que tengas que esperar demasiado para conseguirlo.

Expón tus necesidades a los demás y toma la decisión que sea mejor para ti en este momento, respetando la libertad del resto de los miembros de la familia y aceptando su reacción con amor.

Decídete a vivir tu vida a tu manera y confía en que, si tú respetas lo que consideras que es «tu territorio» entre los que te rodean, ellos aprenderán a respetarlo también.

Descubre las creencias que te hacen dejarte invadir en tu espacio y guardarte lo que sientes.

2. Investigación

Viaja con tu mente al momento en que apareció el síntoma; ayúdate de las **preguntas generales (p. 68)** y añade las siguientes:

- ¿En qué situación, poco antes de que apareciera la bronquitis, te sentiste invadido en «tu territorio» por tu familia o por personas cercanas y te impediste poner límites?

- ¿Qué miedos te impiden ocupar tu lugar en la familia y poner límites cuando invaden tu espacio?

3. Creencias (erróneas)

Busca las creencias limitantes (normalmente inconscientes) con las que más te identificas o encuentra en ti algunas similares:

- «Me molesta no tener mi propio espacio en mi familia, me siento invadido constantemente, pero no debo pelearme, no está bien».
- «Me gustaría vivir de otra forma, pero temo sufrir demasiado si pido lo que necesito y los demás se enfadan».
- «No soy capaz de defenderme cuando me tratan mal o invaden mi espacio; creo que soy muy débil o que puedo pasarme y hacer daño».
- «Me gustaría que mi familia me entendiera siempre y que no discutiéramos nunca; todo debería ser perfecto, pero no lo es».
- «Nada cambia en mi familia y no estoy bien, pero me da miedo que pase algo malo si me rebelo y reacciono diciendo lo que siento».
- «Siento rabia por cómo son los demás en mi familia, pero me lo guardo porque creo que lo mejor es estar en paz, aunque me moleste».

4. Mensajes

Para cambiar tus creencias puedes usar las siguientes afirmaciones; te invito a crear las tuyas usando el **método general (p. 76):**

- «Me perdono por haber dejado que invadieran mi espacio y elijo a partir de ahora poner límites y ocupar mi lugar en mi familia».
- «Tengo derecho a vivir la vida que deseo y elijo aceptar que mi familia no esté de acuerdo conmigo a veces».
- «Elijo tomarme con más humor lo que sucede con mi familia y confío en que todo forma parte de un juego para que aprendamos a amar».
- «Me permito actuar cuando necesito poner límites a mis seres queridos y respeto siempre mi libertad y mi espacio personal».
- «Elijo respetar mis necesidades y hacer lo que deseo, respetando también la libertad de los demás y su opinión».
- «Si necesito alejarme de mi familia, confío en que todo irá bien y en que es por el bien de todos».
- «Elijo vivir mi vida a mi manera y respeto que mi familia haga lo que quiera con la suya».

5. Acciones

* Repite los mensajes de tu cuerpo todos los días.

* Observa los momentos en los que permites que tus seres queridos o personas cercanas invadan tu espacio y prepara una respuesta que te sirva para expresar lo que sientes y te molesta, y para poner límites. Usa siempre que puedas palabras de amor, sin culpar a los demás de lo que sientes, pero siendo firme al decir lo que no te gusta y diciendo cómo deseas que te traten.

* Habla con esas personas que te afectan en tu vida; expresa tus verdaderas necesidades y acepta su reacción sea cual sea; toma decisiones que te ayuden a ocupar tu lugar y vivir como realmente deseas, sin invadir a los demás. Tienes todo lo necesario para encontrar tu lugar con amor.

* Investiga más posibles mensajes y... ¡ámate!

RONQUIDO

Es una respiración ruidosa que aparece cuando la persona duerme.

1. Significado

Lo más importante: El ronquido te indica que necesitas hacerte oír por los demás, que quieres expresar una parte de ti o que deseas decir lo que te molesta mientras estás despierto, pero te reprimes y por eso el ruido aparece cuando duermes.

Tu verdadero deseo: Aceptar la parte de ti que quiere expresarse durante la vigilia y hacer «más ruido», es decir, llamar más la atención de forma consciente.

Significado en detalle: Como el sueño nos permite vivir o expresar lo que no atendemos conscientemente durante la vigilia, el ronquido representa el ruido que no te permites hacer mientras estás despierto y te indica que hay una parte de ti que quiere ser expresada pero no eres consciente de ella.

Si roncas, es posible que durante el día tengas la impresión de que los demás no te escuchan o no te prestan la suficiente atención.

Debes observar lo que más te molesta del hecho de roncar. Si te molesta que los demás te rechacen por ello (o alguna persona en concreto), significa que tienes miedo a ser rechazado si expresas más tus deseos, tus necesidades o lo que te molesta.

En ese caso el mensaje de tu síntoma es que te aceptes más y te permitas mostrar esa parte de ti que contienes durante el día, para que no tenga que aparecer el ruido, y el consiguiente rechazo, mientras duermes.

Si te preocupa hacer mucho ruido porque supones que molestas, aunque los demás no te lo digan, es porque crees que no mereces ser escuchado, tal vez porque piensas que lo que te gustaría expresar no es importante. También es posible que creas que los demás no te escuchan porque en ocasiones, o con ciertas personas, te cuesta a ti escuchar a los demás.

En ese caso tu cuerpo te dice que confíes en que tus palabras son dignas de ser escuchadas o en que tienes derecho a llamar la atención de los demás. Además, trata de escuchar tú también más a las otras personas y verás como ellas se abren más a escuchar lo que tienes que decir, e incluso les agradará escucharte.

Descubre las creencias que te impiden llamar la atención o expresar una parte de ti a los demás cuando estás despierto.

2. Investigación

Viaja con tu mente al momento en que apareció el síntoma; ayúdate de las **preguntas generales (p. 68)** y añade las siguientes:

* ¿En qué situaciones del día, desde poco antes de que apareciera tu ronquido, te callas lo que tienes que decir por miedo a llamar la atención?
* ¿Qué parte de ti, a la que le gustaría hacer más «ruido» o llamar más la atención, bloqueas durante la vigilia?
* ¿Quién crees que no te escucha o no te presta atención?

3. Creencias (erróneas)

Busca las creencias limitantes (normalmente inconscientes) con las que más te identificas o encuentra en ti algunas similares:

* «Mi voz no es importante, no tengo nada bueno que decir, así que mejor me callo».
* «Llevo tiempo queriendo decir algunas cosas, pero creo que nadie me escucha o que no le importo a nadie».

- «Me gustaría cantar en casa, pero me da vergüenza que me oigan mis seres queridos».
- «¿Quién soy yo para llamar la atención de los demás?».
- «Si expreso lo que siento o lo que pienso, los demás me rechazarán».
- «Nadie quiere escuchar todas las cosas buenas que tengo para decir y los demás solo dicen cosas inútiles que no me gusta escuchar».
- «Siento un impulso dentro de mí de expresar mis dones o lo que pienso de la vida, pero me da miedo _____ (lo que temes) y no lo hago».

4. Mensajes

Para cambiar tus creencias puedes usar las siguientes afirmaciones; te invito a crear las tuyas usando el **método general (p. 76):**

- «Me permito expresar durante el día aquello que quiero que los demás vean y lo que no me gusta de mí, y acepto su reacción con amor».
- «Mis palabras son valiosas y me merezco ser escuchado por las personas que me quieren».
- «Elijo aceptarme yo mismo y permitir que mi luz brille hacia fuera».
- «Me permito hacer más ruido de día y llamar la atención de los demás cuando lo necesito, aprendiendo de lo que me dicen para amarme más».
- «Me permito escuchar más lo que dicen los demás y confiar en que ellos se abrirán también a escuchar lo que yo tengo que decir cuando hablo desde el respeto y el amor».
- «Tengo derecho a llamar la atención de los demás y me acepto con amor expresando todo lo que **soy**».
- «Es sabio y amoroso creer en mí y en mis dones; acepto que tengo grandes cualidades y las muestro con confianza a los demás».

5. Acciones

- Repite los mensajes de tu cuerpo todos los días.
- Haz una lista de las cosas que te gustaría decir o expresar durante el día pero te reprimes. Encuentra una forma amorosa de expresarlas y... ¡hazlo!
- Atrévete a hacer «más ruido» con frecuencia (cantar, gritar cuando lo necesitas, llamar la atención con tus actos, etc.) y aprende de la

reacción de los demás la mejor forma de ser tú mismo, respetando la libertad de las otras personas.

• Investiga más posibles mensajes y... ¡ámate!

TOS Y CARRASPEO

Es el proceso mediante el cual el cuerpo expulsa mucosidad o sustancias extrañas de la tráquea, o que sirve para calmar la irritación de la garganta mediante la acumulación de aire comprimido y su expulsión repentina.

1. Significado

Lo más importante: La tos te indica que tienes pensamientos de autocrítica, normalmente de forma inconsciente. Es una crítica interna (a ti mismo), al contrario que el estornudo, que es una crítica externa (a algo fuera de ti).

Tu verdadero deseo: Dejar de criticarte y aceptarte tal y como eres, con tus defectos y tus virtudes.

Significado en detalle: Siempre que notes un acceso de TOS, independientemente de si lo causa algo en el aire, mucosidad o algo que tragas que va hacia los pulmones, te indica que te estás criticando por algo que crees que has hecho mal, o por algo que estás recordando en tu mente que crees que hiciste mal en el pasado o que crees que harás mal en el futuro.

Estos pensamientos son tan inconscientes que probablemente creas que no te estás criticando, pero si paras tu mente y piensas detenidamente en el tema que ocupaba tu mente poco antes de la tos, verás que una parte de ti criticaba algo que hiciste mal o que no hiciste todo lo bien que querías, según tu percepción.

El CARRASPEO es como una tos ligera que aparece cuando deseas expresar algo importante para ti pero te criticas por hacerlo; te impide hablar de lo que deseas por miedo al juicio de los demás o a que pase algo malo. En ese caso necesitas confiar en ti y en que puedes expresarte con libertad y apreciándote haciéndolo.

Cuando la tos viene por una enfermedad más larga que afecta a los pulmones y produce mucosidad, tu cuerpo te indica que estás liberando emociones negativas (los mocos) hacia ti mismo, las cuales acumulaste durante un tiempo en el período anterior a la aparición de la tos.

La **tos seca** te habla de un proceso de autocrítica grande, anterior a la tos, que te ha vuelto muy sensible y te hace dudar de ti mismo todo el tiempo; surge entonces esa tos sin causa aparente.

Su mensaje es que dejes de revivir esas emociones y pensamientos negativos hacia ti y que te ames tal y como eres, perdonando a esa parte de ti que crees que no lo hizo tan bien.

Recuerda que, pase lo que pase y hagas lo que hagas, eres digno de amor siempre.

Descubre las creencias que te hacen criticarte tanto internamente.

2. Investigación

Viaja con tu mente al momento en que apareció el síntoma; ayúdate de las **preguntas generales (p. 68)** y añade las siguientes:

- ¿Qué estabas pensando, poco antes de la tos, que te hizo criticarte internamente por algo del presente o del pasado?
- ¿Qué crees que hiciste mal o que no hiciste muy bien?
- ¿En qué pensabas mal de ti poco antes de toser, en qué dudabas de tu bondad?

3. Creencias (erróneas)

Busca las creencias limitantes (normalmente inconscientes) con las que más te identificas o encuentra en ti algunas similares:

- «Acabo de hablar de algo malo y he podido herir a alguien; lo he hecho mal».
- «Estoy recordando una situación con mis seres queridos y creo que no fui buena persona; tenía que haberlo hecho mejor».
- «No consigo hacer las cosas bien con _____ (una persona); ojalá pudiera ser mejor de lo que soy».
- «Me equivoco mucho, soy torpe, no me gusta como soy».
- «Me creo algo especial y no soy especial; tengo demasiados defectos, es normal que otros me critiquen».

4. Mensajes

Para cambiar tus creencias puedes usar las siguientes afirmaciones; te invito a crear las tuyas usando el **método general (p. 76):**

- «Soy una persona maravillosa tal y como soy; me perdono y me acepto».
- «Elijo amarme, quererme, cuidarme y respetarme, con mis defectos y mis virtudes».
- «Soy un Ser precioso también cuando me equivoco y hago las cosas mal, pues siempre soy digno de amor».
- «Soy maravilloso siempre siempre siempre, pase lo que pase».
- «Acepto que todo lo que hice fue con la mejor de mis intenciones y mis capacidades, y aprendo a amarme más cada día».
- «Me permito equivocarme y cometer errores, acepto las críticas y me amo completamente tal y como soy».

5. Acciones

- Repite los mensajes de tu cuerpo todos los días.
- Cuando tosas, recuerda encontrar esos escurridizos pensamientos de autocrítica, y conviértelos siempre en mensajes amorosos y de perdón.
- Imagina a tu niño interior y abrázalo en tu mente con cariño y afecto mientras le repites: «Te amo y te acepto; eres precioso».
- Investiga más posibles mensajes y... ¡ámate!

5.4. Corazón, sistema circulatorio y sistema linfático

El corazón, junto con el sistema circulatorio y linfático, es el encargado de llevar los nutrientes y la vida a todo el organismo, distribuyendo de forma adecuada lo que sirve y lo que sobra, mediante el flujo sanguíneo y linfático.

En metafísica, el corazón simboliza el amor hacia uno mismo; y, la sangre, la alegría de vivir. Estos dos sistemas conjuntos, cuando funcionan correctamente, nos indican que tenemos suficiente amor hacia nosotros mismos, que llevamos la alegría de vivir a cada área de nuestra vida cuando lo necesitamos, y que somos capaces de gestionar bien nuestras emociones en las relaciones con otras personas y seres, sabiendo discernir adecuadamente las relaciones, las creencias y los pensamientos que nos sirven y nos ayudan a crecer de los que no.

Los problemas de esa sección se refieren a una falta de amor hacia nosotros, a una falta de alegría de vivir en algún área de nuestra vida (simbolizada por la parte del cuerpo afectada) o a un problema en nuestra gestión de las emociones y de las relaciones con los demás.

ANEMIA

Es una disminución de la cantidad normal de glóbulos rojos en la sangre, lo que puede ocasionar debilidad, aceleración de la respiración y del ritmo cardíaco, fatiga y en ocasiones mareos y zumbido de oídos.

1. Significado

Lo más importante: La anemia te indica que has perdido la alegría de vivir, por una falta de deseos en la vida, incluso hasta el punto de no querer seguir viviendo, en casos muy graves.

Puedes consultar también el significado de CIRCULACIÓN, CORAZÓN, CABEZA: MAREO, OÍDOS: ZUMBIDO, en su caso.

Tu verdadero deseo: Tomarte la vida menos en serio, y permitirte desear cosas nuevas en el mundo físico que te motiven para vivir con alegría.

Significado en detalle: Como la sangre representa la alegría de vivir y los glóbulos son los que mueven el oxígeno para dar vida al cuerpo, cuando tienes anemia significa que rechazas la vida y que no permites que llegue a ti la alegría y la vitalidad que necesitas.

Es posible que hayas permitido que la decepción, el desánimo y la tristeza se hayan instalado en tu mente y creas que no puedes disfrutar de la vida porque te consideras demasiado débil para cambiar.

Cuando **se acelera el corazón**, es un mensaje para que vuelvas a «escuchar a tu corazón», para que lleves a cabo tu misión y tu propósito y dejes de gastar tu tiempo en cosas que te hacen infeliz y que te producen desánimo.

Si hay **mareos**, significa que deseas salir de la situación en la que te encuentras, pero crees que eso te desestabilizará, y necesitas volver a confiar en la vida y hacer lo que sientes, más que lo que piensas.

El **zumbido en los oídos** te indicaría que escuchas demasiado a tu mente y poco a tu intuición; sería bueno que buscaras más el silencio. El mensaje de tu anemia es que vuelvas a restablecer contacto con tus deseos y tus pasiones, que busques aquello que te entusiasma hacer, que te pongas metas nuevas a corto, medio y largo plazo y que vuelvas a sentir que formas parte de una vida plena, con subidas y bajadas pero llena de pasión y diversión.

Debes volver a sentirte como niño, a jugar con la vida y con las personas que te rodean, buscando experiencias nuevas, cosas que nunca hayas hecho o que te saquen de tu zona cómoda, y ver los retos de la vida como una pequeña parte del juego en el que te encuentras.

A mí me gusta decir que la vida es como un videojuego 3D multi-plataforma en el que juegas a desafiar tus habilidades y tus límites, y que no es para tomársela tan en serio. Un niño no se enfada porque no pueda vencer al «malo» de la pantalla de su videojuego, sino que sigue jugando una y otra vez hasta que lo consigue y, si no puede y está cansado, se retira a descansar y a recuperarse para volver más adelante con una nueva estrategia. Así es la vida también, más divertida y menos seria.

Descubre tus increíbles capacidades y confía en que puedes crear tu vida sin depender de los demás para lograrlo; tienes siempre todo lo que necesitas en tu interior para ser feliz.

2. Investigación

Viaja con tu mente al momento en que apareció el síntoma; ayúdate de las **preguntas generales (p. 68)** y añade las siguientes:

- Poco antes de que apareciera la anemia, ¿qué situación que te tomaste muy en serio te hizo perder tu alegría y dejar de disfrutar de la vida?
- ¿Qué creencias negativas te hacen perder tu energía y pensar que eres una persona débil que no puede disfrutar?
- ¿Qué sueños has dejado de perseguir por creer que no puedes llevar alegría a tu vida?

3. Creencias (erróneas)

Busca las creencias limitantes (normalmente inconscientes) con las que más te identificas o encuentra en ti algunas similares:

- «La vida es triste y seria, no me divierto, ya no me gusta estar aquí».
- «Es todo muy difícil, no sé cómo disfrutar de la vida, me rindo».
- «Tengo muchos problemas en mi vida, todos muy serios e importantes, y no tengo tiempo para disfrutar o soñar».
- «Los sueños son para niños; debo ser una persona adulta y responsable».
- «Nunca tengo alegría, me siento siempre triste y apagado; la vida es muy dura».
- «Soy una persona débil, incapaz de lograr mis sueños».

4. Mensajes

Para cambiar tus creencias puedes usar las siguientes afirmaciones; te invito a crear las tuyas usando el **método general (p. 76):**

- «Elijo permitirme más placer y alegría en mi vida y buscar momentos para disfrutar de lo que realmente me gusta y me inspira».
- «Tengo toda la fuerza necesaria para crear una vida maravillosa y gloriosa, llena de propósito y significado».
- «Me permito soñar más, jugar más y visualizar aquellas cosas que siento que mi corazón quiere sentir y experimentar».
- «Me permito ser como un niño y tomarme la vida como un juego donde los retos son oportunidades para mejorar mis habilidades y donde puedo relajarme, descansar y disfrutar siempre que lo necesito».
- «Soy un maravilloso Ser de luz, he venido a este planeta con una misión y un propósito divino y elijo encontrar mi camino y cumplir todos mis sueños».
- «La vida puede ser alegre y divertida y aprendo a buscar la alegría en todo lo que hago, aceptando con amor los momentos menos fáciles».
- «Elijo dejar de lado todo lo que no me hace feliz o no me inspira y crear una vida nueva llena de amor, alegría y plenitud».
- «Me permito ponerme metas a corto, medio y largo plazo, que sienta que son realistas y realizables para mí y que me inspiren a dedicarles tiempo, amor y energía para conseguirlas».
- «Soñar es maravilloso y puedo crear un mundo más bello y una vida más plena usando la energía de mis deseos, confiando en que todo llega en el momento oportuno».

5. Acciones

- Repite los mensajes de tu cuerpo todos los días.
- Dedica tiempo de vez en cuando a pensar en tus sueños y deseos; ve escribiendo un plan para realizarlos y mejóralos cada día con lo que vayas aprendiendo. ¡No tienen que ser perfectos para empezar!
- Reserva un tiempo cada día para hacer cosas que te gustan y te alegran; cosas sencillas, como charlar, pasear, ver la naturaleza, leer o cualquier otra que te inspire y te haga sonreír y emocionarte.
- Investiga más posibles mensajes y... ¡ámate!

ARTERIOESCLEROSIS

También denominada *ateroesclerosis*, es un endurecimiento de las arterias y venas que puede producir problemas circulatorios y afectar al corazón.

Consulta el significado de CORAZÓN (problemas) y CIRCULACIÓN (problemas), y añade que tienes creencias fuertes que te hacen ser inflexible en tu forma de buscar aquello que te da alegría de vivir y que debes cambiarlas.

CIRCULACIÓN: PROBLEMAS GENERALES (Y COLESTEROL Y ARTERIOESCLEROSIS)

Los problemas más habituales son aquellos que impiden que la sangre circule bien por los vasos sanguíneos, como el colesterol y la arterioesclerosis, o aquellos que impiden la correcta coagulación de la sangre (en ese caso, ver HEMORRAGIA).

1. Significado

Lo más importante: Cuando la sangre no circula bien, tu cuerpo te dice que no dejas que la alegría circule en tu vida diaria, que no te permites disfrutar de las pequeñas cosas de la vida ni te regalas todo el placer que deseas.

Puedes consultar también el significado de VARICES.

Tu verdadero deseo: Disfrutar más de la vida regalándote más momentos alegres y placenteros y llevando amor y vitalidad a más áreas de tu vida.

Significado en detalle: La sangre en metafísica simboliza la alegría de vivir. Si tienes problemas para que tu sangre circule bien, es porque has dejado de ver la alegría y la maravilla en todo lo que sucede en tu vida y te niegas a disfrutar de las cosas buenas que esta tiene para ti.

El COLESTEROL, por ejemplo, puede indicarte que retienes demasiadas emociones negativas de los demás y que dejas que la tristeza se instale en ti, tomándote todo demasiado en serio. Sería bueno que te permitieras sacar fuera de ti lo que te entristece y que te dieras a ti más amor. Consulta también CORAZÓN.

La ARTERIOESCLEROSIS, que es un endurecimiento de las venas o arterias, te indica que te has vuelto muy inflexible en tu forma de disfrutar de la vida, que controlas demasiado y que necesitas soltarte más y jugar más.

El mensaje de cualquier problema de circulación es que llenes tu vida de alegría, que busques aquello que te da placer y satisfacción, aunque sean pequeñas cosas, como el aire fresco, un abrazo, una conversación animada, una película de risa o cualquier cosa que te haga sentir alegría y plenitud.

Debes dejar de preocuparte tanto y de creer que tienes que elegir entre tu vida espiritual y tus placeres materiales. Es bueno que disfrutes todos los placeres de la vida, aunque al principio necesites hacerlo poco a poco, y verás que los mejores placeres están llenos de amor y espiritualidad, si te decides a poner el corazón y el amor en ellos.

Lleva más vida y alegría a aquellas áreas donde sientes que la vida es más triste y pesada, y empieza a cambiar tus pensamientos negativos por otros alegres y positivos. Atrévete a imaginar una vida más plena y satisfactoria y toma decisiones que te lleven a jugar más, a divertirte más y a sentir que la vida es una experiencia ligera y llena de aventuras.

2. Investigación

Viaja con tu mente al momento en que apareció el síntoma; ayúdate de las **preguntas generales (p. 68)** y añade las siguientes:

- Poco antes de que apareciera el problema de circulación, ¿qué situaciones de tu vida te tomaste demasiado en serio, hasta dejar de concederte alegrías y placeres?
- ¿Qué placeres o alegrías te niegas habitualmente por creer que no son espirituales o por cualquier otra razón?
- ¿Qué creencias te hacen tomarte la vida tan en serio como para creer que no puedes disfrutar y ser feliz?

3. Creencias (erróneas)

Busca las creencias limitantes (normalmente inconscientes) con las que más te identificas o encuentra en ti algunas similares:

- «He sufrido mucho en el pasado y he aprendido que la vida es difícil, así que ya no dedico tiempo a disfrutar, estoy muy ocupado».
- «Todo lo que da alegría o placer es malo o es pecado».
- «No puedo disfrutar de la vida: no tengo tiempo o no me dejan los demás».
- «Las personas que se dan alegrías es por vicio, porque no saben controlarse, y son débiles».
- «Me gustaría permitirme disfrutar de _____ (algo que deseas), pero me da miedo que suceda _____ (algo que temes)».
- «Debo entregarme a los demás, porque eso es el amor, y no debo disfrutar yo, porque así soy mejor persona».
- «Hay partes de la vida que son pesadas y tristes, y no hay nada que pueda hacer para cambiarlo».
- «Ya soy mayor para tonterías y juegos de niños».
- «Siempre he sido una persona seria; ahora no puedo cambiar y ser infantil de nuevo, no es serio».

4. Mensajes

Para cambiar tus creencias puedes usar las siguientes afirmaciones; te invito a crear las tuyas usando el **método general (p. 76):**

- «Me permito disfrutar cada día más de los placeres y alegrías de la vida, y doy libertad a mi niño interior para que juegue y se divierta».
- «La vida puede ser fácil y divertida cuando me permito escuchar a mi corazón y llenarla de alegría».
- «Me perdono por haber creado tristeza en mi pasado y cada día me lleno más de alegría y placer».

- «Todos los placeres y alegrías están bien y puedo permitirme descubrirlos a mi ritmo y con amor».
- «El sexo y los demás placeres son espirituales también».
- «Tengo derecho a reservar un tiempo cada día para disfrutar y pasarlo bien haciendo cosas que me gustan y me inspiran».
- «Cada día encuentro nuevas formas de llevar vitalidad y alegría a las partes de mi vida que lo necesitan».
- «Cualquier momento y edad es bueno para volver a ser niño y divertirme más».
- «Me permito disfrutar de lo que deseo, afrontando mis miedos y confiando en que todo siempre sale bien».
- «Soy capaz de sacar cada día el tiempo necesario para disfrutar de los pequeños placeres cotidianos que me gustan».
- «Elijo dar mi amor solo cuando me apetece, con alegría y placer, por gusto de hacer felices a otras personas».
- «La vida es un juego; nada es para tanto, todo se puede solucionar y convertirse en una bendición y en algo bello, lleno de amor».
- «Darme alegrías es bueno para mí y para mi alma, y me proporciona fuerzas para poder ayudar más a los demás con mi amor».

5. Acciones

- Repite los mensajes de tu cuerpo todos los días.
- Elabora una lista de todas las cosas que te gustaría hacer o tener para disfrutar más de la vida y… ¡permítetelo!
- Reserva un tiempo todos los días para ti, para cuidarte, para mimar tu cuerpo, para comer lo que te apetezca, para mirar cosas bonitas que te gusten y para hacer lo que te haga feliz.
- Observa a las personas que te rodean y mira a ver si estás permitiendo que sus emociones negativas te invadan. Si es así, puedes elegir juntarte más con personas alegres, que te eleven y te inspiren para crecer.
- Investiga más posibles mensajes y… ¡ámate!

COLESTEROL (O HIPERCOLESTEROLEMIA)

Consiste en un exceso de ácidos grasos en el torrente sanguíneo que puede producir problemas circulatorios y de corazón.

Consulta CORAZÓN y CIRCULACIÓN.

Corazón: problemas generales
(y arritmia y palpitaciones)

Este significado se refiere a cualquier problema que afecte al normal funcionamiento del corazón, como arritmias, infartos, etc.

1. Significado

Lo más importante: Los problemas del corazón te indican una dificultad para darte amor a ti mismo, para nutrirte de alegría y placer en tu vida cotidiana, y muestran que crees que debes hacer algo para ser amado, es decir, que te cuesta creer que te mereces amor solo por *ser*. La arritmia te indica además que tiendes a no respetar tus propios ritmos.

Puedes consultar también el significado de CIRCULACIÓN (problemas).

Tu verdadero deseo: Deseas apreciarte más y quererte tal y como eres, haciendo solo lo que te place a tu ritmo y abrazando a tu niño interior con amor.

Significado en detalle: El corazón es el órgano que mueve la sangre por el cuerpo, y la sangre representa la alegría de vivir, por lo que la persona con problemas de corazón tiene dificultad para quererse lo suficiente y concederse alegrías, placeres y actividades que le satisfagan, por creer que no merece recibir ese amor de la vida.

Puede que consideres que no puedes soportar bien el sufrimiento emocional o las decepciones de la vida porque no ves tus enormes capacidades y no te permites ver la fuerza de tu amor.

Si tienes ARRITMIA, es probable que hayas dejado de escuchar el ritmo verdadero de tu corazón, es decir, lo que tu intuición te susurra con voz tranquila, y estés escuchando demasiado el ritmo de los demás, yendo demasiado deprisa o más despacio de lo que realmente deseas. Te tomas la vida demasiado en serio y no respetas tus límites.

Cuando sientes PALPITACIONES, es una indicación de que no estás escuchando bien tus verdaderas necesidades, y tu corazón te dice: «Estoy aquí, recuerda escuchar tu verdad».

El mensaje de tu corazón es que necesitas cuidar tu autoestima y respetar tus verdaderas necesidades, confiando en que mereces cariño y amor solo por *ser*, tal y como eres, aunque no hagas nada por los demás o no tengas las cualidades o los bienes que otros esperan que tengas.

El mayor aliado para un corazón saludable es un sano amor, respeto y afecto por uno mismo. Encuentra las creencias que te impiden amarte tal y como eres... y ¡ámate!

2. Investigación

Viaja con tu mente al momento en que apareció el síntoma; ayúdate de las **preguntas generales (p. 68)** y añade las siguientes:

- Desde que empezaron los problemas de corazón, ¿en qué partes de tu vida empezaste a dejar de respetar tus ritmos y escuchaste demasiado los deseos de los demás?
- ¿Qué sucedió en ese momento que te hizo perder la alegría y dejaste de creer que merecías placer y amor solo por *ser*?
- ¿En qué áreas de tu vida has dejado de escuchar a tu intuición y a tu corazón por miedo a no ser amado, creyendo que necesitas *hacer* algo o *tener* algo para recibir amor?

3. Creencias (erróneas)

Busca las creencias limitantes (normalmente inconscientes) con las que más te identificas o encuentra en ti algunas similares:

- «No merezco amor, no soy digno de ser amado, por algo que creo que hice mal o por algo que no hice».
- «Si no hago cosas por los demás o no tengo lo que esperan de mí, no valgo nada».
- «La vida es algo muy serio y no puedo permitirme recibir amor, alegría y placer; no tengo tiempo de recibir, o no lo merezco».
- «Debo hacer lo que la vida o los demás esperan de mí; no soy capaz de escuchar ni respetar mi ritmo ni mis necesidades».
- «No sé cómo escuchar a mi corazón, hago siempre lo que creo que es correcto en mi mente y no sé identificar lo que siento».

4. Mensajes

Para cambiar tus creencias puedes usar las siguientes afirmaciones; te invito a crear las tuyas usando el **método general (p. 76):**

- «Elijo amarme tal y como *soy*; soy un Ser perfecto y maravilloso».
- «Aprendo cada día a escuchar más la sabiduría de mis emociones y mi intuición; soy capaz de escuchar a mi corazón».

- «Respeto mis ritmos y mis tiempos en todo momento y cuido de mi niño interior y de sus necesidades».
- «Busco cada día la forma de cuidarme y de darme más amor, alegría y placer, y disfruto de la vida como el Ser divino que *soy*».
- «Elijo amar todos mis defectos e imperfecciones y verme como un maravilloso sol radiante que ilumina el mundo».
- «Abrazo cada día a mi niño interior y le doy el amor que necesita, permitiéndole expresar sus emociones con libertad».
- «Soy perfectamente capaz de quererme, abrazarme y respetar mis necesidades, y disfruto de la vida».
- «Soy bonito, amable, precioso, amoroso, sabio, y soy especial».

5. Acciones

- Repite los mensajes de tu cuerpo todos los días.
- Busca actividades que te den alegría y donde puedas mostrar tu brillo haciendo algo que te dé placer.
- Antes de hacer algo para ser amado, párate a pensar y elige hacer solo lo que realmente te apetece, y verás la diferencia.
- Repite palabras bonitas cada día hacia ti y hacia tu cuerpo y tu mente, y verás que tu corazón se fortalece al sentir el amor que te das.
- Investiga más posibles mensajes y... ¡ámate!

GANGLIOS LINFÁTICOS
(PROBLEMAS LINFÁTICOS E INFLAMACIÓN)

El sistema linfático es un conjunto de glándulas y vasos encargado de regular la presión de líquido intersticial en el cuerpo, de absorber las grasas del intestino delgado y de generar los linfocitos, que representan una defensa para el organismo. Este significado se refiere a cualquier problema del sistema linfático, como una inflamación de los ganglios, una retención de líquidos del sistema linfático o cualquier tipo de linfoma.

1. Significado

Lo más importante: Cualquier problema del sistema linfático te indica una dificultad para creer en ti y en tu capacidad para comunicarte cuando te relacionas con otras personas. Puede que creas que no puedes fluir bien al hablar, o que no sabes avanzar o defenderte, y te sientes torpe en tus relaciones.

Busca el significado de la parte del cuerpo más próxima al lugar donde se encuentra el problema linfático (BRAZOS, PIERNAS, AXILA, PENE, VAGINA, CUELLO, GARGANTA [dolor], etc.) y verás el área de tu vida donde te bloqueas, lo cual te impide avanzar en tus relaciones.

Añade el significado del lado afectado, DERECHO O IZQUIERDO (p. 50), para saber en qué área de tu vida debes buscar el mensaje.

Tu verdadero deseo: Confiar en tus grandes capacidades para relacionarte bien, y permitir que las dificultades en tus relaciones te enseñen algo importante.

Significado en detalle: El sistema linfático, por regular los líquidos entre las células, transportar las grasas y generar defensas necesarias para el organismo, te habla de la capacidad que tienes de hacer frente a las emociones que sientes en las relaciones complicadas; su buen funcionamiento depende de si eres capaz de absorber bien dichas emociones, de dirigirlas bien hacia su destino para ser procesadas en tu mente y de defenderte adecuada y proporcionalmente de las agresiones mentales y emocionales que recibes.

Es habitual que haya un problema de los ganglios linfáticos debido a una infección en la zona circundante; suele ser una indicación de que previamente te has dejado invadir por miedos ajenos a ti y después has vuelto a confiar en tu capacidad para defenderte, lo que provoca la respuesta inmunológica que hace que se inflamen los ganglios (INFLAMACIÓN).

Si la respuesta de tus defensas es escasa y **aumenta la infección** y los síntomas, es porque no crees que puedas defenderte bien de los demás; debes entonces recuperar tu confianza en tu guerrero interior. En cambio, si la respuesta defensiva es excesiva (cuando se diagnostica un **cáncer amistoso*** del sistema linfático, por ejemplo), significa que, después de impedirte defenderte, has decidido sacar tu fuerza, incluso demasiado, queriendo imponer a otras personas tu punto de vista sobre el problema. En ese caso debes relajarte y confiar en tu valor, pero respetando más lo que hagan los demás, sin dejarte intimidar por ellos.

---

* En este libro utilizo el término «cáncer amistoso» para referirme a un conjunto de enfermedades que suelen interpretarse con mucho miedo en nuestra sociedad, normalmente por pensar que son un error de la naturaleza, y que yo considero más amigables, al representar para mí un mensaje de amor del cuerpo, que nos devuelve a nuestro verdadero Ser.

Dependiendo de la zona afectada, podrás deducir en qué área de tu vida se encuentra el problema. Los brazos y axilas te hablan de tu capacidad de dar y recibir, de abrazar a otros, de actuar como deseas en el presente con amor y de hacer lo que te gusta. Las piernas, de los miedos que sientes por avanzar hacia el futuro. Los genitales, de tus relaciones sexuales y de gestionar bien tus emociones en ellas. La garganta, de situaciones que no tragas bien porque crees que no puedes defenderte de los ataques que percibes en los demás.

Si tienes una acumulación de linfa en las **extremidades**, por ejemplo, puede indicarte que te ves incapaz de gestionar bien las preocupaciones que sientes en relación con otras personas, ya sea en el presente (brazos) o en el futuro (piernas). En ese caso debes aprender a confiar de nuevo en ti, y comunicarte con las personas necesarias, hasta que resuelvas los conflictos que te producen dichas relaciones.

Un problema en los ganglios de las **axilas** suele aparecer después de un cáncer amistoso de mama, debido a que la mujer ha sentido que no era capaz de cuidar de sus seres queridos o que no era querida por alguien, y después retiene sus emociones al respecto, al momento de afrontar esas relaciones que le parecen pesadas o difíciles de gestionar.

Como ves, es importante que encuentres el equilibrio en la gestión adecuada de todo lo que sientes, de tu ira, de tu forma de defenderte cuando te sientes atacado y de la libre comunicación de tus emociones, para que no se queden estancadas en ti y evitar que se manifiesten después en tu cuerpo como retención de líquidos.

Debes comprender que gestionar bien tus emociones implica confiar primero en ti mismo y en que no eres una persona indefensa o débil, sino un alma poderosa con capacidad de sentir y aprender de las dificultades que te presenta la vida.

No permitas que tu miedo te frene, pues tu mayor deseo es avanzar, sanando esa situación que te bloquea, permitiéndote ser tú mismo y confiando en que puedes dejar que la vida fluya sola, sin controlarla tanto, y dejando de esforzarte en ser lo que no eres.

Aprende a aclarar tus ideas sobre lo que sientes, a confiar en que eso que sientes está bien y es adecuado en ese momento, y permítete defenderte y poner límites a los demás cuando lo necesites, con amor y firmeza. Si vuelves a confiar en tu capacidad para relacionarte bien con los demás, lo conseguirás.

2. Investigación

Viaja con tu mente al momento en que apareció el síntoma; ayúdate de las **preguntas generales (p. 68)** y añade las siguientes:

- Poco antes de que apareciera el problema linfático, ¿en qué situación te has sentido incapaz de relacionarte bien o te has sentido torpe en la gestión de tus emociones relacionadas con alguien?
- Poco antes de una infección con inflamación de los ganglios, ¿qué miedos o pensamientos has dejado entrar en tu mente que hayan podido provocar que te sientas indefenso?
- ¿En qué situación crees que estás demasiado a la defensiva por haberte creído indefenso previamente?
- ¿En qué relación o relaciones sientes que no puedes comunicarte bien y que te guardas lo que sientes, aunque eso te bloquee en tus avances hacia lo que realmente deseas?

3. Creencias (erróneas)

Busca las creencias limitantes (normalmente inconscientes) con las que más te identificas o encuentra en ti algunas similares:

- «Soy incapaz de relacionarme bien y de equilibrar mis emociones; mis relaciones me desequilibran y me lo tengo que guardar todo».
- «Cuando hablo con _____ (una persona que te causa estrés) no sé qué hacer, me siento indefenso y no puedo expresarme bien».
- «Tuve un problema con alguien, pero no sé cómo gestionarlo bien: siento demasiadas emociones y mi mente se bloquea».
- «Tengo que esforzarme en aparentar que mis relaciones van bien, aunque sufra en algunas de ellas, y debo guardarme lo que siento».
- «He hablado con personas que me han hecho dudar de mí y creer en sus miedos, y ahora creo que no voy a ser capaz de defenderme».
- «Como antes no me he sentido protegido, ahora debo enfadarme y demostrar que yo tengo razón, atacando si es necesario».
- «Me siento torpe en mis relaciones, no sé cómo actuar y me bloqueo».

4. Mensajes

Para cambiar tus creencias puedes usar las siguientes afirmaciones; te invito a crear las tuyas usando el **método general (p. 76):**

- «Soy perfectamente capaz de gestionar y equilibrar bien mis emociones, solo necesito tiempo para reflexionar, y elijo confiar en mí».
- «Me permito comunicar lo que siento a las personas que remueven mis emociones, y busco la claridad, el entendimiento y el amor».
- «Avanzo hacia mis verdaderos deseos escuchando lo que siento y resolviendo los conflictos que tengo con otras personas desde el amor».
- «Aprendo a encontrar la lección de amor y libertad que se encuentra en cada relación que no es fácil; todo me ayuda a encontrar mi camino».
- «Soy un alma sabia y poderosa, capaz de sentir y aprender de lo que siento, y equilibro mi mente con meditación y silencio interior».
- «Soy capaz de absorber y gestionar las emociones que vivo cada día, y de sacar todo lo bueno que hay en ellas, desechando el resto».
- «Me permito ser yo mismo en mis relaciones con los demás, y busco siempre la armonía y la libertad, respetando mis necesidades».
- «Soy perfectamente capaz de defenderme en todo momento y elijo poner límites a otras personas con firmeza y amor».
- «Protejo mi mente de los pensamientos que no deseo de otros, llenándola de amor, confianza y seguridad en mí mismo».
- «Puedo respetar mis límites y necesidades y protegerme cuando lo necesito, con armonía y respeto hacia los demás y sus opiniones».
- «Cuando mejor es mi relación conmigo mismo, mejor es mi relación con los demás».

5. Acciones

- Repite los mensajes de tu cuerpo todos los días.
- Encuentra las relaciones donde tienes dificultades para comunicarte y decídete a hablar con esas personas hasta aclarar la situación y liberar lo que sientes.
- Piensa en situaciones en las que sí eres capaz de gestionar bien lo que sientes y lleva esa habilidad en tu mente hasta las situaciones en las que te cuesta más, y verás que tienes más capacidades de lo que creías.
- Investiga más posibles mensajes y… ¡ámate!

HEMATOMA (O CARDENAL, MORATÓN O EQUIMOSIS)

Es un derrame sanguíneo subcutáneo, que aparece de forma espontánea o a causa de un golpe y suele evolucionar del color rojo al negro, azul, verdoso o amarillo, para luego desaparecer.

1. Significado

Lo más importante: El hematoma te indica que te sientes culpable por algo relacionado con el área de tu vida indicada por esa parte del cuerpo y que sientes una tristeza que no te permites mostrar al mundo o a algunas personas.

También puede indicarte que te sientes débil o frágil ante ciertas situaciones de tu vida y te culpas por ello.

Añade el significado del lado afectado, DERECHO O IZQUIERDO (p. 50), para saber en qué área de tu vida debes buscar el mensaje.

Busca también el significado de la parte del cuerpo en la que aparece para ver dónde vives esa pérdida de alegría de vivir y esa culpa.

Tu verdadero deseo: Deseas permitirte mostrar tu tristeza y tu miedo, y perdonarte por lo que crees que no haces bien, para recuperar tu autoestima y tu alegría.

Significado en detalle: Si tienes hematomas, puede que te veas como una persona frágil, que no aguanta nada, y eso te hace castigarte (ver dolor). El hecho de que no se produzca una hemorragia externa (no se abre la herida) te indica que sientes tristeza interna, pero que te da miedo que otras personas la vean.

Por ejemplo, cuando aparece **en un brazo**, te sientes culpable por lo que haces: por no dar (derecho) o por recibir lo que deseas (izquierdo).

Cuando aparece **en una pierna**, te culpas por desear avanzar hacia tu futuro ideal, por querer manifestar tus metas en la vida, ya sea en lo sentimental-familiar (izquierda) o en lo físico-material (derecha).

Su mensaje es que dejes de castigarte por lo que haces y por ser lo que eres, y que aceptes que todo sucede por una buena razón. Aprende a respetar tus necesidades, a quererte y a seguir tus impulsos sin dejarte intimidar por nada ni nadie y confiando en tu fortaleza interior y exterior.

Aprende también a mostrar tu dolor a otras personas, incluso a aquellas por las que te sientes agredido, confiando en que siempre haces las cosas lo mejor que sabes y en que, pase lo que pase, eres digno de amor. Perdónate también si sientes que eres frágil.

Recuerda, la vida es digna de ser vivida con alegría en todo momento y tienes derecho a ser feliz.

2. Investigación

Viaja con tu mente al momento en que apareció el síntoma; ayúdate de las **preguntas generales (p. 68)** y añade las siguientes:

- Poco antes de que apareciera el hematoma, ¿qué has hecho o no has hecho que crees que merece un castigo desde tu punto de vista?
- ¿De qué te sientes culpable —y al mismo tiempo te causa tristeza— por tomarte demasiado en serio una parte de tu Ser? Mira el significado de la parte del cuerpo con el hematoma para saber dónde está la culpa.
- ¿Qué temes que suceda si muestras a los demás tu dolor y tu tristeza? ¿De qué tienes miedo?

3. Creencias (erróneas)

Busca las creencias limitantes (normalmente inconscientes) con las que más te identificas o encuentra en ti algunas similares:

- «No he hecho algo bien y merezco un castigo, pero no debo mostrar mi tristeza, debo hacer como que estoy bien».
- «Soy frágil y débil, y no debería ser así».
- «No soy capaz de defenderme y cometo muchos errores; debería hacer mejor las cosas».
- Brazo derecho: «No debería haber dado tanto, siempre hago todo mal».
- Brazo izquierdo: «Me siento culpable por recibir amor; a lo mejor no me lo merezco».
- Muslo izquierdo: «Es difícil llegar a materializar mi relación de pareja ideal; es todo muy complicado y no siento alegría ni disfruto».
- Junto al ojo derecho: «Me tomo muy en serio lo que veo fuera de mí; los demás no me gustan, pero me siento culpable por mirarlos de esa manera y me da miedo mostrar cómo pienso».

4. Mensajes

Para cambiar tus creencias puedes usar las siguientes afirmaciones; te invito a crear las tuyas usando el **método general (p. 76):**

- «Me perdono por todo aquello que creo que no he hecho bien, y aprendo a expresar mi dolor a otras personas».
- «Elijo amarme tal y como soy y acepto que siempre hago todo lo mejor que sé y que soy digno de amor».
- «Me merezco ser feliz, disfrutar de la vida y hacer todo lo que me da alegría, y elijo actuar para conseguirlo».
- «Elijo confiar en mi fuerza y en mi valor y aprendo a respetar y defender mis límites, haciendo solo lo que deseo».
- Brazo derecho: «Me perdono por haber dado más de lo que quería y aprendo a dar solo por amor».
- Brazo izquierdo: «Me permito recibir con amor y alegría todo lo que la vida me da».
- Muslo izquierdo: «Me perdono por haberme tomado mi vida sentimental tan en serio y elijo confiar en la vida y avanzar hacia mi relación de pareja ideal con alegría y placer.
- Ojo derecho: «Me permito ver a los demás con amor y me perdono por no ver bien las cosas que no me gustan; me amo y me acepto».

5. Acciones

- Repite los mensajes de tu cuerpo todos los días.
- Busca las razones por las que te castigas y cámbialas por mensajes de amor. ¡Eres un Ser maravilloso!
- Empieza a hablar con tus seres queridos de lo que sientes, de tu tristeza, de tu dolor, y busca formas de recuperar la alegría de vivir en tu vida.
- Investiga más posibles mensajes y... ¡ámate!

HEMORRAGIA EXTERNA O INTERNA
(Y HEMORRAGIA NASAL)

Una hemorragia es una pérdida de sangre al salirse de su camino normal, ya sea hacia fuera (hemorragia externa) o dentro del cuerpo (hemorragia interna); puede ser leve o grave. Si es superficial bajo la piel, consulta HEMATOMA.

1. Significado

Lo más importante: Como la sangre representa la alegría de vivir, una herida que sangra o la sangre que fluye hacia fuera de su lugar normal significa que estás perdiendo tu alegría de vivir, que estás liberando la tristeza que has contenido durante un tiempo y que te has tomado la vida muy en serio.

Consulta también el significado de la parte del cuerpo donde aparece la hemorragia para saber en qué área de tu vida pierdes la alegría de vivir. Si la hemorragia aparece por un accidente, consulta ACCIDENTE. Si hay dolor, consulta DOLOR.

Tu verdadero deseo: Expresar —antes de llegar a tu límite— tu tristeza, reconocerla y tomarte la vida más como un juego y menos en serio.

Significado en detalle: La sangre simboliza la vida, la alegría de vivir y el amor que fluye dentro de ti y te llena de plenitud.

Cuando sale sangre de tu cuerpo o de su flujo normal, te indica que has tenido pensamientos de tristeza por tomarte alguna situación demasiado en serio y que no te has permitido llorar el dolor que has acumulado. Cuando ya no puedes guardar más tu dolor y tu tristeza, aparece la hemorragia para que veas esas lágrimas escondidas mostrándose en tu cuerpo, y además de color rojo, para que las aprecies bien.

Si la hemorragia es **externa**, es decir, si la sangre sale de tu cuerpo, significa que reconoces tu dolor y quieres mostrarlo; si es una hemorragia **interna** y no sale fuera, significa que sientes dolor pero te cuesta mostrarlo hacia fuera, porque temes que te juzguen los demás.

Debes observar el lugar de tu cuerpo donde aparece la hemorragia, la herida o la pérdida de sangre para averiguar el tema que te tomas tan en serio y que te hace perder tu alegría.

Por ejemplo, si tienes una hemorragia **en la pierna**, pierdes alegría por sentir que no avanzas como deseas hacia tu futuro.

Una hemorragia en la nariz (HEMORRAGIA NASAL) te indica que has contenido mucho tiempo tus lágrimas y tus emociones y sentimientos más profundos, y que necesitas permitirte llorar y liberarte.

Si la hemorragia es **en el recto** (ano), te indica que te tomas demasiado en serio el hecho de poner fin a algo o dejar ir el pasado.

Si te sangra una herida **en un brazo**, te sientes triste por no estar haciendo lo que deseas o por no saber dar o recibir desde tu corazón.

Si la hemorragia es **dentro de la cabeza**, te sientes triste por no verte apreciado en tu *yo soy*; crees que debes ser otra persona y eso te pone triste.

En el caso de la **menstruación**, que es una hemorragia, pero cíclica, en las mujeres, les habla de la tristeza que siente su parte femenina maternal cada mes por no tener descendencia. Un exceso de hemorragia puede indicar exceso de tristeza por no concebir, por ejemplo.

En todos los casos, el mensaje es que te relajes, te diviertas y juegues más con la vida; que te la tomes más como un niño o una niña que juega a un videojuego, donde a veces la «pantalla» es difícil, pero sin olvidar que, pase lo que pase…, ¡es solo un juego!

Nada es tan grave como para que guardes esa tristeza dentro de ti. Aprende a hablar con tus seres queridos y a expresar tu tristeza antes de que se acumule y aprende a buscar las partes positivas y los placeres y alegrías que te muestra la vida cada día.

2. Investigación

Viaja con tu mente al momento en que apareció el síntoma; ayúdate de las **preguntas generales (p. 68)** y añade las siguientes:

- ¿En qué área de tu vida estás perdiendo alegría de vivir por tomarte la vida muy en serio por algo que pasó poco antes?
- ¿Qué crees que es tan grave como para no poder disfrutar de la vida y sus placeres? ¿De qué te sientes culpable y guardas por ello tu tristeza?
- ¿Qué creencias te impiden tomarte la vida como un juego?

3. Creencias (erróneas)

Busca las creencias limitantes (normalmente inconscientes) con las que más te identificas o encuentra en ti algunas similares:

- «La vida es algo serio, no puedo divertirme ni jugar, me siento triste».
- «Debo poner buena cara aunque esté triste por dentro; no es bueno llorar ni expresar dolor a los demás».
- «No tengo tiempo de hacer cosas que me dan alegría y placer, y si lo hago me siento culpable».

- «No puedo hacer _____ (algo que deseas), porque, si me equivoco, será muy grave».
- Piernas: «No puedo avanzar como deseo hacia mi futuro; me entristece que la vida sea difícil y que todo me frene».
- Ano: «Me siento muy triste por tener que dejar ir el pasado o una relación; quiero que todo sea como antes, temo perder algo valioso».
- Boca: «No puedo expresar lo que soy ni decir lo que pienso o siento, porque la vida es algo serio; las personas son rígidas y no me dejan».

4. Mensajes

Para cambiar tus creencias puedes usar las siguientes afirmaciones; te invito a crear las tuyas usando el **método general (p. 76)**:

- «Elijo tomarme la vida como un juego, con alegría y diversión».
- «Soy capaz de ver lo positivo y lo bueno en cada suceso de mi vida; elijo ver la vida con amor».
- «Lo que me ha pasado no es para tanto; puedo recuperarme a mi ritmo, llorar y sanar mis heridas, y volver a estar bien».
- «Acepto que puedo equivocarme en mi camino mientras juego a descubrir el propósito de mi alma; todo está bien».
- «Me permito expresar mi tristeza y mi dolor a los demás y confío en que la vida tiene también alegría y placer».
- Piernas: «Avanzo con alegría y fe hacia mi futuro y me permito tomar decisiones que me lleven a mis deseos, aceptando que la vida es un maravilloso juego y estoy siempre protegido».
- Ano: «Me permito dejar ir lo viejo y lo que ya ha terminado, y aprendo a ver alegría en lo nuevo que me trae la vida».
- Boca: «Soy libre de expresar lo que siento y lo que deseo en todo momento, y la vida me acoge con alegría y amor».

5. Acciones

- Repite los mensajes de tu cuerpo todos los días.
- Busca hacer cosas que te den alegría y, cuando haya algo que te produzca contrariedad, busca el lado positivo y la lección de amor que está detrás. Verás que todo cambia para bien.
- Abraza a tu niño interior siempre que te sientas triste y perdónate en todo momento.
- Investiga más posibles mensajes y... ¡ámate!

HIPERTENSIÓN (O TENSIÓN ALTA)

Este significado se refiere a una presión arterial por encima de lo normal para cada persona, que aumenta el riesgo de sufrir enfermedades cardiovasculares, cerebrovasculares y renales.

1. Significado

Lo más importante: Si tienes la presión alta, significa que te presionas demasiado para asegurar la felicidad de otras personas, en detrimento de tu propia alegría, lo que te causa mucha tensión emocional innecesaria.

Puedes consultar también el significado de CIRCULACIÓN (problemas).

Tu verdadero deseo: Deseas relajarte, ser más libre y hacer solo lo que te apetece, tomándote la vida menos en serio y confiando en que los demás estarán bien si les dejas vivir su vida en libertad.

Significado en detalle: La tensión alta la suelen padecer personas que viven bajo mucho estrés; si persiste puede llevar a otros síntomas, como problemas del corazón, del cerebro, oculares y de riñón. Es habitual también que esté asociada con la diabetes.

El hecho de que pueda provocar otros síntomas significa que es un indicador inicial de otros mensajes del cuerpo, como la falta de amor por uno mismo (el corazón), la falta de apreciación de uno mismo por lo que es (el cerebro), la dificultad para ver con alegría el mundo (los ojos) y la dificultad para gestionar y discernir bien las emociones positivas y negativas (los riñones).

Si tienes la tensión alta, puede que presentes cualquiera de esos indicadores; si además tienes diabetes, te cuesta mucho recibir cariño de otras personas, aunque es lo que más deseas. Es probable que dramatices demasiado ciertas situaciones de tu vida y que creas que debes esforzarte continuamente para hacer felices a los demás, porque crees que sucederá algo demasiado malo si no lo consigues.

Te cuesta vivir en el presente y disfrutar de la vida con un ritmo relajado, y piensas que, si te estresas, lograrás hacer más por los demás.

El principal mensaje de la hipertensión es que dejes de esforzarte tanto por hacer felices a los demás y empieces a cuidar más de tus propios ritmos y necesidades, antes de que otro problema más grave te obligue a hacerlo.

Entiende que no has venido a este mundo a responsabilizarte de nadie, sino a compartir aquello que tienes con alegría y amor, sin presiones, de forma natural y espontánea.

Atrévete a sanar tus heridas emocionales para que puedas sentir más, sin que ello te obligue a actuar siempre para evitar dolor y sufrimiento a otras personas; sé feliz de forma sencilla, aceptando que la vida a veces tiene emociones negativas y que eso es bueno para crecer.

Permítete relajarte más, darte placeres cotidianos, y deja que los demás aprendan a cuidarse por sí mismos, pues, cuando estés lleno de amor por ti, podrás ayudarles mucho mejor de lo que piensas.

Descubre las creencias que te impiden vivir de una forma relajada, alegre y placentera por ocuparte mucho de los demás.

2. Investigación

Viaja con tu mente al momento en que apareció el síntoma; ayúdate de las **preguntas generales (p. 68)** y añade las siguientes:

- ¿En qué situaciones de tu vida, desde poco antes de que empezara el síntoma, te sientes presionado a actuar para que otros estén bien?
- ¿Qué sucedió en tu vida que te hizo creer que debías ocuparte de todos los demás y negar tus propias necesidades?
- ¿Por qué crees que debes tomarte muy en serio la vida y, debido a eso, te obligas a esforzarte más y más cada día?
- ¿Qué heridas antiguas se activaron poco antes de la aparición del problema, ante las cuales, para evitar afrontar tus emociones, te presionas para seguir adelante?

3. Creencias (erróneas)

Busca las creencias limitantes (normalmente inconscientes) con las que más te identificas o encuentra en ti algunas similares:

- «Debo esforzarme para que mis seres queridos estén bien, porque me da miedo que sufran lo que yo he sufrido y es mi responsabilidad evitárselo».
- «Debo preocuparme siempre por los demás, porque si no están bien, sufro demasiado por ellos».
- «Aunque no cuide de mí, no importa; los demás son más importantes que yo y debo ocuparme de que estén bien».

- «La vida tiene mucho dolor y sufrimiento y no sé cómo gestionarlo, así que me dedico a ayudar a otros, esperando que el mundo mejore».
- «Me cuesta afrontar mi propio dolor y no tengo tiempo para disfrutar de la vida; prefiero ocuparme de salvar a los demás».
- «La vida debería ser perfecta, sin dolor ni sufrimiento, así que debo esforzarme para ir mejorando las cosas para los demás, aunque mi vida sea un poco monótona y aburrida, sin gracia, sin sal».

4. Mensajes

Para cambiar tus creencias puedes usar las siguientes afirmaciones; te invito a crear las tuyas usando el **método general (p. 76):**

- «Me permito relajarme más en mi día a día, ir más despacio y disfrutar del presente y de las pequeñas alegrías y placeres de la vida».
- «Me permito ponerle un poco de sal a la vida, y disfrutar más cada día de mi tiempo y de mi propio amor».
- «Elijo dejar libres a mis seres queridos y confío en que sabrán estar bien aunque haga menos cosas por ellos; confío en el Creador».
- «Me permito afrontar mis miedos y las heridas emocionales de mi infancia, llorando más para liberarme y pidiendo ayuda. Aprendo a darme la alegría y el amor que necesito yo mismo».
- «Elijo abrazar a mi niño interior con amor y compasión, dándome la alegría que necesito y la paz que merezco, y así podré compartir mi paz con otras personas».
- «Yo solo soy responsable de mi propia felicidad; los demás son almas sabias y poderosas, con capacidad para elegir y aprender de sus decisiones, como lo soy yo».
- «Elijo tomarme la vida con más alegría y humor, sonreír más, descansar más y cuidar de mi niño interior siempre».
- «La vida tiene momentos malos y buenos, y eso está bien para crecer y aprender más del amor; acepto la vida tal y como es, y busco mis sueños y deseos con alegría».
- «Me permito parar y observar con mi mente tranquila aquello que me rodea, y disfruto del silencio, de la meditación y del relax cada día».

5. Acciones
- Repite los mensajes de tu cuerpo todos los días.

- Reserva un tiempo cada día para meditar, disfrutar de lo que más te gusta: de la naturaleza, de un paisaje, de todo lo que te dé alegría.
- Trata de parar tus actividades poco a poco y ve decidiendo las que realmente te gustan y las que no. Ve desprendiéndote de las que no disfrutas tanto y encuentra nuevas cosas que te den alegría.
- Habla con las personas a las que dedicas tanto tiempo y energía, y a las que temes decepcionar o que sufran, y diles que a partir de ahora vas a dedicar más tiempo y atención a tu propio bienestar, que confías en que lo entiendan, y acepta su reacción, sea cual sea.
- Investiga más posibles mensajes y... ¡ámate!

HIPOTENSIÓN (O TENSIÓN BAJA)

Representa un nivel de presión arterial por debajo de lo normal y suele provocar otros síntomas, como desmayos, fatiga, mareos o vértigo. Si la presión es baja pero no genera problemas físicos, es probable que sea lo normal para esa persona.

1. Significado

Lo más importante: La hipotensión te indica que sientes desánimo fácilmente y que te cuesta afrontar los retos que la vida te presenta, porque crees que no puedes tolerar un poco de presión externa y te das por vencido con facilidad.

Puedes consultar también el significado de DESMAYO, FATIGA, MAREO, VÉRTIGO.

Tu verdadero deseo: Confiar en tus capacidades para lograr tus sueños y afrontar tus retos, y encontrar deseos que te motiven para actuar.

Significado en detalle: La hipotensión es un síntoma que provoca que pierdas energía y alegría para actuar; es una indicación de que alimentas pensamientos negativos que te hacen rendirte antes de empezar a hacer algo.

Te cuesta responsabilizarte de tu vida en algunas situaciones y no soportas el peso de los acontecimientos que aparecen en tu vida, porque alimentas demasiado tus preocupaciones mentales.

Tu cuerpo te manda el mensaje de que vuelvas a creer que eres un Ser poderoso y maravilloso, con capacidades infinitas y sueños que cumplir, y te lances a disfrutar de la vida con energía y con alegría.

Sé consciente de que solo tú eres responsable de tu propia vida y de que, mientras sigas creyendo que no puedes afrontarla, seguirás sin fuerzas para hacerlo. Confía en que eres capaz de soportar una cierta cantidad de presión de la vida y verás que cada situación nueva es una oportunidad para que vuelvas a creer en tu fuerza.

Te ayudaría recordar los sueños que siempre has tenido o las actividades que te gustaría disfrutar, y ponerte en marcha haciendo un plan para alcanzar tus metas.

Todos perdemos el ánimo y la alegría cuando nuestra vida se centra en aquellas cosas que no amamos de verdad y que no nos motivan. Si encuentras tus verdaderos deseos y lo que de verdad te gusta, recuperarás tu energía y tu alegría de vivir.

Descubre las creencias que te impiden confiar en tu fuerza y avanzar con alegría hacia tus sueños.

2. Investigación

Viaja con tu mente al momento en que apareció el síntoma; ayúdate de las **preguntas generales (p. 68)** y añade las siguientes:

- ¿Qué situación en tu vida, poco antes de que empezara el problema de hipotensión, te hizo desanimarte y creer que ya no podías lograr tus sueño?
- ¿Qué situaciones te hacen sentirte derrotado y sin fuerzas para actuar?
- ¿En qué situaciones te sientes una víctima de las circunstancias y no confías en tu poder para salir de ellas?

3. Creencias (erróneas)

Busca las creencias limitantes (normalmente inconscientes) con las que más te identificas o encuentra en ti algunas similares:

- «He fracasado demasiado; no creo que pueda seguir adelante, no tengo fuerzas para disfrutar de la vida».
- «No soy bueno en nada, no voy a lograr mis deseos, así que, ¿para qué intentarlo?».
- «No confío en mis capacidades, no soy capaz de alcanzar mis metas, me rindo».
- «La vida es injusta y me bloquea en mis avances; no hay nada que pueda hacer, soy una víctima».

- «Cada vez que hay un problema me desanimo; no puedo tolerar ninguna presión ni dificultad, soy débil».

4. Mensajes

Para cambiar tus creencias puedes usar las siguientes afirmaciones; te invito a crear las tuyas usando el **método general (p. 76)**:

- «Me perdono y me acepto por haberme sentido derrotado en el pasado, y desde hoy elijo creer en mi fuerza y en mi capacidad para salir adelante».
- «Soy una persona fuerte y poderosa, capaz de crear una vida llena de alegría y de disfrutar con pasión de lo que me gusta».
- «Cada fracaso y error que vivo es un aprendizaje, y me enseña a corregir lo que no me sirve y a fortalecer mi voluntad».
- «Elijo enfocarme en lo que de verdad me gusta y me da alegría cada día, y me libero de lo demás».
- «Soy un Ser maravilloso lleno de dones que todavía no he descubierto; observo en qué situaciones disfruto más, y con las que se me pasa el tiempo volando, para encontrar lo que realmente me apasiona».
- «Soy perfectamente capaz de afrontar un poco de presión en mi vida cuando persigo mis sueños y me tomo mi tiempo para reponerme y descansar».
- «Elijo creer que soy completamente responsable de mi vida y usar mi poder para crear la vida que realmente deseo vivir».

5. Acciones

- Repite los mensajes de tu cuerpo todos los días.
- Haz una lista de las situaciones o personas que alimentan tus preocupaciones, y toma la firme decisión de liberarte de todo ello poco a poco, encontrando la paz y el sosiego que necesitas.
- Haz otra lista con tus verdaderos sueños, o lo que crees que te gustaría lograr en tu vida, y empieza a diseñar un plan de acción para lograrlos. Puedes pedir ayuda a un coach o a un terapeuta de ATS para hacerlo, si lo necesitas, pero lo importante es que empieces con ello.
- Dedica un tiempo siempre que lo necesites a abrazarte como si abrazaras a tu niño interior, dándote el amor y el ánimo que necesi-

tas en ese momento para recuperar la confianza en que puedes lograr tus sueños.

- Juega más en tu vida, y vuelve a actuar como un niño que se divierte y no teme equivocarse; recuerda que ¡la vida es un juego!
- Investiga más posibles mensajes y... ¡ámate!

VARICES

Una variz es una acumulación de sangre que dilata un vaso sanguíneo y lo hace visible al exterior.

1. Significado

Lo más importante: Las varices te indican que la vida te parece pesada y triste en el área indicada por el lugar donde aparecen. Te obligas a estar en situaciones o a hacer cosas que te parecen pesadas, porque te tomas muy en serio la vida y no te permites jugar.

Consulta el significado de la zona del cuerpo donde aparecen.

Añade el significado del lado afectado, DERECHO O IZQUIERDO (p. 50), para saber en qué área de tu vida debes buscar el mensaje.

Puedes consultar también el significado de CIRCULACIÓN (problemas).

Tu verdadero deseo: Ser más feliz, más libre, jugar más y hacer cosas que disfrutas en esas áreas de tu vida indicadas por el lugar donde aparecen.

Significado en detalle: Como la sangre es la alegría de vivir y se acumula en los vasos sanguíneos de forma que afecta a tu estética, te indica que no dejas que la alegría fluya bien en lo que haces o en tu forma de avanzar, porque te preocupa demasiado lo que otros puedan pensar de ti en esa área.

Llegas a ocuparte de tareas y actividades que te resultan pesadas o penosas, porque te cuesta concederte alegrías y disfrutar de la vida, y crees que es tu obligación hacer todo bien y esforzarte sin descanso.

Por ejemplo, si aparecen **en las piernas**, te indican que te tomas demasiado en serio tu futuro, que crees que avanzar es algo pesado y difícil, y que tienes que hacer muchas cosas cada día para llegar a donde quieres llegar; no te permites disfrutar del viaje.

Cuando aparecen varices **en la cara**, pueden indicarte que te tomas demasiado en serio tu imagen personal, tu honor, y que necesitas permitirte ser menos serio en algunas situaciones y más espontáneo; puedes permitirte descansar y disfrutar más, y dejar que lo vean los demás.

Tu cuerpo te dice con las varices que empieces a liberarte de aquellas tareas o actividades que no te llenan de felicidad y que empieces a permitirte disfrutar más de lo que haces y de lo que experimentas en tu vida.

Juega más, ríe más, descansa más, equivócate más, ¡vuelve a ser como un niño! Haz que la alegría circule por tu vida y deja que los demás hagan lo que deseen; no puedes agradar a todo el mundo ni tienes que hacerlo.

Debes dejar de pensar que la vida es seria y pesada en algunas áreas; todo puede ser un juego si entiendes que la vida tiene momentos más fáciles y más difíciles, pero que eso es parte del juego igualmente.

Aprende a preguntar a tu corazón lo que realmente deseas, y escucha después lo que sientes: él te irá guiando para que cumplas tus sueños y disfrutes del camino.

2. Investigación

Viaja con tu mente al momento en que apareció el síntoma; ayúdate de las **preguntas generales (p. 68)** y añade las siguientes:

* ¿Qué parte de tu vida te tomaste muy en serio y te empezó a parecer pesada desde poco antes de que aparecieran las varices?
* ¿En qué áreas de la vida te impides jugar y disfrutar porque crees que tienes que hacer algo y te preocupas demasiado?
* Piernas: ¿En qué áreas de tu vida se te hace pesado y difícil avanzar hacia tu futuro?
* Pies: ¿Qué preocupaciones te hacen creer que no tienes los medios para avanzar y que la vida es pesada y dura?

3. Creencias (erróneas)

Busca las creencias limitantes (normalmente inconscientes) con las que más te identificas o encuentra en ti algunas similares:

* «La vida está llena de tareas obligatorias que no me gustan pero que tengo que hacer si quiero ir a alguna parte».
* «Hay que luchar para avanzar, todo requiere esfuerzo, y no puedo descansar».

- «No tengo tiempo para disfrutar; la vida es complicada, llena de tareas pesadas».
- «No encuentro la forma de lograr lo que quiero; la vida es triste y difícil a veces, no me divierto».
- «Odio la situación en la que estoy y no puedo salir de ella».
- «Tengo que hacer siempre más por _____ (alguien a quien amas, o por quien te sientes presionado) y no puedo parar a descansar».
- Piernas: «Me cuesta mucho avanzar hacia lo que deseo, me siento triste y sin fuerzas, no puedo ver alegría en la vida».

4. Mensajes

Para cambiar tus creencias puedes usar las siguientes afirmaciones; te invito a crear las tuyas usando el **método general (p. 76):**

- «Me permito disfrutar de mis pasos en la vida y me libero de aquello que no me hace completamente feliz».
- «Soy capaz de divertirme haciendo lo que quiero hacer y de jugar más con la vida».
- «Elijo reírme más, jugar más, divertirme más, equivocarme más, quererme más y escuchar más a mi corazón».
- «Elijo hacer solo aquello que me gusta hacer y suelto las actividades que no me divierten, confiando en que la vida me cuida».
- «Siempre encuentro el tiempo que necesito para disfrutar, reír y pasarlo bien cada día».
- «Acepto que la vida tiene momentos buenos y malos, y que todo forma parte de un juego divertido donde yo elijo si jugar o descansar».
- «Soy capaz de dejar lo que no me gusta y vivir la vida de mis sueños».
- «Elijo respetar mis necesidades y mis límites, y hago por otras personas solo lo que puedo hacer con alegría y amor».
- Piernas: «Me permito soñar con un futuro mejor y divertirme mientras avanzo hacia lo que realmente deseo; la vida puede ser un juego y llenarse de alegría si me permito ser feliz».

5. Acciones

- Repite los mensajes de tu cuerpo todos los días.

- Aprende a descansar más y a reírte más de los problemas; aprende a ver el equilibrio en lo bueno y en lo malo.
- Elabora una lista de las cosas que llevas a cabo por obligación y de las que no te hacen feliz. Diseña un plan para dejar de hacerlas lo antes posible.
- Elabora una lista de las cosas que te hacen feliz, o que te harían feliz si las llevaras a cabo. Diseña un plan para hacerlas más todos los días.
- Investiga más posibles mensajes y... ¡ámate!

5.5. Boca, sistema digestivo, sistema urinario y abdomen

El **aparato digestivo** es la parte del cuerpo encargada de tomar el alimento nuevo, masticarlo, procesarlo, digerirlo, extraer lo que sirve de ello y desechar el resto para que pueda entrar el alimento nuevo.

En metafísica, representa la forma en la que digerimos las nuevas ideas y pensamientos, y cómo extraemos de los sucesos de nuestra vida las partes útiles y desechamos el resto. El alimento representa los sucesos nuevos de la vida, la experiencia vital, y la aceptación del alimento representa la aceptación de la vida tal y como es, con sus partes positivas y negativas, con lo divino y lo humano.

Cada parte del sistema digestivo representa un momento del procesado de una idea: la boca representa el dejar entrar una idea en nuestro campo mental desde el principio o rechazarla; el estómago, el comienzo de la digestión de una idea o el empezar a procesarla y analizarla; el intestino delgado representa nuestra forma de extraer los «nutrientes» de una idea, las partes útiles; el intestino grueso representa nuestra capacidad para terminar de procesar las últimas emociones (el agua) de un suceso nuevo y dejarlo marchar, y el recto representa la decisión de poner fin o terminar con algo definitivamente cuando ya no nos aporta nada bueno.

Si el sistema digestivo funciona bien, nos indica que nuestra gestión mental de la vida es equilibrada y que usamos bien nuestro discernimiento para aprovechar los aprendizajes que la vida nos muestra, aceptando con amor lo que nos ayuda a crecer y desechando las partes que no nos sirven en nuestra evolución personal.

El **sistema urinario** permite al cuerpo desechar ciertas sustancias nocivas o poco útiles del organismo a través de la orina, y regula el equilibrio de los líquidos en el cuerpo.

Su significado está relacionado con la gestión correcta de las emociones a nivel mental y nuestra capacidad para discernir aquellas que son positivas y saludables de aquellas que pueden perjudicarnos, por lo que sus síntomas nos hablarán de una dificultad para distinguir y gestionar bien nuestras emociones, como parte de la experiencia humana.

El **abdomen**, como zona del cuerpo, es la parte que contiene los dos sistemas anteriores, es decir, la gestión de las experiencias y las emociones cotidianas. También es la parte del cuerpo más expuesta y vulnerable, por lo que sus problemas y síntomas nos indicarán que existen miedos por nuestra integridad y la de otras personas, o miedo a ser vulnerables, por no confiar en que toda experiencia humana está siempre rodeada de amor; nos recordará que podemos exponernos y ser vulnerables, pues siempre estamos protegidos.

ABDOMEN, BARRIGA, VIENTRE (PROBLEMAS, DOLOR)

Este significado se refiere a cualquier dolor o síntoma que afecte a los músculos abdominales, a la piel de la zona o al interior, incluido el peritoneo, que es la membrana que recubre las vísceras.

1. Significado

Lo más importante: Los problemas en el abdomen te indican que tienes miedo a sufrir o a que otros sufran algún daño por sentirte demasiado vulnerable.

La parte alta del abdomen se relaciona con el miedo a sufrir y a sentir las emociones que te produce tu relación con grupos de personas, porque te preocupa demasiado lo que pueda sucederles a otros. También puede que temas perder tu libertad.

La parte baja se relaciona contigo mismo y con tus relaciones más íntimas, y puede indicarte un miedo a abrirte y confiar en otra persona, o a permitirte abrirte a las relaciones sexuales por miedo a sufrir dolor.

Si tienes dolor de vientre por gases, consulta GASES.

Si es un problema de estómago, consulta ESTÓMAGO.

Si es por calambres o problemas intestinales, mira el significado de INTESTINOS y CALAMBRE (este último en la sección «Brazos, piernas, huesos y músculos»).

Si es por algún problema en los órganos de la zona, consulta el órgano correspondiente (HÍGADO, PÁNCREAS, BAZO).

Si el dolor sucede durante la menstruación, consulta MENSTRUACIÓN (problemas).

Añade el significado del lado afectado, DERECHO o IZQUIERDO (p. 50), para saber en qué área de tu vida debes buscar el mensaje.

Tu verdadero deseo: Sentirte protegido y saber que puedes ser vulnerable y que no te va a pasar nada aunque te abras a sentir en tus relaciones.

Significado en detalle: El abdomen, al igual que los tres primeros chakras situados en esa zona, nos conecta con nuestra humanidad, con la vida, con la experiencia más terrenal, o incluso animal, que elegimos al encarnar en un cuerpo físico. Nos indica si estamos presentes en esa experiencia o si, por el contrario, queremos protegernos y escapar de la experiencia por creer que vamos a sufrir.

El abdomen es la zona del cuerpo más expuesta, más vulnerable, y sus molestias o dolores se relacionan con un miedo a la vulnerabilidad, por lo que puede indicarte que tienes miedo a estar demasiado expuesto en tus relaciones con los demás.

Cuando la molestia es en la **parte alta** del abdomen (en el plexo solar), te indica una dificultad para procesar bien las emociones que tus relaciones sociales te causan; te cuesta digerir y aceptar lo que sientes en situaciones con grupos de personas. Puede que te preocupes demasiado por los demás y por su bienestar, o que creas que sus acciones pueden limitar tu libertad, y ese miedo te bloquea.

En ese caso su mensaje es que te sientas libre y seguro en todo momento y que comprendas que todo lo que te sucede a ti y a otras personas es para aprender más a amar, por lo que es bueno que dejes fluir tus emociones hacia arriba, las expreses en forma de palabras o de lágrimas y dejes libres a los demás en sus experiencias, confiando en que estarán bien.

Cuando la molestia es en la **parte baja** del abdomen, el miedo se relaciona más contigo mismo y con sentirte vulnerable en relación con personas cercanas, y más específicamente en el área de la sexualidad. El bajo vientre tiene mucha relación con la expresión de la sexualidad y con abrirse y ser vulnerable a la pareja, por lo que un problema en esa zona puede indicarte que te da miedo abrirte a la expresión de tu parte íntima con otra persona y que llevas tu atención demasiado a la mente para evitar sentir.

Su mensaje es que te abras más, que vuelvas a confiar en que estás siempre seguro y protegido, y que te permitas disfrutar de tus relaciones personales e íntimas con más apertura y vulnerabilidad. Las relaciones sexuales son una forma más de amor y, aunque hayas sufrido en el pasado o en otras vidas, es bueno que vuelvas a abrirte, confiando en que, si buscas con amor y das amor, llegará una persona que te trate con amor y te ayudará a superar tus miedos en esa área.

Observa que, cuando confías en la vida y te sientes centrado en el presente, la vida fluye con mucha más facilidad y podrás sentir el amor de forma más profunda.

Descubre las creencias que te impiden abrirte y ser vulnerable en tus relaciones con grupos de personas (la familia, el trabajo, etc.) o en tus relaciones más personales e íntimas.

2. Investigación

Viaja con tu mente al momento en que apareció el síntoma; ayúdate de las **preguntas generales (p. 68)** y añade las siguientes:

- ¿En qué situación, poco antes de que apareciera el problema del abdomen, tuviste miedo y te sentiste vulnerable en tus relaciones sociales (parte alta) o en tus relaciones personales e íntimas (parte baja)?
- ¿En qué situación te ha costado procesar tus emociones, y confiar en que otras personas estarán bien y tú serás libre (parte alta)?
- ¿En qué situación te ha dado miedo abrirte al amor de otra persona por creer que te podría hacer daño (parte baja)?

3. Creencias (erróneas)

Busca las creencias limitantes (normalmente inconscientes) con las que más te identificas o encuentra en ti algunas similares:

- «Me cuesta aceptar cuando sufren otras personas que me rodean; no sé cómo procesar bien mis emociones y creo que debería hacer algo».

- «Me da miedo perder mi libertad por sentir demasiado; creo que todos somos demasiado vulnerables».
- «Me preocupa que otras personas sufran daño; debería ayudarlas, pero me da miedo sentir su dolor».
- «No debo mostrar mi miedo, debo parecer fuerte».
- «Me da miedo abrirme en mis relaciones íntimas; me han hecho daño antes y temo volver a sufrir, así que debo protegerme».
- «No confío en las personas, y menos en el área sexual; me da miedo que me hagan sufrir y no poder hacer nada».
- «No puedo confiar en las personas que quieren tener una relación íntima conmigo; no van a saber tratarme bien y me van a hacer daño».
- «No debo sentir mi parte más animal o humana; debo estar siempre en lo espiritual, porque lo humano es peligroso y hace daño».

4. Mensajes

Para cambiar tus creencias puedes usar las siguientes afirmaciones; te invito a crear las tuyas usando el **método general (p. 76):**

- «Me permito ser sensible a la vida y me abro a ser vulnerable a los demás, confiando en que estaré bien siempre».
- «Permito que otras personas se acerquen a mí y me "toquen" con sus emociones, y aprendo a abrazar y expresar con amor lo que siento».
- «Confío en que cada persona atrae a su vida lo que necesita para crecer y dejo libres a los demás para que vivan su vida, confiando en que estarán bien».
- «Me permito abrirme en mis relaciones íntimas y dejar que la persona con la que comparto mi sexualidad me exprese su amor, confiando en que me tratará con cariño y suavidad».
- «Cuando muestro mi vulnerabilidad, estoy mostrando mi fortaleza».
- «Ser vulnerable me hace confiar cada día más en el amor y fortalece mi fe en el Creador».
- «Mi parte animal es maravillosa, y mis instintos y pasiones más primarias me llevan a disfrutar de mi lado espiritual y del amor de forma plena, en conexión con la materia».
- «Me permito sentir y estar presente en todas mis relaciones sociales y personales, y confío en que soy siempre libre y estoy siempre protegido».

- «Puedo confiar en la vida y en las personas, pues mi alma atrae siempre aquello que necesito para aprender y todo siempre sale bien».

5. Acciones

- Repite los mensajes de tu cuerpo todos los días.
- Habla con la persona o personas por las que sientes miedo y averigua si necesitan tanto tu ayuda o si realmente quieren hacerte daño o no. Si te permites confiar, verás que no es necesario que te preocupes ni que te protejas tanto.
- Conecta de vez en cuando con tu vientre y realiza respiraciones abdominales sin levantar la caja torácica. Estate presente y siente tu respiración, al mismo tiempo que dejas salir las emociones que vengan.
- Cuando percibas un bloqueo en el vientre, observa si has tenido un miedo o deseo de perder la libertad o de quitar la libertad a otra persona o grupo de personas. Libérate de esos miedos y deseos dándote y dando libertad, y confiando en que tanto los demás como tú sois siempre libres.
- Investiga más posibles mensajes y... ¡ámate!

APENDICITIS

Es la inflamación del apéndice (una protuberancia que se encuentra al comienzo del intestino grueso) y suele producir un gran dolor.

1. Significado

Lo más importante: La apendicitis te indica que te has sentido amenazado por una persona que representa la autoridad para ti y que crees que no puedes expresar tu ira y tu gran enfado por miedo a perder el apoyo de los demás.

Puedes consultar también el significado de INTESTINOS (problemas).

Tu verdadero deseo: Expresar lo que sientes y liberar tu ira; sentirte libre ante otras personas y sentir que tú eres tu propia autoridad.

Significado en detalle: El apéndice es una parte del intestino grueso que no tiene salida, y, por tanto, te indica que has vivido una situación en la que te has sentido acorralado o sin salida y que crees que no es bueno expresar la enorme ira que sientes.

Toda inflamación (enfermedad terminada en -*itis*) representa ira reprimida y una dificultad para perdonar y perdonarte.

La apendicitis suele provocar **fiebre**, que indica un gran enojo acumulado y una falta de expresión de este; te advierte de que es bueno que te liberes del miedo a perder tu libertad ante una autoridad externa y que empieces a confiar en tus capacidades para defenderte y sentirte protegido y amado.

Si hay **náuseas y vómitos**, significa que rechazas la situación porque crees que no te está aportando nada bueno, y te indica que busques el amor en lo que te sucede, pues se te presenta una oportunidad de amarte y respetarte, pase lo que pase (ver NÁUSEAS y VÓMITO).

Con esta enfermedad, tu cuerpo te dice que ya no puedes seguir conteniéndote y aguantando tu ira, y que si continúas haciéndolo puedes provocarte un mayor dolor abdominal, por sentirte agredido en extremo.

Afronta tus miedos y expresa tus límites y necesidades, averiguando las creencias que te impiden liberar lo que sientes.

2. Investigación

Viaja con tu mente al momento en que apareció el síntoma; ayúdate de las **preguntas generales (p. 68)** y añade las siguientes:

- ¿En qué situación, poco antes de que apareciera el dolor, te has sentido amenazado o acorralado por la autoridad?
- ¿Hacia quién te impides expresar la ira que sientes, por miedo a perder el apoyo de los demás?
- ¿Qué creencias te impiden confiar en tu fuerza y expresar así tus necesidades y debilidades?

3. Creencias (erróneas)

Busca las creencias limitantes (normalmente inconscientes) con las que más te identificas o encuentra en ti algunas similares:

- «Me siento agredido por _____ (esa persona), pero me da miedo expresar lo que siento, y creo que no hay salida».
- «Si me enfrento a esa persona, me quedaré solo y sin apoyo».

- «Es de personas débiles mostrar las emociones, así que no puedo expresar mi enorme enfado».
- «No es justo lo que me sucede, esa persona no debería agredirme, no puedo hacer nada ni defenderme».

4. Mensajes

Para cambiar tus creencias puedes usar las siguientes afirmaciones; te invito a crear las tuyas usando el **método general (p. 76):**

- «Me permito expresar mi enfado con amor, diciendo a la persona adecuada cómo me he sentido, y confío en que mostrarme vulnerable también es ser fuerte».
- «Elijo confiar en mi fuerza y en mi propia autoridad, y defiendo mis límites, sabiendo que siempre estoy cuidado y protegido».
- «Todas las situaciones que se me presentan están ahí para enseñarme algo y elijo aprender a ver esta situación con amor y perdón hacia mí y hacia los demás».
- «Dejo ir los miedos antiguos y veo cada día más mi propia fuerza y mi luz, respetando mis necesidades ante los demás».

5. Acciones

- Repite los mensajes de tu cuerpo todos los días.
- Afronta tu miedo y habla con la persona por la que te sientes agredido, expresando tus miedos, tus límites y lo que te hiere y te afecta.
- Busca dentro de ti el amor que necesitas, para sentir que siempre tienes apoyo y afecto, aunque otros no te acepten. Sana a tu niño interior imaginando que lo abrazas con todo tu amor.
- Investiga más posibles mensajes y... ¡ámate!

BAZO: PROBLEMAS GENERALES (Y ESPLENITIS)

El bazo es un órgano situado bajo el pulmón izquierdo, encargado de combatir las infecciones (por ser parte del sistema linfático) y de acumular una reserva de sangre en caso de necesidad. Sus problemas pueden ir desde inflamación y dolor hasta su extirpación.

1. Significado

Lo más importante: Cualquier problema en el bazo te indica que te tomas la vida demasiado en serio, hasta el punto de volverte obsesivo en tus preocupaciones. Crees que te falta fuerza interior y dejas que los miedos de los demás te afecten demasiado.

Tu verdadero deseo: Confiar en tu fuerza para velar por tu integridad emocional, defenderte de las agresiones externas y ver la vida con más alegría.

Significado en detalle: Dado que el bazo permite al cuerpo defenderse de las infecciones rápidamente y lo ayuda a reponerse en caso de una pérdida de sangre (que representa la alegría de vivir), cuando tienes una molestia o problema en el bazo tu cuerpo te dice que has perdido la confianza en ti mismo y en tu capacidad de tomarte la vida con alegría, porque dramatizas demasiado ciertas situaciones.

Al permitir que los miedos de los demás te invadan, pierdes la capacidad de combatir bien las infecciones y dejas que el desánimo te afecte excesivamente.

También te indica que has dejado de enfocarte en tus deseos y que sientes que te falta voluntad o fuerza para realizarlos. Sin embargo, es posible que trates de mostrar alegría por fuera, mientras que la tristeza te invade por dentro.

Si tienes una inflamación en el bazo (ESPLENITIS), tu cuerpo te indica que tienes ira o emociones acumuladas por haber bloqueado tus deseos y alegría.

En caso de que **te quiten el bazo**, significa que has perdido totalmente la fe en tu capacidad de recuperarte y cumplir tus sueños. Aun así, no debes preocuparte, porque en el momento en que vuelvas a conectar con ellos tu cuerpo funcionará bien y encontrará la forma de suplir su ausencia.

Su principal mensaje es que vuelvas a confiar en ti y en que la vida es un lugar seguro, donde tu amor puede protegerte de cualquier cosa y darte la alegría que necesitas.

Vuelve a soñar, a conectar con tus deseos, y vuelve a creer que tienes toda la fuerza necesaria para lograrlos. Si respetas tu integridad y dejas fuera de ti los miedos ajenos, verás que tu alegría regresa de nuevo.

2. Investigación

Viaja con tu mente al momento en que apareció el síntoma; ayúdate de las **preguntas generales (p. 68)** y añade las siguientes:

- ¿Qué situaciones dramatizaste demasiado y te tomaste muy en serio, dejándote influir por miedos ajenos, poco antes del problema en el bazo?
- ¿Qué creencias te hacen no tener fuerzas para confiar en ti y en que puedes lograr tus deseos?
- ¿Qué partes de tu vida te entristecen mientras muestras hacia fuera una cara alegre y sonriente?

3. Creencias (erróneas)

Busca las creencias limitantes (normalmente inconscientes) con las que más te identificas o encuentra en ti algunas similares:

- «No soy capaz de cumplir mis sueños, ya no tengo fuerzas, la vida es demasiado difícil».
- «No entiendo esto tan grave que me ha sucedido; me ha dejado sin energía y sin fuerzas y no sé cómo salir adelante».
- «La vida es un drama; cada día tengo una situación que me complica la existencia y ya no disfruto de nada».
- «No puedo permitirme placeres, porque me da miedo que me pasen cosas negativas si dejo de prestar atención a mi entorno».
- «Estoy triste por no cumplir mis sueños, pero creo que debo mostrar alegría todo el tiempo».
- «Me siento vacío y no tengo capacidad para afrontar los problemas».

4. Mensajes

Para cambiar tus creencias puedes usar las siguientes afirmaciones; te invito a crear las tuyas usando el **método general (p. 76):**

- «Soy perfectamente capaz de vivir una vida alegre, plena y satisfactoria, y tomo las decisiones necesarias para lograrlo».
- «Me perdono por haberme dejado llevar por la tristeza y el desánimo, y abrazo a mi niño interior con amor».
- «Soy una persona fuerte y capaz; elijo confiar en mí y defenderme cuando lo necesito».

- «Me permito soñar y visualizar mis deseos, y confío en que encontraré la manera de conseguir materializarlos».
- «Acepto que la vida tiene momentos no tan fáciles y que tengo todo lo necesario para afrontarlos con alegría y amor».
- «Todo lo que me sucede me ayuda a ver el amor donde antes no lo veía, y aprendo cada día a ver los retos como oportunidades de crecer».
- «Me permito disfrutar de las pequeñas cosas de la vida y darme alegría y placer, para sentirme bien y tener más fuerzas cuando vengan momentos de dificultad».
- «Me permito mostrar mi tristeza cuando lo necesito, y pido ayuda a las personas que quiero para ver la vida con más alegría y amor».

5. Acciones
- Repite los mensajes de tu cuerpo todos los días.
- Toma algunas decisiones para salir de la tristeza y empieza a disfrutar más de la vida: tu cuerpo te lo agradecerá.
- Haz una lista de los deseos que te gustaría cumplir, de forma razonable y realista para ti, y empieza a diseñar un plan para lograrlos.
- Permítete dar pasos hacia lo desconocido y llénate de amor cuando otras personas te intenten transmitir miedos, pues solo podrás cumplir tus deseos cuando tu confianza interior sea mayor que los miedos de los demás.
- Investiga más posibles mensajes y… ¡ámate!

BOCA: PROBLEMAS GENERALES
(Y DOLOR Y HERIDAS)

Este significado se refiere a cualquier problema que afecte al interior de la boca, como dolor de la mucosa o de las encías, problemas en la lengua, en los dientes, morderse los carrillos, úlceras, etc.

1. Significado
Lo más importante: Cualquier problema en la boca tiene dos posibles mensajes: por un lado, puede indicarte que te has cerrado a dejar entrar en tu mente una idea nueva que podría serte de utilidad; por

otro, puede significar que tienes algo que expresar pero te frenas de hacerlo debido a un miedo.

Añade el significado del lado afectado, DERECHO O IZQUIERDO (p. 50), para saber en qué área de tu vida debes buscar el mensaje.

Puedes consultar también el significado de ÚLCERA, DIENTES, ENCÍA, LABIOS, LENGUA.

Tu verdadero deseo: Si rechazas una idea nueva, tu verdadero deseo es abrirte más a lo nuevo en tu vida. Si te has impedido expresar algo, tu verdadero deseo es expresarte con libertad y sentirte bien haciéndolo.

Significado en detalle: La boca representa, por un lado, la parte del cuerpo por donde entran los alimentos nuevos; por otro, la que utilizamos para hablar, es decir, expresar nuestros pensamientos hacia fuera.

De esta forma, cualquier problema o DOLOR en la boca que te impida comer bien, masticar bien y dejar entrar el alimento estaría indicándote que ha aparecido ante ti una situación o persona nueva de la que podías aprender algo, pero la has rechazado sin darle ni la más mínima oportunidad a tu mente para revisarla.

De forma análoga, los problemas que te impiden hablar o vocalizar bien (sobre todo los dolores en la lengua y en los labios) te indicarían que tienes una necesidad de expresar algo importante para ti pero te sentirías culpable si lo hicieras —por un miedo o creencia que tienes y por lo cual te lo impides—, o te sientes culpable si lo has hecho ya.

En el caso de que te hayas mordido la boca o la lengua, es probable que tuvieras algo que quisieras decir pero que te has guardado (de ahí la expresión «morderse la lengua»), y si además aparece una úlcera o HERIDA y no cicatriza bien, es importante que expreses lo que sientes, porque si no, estarás alimentando el rencor que hay en ti (ver ÚLCERA).

Una herida o **fisura** en los labios por dentro o por fuera, que te impide sonreír o abrir bien la boca, te estaría indicando que deseas sonreír más a la vida o decir más alto y claro lo que piensas en determinadas situaciones (ver FISURA).

Un problema en las **encías** que te moleste al masticar estaría relacionado con alguna decisión nueva que deseas tomar y poner en práctica pero te lo impides (ver ENCÍAS); si te afecta a los **dientes**, puede estar relacionado con defenderte o con manifestar tus deseos (ver DIENTES).

El mensaje principal de la boca es que te abras a lo nuevo y que expreses tu verdad sin sentirte culpable, pues tu mente necesita experiencias para que el alma crezca y aprenda sobre el amor. Descubre lo mucho que puedes disfrutar si aprendes a confiar en que lo nuevo siempre trae cosas positivas a tu vida, y evita guardarte dentro los pensamientos negativos, expresándolos con amor lo antes posible, pues así evitarás que generen heridas en tu boca.

Descubre las creencias que te impiden dejar entrar lo nuevo y expresarte con libertad.

2. Investigación

Viaja con tu mente al momento en que apareció el síntoma; ayúdate de las **preguntas generales (p. 68)** y añade las siguientes:

- ¿En qué situación, poco antes de que apareciera el problema en la boca, te impediste expresar algo que te molestaba o que era importante para ti?
- ¿Qué situación o idea nueva te molestó hasta el extremo de rechazarla desde el principio, sin darle ninguna oportunidad?

3. Creencias (erróneas)

Busca las creencias limitantes (normalmente inconscientes) con las que más te identificas o encuentra en ti algunas similares:

- «No debo aceptar ideas nuevas, porque puedo sufrir o volverme mala persona».
- «La vida debería ser como es, no me gustan los cambios de ningún tipo o en ciertas partes de mi vida; todo debería seguir igual».
- «No soy capaz de procesar bien eventos nuevos ni de discernir bien lo que me pasa, no se me da bien masticar nuevas ideas».
- «No debo expresar lo que pienso, debo "morderme la lengua"».
- «Si digo lo que siento, seré rechazado, así que prefiero callarme, aunque sufra o guarde rencor hacia esa persona».
- «Necesito expresarme ya, pero me da miedo que pueda pasar algo malo que temo; me sentiría culpable si hablo».

4. Mensajes

Para cambiar tus creencias puedes usar las siguientes afirmaciones; te invito a crear las tuyas usando el **método general (p. 76):**

- «Me permito dejar entrar en mi mente ideas nuevas y confío en que todo lo que se me presenta delante está ahí para ayudarme a crecer en el amor».
- «Me permito cambiar de opinión y aceptar aquello que rechacé demasiado rápido, para ver la utilidad que puedo sacar de ello».
- «Elijo ser una persona más flexible cada día y más abierta a lo nuevo, y confío en que seguiré siendo buena persona».
- «Tengo todas las capacidades necesarias para reflexionar sobre nuevas ideas y sacar de ellas todo su potencial positivo».
- «Me permito expresar lo que siento y lo que necesito expresar para estar en paz, y confío en que, pase lo que pase, estaré bien».
- «Tengo derecho a expresarme abiertamente y encuentro la manera de hacerlo cada día con más amor, respetando la opinión de los demás».
- «Me permito hablar con claridad con _____ (la persona con la que temes hablar) y acepto su reacción, abrazándome con amor».

5. Acciones

- Repite los mensajes de tu cuerpo todos los días.
- Si te has impedido expresar algo importante poco antes del problema bucal, ¡hazlo! Y si son varias cosas, a varias personas, también. Verás que encuentras la manera de hacerlo con amor, desde lo que tú sientes.
- Si ha aparecido ante ti alguna situación o idea nueva y la has rechazado, dale una nueva oportunidad y mira a ver si eso que sucede puede enseñarte algo bueno para ti. Sobre todo, averigua si es una situación que se repite en tu vida, tal vez con personas diferentes pero de contenido similar, porque suele ser la forma en la que tu alma te comunica que ahí hay una lección importante de amor para ti.
- Investiga más posibles mensajes y... ¡ámate!

BOCA: CALENTURA LABIAL (O FUEGO O HERPES LABIAL)

Consiste en una infección vírica por el herpes labial que se caracteriza por unas lesiones ulcerosas en la piel de los labios, rodeadas por un borde rojo, que suelen producir picor, ardor y hormigueo en la zona.

1. Significado

Lo más importante: Si tienes una calentura significa que has vivido una experiencia que te ha hecho juzgar y rechazar al sexo opuesto, o a una persona de tu entorno, con una actitud de «todos son iguales». Puede que te impidas también besar o acercarte a tu pareja.

Añade el significado del lado afectado, DERECHO O IZQUIERDO (p. 50), para saber en qué área de tu vida debes buscar el mensaje.

Puedes consultar también el significado de BOCA, LABIOS.

Tu verdadero deseo: Aceptar más a alguien o a las personas del sexo opuesto (o del que rechazas) y verlas con amor, permitiéndote acercarte a ellas y expresarte más.

Significado en detalle: Toda infección vírica te indica que te has dejado influir por una forma-pensamiento negativa, creada por ti o por otras personas, y en este caso su aparición en los labios te dice que te gustaría manifestar tus deseos, sobre todo sexuales o de expresión de afecto con tu pareja o con alguien, pero que tus juicios hacia esa persona o hacia el sexo opuesto (o el que rechazas) te impiden hacerlo.

Es posible que hayas vivido un conflicto con tu pareja o que hayas visto el de otra pareja, y que eso te haya despertado una idea de crítica hacia el comportamiento del sexo opuesto.

Puede que te hayas sentido humillado por tu pareja o por alguien, probablemente una persona que te gusta o a quien deseas, y que, en lugar de expresar tu rabia, te la hayas guardado dentro, acumulando rencor.

Si observas bien, tu enfermedad te impide besar, acercarte a otras personas con tu cariño y expresarte del todo como deseas, lo que te indica que tu verdadero deseo es precisamente ese. Además, por su aspecto desagradable, te indica que te juzgas por lo que los demás puedan pensar sobre ti en ese tema que te preocupa y que en el fondo de ti quieres ser tú mismo y dejar de temer que otros te juzguen si te permites ser una persona más amorosa con el sexo opuesto.

Tu cuerpo te manda el importante mensaje de que te abras más a nuevas ideas y a aceptar más a las personas del sexo opuesto o a quienes rechazas, tal y como son, sin crear juicios o generalizaciones que te separan y no te facilitan amar.

Lo que más anhela tu alma es expresar tu amor y tus deseos, y, si hay algo que no te gusta de la otra persona, expresarlo también con amor, sin guardarte la ira o el rencor que te ha producido y que después te ha hecho rechazar a todas las personas a las que ves iguales.

Date cuenta de que todo lo que rechazas en la otra persona lo rechazas en ti mismo, y que, si te permites ver ese aspecto negativo en ti y adviertes que también tienes el equivalente positivo, comprenderás que en la vida siempre existe equilibrio, y que en eso consiste el amor.

Abraza los defectos que ves en el sexo opuesto o en otras personas, permite que salga el gran amor que tienes en tu corazón para los demás y descubre las creencias que te impiden amar como tu corazón desea.

2. Investigación

Viaja con tu mente al momento en que apareció el síntoma; ayúdate de las **preguntas generales (p. 68)** y añade las siguientes:

- ¿En qué situación criticaste a alguien, quizás del sexo opuesto o a tu pareja, generalizando tu juicio a todas las personas de ese grupo, poco antes de que apareciera el herpes?
- ¿Qué ideas negativas sobre el sexo opuesto o sobre alguien cercano has dejado que te influyan, hasta el punto de alejarte de la persona o personas que amas?
- ¿A quién deseas besar o expresar tu afecto pero te lo impides por sentir que te ha tratado mal o por miedo a que lo haga?

3. Creencias (erróneas)

Busca las creencias limitantes (normalmente inconscientes) con las que más te identificas o encuentra en ti algunas similares:

- «Todas las mujeres son iguales».
- «Todos los hombres son iguales».
- «No soporto a _____ (esa persona a la que rechazas), aunque me hace sentir cosas y me gustaría aceptarlo».
- «Mi pareja o la persona que me gusta me ha hecho daño; son todos unos _____ (lo que piensas de ellos); siento rabia y rencor, pero prefiero no decirlo».
- «Lo que más deseo es besar o expresar mi afecto a la persona que amo, pero si lo hago seré considerado una persona débil, así que debo mostrar mi rechazo a esa persona».

- «Todos los hombres son unos _____ (un insulto), solo piensan en sexo».
- «Todas las mujeres son unas _____ (un insulto)».

4. Mensajes

Para cambiar tus creencias puedes usar las siguientes afirmaciones; te invito a crear las tuyas usando el **método general (p. 76):**

- «Me permito abrir mi mente a ideas nuevas, y elijo perdonar a _____ (mi pareja, el sexo opuesto, etc.) por lo que no me gusta, aceptándolo con amor».
- «Existen hombres maravillosos; cada uno de ellos es diferente y único, y sus defectos me ayudan a amar partes de mí misma como mujer».
- «Existen mujeres maravillosas; cada una de ellas es diferente y única, y sus defectos me ayudan a amar partes de mí mismo como hombre».
- «Me permito expresar con amor lo que me ha molestado de la persona que me gusta o por la que siento afecto, diciéndole cómo me siento y pidiéndole respeto, y entiendo que lo ha hecho lo mejor que sabía».
- «Me permito expresar mis verdaderos deseos, afectivos o sexuales, a la persona que me gusta, y aprendo a amar más a _____ (las mujeres/los hombres) tal y como son, con sus virtudes y sus defectos».
- «Me permito amar más y besar a la persona que quiero, perdonando en ella y en mí lo que todavía no amo del todo».
- «Elijo ver lo positivo donde antes solo veía lo negativo en el sexo opuesto, encontrando el equilibrio dentro de mí».

5. Acciones

- Repite los mensajes de tu cuerpo todos los días.
- Habla con la persona que te ha removido las emociones y ha provocado ese juicio que has creado en tu mente, o con quien necesites hablar, y libera de la forma más amorosa posible la rabia que has sentido. Verás que tu corazón se alegra y se llena otra vez de amor.
- Busca las ideas negativas que tienes sobre el sexo opuesto o sobre cierto tipo de personas, y analiza de dónde vienen y si todavía quieres seguir alimentando ese juicio y separación. Solo tú puedes deci-

dir soltar una creencia que has elegido alimentar. Cuando dejes de hacerlo, tu cuerpo notará el cambio.

- Observa las ocasiones en las que tú mismo muestras a otros aquello que rechazas en esa persona y observa que también tiene cosas buenas, para ti y para otros. Cuando veas el equilibrio, perdonarás y sentirás liberación.
- Investiga más posibles mensajes y... ¡ámate!

Boca: dientes (problemas)

Este significado se refiere a cualquier problema de los dientes, como caries, roturas, deformaciones de la posición normal, etc.

1. Significado

Lo más importante: Los problemas en los dientes están relacionados con una dificultad para tomar decisiones y afrontar retos que te lleven a cumplir tus deseos vitales, y también con una dificultad para defenderte de las agresiones de los demás y «enseñar los dientes».

Añade el significado del lado afectado, DERECHO O IZQUIERDO (p. 50), para saber en qué área de tu vida debes buscar el mensaje.

Si te rechinan los dientes, consulta MANDÍBULA. Si el problema afecta a las encías, consulta ENCÍA.

Tu verdadero deseo: Actuar para manifestar lo que realmente quieres, poner límites a los demás cuando lo necesitas y atreverte a vivir una vida plena en todos los sentidos.

Significado en detalle: Los dientes y muelas tienen varias funciones, con su correspondiente significado metafísico.

Por un lado, respecto al alimento (que representa las ideas y sucesos nuevos en nuestra vida), los incisivos sirven para cortar (separar una idea particular de lo general); los caninos, para desgarrar (mostrar agresividad o ira hacia una idea o hacia algo que vemos como una agresión y sobrepasa nuestros límites); los premolares, para triturar (convertir una idea compleja en partes más simples), y los molares, para moler (dejar una idea en la forma más sencilla posible para su digestión mental).

Todo problema que **te impida morder o masticar** es una indicación de que no te permites «pegarle un buen mordisco» a la vida, es decir, disfrutar de la vida, vivir experiencias, luchar por lo que crees y deseas, tomar decisiones para manifestar tus deseos y, en definitiva, exprimir al máximo la vida para sacarle todo, aunque sea difícil a veces. Debes aprender a hacerte la pregunta: «¿Qué quiero en mi vida?».

Puede que sufras porque te sientes incapaz de analizar bien ciertas situaciones, «triturar» y separar las ideas nuevas que pueden ser útiles y quedarte con lo importante para empezar a digerirlo y sacarle partido a esa experiencia.

Si **has perdido los dientes** y muelas o no puedes usarlos bien, es probable que te sientas débil o frágil, incapaz de defenderte ante los demás o de tomar decisiones para manifestar la fuerza de tu alma, y que hayas aceptado una vida fácil, sin esfuerzo de ningún tipo (quizás te gustaría que todo te lo dieran «masticado», aunque te avergüence reconocerlo).

Si sufres **desgaste o pérdida de esmalte**, significa que te sientes utilizado por otras personas y que crees que no puedes hacer nada.

En esos casos, tu cuerpo te dice que confíes en tu capacidad de afrontar nuevas situaciones, en tu capacidad de «luchar» por lo que crees y por tus sueños (cuando amas lo que haces, ningún esfuerzo es una lucha), que uses más tu capacidad de discernimiento para tomar decisiones de acuerdo a tus deseos, apartando lo que no te sirve en tu camino, y que uses tu mente para diseñar planes que te ayuden a materializar lo que deseas en tu vida.

Si tienes **caries**, te indican una dificultad de aceptar a otra persona, por acumular demasiada ira y rechazo hacia ella, lo que te impide manifestar tus verdaderos deseos y sonreír ante la vida. Te invita a aceptar que hay personas que piensan diferente a ti y a aprender a reírte más de las situaciones de la vida y de ti mismo, mientras pones los límites que necesitas para lograr lo que deseas.

Por otro lado, los dientes frontales nos permiten sonreír y, al mismo tiempo, mostrar nuestra ira a los demás y nuestra capacidad de defendernos (como indica la expresión «enseñar los dientes») cuando nos sentimos atacados, ocupando nuestro lugar y respetando nuestros límites. Sin ellos parecemos más «indefensos». También nos permiten trocear la comida, o dividirla, y eso representa nuestra capacidad de discernir entre las ideas que queremos dejar entrar, de las que queremos dejar fuera.

Un problema en estos dientes puede indicarte que te cuesta ocupar tu lugar o defender tu espacio, tus ideas o tu libertad. También puede indicar que crees que no puedes discernir lo que es bueno para ti de lo que no y que no puedes expresar con firmeza tu verdad.

Por ejemplo:

Si tienes un problema que afecta a **la estética** de tus dientes frontales (oscurecimiento, caninos que sobresalen, caries, etc.), significa que te avergüenzas de defenderte o de mostrar oposición a una idea, y prefieres poner buena cara y sonreír, de tal forma que, con el problema dental, tu sonrisa pasa a ser «menos bonita», mostrando así tu verdadero enfado interior.

Cuando el problema de dientes te produce **defectos sonoros al hablar** (como silbido, ceceo o seseo), el producir un habla graciosa o poco seria te indicaría que no te permites expresarte con claridad, seriedad y firmeza para defender tu espacio o tus límites. En ese caso necesitas volver a creer en tu poder, en tu fuerza para crear y tomar decisiones, y en tu capacidad de defenderte y ocupar tu lugar. Permítete defenderte más y «enseñar los dientes» cuando algo te enfada o te molesta, para que las personas que te rodean vean cuáles son tus límites y los respeten hasta que esos límites cambien o desees quitarlos por ti mismo.

Si tu problema dental **te impide sonreír** con libertad, tu deseo es sonreír más a la vida, reírte de ti mismo y de las situaciones cotidianas, sintiendo más el amor que te rodea y poniendo seriedad solo en lo que concierne a respetar tus límites y tu libertad.

Los problemas en **las muelas del juicio** se relacionan con el miedo a madurar o con la aparición de la madurez mental y espiritual, que crea conflictos interiores por dejar atrás la niñez y la adolescencia.

Los dientes y muelas **superiores** se relacionan con el mundo de tus deseos, con permitirte desear y proyectar lo que quieres vivir en tu vida, y los **inferiores** se relacionan con dar forma y concretar esos deseos en el mundo material, con llevar a la práctica lo que deseas.

El **lado izquierdo** de la boca se relaciona, como siempre, con situaciones con seres queridos, la pareja, la familia y el mundo interior, y en ocasiones, con la madre y tus conflictos con la figura femenina.

El **lado derecho** se relaciona con situaciones vinculadas con lo material, el trabajo, lo físico, con relaciones lejanas o poco afectivas, y, en algunos casos, con el padre y tus conflictos con la figura masculina y la autoridad.

En general, el mensaje de tus dientes es que te permitas actuar para cumplir tus deseos, analizando bien las situaciones con tu discernimiento para crecer en tu comprensión del amor, defendiéndote cuando lo necesites y creyendo en tu fuerza para superar cualquier obstáculo que se presente.

Descubre las creencias que te impiden crear y vivir la vida que realmente deseas, respetando tu espacio.

2. Investigación

Viaja con tu mente al momento en que apareció el síntoma; ayúdate de las **preguntas generales (p. 68)** y añade las siguientes:

- ¿En qué situaciones, poco antes de que apareciera el problema de tus dientes, empezaste a dudar de tu capacidad para decidir y crear tu vida?
- ¿Qué deseos te guardas y te impides manifestar por miedo a no ser capaz de usar bien tu mente?
- ¿En qué áreas de tu vida crees que no se te da bien analizar las situaciones y te impides actuar o defenderte?
- Incisivos y caninos: ¿En qué situación te impides sonreír, o te obligas a sonreír cuando quieres «enseñar los dientes» y defenderte?
- Molares y premolares: ¿Qué ideas o proyectos nuevos te desanima afrontar porque te sientes indefenso o crees que la vida debería ponértelo más fácil, en lo afectivo (izquierda) o en lo material (derecha)?

3. Creencias (erróneas)

Busca las creencias limitantes (normalmente inconscientes) con las que más te identificas o encuentra en ti algunas similares:

- «No soy capaz de analizar bien las situaciones y me cuesta decidirme para actuar».
- «Me gustaría lograr mis sueños, pero no me veo capaz; me da miedo afrontar las dificultades que pueda traerme el decidir cumplirlos».
- «Prefiero una vida cómoda y agradable, aunque esté vacía, a esforzarme en lograr mis sueños».
- «Tengo muchos deseos, pero no me atrevo a manifestarlos».
- «Me siento débil y vulnerable ante los ataques de los demás; no soy capaz de defenderme ni de poner límites».
- «No quiero poner nunca mala cara ni enfadarme; prefiero sonreír siempre, aunque esté enfadado».

- «No estoy ocupando el lugar que me corresponde en mi familia o en mi trabajo, pero no puedo hacer nada, no sé defenderme».
- «Me cuesta reírme de los problemas y de las situaciones complicadas de mi vida; todo es demasiado difícil».

4. Mensajes

Para cambiar tus creencias puedes usar las siguientes afirmaciones; te invito a crear las tuyas usando el **método general (p. 76):**

- «Tengo todo lo necesario para tomar decisiones que me lleven a cumplir mis sueños y vivir la vida que realmente deseo».
- «Me decido por mí mismo, tomo las riendas de mi vida y actúo para manifestar los deseos de mi corazón».
- «Soy un alma valiente y preparada, y soy capaz de afrontar los desafíos que me presenta la vida para avanzar y crecer en el amor».
- «Soy un Ser poderoso, y soy capaz de valerme por mí mismo y de crear una vida plena y satisfactoria».
- «Soy perfectamente capaz de defenderme cuando lo considero necesario, usando todos los medios disponibles para respetar mi libertad».
- «Aprendo cada día más a decir lo que me molesta con amor, a respetar mis límites y a expresar lo que siento a otras personas».
- «Soy buena persona cuando digo lo que me molesta y "enseño los dientes"; permito a mi guerrero que defienda a mi niño interior».
- «Me permito poner mala cara de vez en cuando y "enseñar los dientes"».
- «Soy capaz de dar un buen bocado a la vida, de disfrutarla al máximo y de vivir todas sus experiencias con intensidad, amor y paz».
- «Dejo salir mi fuerza y entusiasmo por la vida, y tomo decisiones claras que me lleven a cumplir mi destino más grandioso».
- «Soy capaz de analizar todas las situaciones que se me presentan y de sacar lo verdaderamente útil de ellas usando mi discernimiento».
- «Me permito ocupar mi verdadero lugar en mi familia, dejando a cada persona en el suyo y poniendo límites si es necesario».
- «Me permito ocupar mi verdadero lugar junto a mis compañeros, respetando mi libertad y su libertad dentro del grupo».

5. Acciones

* Repite los mensajes de tu cuerpo todos los días.
* Haz una lista de las decisiones que has ido postergando y que te llevarían a cumplir tus sueños, y empieza a definir un plan para lograr lo que deseas.
* ¡Actúa! No esperes más para vivir la vida que deseas, empieza a dar pasos hacia ella y aprende sobre la marcha de tus errores y experiencias.
* Comienza a hablar y a defenderte de las personas por las que te sientes agredido; tienes todo lo necesario para lograrlo.
* Investiga más posibles mensajes y... ¡ámate!

BOCA: ENCÍA (PROBLEMAS, GINGIVITIS, SANGRADO)

Se refiere a cualquier síntoma que afecte a las encías específicamente, que son las zonas de la boca que cubren la mandíbula y los maxilares y rodean y protegen la base de los dientes.

1. Significado

Lo más importante: El dolor o inflamación de la encía significa que tienes miedo a poner en práctica una decisión que has tomado, por temor a las consecuencias. La encía superior se vincula con permitirte desear; la inferior, con poner en práctica o materializar tus deseos.

Si hay sangrado, significa que pierdes alegría de vivir por las decisiones que has tomado o quieres tomar; te tomas demasiado en serio la vida y sus decisiones.

Añade el significado del lado afectado, DERECHO O IZQUIERDO (p. 50), para saber en qué área de tu vida debes buscar el mensaje.

Puedes consultar también el significado de DIENTES, BOCA.

Tu verdadero deseo: Confiar en ti y decidirte a hacer lo que deseas, confiando en que las consecuencias serán perfectas como sean, pues todo es amor.

Significado en detalle: Cuando tienes problemas en las encías, tu cuerpo te dice que llevas un tiempo dudando si debes llevar a cabo o no algo que sientes que debes hacer para estar bien. Te impide pasar a la acción, porque crees que sucederá algo malo y no podrás afrontarlo; aunque sabes ya lo que realmente deseas hacer, no lo haces.

Observa tus miedos y verás que eso que temes no es para tanto; confía en que, si haces lo que sientes que es tu verdad, todo saldrá bien y que, pase lo que pase, lograrás salir adelante.

Cuando la encía se inflama (GINGIVITIS), representa la liberación de emociones negativas que se acumularon mientras no sabías qué hacer, y ahora que lo sabes, mientras no lo pongas en práctica, permanecerá avisándote hasta que lo hagas (ver INFLAMACIÓN).

Cuando te sangran las encías (SANGRADO), tu cuerpo te indica que te entristece tener que tomar decisiones, porque crees que, en ocasiones, la vida es demasiado seria. Te tomas tus decisiones muy en serio y piensas demasiado en las consecuencias.

Debes aprender a jugar más con la vida y a no tomarte tan en serio tus actos; estos son simplemente elecciones que haces para que tu alma practique cosas nuevas, y no pasa nada por equivocarte, pues en realidad no hay errores, solo experiencias.

Busca el significado de los dientes cercanos al problema de encías y verás qué decisiones te cuesta llevar a la práctica. Por ejemplo, en el colmillo superior derecho, la encía te indica que has tomado la decisión de defenderte, que deseas defenderte y sacar tu parte masculina para poner límites, pero te da miedo que suceda algo malo si lo haces; no te permites ese deseo.

Encuentra las creencias que te impiden llevar a cabo la decisión que sientes que es la correcta.

2. Investigación

Viaja con tu mente al momento en que apareció el síntoma; ayúdate de las **preguntas generales (p. 68)** y añade las siguientes:

- Desde que empezó el problema de encías, ¿qué decisión no te permites poner en práctica por miedo a las consecuencias?
- ¿Qué temes que suceda si haces lo que deseas en lo afectivo o la vocación (lado izquierdo), o en lo material o físico (lado derecho)?
- ¿Qué decisiones te tomas demasiado en serio, hasta el punto de pensar constantemente en las consecuencias de ello?

3. Creencias (erróneas)

Busca las creencias limitantes (normalmente inconscientes) con las que más te identificas o encuentra en ti algunas similares:

- «Ya sé lo que quiero, pero me da miedo actuar y sufrir».
- «Si hago lo que siento que deseo y que creo que es mejor para mí, pasará _____ (algo malo que temes, hacia ti o hacia otra persona)».
- Encía superior: «No puedo desear _____ (algo importante para ti), aunque tenga muchas ganas, porque si lo hago habrá consecuencias».
- Encía inferior: «No puedo manifestar mis deseos, aunque ya haya decidido lo que quiero, porque pasará algo malo».

4. Mensajes

Para cambiar tus creencias puedes usar las siguientes afirmaciones; te invito a crear las tuyas usando el **método general (p. 76):**

- «Me permito llevar a cabo la decisión que siento que es la correcta y confío en que todo va a salir bien».
- «Puedo tomar mis decisiones con valor y confianza; la vida siempre cuida de mí y de mis seres queridos».
- «Me permito desear todo lo bueno y manifestar mis deseos».
- «La vida es un juego donde elijo cada día nuevos escenarios, y es divertida y amorosa».
- «Me permito ser niño y jugar con la vida, y pongo en práctica mis decisiones escuchando a mi corazón».

5. Acciones

- Repite los mensajes de tu cuerpo todos los días.
- Busca cuál es la decisión que quieres manifestar pero no lo haces, y... ¡hazlo! Aprende de las consecuencias y quiérete con cada paso que das.
- Investiga más posibles mensajes y... ¡ámate!

BOCA: LABIOS (PROBLEMAS, DOLOR)

Este significado se refiere a cualquier dolor, fisura o problema de piel en la zona de los labios.

1. Significado

Lo más importante: Los problemas en el labio superior están relacionados con los deseos que tenemos, con no permitirnos desear y con nuestra preocupación por lo que piensen otros sobre lo que deseamos.

Los problemas en el labio inferior se relacionan con la manifestación de esos deseos en nuestra vida y con la preocupación por lo que piensen otros sobre nuestra forma de expresar nuestra esencia en el mundo físico.

Añade el significado del lado afectado, DERECHO O IZQUIERDO (p. 50), para saber en qué área de tu vida debes buscar el mensaje.

Puedes consultar también el significado de BOCA (problemas), CALENTURA LABIAL, PIEL: FISURA.

Tu verdadero deseo: Quieres permitirte desear y manifestar tus deseos en el mundo físico sin preocuparte por la opinión de los demás.

Significado en detalle: Cuando tienes un problemas en los labios, como una herida, una fisura, la piel seca o dañada, o un herpes labial, tu cuerpo te manda el mensaje de que tienes uno o varios deseos que te gustaría mostrar y manifestar a los demás, pero no te permites hacerlo por miedo a ser juzgado si lo haces.

Ten en cuenta que los labios se usan para hablar, sonreír o besar, y, si ves aquello que tu problema en los labios te dificulta hacer, sabrás lo que realmente deseas hacer, pero el miedo a que te juzguen te lo impide.

Por ejemplo, yo a veces tengo una fisura en el labio que me duele al bostezar, que es abrir mucho la boca. Eso me indica que quiero hablar y expresarme con urgencia, pero que me da miedo hacerlo porque me siento dividido entre dos opciones (ver FISURA) y creo que me pueden juzgar. Otras veces me duele al sonreír, lo que me indica que quiero ser más alegre y amable, pero me lo impido por un miedo.

Los problemas en los labios, por ser estos parte de la boca, también te indican una dificultad para dejar entrar en ti nuevas ideas que te podrían ayudar a crecer en tu evolución hacia el amor.

2. Investigación

Viaja con tu mente al momento en que apareció el síntoma; ayúdate de las **preguntas generales (p. 68)** y añade las siguientes:

- Labio superior: ¿Qué deseos no te permites tener por miedo a que te juzguen, desde poco antes de que apareciera el problema?

- Labio inferior: ¿Qué deseos no te permites manifestar desde poco antes de que apareciera el síntoma?
- ¿Qué miedo te impide hacer aquello que harías con tus labios (hablar, sonreír, besar, etc.) si no tuvieras el dolor o síntoma?

3. Creencias (erróneas)

Busca las creencias limitantes (normalmente inconscientes) con las que más te identificas o encuentra en ti algunas similares:

- «No debería desear _____ (algo que deseas) porque no está bien, no es espiritual o me van a rechazar por pensar así».
- «No está bien querer manifestar lo que deseo, porque los deseos son de personas débiles y yo estoy por encima de eso».
- «Si expreso lo que deseo, se burlarán de mí y sufriré mucho».
- «No debo _____ (reír, hablar alto y claro, besar a mi pareja, etc.), porque pueden juzgarme y sucederá algo que me da miedo».

4. Mensajes

Para cambiar tus creencias puedes usar las siguientes afirmaciones; te invito a crear las tuyas usando el **método general (p. 76):**

- Labio superior: «Me permito desear con alegría y libertad, y disfruto al mostrar hacia fuera lo que siento».
- Labio inferior: «Me permito manifestar mis deseos y disfrutar de la vida, aceptando lo que los demás opinen con amor».
- «Desear es maravilloso, porque le permite al alma crear cosas nuevas en el mundo desde el amor».
- «Es bueno y deseable materializar mis deseos, y acepto que todos tenemos el derecho y la capacidad de hacerlo».
- «Me permito _____ (reír, besar, hablar) con alegría y amor, y me acepto tal y como soy».
- «Me abro a nuevas ideas y visiones sobre la vida, y actúo de acuerdo a lo que siento y deseo en cada momento, con amor».

5. Acciones

- Repite los mensajes de tu cuerpo todos los días.
- Haz una lista de lo que deseas y permítete soñar y realizar poco a poco todo lo que sientes. Descubrirás que algunas cosas realmente no eran lo que querías y otras sí, o verás que todo lo que deseamos

viene con ventajas e inconvenientes que nos ayudan a refinar nuestros verdaderos deseos y a saber quiénes somos.

• Investiga más posibles mensajes y... ¡ámate!

BOCA: LENGUA (PROBLEMAS, DOLOR)

Se refiere a todos los problemas que afectan a la lengua, como heridas, úlceras, lengua blanca, mordidas, etc.

1. Significado

Lo más importante: Los problemas en la lengua son varios y pueden simbolizar una dificultad para expresarte sin sentirte culpable, una dificultad para ser flexible dejando entrar ideas nuevas o un problema para permitirte experiencias diferentes que te hagan saborear más la vida.

Añade el significado del lado afectado, DERECHO O IZQUIERDO (p. 50), para saber en qué área de tu vida debes buscar el mensaje.

Puedes consultar también el significado de BOCA (problemas).

Tu verdadero deseo: Expresarte con claridad y honestidad, sin miedo y sin culpa; ser más flexible a la hora de vivir experiencias nuevas y pensar diferente, y saborear más tus emociones y la vida en general.

Significado en detalle: La lengua es un órgano que tiene varias funciones dentro de la boca: sirve para hablar correctamente y hacerse comprender, para mover el alimento y facilitar su masticado y deglución mediante su movimiento y la saliva que se produce, y también sirve para saborear la comida ingerida y distinguir los sabores que te gustan de los que no te gustan.

De esta forma, si tu problema en la lengua te impide hablar correctamente o si te muerdes la lengua de repente, significa que deseas expresar algo importante, pero te sientes culpable si lo haces y te castigas mediante ese problema o dolor.

En ese caso, el mensaje de tu lengua es que te expreses con libertad, encontrando la forma de que tu mensaje llegue a la otra persona con amor, pero también con sinceridad y claridad. No tienes que callarte por pensar que otra persona va a sufrir, pues, si es algo que necesitas decir, irás aprendiendo la mejor forma de expresarlo con la práctica.

Si el problema de la lengua te impide comer, mover el alimento o tragar bien, significa que te sientes culpable por dejar entrar ideas nuevas en tu vida o experiencias nuevas, o incluso puede que te sientas culpable por lo que comes. Te gustaría ser más flexible, al igual que deseas que tu lengua vuelva a moverse con naturalidad y flexibilidad.

Con ese problema, tu cuerpo te dice que te permitas dejar entrar en ti formas nuevas de pensar o que aceptes los eventos nuevos que estás viendo en tu vida. Por ejemplo, en el caso de sentirte mal por lo que comes, tal vez quieras empezar a creer que puedes permitirte comer lo que deseas y sentirte bien haciéndolo, y observar si comer eso te produce otro síntoma (como sobrepeso o cualquier otro); entonces podrás interpretar ese nuevo mensaje. Si ves que no aparece ningún síntoma al comer lo que deseas, simplemente quieres disfrutar de lo que comes y entender que sienta mejor al cuerpo lo que comemos con placer y alegría (sin culpa) que aquello que creemos que es sano pero comemos sin disfrutar.

Si tu problema en la lengua te impide saborear bien la comida, quizás hayas dejado de buscar emociones en tu vida y ya no quieras saborearla bien por miedo a sufrir si experimentas cosas nuevas. Por ejemplo, el tabaco y el alcohol, que son dos sustancias que pueden disminuir el gusto, a nivel metafísico te indicarían que crees que debes sentir menos o alejarte de las emociones que sientes con otras personas.

En ese caso, tu cuerpo quiere decirte que tu verdadero deseo es experimentar más, saborear más la vida y sus experiencias, sentir más, conocer personas nuevas y vivir situaciones que le den más sabor y plenitud a tu vida.

Si no distingues bien los sabores, también es posible que no estés utilizando bien tu discernimiento para diferenciar las experiencias que «te saben bien» de las que no. En ese caso, el mensaje sería que trates de analizar más tus experiencias para que empieces a permitir solo las que te gustan y te hacen crecer, y te separes de las que no tienen nada bueno para ti.

Cuando la lengua se pone blanca, que es principalmente un problema estético (si viene con otros síntomas, lee lo anterior), su principal significado es que te preocupa demasiado lo que piensan los demás sobre lo que dices o lo que eliges experimentar en tu vida. Puede que creas que tus palabras no son valiosas o importantes, o que no debes brillar al mostrar tu forma de pensar o de actuar en tu vida.

Si es así, debes aprender a aceptarte más en tu forma de comunicarte, comprendiendo que las personas a veces van a entenderte y otras veces no, y que a veces van a juzgar tus experiencias y otras veces no, pero tú tienes derecho a vivir la vida y a expresarte siempre como deseas, según tu equilibrio y armonía interior, pues eres un Ser valioso.

Descubre las creencias que te impiden expresarte, vivir cosas nuevas, abrirte a nuevas ideas o saborear al máximo la vida.

2. Investigación

Viaja con tu mente al momento en que apareció el síntoma; ayúdate de las **preguntas generales (p. 68)** y añade las siguientes:

- ¿En qué situación te «mordiste la lengua», es decir, te impediste hablar, poco antes de que apareciera el dolor en la lengua?
- ¿En qué situaciones de tu vida te impides saborear y sentir de verdad por miedo a sufrir?
- ¿Qué ideas sobre la vida o sobre la comida te gustaría cambiar o sustituir por otras nuevas, pero te da miedo abrirte a lo nuevo?
- ¿En qué situaciones te preocupa mucho lo que piensen los demás sobre lo que dices o sobre las experiencias que eliges vivir?

3. Creencias (erróneas)

Busca las creencias limitantes (normalmente inconscientes) con las que más te identificas o encuentra en ti algunas similares:

- «Dije algo que no debía y me siento culpable; tal vez merezca un castigo».
- «No puedo expresar lo que siento o pasará algo malo, como, por ejemplo, que alguien sufrirá o yo recibiré un castigo».
- «Algunas comidas son "malas" y, aunque me gustaría comerlas, no debo y no lo hago, y elijo comer cosas que no me gustan tanto».
- «Hay cosas nuevas que están sucediendo en mi vida y que me invitan a cambiar mi forma de pensar y a ser flexible, pero me da miedo cambiar por si sucede _____ (algo malo que temes)».
- «Me da miedo acercarme a otras personas y sentir; prefiero estar un poco lejos emocionalmente y así no siento ni lo bueno ni lo malo».
- «Prefiero una vida tranquila, aunque no tenga mucho sabor, que complicarme la vida con experiencias nuevas».
- «Me preocupa lo que piensen de lo que digo y hago; creo que lo que pienso no les importa o no les va a gustar a los demás».

4. Mensajes

Para cambiar tus creencias puedes usar las siguientes afirmaciones; te invito a crear las tuyas usando el **método general (p. 76)**:

- «Me permito expresarme con libertad y sinceridad cuando siento que lo necesito, y acepto que los demás me dirán lo que sienten si quieren, y aprenderemos juntos a expresarnos mejor».
- «Es bueno que exprese lo que siento, y encuentro cada día formas mejores y más amorosas de hacerlo».
- «Elijo aceptarme totalmente cuando expreso mi verdad».
- «Me permito ser flexible y abrirme a ideas y experiencias nuevas que puedan ayudarme a vivir mejor y con más amor».
- «El cuerpo es un resultado de la mente, y la comida que como refleja la forma en que pienso. Elijo observar lo que sucede en mi cuerpo cuando me permito comer lo que realmente me apetece con alegría y libertad».
- «Me permito acercarme más a otras personas y vivir experiencias más intensas que le den sabor a mi vida y me den alegría de vivir».
- «Acepto que puedo ser juzgado cuando expreso mi verdad y cuando vivo mi vida, y me permito hacerlo en libertad y amor».
- «Acepto que mis palabras son valiosas y mi ejemplo también, y me abrazo con amor».

5. Acciones

- Repite los mensajes de tu cuerpo todos los días.
- Si te impediste hablar y te mordiste la lengua, perdónate por tus miedos y expresa lo que sientes, verás que te comprenden más de lo que pensabas.
- Encuentra la forma de expresarte con amor (diciendo cómo te sientes tú, en lugar de juzgar a los demás) y empieza a apreciar más tus palabras.
- Vive nuevas experiencias que la vida te pone delante e imagina que te vas desprendiendo de tus protecciones poco a poco, sintiendo cada vez más tus emociones y saboreando más lo que te sucede.
- Haz una lista de las ideas nuevas que te gustaría tener sobre la comida o sobre la vida, y descubre los miedos que te impiden creer en ello. Luego crea tus propias afirmaciones sobre el amor y tus acciones para superar esos miedos.
- Investiga más posibles mensajes y... ¡ámate!

Boca: mandíbula y maxilares (problemas, dolor, bruxismo, dientes que rechinan, chasquido)

Este significado se refiere a todos los problemas que afectan a los huesos y músculos de la mandíbula (abajo) y los maxilares (arriba) —los cuales permiten abrir y cerrar la boca y masticar—, a la piel de la zona mandibular y maxilar y a los síntomas que hacen rechinar los dientes o apretarlos en exceso.

1. Significado

Lo más importante: Un dolor o problema en la mandíbula y/o maxilares te indica que llevas tiempo conteniéndote de expresar tu ira o tus deseos más profundos, y que ya no puedes seguir conteniéndote más.

Añade el significado del lado afectado, DERECHO O IZQUIERDO (p. 50), para saber en qué área de tu vida debes buscar el mensaje.

Tu verdadero deseo: Expresar con amor a la persona adecuada aquello que te molesta o lo que sientes, defenderte de agresiones y manifestar tus verdaderos deseos.

Significado en detalle: La mandíbula y maxilares están relacionados con los deseos y las emociones (positivas y negativas), y su expresión verbal o física. Los maxilares superiores, con su encía y sus dientes, se relacionan con el hecho de desear, de permitirte sentir deseos y emociones. La mandíbula, en cambio, se relaciona con la manifestación y expresión de estos deseos y emociones.

El bruxismo, los dientes que rechinan y el chasquido (apretar violentamente los dientes) son problemas que aparecen cuando hay tensión en los músculos que cierran la mandíbula. Con ellos, tu cuerpo te dice que guardas mucha tensión por obligarte a «cerrar la boca», que no expresas tu ira y la reprimes, por eso durante el sueño liberas esa presión apretando los dientes.

Tienes muchos deseos que no llegas a expresar o manifestar; no pides lo que necesitas, por eso tienes tanta ira guardada que se acumula en esa zona. Deseas «enseñar los dientes» para mostrar tu rabia, tu angustia y tu dolor.

Debes empezar urgentemente a expresar lo que deseas, lo que te molesta, lo que te angustia, tus preocupaciones y todo aquello que te hace sentir ira o frustración hacia una persona o situación. Aprende a decir las cosas con amor pero con firmeza, expresando lo que tú sientes.

Entiende que poner límites cuando uno se siente agredido es sano y natural, y además es algo bueno mientras lo hagas con respeto hacia la otra persona —sin creerte mejor ni peor—, tan solo comprendiendo que en ese momento tienes límites que necesitas proteger.

Por ejemplo, si has dejado mucho tiempo que alguien te trate mal y has contenido tu rabia, debes hablar con esa persona y decirle con claridad cómo te has sentido tú ese tiempo, de esta forma, por ejemplo: «Lo que hiciste aquel día me hizo sentir herido», «Me siento frustrado y enfadado por tus palabras o por tus actos», «Deseo hacer esto y esto, y siento que no me lo permites; me siento coartado».

De esta forma, la persona normalmente no percibirá juicio en tus palabras, sino solo la expresión de lo que sientes y necesitas, y podrás liberar tu ira sin causar una nueva discusión.

Encuentra las creencias que te impiden expresar lo que sientes, tu ira y tus deseos.

2. Investigación

Viaja con tu mente al momento en que apareció el síntoma; ayúdate de las **preguntas generales (p. 68)** y añade las siguientes:

- ¿Qué sucedió que te molestó mucho y que no expresaste, poco antes de que apareciera el problema en la mandíbula y/o maxilares?
- ¿Qué pensamientos de rabia o ira contienes y no expresas?
- ¿Qué temes que suceda si expresas tus enfados o tus verdaderos deseos?

3. Creencias (erróneas)

Busca las creencias limitantes (normalmente inconscientes) con las que más te identificas o encuentra en ti algunas similares:

- «No debo expresar a los demás lo que me molesta o seré una persona agresiva».
- «Es mejor poner buena cara aunque alguien me haga daño, no se debe "enseñar los dientes"».
- «Me da miedo convertirme en mala persona si me defiendo de las personas que me agreden».
- «Si expreso mi enfado, las personas se alejarán de mí o me juzgarán».

- «No sé cómo expresar mis deseos ni lo que siento, así que mejor me callo y me contengo».

4. Mensajes

Para cambiar tus creencias puedes usar las siguientes afirmaciones; te invito a crear las tuyas usando el **método general (p. 76):**

- «Me permito expresar mi rabia y mi ira y poner límites a otras personas con firmeza y amor».
- «Tengo derecho a desear y a manifestar mis deseos en mi vida; aprendo cada día a pedir lo que necesito y a expresarme».
- «Es bueno cuidar de mi niño interior y poner límites cuando no me siento respetado; permito a mi guerrero cuidar de mi niño interior».
- «Es bueno "enseñar los dientes" a veces para que otras personas sepan cómo me siento y lo que no me gusta que me hagan».
- «Elijo respetarme, porque así ayudo a otras personas a respetarse más a sí mismas».
- «Elijo expresar lo que me molesta en el momento adecuado, hablando desde lo que yo siento, y sigo siendo buena persona».

5. Acciones

- Repite los mensajes de tu cuerpo todos los días.
- Empieza a pedir lo que necesitas, tratar de manifestar tus deseos y expresar lo que te molesta a los que te rodean. Verás que tu vida se transforma para bien.
- Permítete gritar, aunque sea a solas o al aire, de vez en cuando o cuando sientas tensión o ira interior. Después, averigua la situación en la que no has puesto límites y habla con amor para ponerlos.
- Investiga más posibles mensajes y... ¡ámate!

ERUCTOS (Y AEROFAGIA)

La emisión de eructos (gases emitidos por la boca) sucede cuando se traga demasiado aire al comer o de forma voluntaria, o cuando se generan gases en el estómago.

1. Significado

Lo más importante: La aparición de varios eructos seguidos puede indicarte que has tragado demasiado aire por desear vivir muy deprisa, sin detenerte a apreciar los detalles de la vida y creyendo que necesitas más libertad para experimentar lo que deseas.

También puede significar que has tenido antes un miedo repentino a perder algo o a alguien (ver GASES) y te has liberado en ese momento.

Si te hace sentir vergüenza eructar delante de otras personas, significa que te preocupa demasiado ofrecer a los demás una imagen de alegría y vitalidad, y que por dentro deseas mostrar tu parte más humana y tus defectos.

También puede ser que rechaces los gestos amables y los cumplidos que otras personas te dan, o quizás temas que no sean sinceros.

Puedes consultar también el significado de GASES.

Tu verdadero deseo: Vivir la vida de forma más tranquila, apreciando las pequeñas cosas; relajarte confiando en que nada importante se pierde; aceptar lo bueno que te ofrecen otras personas, y expresar tu lado más humano con confianza y libertad.

Significado en detalle: El aire, como nos permite respirar, está relacionado con la vida y con el sentir de las emociones en las relaciones.

Cuando tragas demasiado aire (AEROFAGIA), significa que no solo deseas respirar la vida y sus emociones, sino que ansías tanto sentir que aceleras tus experiencias, deseando «tragarte» la vida entera de una vez, por miedo a no vivir algo importante. Ese miedo te hace creer que no eres lo bastante libre y te lleva a buscar más libertad y espacio para vivir y actuar.

Si es tu caso, tu cuerpo te dice que debes aprender a confiar en que todo en la vida tiene su ritmo, en que ya eres libre y que no necesitas acelerarte para cumplir tus metas, pues todo se irá colocando en su sitio.

Si tienes exceso de gases en el estómago por la comida que has ingerido, o porque se te ha contraído el estómago, y empiezas a expulsarlos mediante **eructos**, es posible que hayas vivido un miedo repentino a perder algo o a alguien, pero has podido abrazar y liberar tu miedo y el gas sale al liberarte (ver GASES).

También puede significar que te cuesta aceptar las cosas buenas que la vida te da a través de los demás, como los gestos de amor o palabras bellas, que te nutrirían y te ayudarían a creer más en ti y, por miedo a que no sean verdaderos esos gestos, los rechazas, con lo que aparece el eructo.

En ese caso, tu cuerpo te sugiere que te permitas recibir amor de otras personas, que dejes que eso alimente tu alma y te ayude a confiar en las personas y en tus propias virtudes y talentos.

Si el eructo aparece cuando estás con otras personas y eso te hace avergonzarte, en el fondo de tu ser quieres mostrar tus partes menos agradables, pero te da miedo el rechazo y tratas de esforzarte en mostrar una apariencia bondadosa y alegre; intentas dar vida a los demás y te culpas cuando no tienes fuerzas para ello. El eructo es la forma que tiene tu cuerpo de liberar la presión que sientes y de mostrar esa parte tuya menos bonita que te resistes a mostrar.

En ese caso, el mensaje de tu cuerpo es que te permitas ser más humano, que muestres tus lados más negativos o tu parte más auténtica, incluso lo desagradable, aceptándote con amor y confiando en que los demás te van a querer tal y como eres, en que las personas que te aman seguirán estando a tu lado.

Descubre las creencias que te hacen vivir la vida demasiado deprisa, rechazar lo bueno de los demás, alimentar tus miedos o evitar mostrar tus partes desagradables.

2. Investigación

Viaja con tu mente al momento en que apareció el síntoma; ayúdate de las **preguntas generales (p. 68)** y añade las siguientes:

- Poco antes de que apareciera el problema de eructos, ¿qué situación te hizo creer que debías vivir la vida más deprisa y sentir mucho más?
- ¿Qué temiste perder poco antes del síntoma, o a quién, pero fuiste capaz de liberarte del miedo poco a poco?
- ¿Qué cumplidos o gestos amorosos has tenido miedo de aceptar, o has creído que no eran auténticos, o que no los merecías?
- ¿Qué parte negativa o desagradable de ti has tenido miedo de mostrar a los demás por si perdías a alguien?

3. Creencias (erróneas)

Busca las creencias limitantes (normalmente inconscientes) con las que más te identificas o encuentra en ti algunas similares:

- «No tengo tiempo que perder, debo vivir la vida deprisa o me moriré sin haber logrado hacer lo que he venido a vivir».
- «No tengo bastante libertad para vivir, necesito más, me ahogo».
- «He sentido miedo a perder _____ (algo o a alguien) y he sufrido un tiempo, pero estoy aprendiendo a soltar el miedo y a confiar».
- «No me gusta que me digan cosas bonitas sobre mí o sobre lo que hago; me cuesta aceptarlo porque creo que no es cierto o que no lo merezco».
- «Me da miedo mostrar mis debilidades, mi parte más humana o lo desagradable; debo tener siempre una apariencia amable y alegre o perderé a alguien».
- «Mis seres queridos no me van a querer ni a aceptar si ven que soy débil, que hablo mal o que cometo errores; no puedo fallar».

4. Mensajes

Para cambiar tus creencias puedes usar las siguientes afirmaciones; te invito a crear las tuyas usando el **método general (p. 76):**

- «Elijo tomarme la vida con calma y relax, y vivir cada experiencia poco a poco y a su ritmo, confiando en que mi alma me guía en el proceso».
- «Tengo toda la libertad y el espacio que necesito para ser yo mismo y expresarme, y soy capaz de vivir la vida con plenitud».
- «Elijo confiar en que todo lo que está en mi vida es por una buena razón, y todo lo que se va también es por una buena razón».
- «Me permito aceptar los gestos bellos y los cumplidos de otras personas, y confío en que me los merezco y son de verdad».
- «Tengo derecho a mostrar mis partes negativas y desagradables; elijo confiar en que las personas que me aman seguirán a mi lado igualmente si me muestro tal y como soy».

5. Acciones

- Repite los mensajes de tu cuerpo todos los días.
- Observa los momentos en los que aparece el problema de eructos y mira lo que más te molesta de ello. Eso te ayudará a saber cuál de las posibles causas es la que más te afecta.

- Perdónate por tus miedos abrazando a tu niño interior y dando los pequeños pasos que necesites para abrirte a la vida de una nueva forma.
- Investiga más posibles mensajes y... ¡ámate!

ESÓFAGO: PROBLEMAS GENERALES (Y ESOFAGITIS)

Se refiere a los problemas que afectan a la pared del esófago (la parte del tubo digestivo que va desde la garganta —faringe— al estómago), como úlceras o inflamación.

1. Significado

Lo más importante: Todo problema en el esófago te indica que te resistes a dejar entrar algo (una idea, una persona, una situación) que ya has dejado entrar previamente en tu vida. Has tomado una decisión respecto a abrirte a algo nuevo, pero después te has arrepentido.

Añade el significado del lado afectado, DERECHO O IZQUIERDO (p. 50), para saber en qué área de tu vida debes buscar el mensaje.

Puedes consultar también el significado de GARGANTA, ESTÓMAGO.

Tu verdadero deseo: Aceptar de buen grado lo nuevo, entendiendo la lección de amor que se encuentra detrás de lo que rechazas.

Significado en detalle: El esófago conecta la garganta con el estómago, es decir, conecta el lugar donde los alimentos ingeridos pueden ser devueltos con el lugar donde ya no pueden rechazarse (salvo regurgitación) y son digeridos.

Si sufres de problemas en el esófago, significa que has estado pensando si aceptar algo nuevo en tu vida o no, y finalmente has decidido que sí, pero te has arrepentido en el último momento y has querido expulsarlo, pero no era ya posible.

Tienes una parte crítica dentro de ti que quiere que las cosas sean como tú deseas y que no se abre bien a recibir las lecciones que te muestra tu alma.

Si el problema es una úlcera, significa que guardas rencor y te cuesta perdonar a alguien por algo nuevo que no has asimilado bien y que quieres rechazar (ver ÚLCERA).

Si es una inflamación (ESOFAGITIS) significa que tienes emociones negativas acumuladas —como ira y miedo— que no expresas y que te impides asimilar lo que te ha sucedido.

El mensaje de esta parte de tu cuerpo es que te permitas dejar de lado tu parte crítica mental y que te abras a experimentar cosas nuevas que puedan dar frutos nuevos en tu mente y te lleven a perdonar más y a crecer en el amor.

Descubre las creencias que te impiden recibir lo nuevo.

2. Investigación

Viaja con tu mente al momento en que apareció el síntoma; ayúdate de las **preguntas generales (p. 68)** y añade las siguientes:

- Poco antes de que apareciera el problema en el esófago, ¿qué situación, idea o persona nueva rechazaste después de haber creído que era útil?
- ¿En qué situación has juzgado algo que te sucede una y otra vez y que no aceptas?

3. Creencias (erróneas)

Busca las creencias limitantes (normalmente inconscientes) con las que más te identificas o encuentra en ti algunas similares:

- «Me arrepiento de haber creído que esta situación me servía de algo; no sirve para nada».
- «No me gustan los cambios, no deberían pasar ciertas cosas».
- «No acepto lo que ha pasado, está mal, es injusto».
- «¿Por qué me pasa lo mismo una y otra vez? No lo entiendo y no lo puedo aceptar».

4. Mensajes

Para cambiar tus creencias puedes usar las siguientes afirmaciones; te invito a crear las tuyas usando el **método general (p. 76)**:

- «Me permito dejar entrar ideas nuevas en mi vida aunque no las entienda completamente al principio; me abro a los mensajes de mi alma».
- «Soy capaz de abrir mi corazón y dejar que la vida me muestre nuevas formas de amar y perdonar».

- «Todo lo que me sucede es para mi mayor bien y puedo verlo desde los ojos del amor».
- «Elijo aprender de lo que me sucede y ver la forma de amar en mí lo que veo negativo en otros».
- «Todo lo que veo en otros está en mí, y elijo amarlo y perdonarlo».

5. Acciones

- Repite los mensajes de tu cuerpo todos los días.
- Si lo que rechazas se relaciona con alguien, expresa con amor lo que te molesta a la persona adecuada (sin juzgar, solo hablando de tus emociones y de lo que te ha hecho sentir lo que la otra persona ha hecho) y trata de buscar la lección escondida de amor. Seguramente tengas que perdonarte por algo parecido a lo que te cuesta aceptar.
- Ábrete a ser más flexible en tu forma de pensar; mira la vida con más apertura y optimismo, aprendiendo a ver el amor en todo.
- Investiga más posibles mensajes y... ¡ámate!

ESTÓMAGO: PROBLEMAS GENERALES (DIGESTIÓN DIFÍCIL, ARDOR, GASTRITIS)

Los problemas estomacales más comunes son las úlceras, la gastritis, las hemorragias gástricas, el cáncer y los problemas de digestión, tales como el ardor, los vómitos, la indigestión, etc.

1. Significado

Lo más importante: Cualquier problema en el estómago es un signo de que hay ciertos eventos o personas en tu vida que no aceptas del todo bien y quieres que cambien. Tu cuerpo quiere avisarte de que las cosas nuevas que aparecen en tu vida no están ahí para molestarte o contrariarte, sino para enseñarte algo importante que tu Ser necesita para crecer en el amor.

Puedes consultar también el significado de HÍGADO, PÁNCREAS, INTESTINOS, ÚLCERA y VÓMITO, en su caso.

Tu verdadero deseo: Deseas aceptar con más amor las novedades y aquello que te saca de tu zona cómoda, y ser más tolerante con los demás.

Significado en detalle: El estómago te muestra cómo digieres los eventos nuevos en tu vida y cómo percibes aquello que se te presenta como una oportunidad para crecer.

Si tienes molestias o problemas para digerir bien es porque no te permites ver las novedades que han aparecido en tu vida con todo el amor que tu corazón desea; hay en ti un cierto rechazo a los cambios, a lo que es diferente y a lo nuevo.

Todo lo que se muestra ante nuestros ojos está ahí por una buena razón y debemos aprender a encontrar el mensaje que nos está enseñando la vida. En el camino del Servicio a los Demás, la enseñanza está en buscar dónde está el amor y cómo perdonar y perdonarnos a nosotros mismos.

Es muy posible que juzgues lo que ves y que quieras que los demás cambien o que las circunstancias sean diferentes, porque piensas que algo es injusto o que alguien «no debería ser así», como lo ves. Crees que la vida debería ser cómoda, siempre igual y sin cambios, y no te permites adaptarte a nuevas visiones o nuevas formas de vivir.

Tu cuerpo te indica que, en el fondo de tu Ser, deseas aceptar la nueva situación con amor, o aceptar a otra persona tal y como es, para ver dónde está el amor en ese momento y descubrir lo que esa situación te está enseñando.

A veces, lo que la vida te quiere enseñar es que deseas poner límites; otras veces, que deseas aprender una lección de amor y perdón que te ayudará a amar una parte nueva de tu Ser.

Descubre qué creencias te impiden digerir bien un cierto acontecimiento o persona y conviértelas en mensajes de amor que te ayuden a ser más tolerante y a perdonar, pues así podrás perdonarte mejor a ti mismo.

2. Investigación

Viaja con tu mente al momento en que apareció el síntoma; ayúdate de las **preguntas generales (p. 68)** y añade las siguientes:

- ¿Qué situación o persona te costó aceptar poco antes de que apareciera el problema en el estómago?
- ¿A quién no toleras o no soportas tal y como es, y deseas que cambie, sin querer cambiar tú?

- ¿Qué circunstancia de tu vida te resulta intolerable desde poco antes de que apareciera el dolor o molestia?

3. Creencias (erróneas)

Busca las creencias limitantes (normalmente inconscientes) con las que más te identificas o encuentra en ti algunas similares:

- «Esa persona me afecta mucho, me enfada; ¿por qué está en mi vida?, no debería estar».
- «No entiendo que deba sufrir ese dolor ni que otras personas quieran hacerme daño; me gustaría que fueran diferentes y se portaran bien conmigo».
- «No me gusta que la vida sea así conmigo, es injusto, y no estoy dispuesto a aceptar que las cosas sean así, no tiene sentido».
- «No me gusta lo que me hace esa persona, es _____ (un insulto), pero no me siento capaz de cambiarla y ¡quiero que cambie!».
- «No me gusta que las cosas cambien; me gustan las cosas conocidas, normales, a las que estoy acostumbrado».

4. Mensajes

Para cambiar tus creencias puedes usar las siguientes afirmaciones; te invito a crear las tuyas usando el **método general (p. 76)**:

- «Elijo aceptar con amor a _____ (la persona o situación que ha aparecido en mi vida) y aprender de ella a amar más».
- «Me permito ser más tolerante con otras personas y aceptar que todos somos diferentes y que eso está bien».
- «Elijo creer que todo lo que sucede en la vida es justo y perfecto, y que es parte de un hermoso plan de amor, aunque no lo entienda siempre».
- «Cuando me siento herido o atacado por alguien, aprendo a ver cuál es la enseñanza que me pone la vida delante y encuentro el amor allí donde está».
- «Elijo amar y aceptar incondicionalmente todo lo que sucede en mi vida y a todas las personas que aparecen en mi vida, y actúo desde mi corazón, poniendo límites si es necesario».
- «Amo lo que no me gusta en los demás y aprendo a aceptar que yo poseo esos aspectos también y que son útiles y necesarios para la vida».

5. Acciones

* Repite los mensajes de tu cuerpo todos los días.
* Cuando aparezca en tu vida un cambio, o una situación o persona que no te gusta, respira hondo, aprende a aquietar la mente, parando el proceso de crítica automático, y hazte la siguiente pregunta: «¿Qué puedo aprender de esta situación nueva?, ¿dónde está el amor en este momento?». Con el tiempo, encontrarás las respuestas que buscas si te lo propones.
* Busca formas de entender el equilibrio de las dualidades en la vida. Puedes ayudarte de expertos en el tema, como John F. Demartini y su proceso de Colapso Cuántico; seguro que tus problemas digestivos se transforman en amor y gratitud ¡en tan solo unas pocas horas!
* Investiga más posibles mensajes y... ¡ámate!

GARGANTA: DOLOR AL TRAGAR
(POR ANGINAS —AMIGDALITIS— O FARINGITIS)

Este significado se refiere a los síntomas que afectan a la parte de la garganta involucrada en tragar el alimento o la saliva, es decir, a los dolores o molestias que dificultan el tragar, como pueden ser la inflamación o la infección.

1. Significado

Lo más importante: El dolor al tragar te indica que hay cierta situación o persona a la que no «tragas», es decir, que la rechazas o que no la consideras aceptable, aunque tu vida te la ha puesto delante por una buena razón.

Añade el significado del lado afectado, DERECHO O IZQUIERDO (p. 50), para saber en qué área de tu vida debes buscar el mensaje.

Tu verdadero deseo: Deseas expresar lo que te molesta abiertamente y aceptar con amor aquello que rechazas, averiguando para qué está en tu vida.

Significado en detalle: Cuando te duele la garganta al tragar, tu cuerpo te indica que tienes varios pensamientos de juicio ante lo que no te gusta y que no quieres dar una oportunidad a la vida para mostrarte una forma de pensar nueva que te podría beneficiar.

Por un lado, te gustaría reconocer que hay algo que te molesta y poner un límite o expresar lo que sientes; por otro, deseas observar esa misma situación que no te gusta con más amor y aceptación, descubriendo para qué has atraído a tu vida eso que te molesta —ya sea un evento o una persona— y cómo puedes vivirlo con más amor y aceptación.

La garganta es el lugar donde se encuentra el centro energético de la expresión de la creatividad, y el dolor te indica que es bueno que aceptes tus propias creaciones, pues eres un Ser ilimitado y tú mismo creas todo lo que te sucede en tu vida, incluso lo que no te gusta.

Solo debes averiguar si lo que has creado es lo que realmente deseas. Si no es así, cambia tu mente y crea algo nuevo, sin pena y con alegría, pues ya sabes lo que quieres y lo que no quieres. Si lo que has creado es lo que realmente deseas, acéptalo y bendícelo con gratitud, pues es lo que querías. Todas tus creaciones son dignas de amor.

Descubre las creencias que te impiden expresar lo que sientes y aceptar con amor aquello que has creado.

2. Investigación

Viaja con tu mente al momento en que apareció el síntoma; ayúdate de las **preguntas generales (p. 68)** y añade las siguientes:

- ¿Qué situación o persona rechazaste poco antes de que apareciera el dolor?
- ¿Qué o a quién no «tragas», quizás por miedo a sentir demasiado?
- ¿Qué parte de tu vida actual no te gusta o rechazas haber creado?

3. Creencias (erróneas)

Busca las creencias limitantes (normalmente inconscientes) con las que más te identificas o encuentra en ti algunas similares:

- «¡No me puedo creer que me pase esto, no lo acepto, no lo "trago"!».
- «Estoy muy enfadado por esta situación, pero no quiero expresar mi ira hacia fuera, prefiero contenerla».
- «No entiendo por qué me pasa esto, o por qué esta persona es así; ¡no lo acepto!».
- «Yo no hago nada para que esto tan malo me pase; ¿por qué me sucede a mí?».
- «No me gusta lo que estoy viviendo ni lo que he creado o atraído a mi vida; debería ser diferente».

4. Mensajes

Para cambiar tus creencias puedes usar las siguientes afirmaciones; te invito a crear las tuyas usando el **método general (p. 76):**

- «Me permito aceptar _____ (la situación o a la persona que no me gusta) con amor y aprendo a ver lo que me está enseñando».
- «Me permito expresar con amor a la persona adecuada lo que me molesta y busco la armonía de la mejor forma posible».
- «Me abro a vivir nuevas experiencias y acepto que todo lo que viene a mi vida es para mi mayor bien».
- «Si hay algo que no deseo en mi vida, elijo poner límites y respetar mis necesidades con amor».
- «Me permito soltar el control y aceptar las cosas tal y como son. Encuentro su utilidad y mi equilibrio».
- «Esta situación la he creado yo y lo acepto con amor. Si no me gusta, elijo cambiarla, y, si es lo que deseo, elijo apreciarla».
- «Esa persona a la que no trago me ayuda a ver una parte de mí que no me gusta o que no me gustaría mostrar. Elijo ver y aceptar con amor esa parte de mí».

5. Acciones

- Repite los mensajes de tu cuerpo todos los días.
- Expresa con amor a la persona adecuada lo que no «tragas», es decir, lo que has sentido, sin culpar a nadie por ello.
- Busca los aspectos positivos de aquello que no tragas y encuentra el amor en ese momento.
- Investiga más posibles mensajes y… ¡ámate!

GASES Y FLATO (O FLATULENCIA)

El exceso de gases no expulsados en el tracto digestivo (estómago, intestinos) genera dolor abdominal, que se percibe como presión en el estómago (aerogastria o gases) o como un pinchazo en el intestino (flato). A veces sucede por ingestión de aire al comer, a veces por el tipo de comida ingerida, o por la contracción espontánea del tubo digestivo debido a una configuración mental.

Este exceso puede liberarse mediante la expulsión por la boca de eructos o de ventosidades por el ano.

1. Significado

Lo más importante: El dolor creado por exceso de gases te indica que tienes miedo a una pérdida que te causa inquietud y aprensión. Crees que puedes perder a alguien o algo, y crees que si sucede vas a sufrir demasiado.

Tu verdadero deseo: Confiar en que todo está bien y en que lo que se va de tu vida es por una buena razón; y que, si no la hay, entonces no se irá.

Significado en detalle: He observado durante muchos años que tanto el dolor que aparece espontáneamente en el estómago en forma de presión como el flato que aparece a veces cuando caminamos o corremos proviene de pensamientos que hemos tenido poco antes relacionados con miedo a perder a alguien (un ser querido, nuestra pareja, una amistad) o algo (un objeto, un trabajo, nuestro dinero) que creemos importante para nosotros.

Si tienes ese dolor, es posible que creas que tu vida sería triste o dolorosa sin eso que temes perder, y tu cuerpo te indica que deseas confiar en que todo aquello que pierdes, si sucede, es por una buena razón. En cambio, si no hay un buen motivo a nivel de tu alma para que algo o alguien desaparezca de tu vida, no sucederá, por lo que no es necesario tener miedo en ningún caso. La expulsión natural de los gases representa la liberación de ese miedo.

Las cosas y personas de tu vida no se van por lo que haces o no haces, sino siguiendo su ritmo propio, en la corriente del amor.

Cuando el exceso de gases se da por aerofagia (al tragar aire) tu cuerpo te dice que tratas de digerir demasiadas emociones de los demás, haciéndote cargo de su felicidad y temiendo perderlos si no lo haces. Al eructar, liberas ese aire y equilibras tu percepción de ser una persona que puede tragar todo, mostrando que a veces tienes que rechazar lo que tragas en exceso.

Cuando los gases se producen por la descomposición del alimento en el estómago o intestino, produciendo un exceso de ventosidades de olor fuerte, te indica una falta de aprecio por ti mismo, que te causa ese miedo a la pérdida, por creer que no te mereces que la vida te cuide, te provea de todo lo que necesitas y te proteja.

El mensaje general de los gases es que te ames tal y como eres, y que confíes en el plan de tu alma, que te guía en todo momento, confiando en que las personas o cosas de tu vida están siempre contigo el tiempo necesario, y en que, si se van, es porque vendrá algo mejor siempre, y porque ya has vivido lo que tenías que vivir con ellas.

Encuentra las creencias que te impiden confiar en que todo sucede por una buena razón.

2. Investigación

Viaja con tu mente al momento en que apareció el síntoma; ayúdate de las **preguntas generales (p. 68)** y añade las siguientes:

- ¿Qué o a quién has tenido miedo de perder desde poco antes de que comenzara el dolor?
- ¿Qué crees que es tan importante en tu vida y piensas que si te falta vas a sufrir o que es irremplazable?

3. Creencias (erróneas)

Busca las creencias limitantes (normalmente inconscientes) con las que más te identificas o encuentra en ti algunas similares:

- «Si pierdo _____ (a alguien o algo), voy a ser infeliz y no lo voy a recuperar nunca».
- «Eso que temo perder es muy importante para mí y la vida puede ser injusta y quitármelo».
- «En la vida se pierden cosas y se sufre; es lo normal».
- «Sin esa persona o cosa que temo perder, no soy nada».
- «Debo de ser una persona horrible, porque todo me sale mal y pierdo todo lo que amo».

4. Mensajes

Para cambiar tus creencias puedes usar las siguientes afirmaciones; te invito a crear las tuyas usando el **método general (p. 76)**:

- «Elijo confiar en que si pierdo _____ (a alguien o algo), será por una buena razón, y, si no, seguiré disfrutando de su presencia en mi vida».
- «Todo sucede por una buena razón; mi alma me guía en todo momento y siempre tengo todo lo que necesito».

- «Nada se pierde nunca, solo cambia de forma, y la forma nueva siempre es mejor que la anterior, y es justo lo que necesito».
- «Me permito dejar ir _____ (a esa persona, o el trabajo, o lo que temo perder) y confío en que después vendrá algo maravilloso a mi vida».
- «Puedo ser tal y como soy, y permito que todo entre y salga de mi vida a su ritmo, confiando en el Universo».
- «Me merezco amor siempre y me permito recibir todas las bendiciones que llegan cuando suelto lo antiguo y confío».

5. Acciones
- Repite los mensajes de tu cuerpo todos los días.
- Respira hondo e imagina que te despides de eso que temes perder y que llenas tu corazón de amor y confianza. Siente como todo sigue bien y seguirá bien. Imagina que, en caso de ser importante de verdad para ti, eso seguirá en tu vida.
- Investiga más posibles mensajes y... ¡ámate!

HÍGADO: PROBLEMAS GENERALES (Y CIRROSIS Y HEPATITIS)

El hígado es la glándula más grande del cuerpo humano y cumple diversas funciones, como la metabolización de grasas, azúcares y proteínas, o la producción de bilis, que permite la absorción de grasas y vitaminas liposolubles en el intestino. Sus problemas más comunes son: ABSCESO, cirrosis, hepatitis y cualquier síntoma que altere sus funciones.

1. Significado
Lo más importante: Un problema en el hígado te indica que juzgas demasiado ciertas actitudes o personas, que te ofendes con facilidad, pero ocultas ese sentimiento, y que acumulas toda tu rabia y tu ira hasta que aparece en forma de crisis hepática.

Consulta también el significado del problema específico del hígado para más detalles.

Puedes consultar también el significado de VESÍCULA BILIAR.

Tu verdadero deseo: Aceptar mejor lo que te sucede, gestionar bien tus emociones y ponerte en el lugar del otro, aceptando tu ira y expresándola con amor.

Significado en detalle: El hígado es un órgano muy importante en todo el proceso de la digestión, absorción y transformación de diversas sustancias importantes para el organismo. Cuando falla, se producen muchos tipos de deficiencias o variaciones del equilibrio normal de estas sustancias (grasas, proteínas, vitaminas, etc.).

También interviene en la transformación de sustancias tóxicas para el organismo en otras inocuas (que no causan daño).

Con todo esto, podemos ver que un problema en el hígado te indica que no gestionas bien las ideas o experiencias nuevas que vives, y te cuesta analizar bien y separar lo que es bueno para ti de lo que no.

Además, el hígado simboliza a nivel metafísico el lugar donde se acumula la ira reprimida (que se convierte en rabia u odio).

Es posible que te sientas incapaz de reaccionar ante las situaciones o personas que te ofenden y que acumules tu ira hasta que esta sale en forma de crisis hepática o inflamación (HEPATITIS). La inflamación te indica una liberación del problema, ya sea porque te has expresado o porque has llegado a tu límite y ha salido de esa forma por tu cuerpo.

El problema que te indica es que juzgas demasiado negativamente ciertas actitudes en los demás y quieres que cambien, sin ponerte en su lugar o comprender por qué te están mostrando eso que te molesta. En el fondo, eso es un reflejo de la forma en que te juzgas a ti mismo, pues muestras eso que no te gusta en otros ámbitos de tu vida y te cuesta ver, porque tienes miedo de fallar o de equivocarte en lo que haces.

Tiendes a ofenderte por aquello que juzgas y a sentirte agredido, pero no te gusta, y, como lo reprimes, tampoco toleras que otras personas se ofendan, lo que te hace acumular más ira todavía.

Si no gestionas bien tus emociones, el problema se agrava y puede que sufras de CIRROSIS u otra enfermedad grave del hígado, como la insuficiencia hepática.

El mensaje de tu hígado es que te abras a ver las situaciones que no te gustan con más amor y tolerancia; que vuelvas a confiar en tu capacidad de reaccionar ante las ofensas que percibes, transformando lo negativo en positivo, y que aprendas a gestionar mejor tus emociones internas, distinguiendo las que te perjudican de las que no y tomando decisiones sobre tu forma de pensar, para vivir más en paz.

También es importante que dejes de juzgar como malo lo que ves y de creer que tú llevas la razón, pues siempre hay puntos de vista diferentes, y detrás de cada cosa que ves hay un equilibrio perfecto de positivos y negativos.

Tu cuerpo te invita a que te adaptes a lo que la vida te pone delante, pues siempre hay una buena razón para ello y tu alma es lo bastante sabia como para reconocer qué situaciones puedes afrontar.

Descubre las creencias que te llevan a juzgar tanto a los demás y guardarte la ira que te producen, en lugar de ver el amor en todo.

2. Investigación

Viaja con tu mente al momento en que apareció el síntoma; ayúdate de las **preguntas generales (p. 68)** y añade las siguientes:

- ¿Qué situaciones, poco antes de aparecer el problema hepático, te han causado rabia o ira por haber juzgado lo sucedido?
- ¿En qué situación has creído que tenías razón y te has ofendido por la oposición de otra persona?
- ¿En qué situación te has dejado «envenenar» por los miedos o la rabia de otra persona y después has tratado de contener tu ira?
- ¿A qué personas juzgas por hacer «el bien» o «el mal»?

3. Creencias (erróneas)

Busca las creencias limitantes (normalmente inconscientes) con las que más te identificas o encuentra en ti algunas similares:

- «No entiendo cómo puede esa persona llevarme la contraria; tengo razón y me llena de rabia que no lo vea».
- «Dicen que yo tengo eso que no me gusta en otros, pero no estoy de acuerdo y no quiero verlo; me molesta que piensen así de mí».
- «Siempre me dicen cosas que me ofenden y no sé gestionarlo, pero no debo demostrar que me dejo ofender; prefiero creer que no me importa, aunque no sea verdad».
- «No es bueno sacar la ira, debo controlarla; pero no me gusta luego explotar y hacer daño a los demás».
- «No soy capaz de defenderme de las agresiones o de sacar mi rabia y mi ira de forma productiva».
- «Tengo muy claro lo que es bueno y lo que es malo, y debo juzgar lo malo y hacer que las personas cambien, porque tengo razón».

- «Hay emociones malas que no me ayudan en nada y no sé cómo eliminarlas».

4. Mensajes

Para cambiar tus creencias puedes usar las siguientes afirmaciones; te invito a crear las tuyas usando el **método general (p. 76):**

- «Me permito ver y expresar mi ira, aceptando lo que siento y aceptándome como soy».
- «Me perdono por haber juzgado a otras personas; aprendo a ver en mí mismo lo que juzgo fuera de mí y encuentro el equilibrio de positivos y negativos en ellos y en mí».
- «Toda persona es digna de amor siempre, y todo lo que no me gusta me enseña a perdonar y a amar más, tanto a mí mismo como a otros».
- «Me permito dejar de lado la razón y escuchar y ver con el corazón».
- «Elijo aceptar con amor los puntos de vista diferentes a los míos y comprendo que cada uno ve la vida desde su grado de evolución».
- «Elijo ponerme en el lugar de las personas que hacen cosas que no me gustan y descubrir la lección de amor que me está enseñando cada una de ellas».
- «Me permito ofenderme y me perdono por ello, confiando cada día más en mi capacidad de expresar mi ira y de abrir mi corazón».
- «Aprecio cada día más las emociones positivas y negativas que siento, y aprendo a discernir las que vienen de pensamientos que me benefician de las que no, cultivando solo los buenos pensamientos».
- «Acepto que hay cosas que me molestan en otros y aprendo a ver y perdonar eso en mí mismo».
- «Hay formas amorosas y efectivas de liberar mi ira, como hablar de cómo me siento u observarme en silencio con ira abrazándome con amor».
- «Tengo todo lo necesario para defenderme de las agresiones y confío en mi poder para poner límites y permanecer centrado en el amor».
- «Los conceptos del bien y del mal son relativos y voy encontrando mi propia visión desde mi experiencia, respetando la visión de los demás».
- «Todas las emociones son valiosas, pues me enseñan a vivir el amor en la Tierra y dan experiencia al viaje de mi alma».

5. Acciones

- Repite los mensajes de tu cuerpo todos los días.
- Cuando estés en una situación en la que te ofendas o sientas ira, adquiere el hábito de observar tu mente en silencio y retirarte a un espacio para sentir esa ira, sin hacer nada con ella. Mientras, crea en tu mente un espacio de amor o una figura maternal y abraza con compasión esa ira hasta que tu niño interior se sienta aceptado y comprendido.
- Si no puedes observar tu ira, exprésala con ejercicio o palabras, de forma que no alteres la libertad de otra persona, para evitar acumular un desequilibrio (karma) que luego tendrías que compensar.
- Dedica tiempo a meditar (poner la mente en blanco) cada día, sobre todo cuando estés bien, para que cuando lleguen las dificultades sea un hábito para ti y te salga de forma más natural.
- Habla con las personas hacia las que sientes ira, pero trata de no juzgarlas, respetando vuestras diferencias y expresando solo lo que tú has sentido por lo que la otra persona ha dicho o ha hecho.
- Aprende a poner límites a las personas que hacen cosas que te molestan, mostrando tus verdaderas emociones con el mayor amor posible, para que sepan que ciertas cosas que hacen te afectan y que ahora mismo no puedes tolerarlas todavía. Con el tiempo y con amor, verás que tus límites se suavizarán.
- Investiga más posibles mensajes y... ¡ámate!

INTESTINOS: PROBLEMAS GENERALES (EN EL COLON Y EN EL INTESTINO DELGADO)

Se refiere a cualquier problema que afecte a los intestinos, como la inflamación del colon (colitis), la diarrea, el estreñimiento, etc.

1. Significado

Lo más importante: Los problemas en el intestino delgado te indican que has rechazado demasiado rápido una idea o una experiencia, sin sacar todo lo bueno que tenía para ti.

Los problemas del intestino grueso te indican que te cuesta soltar lo viejo, el pasado o tus posesiones materiales.

Consulta el significado del problema específico (DIARREA, ESTRE-ÑIMIENTO, HEMORROIDES, etc.) para más información.

Puedes consultar también el significado de CALAMBRE.

Tu verdadero deseo: Permitirte aceptar nuevas experiencias y sacar todo lo bueno que tienen (intestino delgado); dejar ir el pasado, el dolor y los pensamientos o bienes materiales que ya no te sirven (intestino grueso).

Significado en detalle: Dado que el intestino tiene varias funciones y diferentes síntomas, cada uno de ellos te indicará algo diferente.

El **intestino delgado**, como es el encargado de absorber la mayor parte de los nutrientes de los alimentos, se relaciona con la absorción de las ideas y conceptos útiles de nuestra experiencia vital, para dejar ir el resto que sobra.

Las enfermedades más comunes del intestino delgado son la DIARREA y la INFLAMACIÓN. Consulta el significado de cada una de ellas.

En general, cualquier problema en el intestino delgado te indica que rechazas alguna idea que te podría resultar de utilidad, porque has sentido un miedo asociado a una determinada experiencia. Has vivido algo necesario para la evolución de tu alma, pero te niegas a extraer algo útil de esa vivencia.

Su mensaje es que te permitas analizar un poco más lo vivido, para ver qué conclusiones o aprendizajes puedes sacar de ello; así tu intestino reflejará tu paz interior y tu aceptación, con lo que absorberá bien los alimentos.

El **colon o intestino grueso** (sin incluir el ano) se ocupa de absorber el agua y las sales minerales restantes, y su significado se relaciona con terminar de procesar las emociones de una experiencia y, cuando ya no hay nada más útil en esa experiencia o concepto, dejar ir lo que ya no sirve.

Los problemas en el intestino grueso normalmente te indican que te cuesta dejar ir el pasado, tus posesiones materiales o las viejas ideas que ya no te son útiles.

Su mensaje es que te permitas soltar «lo viejo», que comprendas que ya no puedes sacar nada útil de eso que sigues analizando una y otra vez, y que es hora de liberarte del pasado para que puedan entrar cosas nuevas en tu vida.

Descubre las creencias que te impiden extraer cosas buenas de lo que te sucede (intestino delgado) o soltar lo que ya no te sirve (intestino grueso).

2. Investigación

Viaja con tu mente al momento en que apareció el síntoma; ayúdate de las **preguntas generales (p. 68)** y añade las siguientes:

- Intestino delgado: ¿Qué experiencia o idea nueva has rechazado por miedo poco antes de que empezara el problema?
- Intestino grueso: ¿Qué situación te ha hecho pensar una y otra vez en algo de tu pasado, de donde ya no puedes sacar nada útil pero que te cuesta soltar? ¿Qué parte de tus ideas o de tus bienes materiales te cuesta soltar?

3. Creencias (erróneas)

Busca las creencias limitantes (normalmente inconscientes) con las que más te identificas o encuentra en ti algunas similares:

Intestino delgado:
- «Me abrí a experimentar algo nuevo, pero me ha dado miedo y prefiero escapar y no sentir nada».
- «No me gusta pensar ni analizar lo que me sucede; no creo que las experiencias que tengo sirvan para nada ni que tengan un propósito».
- «Me pasan muchas cosas malas o difíciles y no entiendo por qué; la vida no tiene sentido».
- «Me da miedo hacer cosas nuevas o aceptar ideas nuevas aunque algo me diga que estaría bien cambiar; quiero seguir siendo como soy siempre».

Intestino grueso:
- «Debo seguir dando vueltas y vueltas a lo que me pasó; me da miedo soltar el pasado».
- «Debo seguir aferrándome al dolor; no quiero perdonar, porque sufrí mucho y no quiero que me hagan más daño».
- «Tengo un problema desde hace tiempo y, aunque no veo ninguna solución, debería seguir pensando y no soltar sin más».

- «No quiero dejar mis ideas viejas aunque vea que ya no me sirven y que me hacen sufrir; mis ideas son lo que yo soy».
- «Me cuesta dejar ir mis posesiones; creo que si regalo o vendo lo que tengo, me quedaré sin nada».

4. Mensajes

Para cambiar tus creencias puedes usar las siguientes afirmaciones; te invito a crear las tuyas usando el **método general (p. 76)**:

Intestino delgado:

- «Elijo abrirme a vivir nuevas experiencias, a tener nuevas ideas y a sacar todo lo bueno de lo que decido vivir en mi vida».
- «Me permito analizar bien mis experiencias para aprender todas las lecciones de amor que mi alma me muestra a través de ellas».
- «La vida está llena de oportunidades para aprender cosas maravillosas y me abro a crecer de formas nuevas en el amor».

Intestino grueso:

- «Me permito dejar ir lo que ya no me sirve y me abro a lo nuevo».
- «Elijo perdonar el pasado, liberar mi dolor y abrazar a mi niño interior, abriéndome a nuevas relaciones y experiencias hermosas».
- «Me permito soltar mis posesiones y dejarlas ir si siento que ha llegado la hora, y confío en que la vida me dará siempre lo que necesito en cada momento».
- «Elijo soltar las ideas y pensamientos viejos, y confío en que la vida es un lugar de amor que me trae siempre ideas y pensamientos maravillosos».

5. Acciones

- Repite los mensajes de tu cuerpo todos los días.
- Si hay alguna experiencia que te ha dado miedo vivir o que has pensado que no te resultaba útil, permítete vivirla y aprender algo de ella, verás que siempre hay algo bueno detrás de cada momento vivido.
- Si estás aferrándote a algún dolor o herida del pasado, decídete a perdonar y escribe en una hoja una carta de despedida a eso que ya no deseas que siga en tu vida. Haz también una lista de las cosas

buenas que vas a hacer con esa energía amorosa nueva que va a entrar en tu vida.

- Practica el deshacerte de tus bienes materiales antiguos que ya no usas, verás que todo se renueva y que siempre tienes lo que necesitas.
- Investiga más posibles mensajes y... ¡ámate!

INTESTINOS: ANO, RECTO (PROBLEMAS, DOLOR)

Se refiere a cualquier problema que afecte al recto, que es la parte terminal de los intestinos, y al ano, que es el orificio por el que se expulsan las heces al evacuar.

1. Significado

Lo más importante: Cualquier problema en el recto o en el ano te indica una dificultad para terminar algo que ya sabes intuitivamente que debería terminar. Es posible que te sientas culpable por poner fin a una relación, a un trabajo, o por dejar ir algo antiguo en tu vida.

Añade el significado del lado afectado, DERECHO O IZQUIERDO (p. 50), para saber en qué área de tu vida debes buscar el mensaje.

Puedes consultar también el significado de HEMORROIDES O PIEL: FISURA.

Tu verdadero deseo: Poner fin a aquello que te preocupa y consume tu energía, y ser feliz abriéndote a lo nuevo que te espera en tu vida.

Significado en detalle: Como el recto es la parte final del tubo digestivo y este simboliza la digestión y procesado de una idea, cualquier dolor o molestia en esa parte te indica que no quieres poner fin a algo que ya has procesado y de lo que ya has sacado todos los aprendizajes que podían serte útiles.

También puede indicarte que te apegas demasiado a tus bienes materiales o a algo, y que no lo quieres soltar aunque ya no te sirva o no lo utilices.

Debes observar qué es lo que retienes, lo que no sueltas, por miedo a sufrir, a carecer de algo o por otro motivo. Debes permitirte soltarlo y dejarlo ir de tu vida para que pueda venir lo nuevo.

Si te molesta más el lado izquierdo, probablemente quieras dejar atrás una relación sentimental o algún tema con un familiar o ser querido cercano. Si es en el lado derecho, probablemente se relacione más con dejar ir algo material, un trabajo, o el aspecto físico o sexual de una relación.

Si te molesta al sentarte, es posible que te impidas descansar, que te obligues a estar alerta o activo, porque no pones fin a algo que te obliga a actuar.

Su mensaje es que confíes en que, si sientes que ya ha llegado el momento de terminar con algo o alguien en tu vida, lo hagas con confianza, amor y aceptación. Puede que no te des cuenta, pero te aferras a algo o alguien innecesariamente y tu cuerpo de dice que ya terminó.

Aprende a confiar en que, cuando algo se va de tu vida, es por una buena razón, y en que siempre tendrás lo que realmente necesitas, pues tu alma es sabia y siempre te guía por el mejor camino.

Si no te permites soltar, permítete entonces seguir aprendiendo de tus emociones y convivir con lo que temes soltar hasta que veas que es lo bastante negativo como para dejarlo ir sin miedo ni arrepentimiento. La vida te dará entonces lo que necesites, ya lo verás.

2. Investigación

Viaja con tu mente al momento en que apareció el síntoma; ayúdate de las **preguntas generales (p. 68)** y añade las siguientes:

- ¿Qué te cuesta soltar, o a quién te cuesta dejar ir, desde que apareció el problema en el recto o el ano?
- ¿Qué te da miedo que ocurra si pones fin a eso que ya sabes que no te sirve?
- Lado izquierdo: ¿Qué relación cercana temes terminar y cuáles son tus miedos?
- Lado derecho: ¿Qué parte de tu vida material o del aspecto físico o sexual de una relación temes dejar marchar?

3. Creencias (erróneas)

Busca las creencias limitantes (normalmente inconscientes) con las que más te identificas o encuentra en ti algunas similares:

- «No puedo dejar ir _____ (lo que no sueltas), porque sufriré demasiado».
- «Sé que tengo que poner fin a _____ (una relación), pero me da miedo por si no vuelvo a encontrar nada mejor».

- «No puedo dejar ir esa herida del pasado que se reabrió el otro día, cuando empezó el dolor, porque no quiero perdonar».
- «Me siento culpable por terminar con esa relación; siento que puedo estar dejando abandonada a la persona que aprecio».
- «Me da miedo dejar mi trabajo aunque esté mal en él, por si no encuentro otro que me guste o que me dé lo que necesito».
- «No quiero desprenderme de lo antiguo que tengo; puede que no venga nada más y que me quede sin nada».

4. Mensajes

Para cambiar tus creencias puedes usar las siguientes afirmaciones; te invito a crear las tuyas usando el **método general (p. 76):**

- «Me permito dejar ir _____ (lo que retienes) y elijo ser feliz en el presente, con lo que mi alma me pone en mi camino».
- «Suelto lo que ya no me sirve para crecer y, si me siento triste, abrazo a mi niño interior con amor y compasión».
- «Me perdono por no querer soltar _____ (la persona, objeto o situación) y lo dejo ir con amor y aceptación».
- «Me permito dejar ir el dolor y las heridas del pasado; ya he aprendido de ellas y puedo perdonar y llevar amor a los recuerdos de mi alma».
- «Siempre voy a tener todo lo que necesito; elijo dejar ir lo viejo para hacer espacio a lo nuevo».
- Lado izquierdo: «Elijo amar en libertad, y dejo ir a esa persona, aceptando mis emociones y sentimientos».
- Lado derecho: «Elijo desprenderme de lo material o lo físico que ya no es para mí y confío en que siempre va a venir algo mejor».

5. Acciones

- Repite los mensajes de tu cuerpo todos los días.
- Da el paso de hablar y ser sincero con la persona o personas a las que quieres dejar ir, expresando todo lo que sientes y aceptando el resultado con amor.
- Despréndete de los objetos o entornos que ya no te gustan y que sabes que te perjudican o que ocupan tu espacio físico, mental o emocional, y permitirás que venga lo nuevo.
- Investiga más posibles mensajes y... ¡ámate!

INTESTINOS: DIARREA

La diarrea es un síntoma de perturbación del tránsito intestinal en el que las heces se evacúan antes de haber absorbido los nutrientes o el agua con una consistencia líquida o menos sólida de lo normal.

1. Significado

Lo más importante: La diarrea te indica que estás desechando demasiado pronto una idea o una situación que te podría beneficiar. Es decir, que primero se te ha presentado una oportunidad nueva, tal vez para crecer o superar un miedo, y, después de parecerte una buena idea, la has rechazado muy deprisa debido a un miedo que te sientes incapaz de superar.

Puedes consultar también el significado de INTESTINOS (problemas).

Tu verdadero deseo: Deseas creer en ti y afrontar el miedo que te impide hacer o sentir algo nuevo, para así conseguir algo que quieres o algo que es importante para tu Ser.

Significado en detalle: Al igual que el intestino absorbe los nutrientes de los alimentos y desecha lo que no es útil, nuestra mente debe absorber la parte útil de las nuevas ideas y proyectos, y liberarse de lo que el alma no necesita para crecer.

De esta forma, la diarrea es una indicación de que rechazamos demasiado rápido una idea que previamente nos ha parecido interesante o útil, sin darle la oportunidad de aportarnos lo que necesitamos para seguir creciendo.

Te pongo un ejemplo: cuando de adolescente he querido hablar con una chica que me gustaba y de repente he sentido miedo por temor a ser rechazado, he tenido que ir corriendo al baño con la tripa suelta, porque mi alma me decía que me atreviera a dar un paso hacia algo nuevo, venciendo mis miedos y afrontando el posible rechazo, para sentirme cada vez más seguro de mí mismo.

Lo mismo sucede si de repente rechazamos a una persona que primero nos ha gustado, por temor a lo desconocido o por otro motivo basado en el miedo.

Si tienes este síntoma, es posible que te cueste ver una nueva situación de forma global y, por algunos detalles pequeños, rechazas todo lo que sucede, sin darle oportunidad a tu mente de diferenciar lo que te puede ser útil de lo que no.

Normalmente, detrás de este síntoma se esconde un miedo a salir de tus límites que genera rechazo y culpabilidad por no tener el valor suficiente para afrontar esa nueva situación o porque crees que no mereces recibir todo lo bueno de la vida.

El mensaje de tu cuerpo es que te permitas afrontar tus miedos y superarlos, confiando en tus capacidades y en que tienes todo lo necesario para salir bien de esa situación.

Eres un Ser maravilloso lleno de cualidades y habilidades, y la vida te ha puesto delante esta persona o situación para que crezcas. Debes empezar a creer que te mereces ser feliz y disfrutar de todo lo que la vida te ofrece. Confía en ti y en la vida y ábrete a nuevas formas de crecer.

2. Investigación

Viaja con tu mente al momento en que apareció el síntoma; ayúdate de las **preguntas generales (p. 68)** y añade las siguientes:

- ¿Qué idea o situación rechazaste de repente, poco antes de sufrir el acceso de diarrea?
- ¿Qué persona o evento te ha dado miedo hasta el punto de querer evitar afrontarlo, sin pararte a ver qué cosas buenas podía aportarte?

3. Creencias (erróneas)

Busca las creencias limitantes (normalmente inconscientes) con las que más te identificas o encuentra en ti algunas similares:

- «Aunque creía que estaba preparado para actuar, he sentido miedo y creo que no voy a poder hacerlo».
- «No tengo todo lo necesario para realizar eso que me he propuesto y puedo ser rechazado si lo hago».
- «No soporto esta situación repentina, me siento amenazado en mis valores, tengo que salir de aquí».
- «No me gusta esa persona o sus ideas, no sirve de nada escuchar ni estar aquí, no es útil ni tiene sentido».
- «No merezco recibir eso que tanto deseo, me da miedo no ser suficiente o no tener lo necesario para lograrlo».

4. Mensajes

Para cambiar tus creencias puedes usar las siguientes afirmaciones; te invito a crear las tuyas usando el **método general (p. 76):**

- «Elijo afrontar mis miedos y abrirme a nuevas experiencias; seguro que aprendo algo nuevo».
- «Me permito lograr lo que deseo, elijo confiar en mi valor y en mis capacidades y me atrevo a ir a por ello».
- «Soy perfectamente capaz de superar esta situación y de quererme, pase lo que pase».
- «Me merezco todas las cosas buenas de la vida y me atrevo a actuar con valentía y amor para conseguirlas».
- «Esta persona que me remueve o me molesta está aquí por algo importante; elijo ser más tolerante y apreciar mejor lo que me muestra para así poder amar más».
- «Esa idea nueva que no me resulta fácil aceptar tiene algo bueno para mí y me abro a ella con amor».
- «Aprecio mi valor y me atrevo con lo nuevo. Tengo todo lo necesario para ser quien soy».

5. Acciones

- Repite los mensajes de tu cuerpo todos los días.
- Afronta tus miedos, usa los mensajes para reforzarte y ¡actúa! Aprenderás que eres mucho más capaz de lo que pensabas.
- Ábrete a personas y situaciones nuevas sin salir corriendo cuando te mueven tus emociones. Busca el amor que hay en esa situación y explora nuevas formas de pensar: tu corazón te lo agradecerá.
- Investiga más posibles mensajes y... ¡ámate!

INTESTINOS: ESTREÑIMIENTO

El estreñimiento es la retención de las heces en el intestino por un tiempo mayor del habitual; puede incluir una dificultad para defecar a pesar de sentir presión y deseos de liberar el vientre.

1. Significado

Lo más importante: Este síntoma te indica que llevas un tiempo dando vueltas a una idea sin soltarla y que ya no tiene nada útil para ti seguir pensando en ello. También puede ser que no dejes ir «lo viejo», ya sean heridas del pasado, creencias, recuerdos o bienes materiales. Puedes consultar también el significado de INTESTINOS.

Tu verdadero deseo: Soltar el pasado y las ideas y posesiones que ya no te sirven y disfrutar del presente con alegría.

Significado en detalle: Al igual que nuestro estómago digiere los alimentos y el intestino absorbe los nutrientes y los líquidos para desechar lo que ya no es útil, nuestro pensamiento debe procesar bien los eventos que vivimos, aprender de ellos las lecciones útiles y desechar los pensamientos que ya no nos sirven.

Si sufres de estreñimiento, es porque tu mente no desecha bien las ideas que ya no le sirven y das muchas vueltas a cosas del pasado que ya no tienen nada que aportarte. Pueden ser heridas antiguas que te resistes a perdonar o cosas que te sucedieron de las que no dejas de hablar, o tal vez pensamientos recientes y preocupaciones que ya has analizado una y otra vez pero que no te permites soltar del todo, pues crees que todavía hay algo que entender, aunque no sea así.

Otro significado puede ser que retienes tus palabras y no te expresas todo lo que desearías, por miedo a perder algo o a alguien, y el síntoma puede estar indicándote que te expreses sin miedo, pues todo lo que se va de nuestra vida es por una buena razón, y siempre debes hacer y expresar lo que sientes que es tu verdad en cada momento.

También puede darse este síntoma en la persona que acumula demasiado lo material y que no suelta nada de los objetos antiguos por miedo a que le falte algo, lo que indica una falta de confianza en la vida.

Es importante dejar ir lo viejo para que pueda entrar en nuestra vida lo nuevo y bello, tanto en lo material como en lo emocional y mental.

Tu cuerpo te indica que ya es hora de soltar esas ideas, creencias y emociones antiguas que no dejas marchar, y que te abras a lo nuevo que la vida tiene para ofrecerte, perdonando y liberándote, para así disfrutar más el presente.

También te dice que confíes más en la vida y en tu capacidad creadora; que confíes en que todo lo que necesitas te será dado en el momento oportuno, sin necesidad de guardar lo que no necesitas.

2. Investigación

Viaja con tu mente al momento en que apareció el síntoma; ayúdate de las **preguntas generales (p. 68)** y añade las siguientes:

- ¿Qué idea antigua, persona, creencia del pasado o herida emocional te cuesta soltar desde que apareció el estreñimiento?
- ¿A qué pensamientos antiguos das tantas vueltas y vueltas que te impiden estar presente en el ahora?
- ¿Qué partes de tu vida material o física (objetos, dinero, sexo, etc.) te impides dejar ir y acumulas o retienes por miedo a que te falte algo en el futuro?

3. Creencias (erróneas)

Busca las creencias limitantes (normalmente inconscientes) con las que más te identificas o encuentra en ti algunas similares:

- «Es necesario seguir recordando el pasado o ese problema que tuve. No veo solución, pero si no lo suelto puede que la encuentre».
- «No quiero perdonar ni dejar ir el pasado, no soy capaz de superar lo que me ocurrió».
- «No quiero cambiar mis creencias, prefiero seguir pensando como siempre he pensado, aunque a veces me cause problemas mi forma de pensar».
- «Me da miedo dejar ir _____ (tu familia, tu trabajo, una costumbre que te perjudica, etc.) por si el futuro es peor que el presente».
- «Prefiero guardarme mis posesiones para cuando las necesite, aunque ya no me sirvan desde hace tiempo (no solo objetos físicos, sino todo aquello que crees poseer: lugares, relaciones, trabajos, pareja)».

4. Mensajes

Para cambiar tus creencias puedes usar las siguientes afirmaciones; te invito a crear las tuyas usando el **método general (p. 76):**

- «Me permito dejar ir lo viejo y hacer sitio para lo nuevo».
- «Elijo perdonar las heridas de mi pasado y sanar a mi niño interior con el abrazo de mi amor».
- «Me libero de aquello que ya no necesito y me abro a la abundancia que viene a mí cada nuevo día».

- «Dejo ir a las personas de las que necesito alejarme y me perdono».
- «Me libero de mis creencias y pensamientos antiguos y dejo espacio para nuevos pensamientos de amor hacia mí y hacia los demás».
- «Dejo libres los eventos de mi pasado y acepto que estuvieron ahí para mi crecimiento y para mi bien. Soy libre».
- «Expreso lo que siento y lo que necesito decir, y confío en que lo importante se va a quedar en mi vida y lo que no lo es se irá».
- «Suelto mis posesiones y todo aquello que hace tiempo que no utilizo ni me sirve para crecer. Confío en que la vida me va a dar todo lo necesario en cada momento».

5. Acciones

- Repite los mensajes de tu cuerpo todos los días.
- Aprende a vaciar la mente y a observar tus pensamientos. Cuando veas que das vueltas al mismo tema, repite tus frases de perdón y liberación (tus mensajes) y suelta el pasado con una respiración profunda.
- Escribe una carta, o lo que sientas, que exprese una despedida hacia el pasado o hacia lo que ya no quieres en tu mente, ya sea una persona, un objeto, etc., y mándale tu gratitud y amor. Luego quémala o rómpela en trocitos y envíalos lejos (o haz lo que sientas mejor).
- Habla con las personas a las que quieres dejar libres y expresa tu deseo de que no te hablen o que te den la paz que necesitas si es lo que buscas, para que entiendan tus necesidades.
- Atrévete a tirar o regalar viejos objetos o posesiones que ya no usas y renueva tu vida material: verás como la vida te trae más cosas nuevas que realmente disfrutas.
- Investiga más posibles mensajes y… ¡ámate!

INTESTINOS: HEMORROIDES (O ALMORRANAS)

Las hemorroides son varices anorrectales, es decir, venas del recto y del ano que se han dilatado y que suelen causar dolor al defecar; puede aparecer también sangrado, picor o incontinencia. Dependiendo de la gravedad, pueden estar en el interior o sobresalir del ano bastante.

Mira INTESTINOS: ANO y, al leer el texto, ten presente que, además de impedirte finalizar algo que sabes que ya ha terminado, te presionas para mantenerlo, por un miedo muy grande; recuerda que la situación te quita la alegría de vivir por creer que no puedes sostenerte sin eso que temes perder.

Si tienes sangrado, mira HEMORRAGIA, y si sufres además de ES-TREÑIMIENTO O DIARREA, consulta esos términos también.

NÁUSEAS

Es la sensación de malestar en el estómago, como de ganas inminentes de vomitar, que puede manifestarse con una percepción de sabor extraño o desagradable en la boca, a veces acompañada de mareo.

1. Significado

Lo más importante: Las náuseas son una indicación de que rechazas una situación en la que te encuentras por miedo a no ser capaz de afrontarla por ti mismo. Es posible que juzgues a alguien o algo que te sucede, hasta llegar a sentir hacia ello asco o repulsión.

Si hay VÓMITO, consulta su significado; si hay mareo, consulta CA-BEZA: MAREO.

Tu verdadero deseo: Confiar en tu capacidad para afrontar aquello que temes y aceptar con más amor lo que rechazas.

Significado en detalle: Dado que el sistema digestivo funciona bien cuando asimilamos de forma adecuada los acontecimientos externos que nos suceden, la náusea es un aviso de que has empezado a rechazar algo (a una persona, una situación nueva) o ves algo que te produce repulsión y crees que no debería estar sucediéndote, o algo que crees que no puedes entender, pero en realidad deseas afrontarlo con normalidad y con alegría.

Es habitual, por ejemplo, que las mujeres embarazadas tengan este síntoma, porque en nuestra sociedad, a veces alejada de la confianza en el amor, es normal tener muchos miedos asociados a tener un bebé, como puede ser el miedo a no poder cuidarlo bien, a que suceda algo malo, a perder la libertad, a que el padre no esté, a que se quede deformado el cuerpo, etc. En este caso el mensaje es que la madre confíe más en la vida y en que todo va a salir bien, aunque no vea con su mente cómo sucederá.

En el caso de las personas que se emborrachan demasiado, por ejemplo, y terminan con náuseas o vomitando, es habitual que tengan miedo a afrontar situaciones sociales sin el apoyo del alcohol, y ese profundo miedo les lleva a beber más de lo que pueden tolerar, hasta causar la aparición del síntoma.

Cualquiera de esos miedos que te hagan rechazar lo que ves, o lo que estás viviendo en este momento, provocará la aparición de las náuseas y, si el rechazo es extremo, aparecerá el vómito. El mareo te indicaría que llegas a querer desaparecer de esa situación, creyendo que no puedes con ella.

El mensaje de tu cuerpo es que vuelvas a confiar en la vida y en que todo sucede por una buena razón, aunque ahora mismo sientas miedo. Acepta lo que sientes y confía en que tu alma tiene un plan de amor y que por eso estás viviendo eso que temes o rechazas, para aprender a crecer en el amor. Busca cómo puedes aceptar o perdonar más lo que ves, entendiendo que eso también está en ti, y que está bien así.

Sé consciente de todo tu poder creador y de tu capacidad para salir adelante, pase lo que pase, y disfruta del viaje emocionante que la vida te pone delante cada día.

2. Investigación

Viaja con tu mente al momento en que apareció el síntoma; ayúdate de las **preguntas generales (p. 68)** y añade las siguientes:

- ¿Qué situación apareció en tu vida que te causó miedo o rechazo, poco antes de la aparición de las náuseas?
- ¿Hacia quién o hacia qué sientes asco o repulsión?
- ¿Qué situación has temido no ser capaz de afrontar con tus propios medios, fuerzas y habilidades?

3. Creencias (erróneas)

Busca las creencias limitantes (normalmente inconscientes) con las que más te identificas o encuentra en ti algunas similares:

- «Me ha pasado algo nuevo que me asusta y no creo que sea capaz de salir adelante; me da miedo que algo salga mal».
- «Las cosas no son como yo había esperado y no quiero aceptarlo; la vida es injusta y quiero que cambie. Me asusta lo que pueda pasar».
- «Esa persona me da asco; no entiendo cómo alguien puede ser así».

- «No acepto eso que hace mi familia; es horrible y me gustaría no estar ahí con ellos».
- «Voy a tener un bebé y me da miedo que eso cambie mi vida y sufra demasiado. ¿Y si no lo hago bien?».
- «Me ha surgido una oportunidad de mostrar mi talento, pero me da miedo que me salga mal o que me juzguen y prefiero no hacerlo; no quiero afrontar mis miedos».

4. Mensajes

Para cambiar tus creencias puedes usar las siguientes afirmaciones; te invito a crear las tuyas usando el **método general (p. 76):**

- «Elijo confiar en mí y en mi capacidad para afrontar lo que temo; soy una persona poderosa y confío en que todo va a salir bien».
- «Me perdono por haber tenido miedo y elijo confiar en la vida de nuevo, abrazando lo que me sucede con amor».
- «Me abro a aceptar lo nuevo en mi vida y confío en que me sucede siempre por una buena razón que me ayudará a amar más».
- «Me permito aceptar lo que no me gusta, perdonando esa parte que también está en mí y aceptando que todos merecemos amor».
- «La vida me presenta retos interesantes para poner a prueba mi valor y mi voluntad, y sé que mi alma cuida de que esté preparado para ello».
- «Elijo confiar en que voy a ser buena madre y en que todo va a salir bien durante el embarazo, en el parto y cuando nazca mi bebé, pues Dios cuida de todos sus hijos».
- «Tengo todo lo necesario para ser aceptado en mis relaciones y confío en que las personas que me quieren me aceptarán tal y como soy».
- «Reúno todo mi valor y afronto con confianza la oportunidad que se me presenta para mostrar mis dones; seguro que todo sale bien».

5. Acciones

- Repite los mensajes de tu cuerpo todos los días.
- Observa lo que más temes de esa nueva situación o persona que se ha presentado ante ti. Después, descubre cómo puedes amar lo que ves usando los principios del amor incondicional (al comienzo del libro).

- Habla con tus seres queridos sobre tus miedos y escucha las sugerencias más amorosas que te den sobre aceptar, tolerar y afrontar miedos. Verás que encuentras la manera de superar la situación.
- Investiga más posibles mensajes y... ¡ámate!

PÁNCREAS: PROBLEMAS GENERALES (E HIPERGLUCEMIA E HIPOGLUCEMIA)

El páncreas es el órgano encargado de regular el nivel de glucosa en sangre mediante la producción de insulina; sus problemas pueden ser la inflamación o un exceso o carencia de glucosa disponible para las células.

1. Significado

Lo más importante: Todo problema en el páncreas te indica que no te permites recibir el cariño y el afecto de los demás y que te preocupas demasiado por el bienestar de todos, a costa de tu propia alegría y vitalidad.

Tu verdadero deseo: Deseas volver a amarte y creer que mereces todo el amor y el cariño del mundo, velando primero por tus necesidades.

Significado en detalle: Como el páncreas regula la glucosa en la sangre y los dulces representan el cariño que recibimos y que usamos para mantener nuestra alegría y vitalidad, todo problema en él nos indica un problema para recibir cariño y afecto de los demás.

Si tu problema es que tienes mucha producción de glucosa y se acumula en la sangre (HIPERGLUCEMIA), significa que no te permites recibir el amor o el cariño que los demás quieren darte, porque crees que no te lo mereces. Sientes que necesitas mucho amor, pero no crees que esté bien pedirlo, recibirlo o disfrutarlo. Rechazas el cariño, como tus células rechazan la glucosa.

Tiendes a pensar que todo lo que tú deseas lo necesitan los demás y tratas de que todos estén siempre bien, aun a costa de tu propia alegría y vitalidad. Puede que tengas incluso celos de que otras personas reciban más que tú, aun cuando deseas su felicidad y te culpas cuando no consigues que otros sean felices.

En ese caso debes ser consciente de que no estás aquí para ocuparte de la felicidad de todo el mundo y de que es bueno que te cuides más a ti y te permitas recibir ese amor que tanto anhelas, respetando tus necesidades. Ten en cuenta que, si no pides, la vida no puede darte. Permítete pedir todo lo que deseas y disfrutar de todo el cariño que la vida te da cuando te abres a recibirlo, pues lo mereces siempre.

Si tu problema es la ausencia de azúcar en sangre (HIPOGLUCEMIA), que se manifiesta como mareos, sudores fríos y la necesidad imperiosa de tomar algo dulce, significa que has dejado agotar tus reservas de amor al entregarte demasiado a los demás, y que ya no toleras más la falta de amor que sientes. Das todo porque te sentirías culpable si dieras menos de ti, creyendo que serías una persona egoísta, y esa creencia te perjudica. Por ello, quieres evadirte de la situación en la que te has obligado a dar demasiado, y empiezas a exigir ese amor que tanto necesitas (por eso tu cuerpo te «exige» azúcar).

En ese caso, el mensaje es que mires más por ti la próxima vez y, en vez de dar hasta quedarte sin energía, cuides primero de tus propias necesidades, para después dar a los demás lo que puedas dar con alegría, llenándote de amor al hacerlo en lugar de vaciarte.

Te ayudaría entender que el amor que das no tiene por qué ser el tuyo, sino que puedes decidir en cada momento ser un canal de amor del Creador (o del Universo), y dejar que el amor pase a través de ti, visualizando cómo entra en tu corona y sale a través de tu corazón hacia los demás.

Debes entender que ser egoísta es manipular a otros para tu propio beneficio. Sin embargo, cuidar de tus necesidades primero para estar bien es sencillamente sano amor y respeto por ti mismo.

Cuando tienes inflamación en el páncreas (**pancreatitis**), tu cuerpo te indica que has acumulado emociones negativas (ira, miedo) por no permitirte recibir amor y querer dar todo a los demás.

En general, el mensaje del páncreas es que te quieras más, que te pongas en primer lugar a ti y que te abras a recibir el cariño de los demás. De esa forma, si respetas tus necesidades, si pides y recibes el amor que necesitas y si das el amor universal e infinito que todos tenemos a nuestra disposición, verás que tu cuerpo gestiona mucho mejor el azúcar y tu salud mejora.

Descubre las creencias que te impiden recibir cariño y amor, y te obligan a exigirte más y más para los demás.

2. Investigación

Viaja con tu mente al momento en que apareció el síntoma; ayúdate de las **preguntas generales (p. 68)** y añade las siguientes:

- ¿En qué situación, desde poco antes de que apareciera el problema en el páncreas, creíste que debías cuidar de otros o dar tu amor para que otros fueran felices, sin permitirte recibir cariño a cambio?
- ¿Qué deseos y necesidades de afecto tienes, que no pides y que no te permites recibir?
- ¿En qué situaciones das más allá de tus posibilidades, sin pedir nada, pero sintiendo que no tienes el amor que necesitas?
- ¿Crees que si pides amor o afecto serás una persona egoísta?

3. Creencias (erróneas)

Busca las creencias limitantes (normalmente inconscientes) con las que más te identificas o encuentra en ti algunas similares:

- «No merezco recibir cariño y afecto; debo dar todo para ser amado, y aun así no es suficiente; no debo recibir amor».
- «No está bien pedir afecto, es de personas egoístas que solo piensan en sí mismas».
- «Debo asegurarme de que todo el mundo es feliz a mi alrededor, pero me da miedo que nadie cuide de mí o que nadie me dé amor».
- «Necesito mucho amor y veo siempre en los demás esa necesidad, por lo que trato de hacerles felices, aunque la persona que más lo necesita soy yo».
- «Me da vergüenza reconocer que necesito amor, afecto y cariño; creo que debería poder por mí mismo y no necesitar a nadie».
- «Debo dar todo mi amor a los demás, aunque eso suponga a veces vaciarme y acabar cansado y sin energía».
- «Si acepto el amor que me dan, los demás se quedarán tan vacíos como yo, así que prefiero devolverlo y no recibirlo, para que no sufran».

4. Mensajes

Para cambiar tus creencias puedes usar las siguientes afirmaciones; te invito a crear las tuyas usando el **método general (p. 76)**:

- «Me permito recibir todo el amor y el cariño del mundo; soy siempre digno de amor, haga lo que haga».
- «Me perdono por no haber pedido el gran amor que necesitaba hasta ahora y empiezo a pedir poco a poco todo lo que necesito para estar bien».
- «Está bien pedir afecto cuando lo necesito; los demás disfrutan al ser un canal del amor divino, dándome a mí ese amor».
- «Puedo pedir el amor que necesito y sigo siendo buena persona; confío en que si los demás no pueden darme todo lo que pido me lo dirán».
- «Elijo confiar en que cada persona es capaz de velar por su propia felicidad y busco darme primero a mí lo que deseo recibir».
- «Me perdono si alguna vez he sido egoísta al manipular con mi sonrisa o mi actitud para que me dieran cariño; mejor lo pido abiertamente y acepto la respuesta de la otra persona con amor».
- «Acepto que no todo el mundo entiende mi necesidad de amor y sigo pidiendo con paciencia y gratitud hasta que alguien desee darme su cariño de corazón».
- «Elijo respetar siempre mis necesidades y velo por mi energía y bienestar, dando solo lo que puedo dar con gran alegría y sintiéndome bien cuando lo hago».
- «Elijo ser un canal del amor del Creador y recibir amor del cielo mientras ayudo a otras personas; de esta forma me quedo lleno al final».
- «Dejo libres a los demás para que encuentren su felicidad y solo doy por gusto, cuando me encuentro bien y lleno de amor».
- «Me permito mostrarme vulnerable y reconocer que necesito mucho amor, para que así mis seres queridos puedan entenderme y darme lo que puedan mientras aprendo a darme yo el amor que necesito».

5. Acciones

- Repite los mensajes de tu cuerpo todos los días.
- Empieza a pedir y a recibir cariño de otros y a darte a ti mismo pequeñas y grandes alegrías, disfrutando sin culpa (con alegría, amor hacia ti y gratitud) de todo lo que te gusta (¡incluso los dulces, sí!). Cuando te permitas disfrutar del amor en todas sus formas, tanto físicas como emocionales, tus células absorberán bien el azúcar y tus

niveles serán saludables. No te olvides de ir revisando tu salud mientras haces los cambios interiores necesarios.

- Habla con tus seres queridos sobre tus necesidades, pero sin hacerles responsables de lo que sientes. Déjalos libres, y confía en que la vida te dará algún día lo que deseas, si te permites pedirlo y recibirlo.
- Antes de hacer algo por alguien o de preocuparte por su bienestar, piensa si tú estás bien y si necesitas algo para poder dar tu amor. Si estás cansado o no es el momento, aprende a decir no a las peticiones y demandas de otros y pide comprensión hacia tus necesidades.
- Investiga más posibles mensajes y... ¡ámate!

Riñones: problemas generales (Y cálculos, nefritis, nefrosis y reflujo)

Los riñones son los encargados de filtrar los líquidos de la sangre, regular la presión osmótica de venas y arterias y liberar algunos productos de desecho del torrente sanguíneo a la vejiga. Sus problemas pueden consistir en un fallo en sus funciones (insuficiencia renal), una inflamación (nefritis), el fallo continuado (nefrosis), el reflujo que proviene de los uréteres, tumores, etc.

1. Significado

Lo más importante: Si tienes problemas en los riñones, significa que tienes una gran dificultad para gestionar bien tus emociones y para diferenciar lo que te perjudica de lo que no; necesitas un mayor discernimiento sobre tus verdaderas necesidades emocionales.

También te indica que no confías en tu capacidad para afrontar situaciones difíciles y que vives demasiado en la crítica a los demás o a lo que ves, creyendo que la vida es injusta.

Añade el significado del lado afectado, DERECHO O IZQUIERDO (p. 50), para saber en qué área de tu vida debes buscar el mensaje.

Si hay fiebre a la vez, consulta el significado de FIEBRE.

Tu verdadero deseo: Confiar en tu capacidad para gestionar tus emociones, usar tu mente para ver el amor y el equilibrio a tu alrededor, y confiar en que la vida es justa y perfecta como es, sin crear ideales imaginarios.

Significado en detalle: Como los riñones ayudan a equilibrar los niveles de líquidos corporales, a desechar los residuos (lo que sobra) y a equilibrar la tensión arterial, cuando fallan te indican que has permitido que tu mente se desequilibre, hasta el punto de no saber gestionar bien los pensamientos y las emociones que te perjudican (y que debes desechar), pues te cuesta diferenciarlas de las que te benefician.

Puede que seas una persona muy emotiva, que se preocupa mucho por los demás y por lo que sucede en toda tu vida, y te presiones demasiado por hacer lo correcto, llegando incluso a presionar a los demás.

Tiendes a crear en tu mente ideales imaginarios sobre cómo debería funcionar el mundo o cómo deberían ser las personas, y tienes grandes expectativas que te hacen sentirte frustrado cuando no se cumplen, lo que te lleva a sentir que la vida es injusta.

Cuando las situaciones o personas no se ajustan a tu idea fantasiosa de ellas, te decepcionas y tiendes a criticar internamente aquello que no te gusta, sin analizar qué es lo que puedes aprender de esa situación.

Puede que creas que no tienes la capacidad de reaccionar bien o de gestionar las situaciones complicadas de tu vida, y te cuesta tomar decisiones que te lleven a estar bien.

Alimentas demasiado ideas de separación y de juicio ante lo que te presenta la vida y revives una y otra vez las mismas emociones negativas, sin aprender de ellas. Puede que sientas incluso que te has convertido en una víctima de la vida, esperando cada día más y más de ella.

La NEFRITIS es una indicación de que acumulas mucha ira y emociones negativas por no tomar decisiones que te ayuden a estar bien.

El REFLUJO, que es un retorno de la orina desde la vejiga por el uréter al riñón, te indica una falta de aceptación de un cambio que te hace sentir muchas emociones, como la ira, que reprimes y no liberas. Eso te hace presionarte demasiado, y te acabas «envenenando» con tus propias emociones negativas.

En el **riñón izquierdo** el problema se refiere más a tu vida familiar, afectiva o sentimental, y en **el derecho**, a tu vida laboral, material o a lo físico.

Si tienes NEFROSIS, consulta además los síntomas que se correspondan con tu caso (EDEMA, HIPERTENSIÓN, etc.) y las partes del cuerpo afectadas (BRAZOS, PIERNAS, CARA, etc.).

Si tienes CÁLCULOS, significa que llevas mucho tiempo acumulando pensamientos fuertes de ira, agresividad, envidia o celos, sin expresárselos a nadie. Es posible que pienses demasiado antes de actuar, que tiendas a «calcular» demasiado lo que sientes y a reprimir tus impulsos y sentimientos. En ese caso es importante que aprendas a no pensar tanto y a actuar según tus deseos con más frecuencia.

El mensaje de tus riñones es que aprendas a usar tu mente, más para buscar el equilibrio y el amor o para estar en silencio interior que para criticar y desanimarte ante la vida. La mente puede ser un recurso maravilloso si la usas adecuadamente.

Empieza a ver la vida y las situaciones difíciles que se te presentan como una oportunidad de amar, de perdonar y de ver el equilibrio que existe en todo, y descubrirás que la vida es justa y maravillosa.

Por ejemplo, en aquello que juzgas como malo, trata de encontrar los beneficios que aporta a tu vida y lo que perderías si no estuviera en ella. Y en aquellas cosas que idealizas y que te gustaría que fueran exactamente así en tu vida, descubre las desventajas que tienen y cómo es mejor tu vida sin ellas.

Así, usando tu mente para ver el amor que existe en el momento presente, descubrirás que tienes todo lo necesario para gestionar bien tus emociones, pues estas son solo la expresión de una percepción no equilibrada o no amorosa de la mente.

Descubre las creencias que te hacen fabricarte ideales imaginarios en tu mente y creer que la vida es injusta y que no puedes afrontarla.

2. Investigación

Viaja con tu mente al momento en que apareció el síntoma; ayúdate de las **preguntas generales (p. 68)** y añade las siguientes:

- ¿En qué situación, desde poco antes de que apareciera el problema en los riñones, dejaste de creer en tu capacidad para gestionar bien tus emociones y para diferenciar lo que era mejor para ti de lo que no?
- ¿En qué situaciones te enfocas más en criticar y sentir que la vida es injusta que en ver el amor que rodea todo?
- ¿De quién te preocupas tanto que te impides escuchar tus verdaderas necesidades y aguantas cosas que no deseas?
- ¿Qué fantasías ilusorias alimentas desde hace tiempo, que te hacen criticar lo que ves que no se ajusta a tus expectativas?

3. Creencias (erróneas)

Busca las creencias limitantes (normalmente inconscientes) con las que más te identificas o encuentra en ti algunas similares:

- «La vida es injusta y tiene demasiado sufrimiento; creo que no soy capaz de gestionar bien lo que siento y me hace sufrir».
- «Vivo muchas emociones cada día y no sé cómo gestionarlas; creo que me van a destruir si las dejo y no me controlo».
- «Debo ayudar a las personas que quiero siempre, aunque me haga daño a mí mismo».
- «Hay que hacer las cosas bien, siempre, y no admito errores en mí ni en nadie».
- «Hay muchas cosas en las personas y en la vida que me gustaría que fueran diferentes, como yo creo que deberían ser, y me frustro si no son así».
- «Mi relación con _____ (alguien de tu vida) debería ser perfecta, con todo lo que me gusta, y en cambio es horrible, con muchas cosas que no me gustan, y no debería ser así».
- «Hay personas mejores que yo, otras peores, y sufro mucho con tantas diferencias y complicaciones de la vida».
- «La vida no es como yo esperaba que fuera; tiene demasiado sufrimiento y todo son subidas y bajadas».
- Nefritis: «Me da miedo expresar mi ira y mis emociones y hacer lo que necesito para estar bien, por si sucede _____ (algo malo que temes)».
- Reflujo: «No me gusta que las cosas hayan cambiado, no deberían cambiar, deberían ser siempre como yo espero, y, aunque estoy enfadado, no quiero que se note, para no molestar o por si pasa algo».
- Cálculos: «Debo reprimir lo que siento y deseo, hasta el punto de hacerme daño a mí mismo antes que ver mis partes oscuras».

4. Mensajes

Para cambiar tus creencias puedes usar las siguientes afirmaciones; te invito a crear las tuyas usando el **método general (p. 76)**:

- «Elijo confiar en que la vida siempre es amor y equilibrio, y aprendo cada día a ver dónde está el amor en cada momento en el que me encuentro».

- «Dejo ir mis fantasías ilusorias y aprendo a ver la vida tal y como es y a asombrarme de sus maravillas y de su magia real».
- «Soy perfectamente capaz de gestionar mis emociones y de sentir de forma sana y natural lo que vivo cada día».
- «Me permito tomar decisiones que me lleven a estar bien y a sentirme bien, respetando siempre mis necesidades fundamentales».
- «Soy capaz de apreciar y disfrutar de los momentos buenos, y aprendo a dejar ir y a perdonar los momentos malos, aceptando la vida con amor».
- «Me permito sentir lo que siento y cometer errores, y acepto que la vida es un lugar bello y lleno de variedad, donde todos podemos ser diferentes».
- «Cada relación que entra en mi vida está ahí para que descubra nuevos aspectos de mí, y no para hacerme feliz; elijo aceptar la imperfección y dejar una relación cuando ya no me aporta crecimiento o amor».
- «Todas las personas tenemos todos los aspectos, positivos y negativos, y elijo ver y abrazar todo lo bueno y lo malo que hay en mí y en otros».
- «La vida es como una onda, con subidas y bajadas, y aprendo cada día a disfrutar de los cambios y a encontrar mi equilibrio interior».
- «Todo lo bueno tiene algo malo, y todo lo malo tiene algo bueno».
- Nefritis: «Me permito expresar mis emociones negativas y mi rabia por no aceptar bien las situaciones de mi vida, y me perdono tal y como soy».
- Reflujo: «Me permito abrazar con amor el cambio y aceptar que todo sucede por una buena razón, y me permito expresar lo que siento y mi dolor interior por este cambio que he vivido».
- Cálculos: «Me permito gritar y expresar mi verdad y mis deseos al mundo, y confío en que mis partes oscuras merecen amor».

5. Acciones

- Repite los mensajes de tu cuerpo todos los días.
- Usa un método para equilibrar tus percepciones mentales de lo que te sucede, como el Método Demartini® (Demartini, 2003); encuentra lo bueno en lo malo y lo malo en lo bueno, para que tu percepción sea, más que de atracción y rechazo, de gratitud y amor.

- Dedica tiempo a meditar y a practicar el silencio interior, dejando que las voces de tu mente se vayan calmando, preferiblemente en la naturaleza. Descubrirás que tu corazón te habla en el silencio.
- Haz un proceso de perdón con tu niño interior, dejando que salgan sus emociones contenidas, y busca la manera de cuidarlo para que se sienta bien cada día.
- Investiga más posibles mensajes y... ¡ámate!

ÚLCERA (O LLAGA EN BOCA, ESTÓMAGO, PIEL, ETC.)

Es una pérdida de sustancia en la piel o las mucosas que produce una herida más o menos profunda, a veces de difícil cicatrización.

1. Significado

Lo más importante: Una úlcera normalmente indica que has acumulado rencor por una situación que no ha sucedido como esperabas y en la que no has expresado tus emociones, y también indica dificultad para perdonar.

Añade el significado del lado afectado, DERECHO O IZQUIERDO (p. 50), para saber en qué área de tu vida debes buscar el mensaje.

Puedes consultar también el significado de BOCA, ESÓFAGO, ESTÓMAGO, PIEL, según el área afectada.

Tu verdadero deseo: Expresar tus verdaderos sentimientos y perdonar de corazón lo sucedido, viendo el equilibrio que existe en todo.

Significado en detalle: Una úlcera representa una herida interior profunda y compleja en la que interviene tu mente racional y la lógica, y donde hay una dificultad para perdonar completamente y liberarte de la rabia y el dolor que hay en tu interior, y por eso aparece el rencor.

Normalmente, la úlcera aparece cuando juzgamos algo que nos ha sucedido mediante juicios de valor más complejos que los basados en la supervivencia, relacionados con lo que consideramos el bien y el mal, lo correcto y lo incorrecto, y todo lo que nos hace ser lo que somos en relación a otros.

Por ejemplo, una **úlcera en la boca** puede indicar que ha habido un deseo que no te has permitido tener o manifestar (ver las distintas partes de la BOCA), o algo que te ha herido y no has expresado, y has guardado rencor hacia alguien, posiblemente culpando a esa persona de tu frustración. En ese caso su mensaje es que te permitas expresar lo que sientes y deseas, aceptando con amor tus deseos y la respuesta de la otra persona.

Una **úlcera en el estómago**, como permite que el ácido estomacal agreda al propio estómago, te indicaría que sientes rabia y rencor por creer que no puedes defenderte de las agresiones, y que necesitas aceptar con amor las situaciones que te pone la vida para que aprendas a confiar en tu capacidad de defenderte y dejes de juzgar aquello que no te gusta en los demás (ver ESTÓMAGO).

Una **úlcera en la piel** (externa) te indicaría que te avergüenzas de la imagen que muestras hacia fuera y que guardas rencor por lo que crees que piensan de ti, en el área simbolizada por la parte del cuerpo afectada. En ese caso el mensaje sería que te permitas comprobar si eso que temes que piensan de ti es cierto y que, en cualquier caso, te permitas perdonarte por mostrarte así, y perdonar también a los demás cuando te juzguen, pues en el fondo se están juzgando a sí mismos (ver PIEL).

En general, el mensaje de cualquier úlcera es que salgas de la mente que piensa, analiza y juzga, y conectes con el corazón, la parte de tu mente que es compasiva y amorosa, y que es capaz de ponerse en el lugar del otro y sentir compasión al mismo tiempo por ti.

Observa que todo aquello que ves como negativo tiene muchos aspectos positivos; al igual que aquello que te ha hecho sentir frustración por creer que era muy bueno y no lograrlo tiene muchos aspectos negativos que no habías percibido.

Debes expresar aquello que te ha herido de la forma más amorosa posible y encontrar la forma de perdonar lo sucedido, aceptando tu responsabilidad en lo ocurrido por tu forma de percibirlo.

Encuentra el equilibrio interior y descubre cómo lo que has vivido te ayuda a amar más, permitiéndote cometer errores y aceptando las imperfecciones que percibes en los demás y en ti.

Descubre los juicios y creencias que te hacen alimentar el rencor y que te impiden avanzar en tu camino hacia el amor incondicional.

2. Investigación

Viaja con tu mente al momento en que apareció el síntoma; ayúdate de las **preguntas generales (p. 68)** y añade las siguientes:

- ¿En qué situación, poco antes de que apareciera la úlcera, te sentiste culpable por expresar algo y te guardaste lo que pensabas, alimentando un rencor interior?
- ¿En qué situación te impides perdonar del todo, creyendo que seguir juzgando te beneficia de alguna manera?
- ¿Qué situación te enfadó hasta el punto de sentir rabia y rencor, y te ha llevado a no decidirte a aceptar tu responsabilidad ni a perdonar desde entonces?

3. Creencias (erróneas)

Busca las creencias limitantes (normalmente inconscientes) con las que más te identificas o encuentra en ti algunas similares:

- «Siento rabia y rencor por lo que _____ (alguien que te importa) me ha hecho y no soy capaz de expresar lo que realmente quiero ni lo que me ha molestado».
- «No acepto lo que me ha pasado; esa persona debería haberlo hecho bien y me ha hecho daño a propósito».
- «No debo perdonar, lo que me han hecho es imperdonable».
- «Yo no soy responsable de lo que me sucede; son los demás, que no hacen las cosas bien».
- Labio superior: «No debo desear lo que no puedo tener, así que me lo guardo, pero me da rabia no poder tenerlo».
- Estómago: «No puedo defenderme y me atacan continuamente aunque yo no haga nada malo; odio la vida».
- Piel: «Siento que los demás me juzgan y eso me hace sufrir; no puedo perdonarles por tratarme así de mal».
- Zona genital: «Me siento juzgado en mi sexualidad y siento una gran rabia y rencor hacia las personas que me han hecho sentirme así».

4. Mensajes

Para cambiar tus creencias puedes usar las siguientes afirmaciones; te invito a crear las tuyas usando el **método general (p. 76):**

- «Me permito abrirme poco a poco al amor y a la aceptación de lo que ha sucedido; soy capaz de amar y de expresar con amor lo que siento».

- «Me perdono por haber juzgado a _____ (una o varias personas) y aprendo a verla(s) con amor, a ellas y a mí también».
- «Elijo confiar en que todo lo que me sucede contiene amor y en que solo tengo que encontrarlo buscando el equilibrio que hay en todo».
- «Elijo verme como creador(a) y responsable de mi vida, y observo lo que he creado, con el fin de ver lo que puedo cambiar en mí para que mejore».
- «Todo lo que juzgo en otros me ayuda a ver ese aspecto en mí mismo y a aceptarlo con amor en mí y en los demás».
- «Eso que no me gusta que me hagan también lo he hecho yo; tiene aspectos positivos y negativos siempre, y puedo aceptarlo y perdonarlo».
- «Elijo perdonar, comprender, aceptar y abrazar con amor todas mis experiencias, todos mis aspectos y a todas las personas».
- «Acepto que soy responsable de mi vida y de todo lo que siento, y encuentro la manera de crear pensamientos y emociones bellos y amorosos para mí y para mi entorno».
- Boca: «Me permito expresar lo que siento y deseo y lo que me ha hecho sentirme herido, y acepto con amor la respuesta de los demás».
- Estómago: «Elijo aceptar con amor que todo lo que me sucede son situaciones para amar, y confío en que siempre puedo defenderme».
- Piel: «Acepto que otras personas pueden juzgarme cuando me muestro como soy; me perdono por haber juzgado a otros y perdono a los demás también».

5. Acciones

- Repite los mensajes de tu cuerpo todos los días.
- Si hay algo que no hayas expresado que te hace guardar rencor, habla con la persona o personas adecuadas y libérate. Trata de expresar siempre lo que tú sientes, en lugar de lo que crees que otros han hecho «mal» (por ejemplo: «Eso que hiciste o dijiste me hizo sentir rechazado»).
- Busca en tu mente las situaciones en las que has hecho exactamente eso que juzgas en otra persona, pero de una forma algo diferente. Cuando lo encuentres, imagina lo que sintió tu niño interior para poder hacer eso, e imagina que abrazas con amor a tu niño, creando así una apertura a la compasión en tu corazón hacia la otra persona.

- Abrázate y perdónate, hayas sentido lo que hayas sentido, y confía en que poco a poco irás abriéndote más al amor cuando estés preparado.
- Investiga más posibles mensajes y... ¡ámate!

URÉTERES: PROBLEMAS GENERALES

Los uréteres son los canales que llevan la orina del riñón a la vejiga, y el problema más común es su inflamación (ureteritis). Consulta el significado de RIÑONES (PROBLEMAS GENERALES), teniendo en cuenta, además, que vives una dificultad por tener que hacer un cambio entre lo antiguo y lo nuevo, y que te cuesta soltar tus pensamientos y emociones antiguas, lo que te produce ira reprimida. Consulta también el significado de inflamación.

URETRA: PROBLEMAS GENERALES

La uretra es el canal que vacía la vejiga; su problema más común es la inflamación (uretritis). Consulta el significado de VEJIGA: PROBLEMAS GENERALES, y añade el significado de los síntomas que acompañan el problema: inflamación, dolor, etc.

VEJIGA: PROBLEMAS GENERALES
(DIFICULTAD PARA ORINAR O PARA RETENER LA ORINA)

La vejiga es el depósito donde se almacena la orina para ser desechada por el organismo; sus problemas pueden afectar a su capacidad de contener la orina (dificultad para orinar o para contener la micción). Puede existir infección o inflamación, o aparecer quistes y otros síntomas involucrados.

1. Significado

Lo más importante: Si tu problema en la vejiga te impide o te dificulta orinar, te indica que estás conteniendo demasiado tus deseos y emociones por algún miedo que te bloquea.

Si lo que te cuesta es retener la orina, es porque crees que no puedes contener tus deseos o emociones y crees que debes conseguir ya lo que deseas, pero tratas de controlarte.

Puedes consultar también el significado de CISTITIS, INCONTINENCIA, RIÑONES.

Tu verdadero deseo: Deseas gestionar mejor tus deseos y emociones, expresándote cuando lo necesitas y aceptando lo que sientes sin querer controlarte tanto ni ser demasiado impaciente.

Significado en detalle: Los líquidos en el cuerpo simbolizan las emociones y los deseos, y la vejiga es la encargada de acumular los líquidos que salen del cuerpo y expulsarlos a un ritmo adecuado.

Como normalmente los problemas de la vejiga implican dificultad para orinar o dificultad para retener la orina, te indican una dificultad para gestionar bien tus emociones y tus deseos.

Cuando tienes DIFICULTAD PARA ORINAR, significa que tratas de esconder tus verdaderos deseos, que no quieres mostrar al mundo o a otra persona lo que sientes de verdad, por temor a sufrir. Tal vez piensas que está mal ser una persona emocional o emotiva.

En ese caso, lo que te dice tu cuerpo es que dejes de controlarte, que expreses lo que sientes y lo que deseas y te liberes, aceptando que ser humano implica sentir, y que eso es bueno. Hay personas muy emotivas que no saben gestionar sus emociones, porque no ven el equilibrio; pero existen personas sensibles que saben encontrar la expresión más equilibrada de sus emociones sin necesidad de controlarse. Aprende a encontrar tu equilibrio con la práctica.

Cuando llevas un tiempo bloqueando tus deseos y crees que ya no puedes esperar más para cumplirlos, o has acumulado demasiadas emociones por controlarte demasiado, entonces aparece la DIFICULTAD PARA RETENER LA ORINA. Sientes que tienes que ir mucho a orinar porque crees que deberías tener ya lo que deseas y que no puedes contenerte.

En ese caso, el mensaje es que aceptes que tienes esos deseos y emociones, que son reales y que no tienes que contenerte tanto ni vas a descontrolarte si te permites sentir. Entiende que eres capaz de fluir en paz con tus emociones y simplemente debes dejarlas salir poco a poco, a través de tus palabras y tus acciones. Relájate y disfruta de lo que sientes en libertad y armonía.

2. Investigación

Viaja con tu mente al momento en que apareció el síntoma; ayúdate de las **preguntas generales (p. 68)** y añade las siguientes:

- Si no puedes orinar: ¿En qué situación crees que estás bloqueando la expresión de tus deseos o de tus emociones? ¿Qué te hace pensar que está mal ser una persona emocional o sensible?
- Si no puedes contener la orina: ¿En qué situación sientes que no puedes esperar para cumplir tus deseos? ¿Por qué crees que debes controlarte?

3. Creencias (erróneas)

Busca las creencias limitantes (normalmente inconscientes) con las que más te identificas o encuentra en ti algunas similares:

- «Debo contener y controlar mis deseos o emociones, o sufriré demasiado».
- «No puedo permitirme liberar lo que siento en mi corazón o sucederá _____ (algo que temes)».
- «No soy capaz de controlar mis deseos, no puedo esperar para conseguir lo que quiero».
- «No está bien ser muy emocional, porque las emociones te nublan el juicio y haces cosas que no debes hacer».
- «Lo que más deseo es decirle a esa persona lo que siento, pero creo que debo controlarme y no mostrarlo para que no piense mal de mí».

4. Mensajes

Para cambiar tus creencias puedes usar las siguientes afirmaciones; te invito a crear las tuyas usando el **método general (p. 76):**

- «Me permito sentir mis deseos y emociones y expresarlos con alegría y naturalidad hacia fuera».
- «Tengo derecho a expresar mis deseos y acepto lo que puedan pensar de mí».
- «La vida es un lugar seguro, donde puedo expresar mis emociones y donde el amor está en todas partes».
- «Todas las emociones positivas y negativas deben salir, porque son la experiencia de mi alma en este mundo y es bueno vivirlas y sentirlas».

- «Soy perfectamente capaz de esperar para cumplir mis deseos; todo llega a su tiempo y yo pido lo que necesito con amor».
- «Está bien ser una persona sensible que manifiesta lo que siente su corazón».
- «Puedo hablar de lo que siento hacia la persona que deseo, y confío en que el resultado será lo mejor para los dos».
- «En el camino del amor, las emociones son vividas con aceptación y armonía, y los deseos son impulsos del alma para crecer y amar más».

5. Acciones

- Repite los mensajes de tu cuerpo todos los días.
- Habla más de lo que sientes y deseas, y permítete mostrar tu parte más sensible a los demás; verás que todo sale bien.
- Permítete conseguir algún deseo de los que tienes de vez en cuando y confía en tu capacidad para gestionarlos de la forma adecuada. No tengas prisa, ¡hay tiempo para todo!
- Investiga más posibles mensajes y... ¡ámate!

VEJIGA: CISTITIS

Es una infección urinaria que produce normalmente frecuentes ganas de orinar, con micciones muy escasas y con ardor y dolor al hacerlo.

1. Significado

Lo más importante: Esta dolencia te indica que has acumulado mucha frustración por no poder contener tus deseos y, al mismo tiempo, por esperar mucho de otras personas, lo cual te ha causado ira reprimida.

Puedes consultar también el significado de VEJIGA (problemas).

Tu verdadero deseo: Quieres aceptar que solo tú eres responsable de lo que sientes y deseas, y aprender a amar sin esperar nada a cambio.

Significado en detalle: Cuando tienes cistitis, al no poder contener bien la orina, tu cuerpo te indica que te cuesta esperar para realizar tus deseos y, además, que crees que debes contenerte, porque has dejado que te invada un miedo ajeno (ver INFECCIÓN).

Al mismo tiempo, como liberar la orina te produce ardor y dolor, tu cuerpo te dice que el hecho de frenar y contener tus deseos te irrita y te arde, hasta el punto de sentirte culpable por lo que sientes.

El hecho de que además salga poca orina al miccionar es una indicación de que te contienes demasiado y que tu gran deseo es expresar lo que sientes, pero con una actitud diferente.

Lo que quieres dentro de tu corazón es permitirte sentir esos deseos que tienes, aceptando lo que sientes, pero sin expectativas. Tu alma quiere que entiendas que no puedes responsabilizar a los demás de tu frustración por no conseguir lo que deseas cuando tú quieres, pues nadie tiene la misión de hacerte feliz. La vida posee su propio ritmo y tu alma sabe el momento adecuado para que suceda lo que anhelas; si esperas que otra persona cumpla tus expectativas, puede que tengas que aguardar mucho tiempo.

Debes aprender a abrazar y comprender con más amor lo que te pasa, manifestando tu voluntad de forma más ordenada y clara, siendo honesto con lo que sientes.

Seguramente la situación que se te ha presentado es un maravilloso catalizador para que aprendas a aceptar tu parte más humana, con sus deseos y necesidades, y al mismo tiempo para que abras tu corazón a aceptar las elecciones de los demás y sus límites, aprendiendo la compasión, la tolerancia y la paciencia, hacia ti y hacia los demás.

Descubre las creencias que te impiden expresar tus emociones y deseos y aceptar el ritmo natural de la vida.

2. Investigación

Viaja con tu mente al momento en que apareció el síntoma; ayúdate de las **preguntas generales (p. 68)** y añade las siguientes:

- ¿En qué situación, poco antes de la aparición de la cistitis, deseaste algo muy intensamente, creyendo que no podías contener tu emoción, y sentiste frustración porque las cosas no salieron como esperabas?
- ¿Qué deseos te guardas por miedo a que pase algo malo, llenándote de ira por ello y culpando a otra persona?
- ¿En qué situación has podido pensar que otra persona es responsable de tu felicidad o de cumplir tus expectativas?

3. Creencias (erróneas)

Busca las creencias limitantes (normalmente inconscientes) con las que más te identificas o encuentra en ti algunas similares:

- «Me gustaría tener ya _____ (esa persona o eso que deseas), no puedo esperar; pero me siento mal porque veo que no puedo conseguirlo».
- «No entiendo por qué esa persona no hace lo que yo espero; la vida es injusta y me siento muy frustrado».
- «Siento muchos deseos, pero debo contenerme, porque puede suceder _____ (algo que temes)».
- «No comprendo lo que sucede a mi alrededor ni por qué no consigo lo que quiero; no sé qué hacer con estos deseos y emociones que tengo».
- «Esa persona que me causa tantas emociones debería ocuparse de mí y de mi felicidad; no sé por qué no lo hace».
- «Me da miedo hacer lo que siento o expresar mis emociones abiertamente, porque temo que me juzguen o que me rechacen».

4. Mensajes

Para cambiar tus creencias puedes usar las siguientes afirmaciones; te invito a crear las tuyas usando el **método general (p. 76)**:

- «Acepto que soy la única persona responsable de mis emociones y de cumplir mis sueños, y me abro a confiar más en la vida y en sus ritmos».
- «Me permito sentir lo que siento, aunque todavía no sepa expresarlo bien, y me abrazo con amor».
- «Elijo dejar libres a las demás personas para que hagan lo que sientan y yo me ocupo de atender mis necesidades y expresar mis deseos».
- «Entiendo y acepto que mi vida es mía y que los demás solo están en mi vida para ayudarme a conocerme mejor y crecer en el amor».
- «Acepto mis deseos y emociones y me doy el amor que necesito, abrazando a mi niño interior».
- «Acepto mi rabia y mi frustración, me perdono y me abro a perdonar a las personas que me han ayudado a sentir lo que siento».
- «Tengo derecho a sentir deseos y a expresarlos de la forma que siento que es apropiada, y acepto que otras personas pueden no entenderlo».

- «Elijo aceptar que lo que deseo llegará en el momento oportuno y, mientras, practico la paciencia, la tolerancia y la aceptación».
- «La vida es un lugar maravilloso lleno de experiencias, y dejo que las emociones que siento en mi interior fluyan con naturalidad a través de mí».
- «Me doy el tiempo necesario para asimilar y comprender lo que siento, y actúo cuando tenga más claridad, expresando mis deseos con el mayor respeto y amor posible hacia mí y hacia los demás».
- «Me permito expresar lo que siento con naturalidad y sin expectativas; dejo libres a los demás y acepto sus decisiones con amor».

5. Acciones
- Repite los mensajes de tu cuerpo todos los días.
- Descubre los deseos que crees que no puedes contener y dedica un tiempo a analizarlos y a lograr claridad sobre lo que sientes.
- Habla con las personas que creas adecuadas (alguien que te escuche, la persona hacia la que sientes algo…) y muéstrate tal y como eres, con respeto hacia ti y hacia los demás; verás que tienes más amor en tu vida del que creías.
- Dedica tiempo cada día a darte tú mismo el amor que necesitas y verás que no tienes que depender de nadie para ser feliz. El Creador está dentro de ti también.
- Investiga más posibles mensajes y… ¡ámate!

VEJIGA: INCONTINENCIA URINARIA (O ENURESIS)

Es una emisión involuntaria e inconsciente de la orina, con frecuencia durante la noche, y que afecta a la persona adulta o al niño (a este último después de la edad habitual a la que aprende a controlar sus esfínteres, que suele ser a los tres años de edad).

Si sufres una incontinencia puntual, consulta VEJIGA (problemas) también, para ver cuál se ajusta más a tu caso.

1. Significado
Lo más importante: Si te sucede esto, tu cuerpo te indica que tienes cierto miedo a no cumplir las expectativas de otras personas, sobre todo de tus padres o de las personas que representan la autoridad para ti

(puede ser incluso Dios), y por eso controlas demasiado tus deseos y emociones, que después salen en forma de orina cuando no puedes controlarte conscientemente.

Puedes consultar también el significado de vejiga (problemas).

Tu verdadero deseo: Confiar en que tus deseos y emociones son válidos y genuinos, y en que no tienes que hacer nada para ser amado, pues ya mereces amor.

Significado en detalle: Como el problema de incontinencia te hace liberar tus líquidos de forma descontrolada y puede que sientas vergüenza por ello, tu cuerpo te indica que controlas demasiado tus emociones durante el día por miedo a disgustar a tus padres o a una figura que representa la autoridad para ti (puede ser tu padre o lo que tu padre representa, que es Dios, el Creador, el Padre), lo cual supondría para ti una vergüenza.

Puede que tengas miedo a un castigo, y que creas que debes ser perfecto todo el tiempo, pero no es así. Tienes todo el derecho a sentir deseos y emociones y a expresarlos a tu manera, aunque otros no lo entiendan siempre, y no tienes nada de lo que avergonzarte.

Es hora de que dejes de controlarte y de que confíes en que tus padres, o la persona o personas a las que temes, te quieren tal y como eres, aunque cometas errores y no sepas hacer siempre todo bien.

Si tienes miedo de que tus padres no te quieran, habla con ellos y hazles saber tus miedos y tu angustia, para que puedan sentir compasión hacia ti y juntos podáis crecer más en el amor.

Si eres adulto y sufres pérdidas de orina, es posible que tengas miedo de expresar tus emociones y deseos; tal vez recuerdas ese miedo a la autoridad paterna, o temes disgustar a Dios. En ese caso, es bueno que te perdones por haberte exigido tanto y por haber querido tanto la aprobación de tu figura paterna, y que empieces a vivir tus deseos con más naturalidad, expresándolos a las personas adecuadas en el momento oportuno.

Relájate más, diviértete y acepta la reacción de los demás cuando te veas menos perfecto, pues, ante todo, siempre eres amado por Dios.

2. Investigación

Viaja con tu mente al momento en que apareció el síntoma; ayúdate de las **preguntas generales (p. 68)** y añade las siguientes:

- ¿Qué deseos y emociones contienes por miedo a disgustar a tu padre, tu madre o la persona o el ser que representa la autoridad para ti?
- ¿Qué temes que suceda si dejas de ser tan exigente contigo mismo y te relajas y te diviertes más?

3. Creencias (erróneas)

Busca las creencias limitantes (normalmente inconscientes) con las que más te identificas o encuentra en ti algunas similares:

- «Me da miedo disgustar a _____ (mi padre, mi madre, Dios); me gustaría que me aceptara y debo ser perfecto para que lo haga».
- «No debo mostrar mis emociones, porque si lo hago no me querrán; pero ya no puedo contenerme más».
- «Mis padres esperan mucho de mí y, si no cumplo lo que ellos quieren, perderé su amor».
- «Me da miedo ser yo mismo, porque me castigarán y sufriré».
- «Me da miedo pasar vergüenza cuando disgusto a _____ (mi padre, mi madre, Dios); es mejor que oculte mis deseos y emociones».

4. Mensajes

Para cambiar tus creencias puedes usar las siguientes afirmaciones; te invito a crear las tuyas usando el **método general (p. 76):**

- «Tengo derecho a sentir lo que siento y a ser yo mismo siempre, y confío en que _____ (mis padres, Dios, etc.) me quieren siempre, haga lo que haga».
- «Me permito pedir el amor que necesito a mis padres (o a otras personas) y contarles mis miedos y dificultades para que me den su apoyo y comprensión».
- «Me permito expresar mis emociones y deseos y confío en que soy siempre amado por Dios y por mis padres; soy digno hijo de Dios».
- «Me perdono por los momentos en que no me veo perfecto, y acepto que a veces puedo disgustar a mis padres, pero que me aman siempre».
- «Elijo ser yo mismo en todo momento y acepto que mis padres son humanos y no siempre me entienden, así que les abrazaré en mi mente con compasión».

- «Soy un alma perfecta y maravillosa, y el Creador ama y aprecia mis deseos y emociones».

5. Acciones

- Repite los mensajes de tu cuerpo todos los días.
- Si eres todavía niño, trata de ser menos responsable y más niño; juega más, diviértete más y entiende que los adultos a veces se olvidan de sus niños interiores, y que aunque se enfaden con algunas cosas que haces, te quieren igual, a su manera. ¡Ah! ¡Y recuerda que Dios te ama siempre!
- Si eres adulto, permítete jugar más y sentir deseos y emociones; imagina que la persona que representa la autoridad para ti te mira con amor y compasión y que te acepta tal y como eres.
- Investiga más posibles mensajes y... ¡ámate!

VESÍCULA BILIAR: PROBLEMAS GENERALES (Y CÁLCULOS BILIARES)

La vesícula es un depósito donde se almacenan las sales biliares, encargadas de disolver y favorecer la absorción de las grasas en el intestino en el momento de la digestión. Sus problemas más comunes son las piedras o cálculos que producen su obstrucción, el dolor o la inflamación.

1. Significado

Lo más importante: Los problemas en la vesícula te indican que tiendes a sentir ira y emociones negativas por sentir que invaden tu espacio o tu libertad, pero al mismo tiempo contienes y acumulas esas emociones, que llegan a veces a convertirse en cálculos o piedras que te hacen «gritar».

Puedes consultar también el significado de HÍGADO (problemas).

Tu verdadero deseo: Deseas expresar más tus emociones negativas, incluso gritar si lo necesitas, y aceptar más lo que te sucede, permitiéndote aprender de ello.

Significado en detalle: La vesícula biliar está muy relacionada con el hígado, por lo que sus problemas también se relacionan con la acumulación de la ira y otras emociones negativas, como la envidia, los celos, etc.

En especial, la vesícula se relaciona con sentirte invadido en tu territorio, tener miedo a que te quiten algo o ver limitada tu libertad para actuar.

Al formarse piedras en la vesícula (CÁLCULOS BILIARES), el cuerpo te indica que contienes completamente tus emociones, te impides expresarlas por miedo a que pueda suceder algo realmente malo, y esta acumulación te acaba produciendo un dolor que te obliga a «gritar», lo cual no sería necesario si te permitieras expresar antes lo que te sucede en tus relaciones.

En el fondo desearías actuar de forma diferente a como lo haces, pero te dejas detener por los demás y no expresas tus demandas ni lo que te molesta.

Por ejemplo, puede que te dejes avasallar por alguna persona cercana y te impidas ser firme y defenderte, por creer que lo que esa persona hace es malo y tú no deberías hacer lo mismo, que es sacar tu parte firme y masculina para poner límites.

El mensaje de los problemas de la vesícula es que dejes de juzgar como malo lo que te sucede y que aprendas a ver cómo eso que no te gusta te ayuda a aceptar una parte que no amas todavía de ti mismo.

Debes aprender a dejar de usar la mente para controlar tus emociones y empezar a aceptar las cosas negativas que sientes, a expresarlas a los demás cuando lo necesitas y a poner límites con amor y firmeza.

2. Investigación

Viaja con tu mente al momento en que apareció el síntoma; ayúdate de las **preguntas generales (p. 68)** y añade las siguientes:

- ¿Qué situación te causó ira y otras emociones negativas poco antes del problema en la vesícula, pero te controlaste y no te expresaste?
- ¿En qué situación o situaciones has sentido que invadían tu espacio o que ibas a perder algo, pero te has guardado lo que sentías?
- ¿Qué emociones negativas que sientes te cuesta aceptar y te esfuerzas en reprimir y controlar?

3. Creencias (erróneas)

Busca las creencias limitantes (normalmente inconscientes) con las que más te identificas o encuentra en ti algunas similares:

- «No acepto sentir rabia, odio o deseos de hacer daño a alguien, sobre todo si quiero a esa persona, aunque me esté haciendo daño a mí».
- «Hay ciertas actitudes que no soporto, y me gustaría que los demás cambiaran y que no me hicieran sentirme tan mal».
- «No puedo ser libre; me invaden constantemente, pero no debo defenderme».
- «No debo sentir emociones negativas; debería ya ser perfecto y actuar solo con amor».
- «No está bien gritar ni enfadarse; debo ser una persona tranquila y amorosa siempre».
- «Si expreso lo que me molesta, voy a hacer daño a las personas a las que quiero; debo guardarme todo lo negativo».
- «Me gustaría hacer algo para estar bien, pero si lo hago puedo molestar a otros o pueden criticarme o tratarme mal, así que prefiero guardarme mi malestar».

4. Mensajes

Para cambiar tus creencias puedes usar las siguientes afirmaciones; te invito a crear las tuyas usando el **método general (p. 76):**

- «Me permito expresar lo que me molesta y mis emociones negativas cuando las siento; me acepto tal y como soy, y me amo».
- «Tengo derecho a gritar y a defender mi espacio personal y mi libertad; aprendo cada día más a poner límites con firmeza y amor».
- «Me permito ser humano y tener emociones negativas; eso me hace más real y me une a las personas que me rodean».
- «Es justo y amoroso que me defienda cuando me siento atacado; elijo respetar mi libertad y ser tratado siempre con respeto y amor».
- «Cuando acepto mis emociones y me expreso, me vuelvo más tolerante conmigo y con los demás».
- «Todo lo que me sucede tiene un sentido y aprendo a encontrar la lección de amor que está detrás de aquello que me incomoda».
- «Elijo confiar en que nada realmente importante se pierde y en que todo va a salir bien, pase lo que pase».

5. Acciones

- Repite los mensajes de tu cuerpo todos los días.
- Habla con las personas indicadas y expresa poco a poco lo que sientes, haciendo respetar tu espacio y tus necesidades.
- Busca en tu interior aquello que no te gusta en otros, y haz una lista de los aspectos positivos que tiene para ti y para otros, perdonándote por mostrar esa parte de ti, y encontrando la paz y el equilibrio.
- Dedica un tiempo a abrazar a tu niño interior por sentir todas esas emociones negativas; perdónate y regálate toda la comprensión y el amor que necesitas.
- Investiga más posibles mensajes y… ¡ámate!

Vómito (y regurgitación)

Esta definición se refiere a la expulsión involuntaria y violenta del contenido del esófago o del estómago a través de la boca.

1. Significado

Lo más importante: Este síntoma te indica el rechazo violento a una idea, persona o suceso nuevo, unido posiblemente a sentimientos de asco hacia ello.

Puedes consultar también el significado de ESTÓMAGO (problemas), NÁUSEAS.

Tu verdadero deseo: Ver la utilidad de aquello que rechazas tanto y aceptarlo con más amor, entendiendo que lo que rechazas fuera deseas amarlo en ti.

Significado en detalle: El vómito normalmente aparece después de una sensación desagradable de náusea o mareo y hace que el cuerpo rechace el alimento sin poder evitarlo.

A nivel metafísico, el alimento representa la vida, con sus experiencias positivas y negativas, por lo que al expulsar el alimento estamos expulsando a nivel mental una nueva idea o situación que no nos gusta pero que nos puede aportar algo bueno.

El VÓMITO indica un rechazo después de haber aceptado algo; la REGURGITACIÓN, un rechazo antes de llegar a aceptarlo del todo por primera vez.

También puede ser que hayas ingerido algo que realmente no deseas, normalmente asociado a una situación que te da miedo (como en el caso de ingerir mucho alcohol para evadir miedos sociales), y que causa el vómito porque tu verdadero deseo es, por ejemplo, afrontar esas situaciones con plena consciencia, para vencer tus miedos.

Es posible que hayas tenido un gran miedo a algo que se te presentaba, o fuertes pensamientos de juicio hacia algo o alguien, y que hayas sentido repugnancia o asco debido a que no ves nada bueno en ello.

Por ejemplo, una persona querida tuvo náuseas y ganas de vomitar poco antes de hacer una presentación de baile en público, por miedo a ser juzgada o a equivocarse, y, cuando al final superó su miedo y realizó el baile, vio que la experiencia le había enseñado muchas cosas útiles y que su cuerpo le decía que se atreviera a hacerlo a pesar del miedo.

El mensaje de tu cuerpo es que te permitas observar las situaciones nuevas con más amor y aceptación, sin rechazar algo que primero decidiste aceptar, y aprender lo que la vida quiere enseñarte con ello.

Esto no significa que debas permitir algo que no deseas en tu vida ni que estés de acuerdo con todo lo que ves, sino más bien que en tu corazón deseas sentir compasión hacia los demás, aunque no te guste siempre lo que hacen, y que deseas ver todo lo nuevo con curiosidad y apertura, para quedarte con lo que te sirve de cada experiencia y liberarte del resto.

2. Investigación

Viaja con tu mente al momento en que apareció el síntoma; ayúdate de las **preguntas generales (p. 68)** y añade las siguientes:

- ¿Qué situación, persona o idea rechazaste violentamente por miedo o asco poco antes de que aparecieran las ganas de vomitar?
- ¿Qué te ha disgustado tanto como para rechazarlo, sin darle una oportunidad para ver si te podía ayudar a crecer en el amor?

3. Creencias (erróneas)

Busca las creencias limitantes (normalmente inconscientes) con las que más te identificas o encuentra en ti algunas similares:

- «Creía que podría aceptar _____ (algo nuevo), pero me disgusta demasiado; no puedo aceptarlo, es horrible».

- «No puedo aceptar eso que me dice _____ (esa persona); no lo entiendo y quiero que cambie».
- «Me da miedo afrontar algo que iba a hacer; rechazo hacerlo, porque creo que va a pasar algo malo».
- «Estoy viendo algo que me ha dado asco; no puedo aceptarlo».
- «No puedo ver eso que tengo delante; me gustaría irme de aquí, me gustaría estar en otro sitio».
- «Esa persona es repulsiva, no me gusta cómo piensa ni lo que dice o hace; debería cambiar».
- «No acepto esa idea nueva; creía que era buena, pero ahora creo que es horrible y que va a alterar mi vida, y debo rechazarla».

4. Mensajes

Para cambiar tus creencias puedes usar las siguientes afirmaciones; te invito a crear las tuyas usando el **método general (p. 76):**

- «Me permito aceptar lo nuevo en mi vida y entiendo que cada situación me enseña a superar mis límites y a crecer en el amor».
- «Me perdono por haber rechazado una situación (o persona o idea) por miedo o disgusto y me abro a vivirlo con amor y aceptación».
- «Soy capaz de observar lo que no me gusta y ver la parte de mí que está reflejada en ello, y aprendo a amar esa parte en mí».
- «Me permito aceptar ideas nuevas para ver si puedo aprender algo de ellas y después dejar marchar lo que no me sirve».
- «Elijo afrontar mis miedos y vivir experiencias nuevas para ver a dónde me llevan y las maravillosas lecciones de amor que tienen».
- «Elijo ser una persona compasiva con los demás y con lo que no me gusta, y acepto con amor todo lo que veo».
- «Las personas diferentes están en mi vida para enseñarme a amar más; puedo encontrar mi propio equilibrio viendo lo bueno que existe en todo».

5. Acciones

- Repite los mensajes de tu cuerpo todos los días.
- Observa tus pensamientos cuando tienes el deseo de vomitar y mira lo que estás rechazando. En ese momento, busca la utilidad o el mensaje de amor que te puede estar dando eso y verás que la sensación desaparece.

- Adquiere el hábito de ver lo que no te gusta de otros en ti mismo y observa que no es tan malo como crees, encontrando los aspectos positivos que tiene eso que rechazas, en ti y en otros.
- Investiga más posibles mensajes y... ¡ámate!

5.6. Órganos sexuales

Esta zona del cuerpo se refiere al aparato reproductor femenino y masculino, que incluye ovarios, trompas de Falopio, útero, vagina y vulva en la mujer, y testículos, próstata y pene en el hombre, y a las enfermedades y dolencias relacionadas con esas partes del cuerpo.

El aparato sexual del ser humano es lo que nos conecta con nuestra parte creativa, con las relaciones personales íntimas, con el disfrute de la vida y con nuestra capacidad para concebir una idea, proyecto o familia, gestarlo y materializarlo.

Todos los problemas en esta zona nos invitan a conectarnos de forma saludable y armoniosa con nuestra parte humana creativa, que es capaz de disfrutar de la experiencia terrenal que vive el alma, de crear experiencias, proyectos y relaciones maravillosas cuando llega el momento oportuno y de adaptarse a los ciclos de cambio que suceden continuamente para dar paso a una nueva vida.

En la mujer, esto está especialmente remarcado por el ciclo menstrual, que le permite crear vida, al mismo tiempo que debe aceptar la tristeza de no poder crear siempre lo que su reloj interior le pide, lo cual se muestra como la sangre menstrual, que refleja su tristeza interior.

CANDIDIASIS VAGINAL

Es una infección en la vagina causada por el hongo cándida, que produce normalmente picor, inflamación y la secreción de un líquido blancuzco de olor fuerte.

Consulta VAGINA: PROBLEMAS GENERALES.

Frigidez (o ausencia de placer sexual)

Es un término que indica la ausencia de placer sexual, tanto en la mujer como en el hombre, durante las relaciones íntimas. No se debe confundir con la anorgasmia, que es la ausencia de orgasmo aunque haya placer sexual.

1. Significado

Lo más importante: Este síntoma te indica que tienes demasiado miedo a sentir, a ser una persona **cálida**, y que prefieres evitar todo tipo de placer en tu vida. Te controlas demasiado, pero en tu interior hay un gran deseo de disfrutar con tu cuerpo, incluso más de lo habitual, pero no te lo permites y es probable que eso te haga perder el control en otras áreas de tu vida.

Puedes consultar también el significado de VAGINA (problemas), si eres mujer, o de PENE (problemas), si eres hombre.

Tu verdadero deseo: Disfrutar más de tu cuerpo y del placer en general, en todas las áreas de tu vida, permitiéndote descontrolarte más.

Significado en detalle: Si no disfrutas de tus relaciones sexuales y vives situaciones en las que te gustaría disfrutarlas, entonces es que tienes en tu interior un gran deseo de hacerlo pero una o varias creencias muy fuertes te lo impiden.

Puede que en tu infancia decidieras que no estaba bien recibir placer, o que era «pecado» o «incorrecto», y que si lo hacías perderías el control de ti mismo, por lo que bloqueaste tus emociones.

Si es así, seguramente tu gran deseo de sentir te haya llevado a perder el control en otras áreas, como la comida, el alcohol, las lágrimas descontroladas, las discusiones, temblores o tics nerviosos, etc.

Su mensaje es claro: es hora de que te permitas dejar salir la mujer o el hombre cálido, amoroso y sensual que eres, y que disfrutes de tu cuerpo con libertad, aprendiendo a confiar en tu intuición y en el amor, para poder perder el control y dejar que la vida te lleve a nuevos éxtasis de placer.

Si crees que al no disfrutar castigas a tus parejas, date cuenta de que tú te castigas mucho más de lo que lo haces a ellos. Aprende a encontrar hombres o mujeres que te amen y a los que puedas amar de verdad.

Descubre las creencias que te impiden disfrutar verdaderamente del sexo y de la vida y libera el amor que lucha por salir en ti.

2. Investigación

Viaja con tu mente al momento en que apareció el síntoma; ayúdate de las **preguntas generales (p. 68)** y añade las siguientes:

- ¿Qué situación, poco antes de que apareciera el síntoma, te hizo tener miedo de sentir placer sexual y decidir no permitirte disfrutar en otras áreas?
- ¿Qué creencias te hacen pensar que sentir placer es malo o que no debes disfrutar de tu sexualidad?
- ¿Qué placeres controlas pero te hacen descontrolarte en otras áreas de tu vida?

3. Creencias (erróneas)

Busca las creencias limitantes (normalmente inconscientes) con las que más te identificas o encuentra en ti algunas similares:

- «No debo disfrutar del sexo ni del placer, porque puedo perder el control y sufrir».
- «El sexo es malo, pecaminoso, indigno, poco espiritual».
- «Los hombres son malos y debo castigarlos siendo frío/a con ellos y no mostrando que siento placer».
- «Las mujeres son malas, y debo castigarlas siendo frío/a con ellas y no mostrando que siento placer».
- «No debo disfrutar de mi cuerpo o perderé mi alma».
- «Si disfruto de la vida y de mi cuerpo, seré castigado».
- Debo estar cerrado al placer, aunque en el fondo me muera de ganas de disfrutar del sexo y de mi cuerpo».

4. Mensajes

Para cambiar tus creencias puedes usar las siguientes afirmaciones; te invito a crear las tuyas usando el **método general (p. 76)**:

- «Me permito disfrutar de mi cuerpo, del sexo y del placer físico, y sigo siendo digno de amor».
- «El sexo es una forma maravillosa de disfrutar y de compartir amor con mi pareja».

- «Elijo estar con una pareja maravillosa que me ame y a la que ame, y me permito disfrutar del placer y del amor con ella».
- «El sexo es bueno, es divino, es espiritual y es mágico cuando se vive con amor y dando gracias al Creador».
- «Me permito perder el control en el sexo y en el placer y confío en que sabré volver a mi paz interior siempre».
- «Me abro al placer y a disfrutar de la vida, pues todo es amor y siempre me merezco el amor en todas sus formas».
- «Existen hombres buenos y puedo abrirme y ser cálido/a y amoroso/a con ellos».
- «Existen mujeres buenas y puedo abrirme y ser cálido/a y amoroso/a con ellas».
- «Me permito expresar todos los deseos de mi alma en esta vida y la disfruto al máximo para llevarme de ella muchas experiencias».

5. Acciones

- Repite los mensajes de tu cuerpo todos los días.
- Permítete ser una persona cada vez más cálida y amorosa, sobre todo con tu pareja, y permítete recibir el amor que te va a dar la vida cuanto más te abras a recibir.
- Prueba a soltar el control en pequeñas cosas donde te controlas, para ir cogiendo confianza, y observa que no es tan grave.
- Busca activamente tu placer y encuentra formas nuevas de disfrutar de tu cuerpo y de tu sexualidad a tu manera única.
- Investiga más posibles mensajes y... ¡ámate!

IMPOTENCIA (O PROBLEMAS DE ERECCIÓN)

La impotencia es una afección bastante frecuente del hombre que le impide lograr una erección con la que poder realizar el acto sexual.

1. Significado

Lo más importante: Este síntoma es una indicación de que te sientes impotente en alguna situación de tu vida, que crees que no puedes hacer lo que quieres hacer, o lo que desea tu corazón.

Puede estar relacionado con el acto sexual en sí, o con otra área de tu vida donde pones demasiado activa tu mente, y no te dejas fluir.

Puedes consultar también el significado de PENE (problemas).

Tu verdadero deseo: Confiar en tus enormes capacidades para actuar, fluir en el presente sin pensar y permitirte cumplir lo que tu corazón realmente desea.

Significado en detalle: La impotencia sexual es una indicación de que tienes demasiado activa la mente, debido a tus preocupaciones, y que no te permites fluir y disfrutar con lo que te sucede en el ahora. Es importante que sepas que la falta de erección es normal y que no es nada malo que suceda, eres tan hombre como el que más.

Es habitual que un hombre tenga este trastorno varias veces en su vida, puesto que la erección es algo frágil, que sucede normalmente durante poco tiempo, y que requiere que el hombre se relaje y se deje llevar por lo que siente, lo cual no siempre es fácil.

Es posible que te suceda si pretendías hacer algo que expresaba tu creatividad y ha sucedido algo que te lo ha impedido, haciéndote sentir impotente para actuar ante lo ocurrido (por ejemplo: «Me siento impotente, no puedo hacer nada«). En ese caso su mensaje sería que no te dejes limitar por tu pasado, que vuelvas a confiar en que las cosas son diferentes cada vez, y que puedes volver a lograr lo que te propones.

También puede ser que te valores mucho por lo que haces por los demás y que, si no has conseguido hacer lo que te proponías por alguien, te hayas sentido incapaz por ello desde entonces. El mensaje sería que te valores más a ti, aunque no hagas cosas por los demás, y que les dejes libres para resolver sus propios problemas.

Si te sucede varias veces, y solo durante el acto sexual con la misma persona, es posible que te sientas intimidado por ella, o que tengas un deseo excesivo de agradarla que te hace pensar demasiado en vez de disfrutar el momento. También puede ser que esa persona, si es una mujer, se haya convertido para ti en una imagen del amor maternal y no la imagines en el terreno sexual, lo que te hace perder el deseo. En esos casos, debes aprender a quererte más, a valorarte como igual ante tu pareja, y a verla como una compañera de juegos con quien te puedes relajar y disfrutar espontáneamente, sin preocuparte por nada más.

Si el problema te sucede porque has tenido malas experiencias con el sexo en el pasado y temes sufrir de nuevo, es importante que te perdones por el pasado, y que vuelvas a restaurar la fe en que todo es amor y en que todo siempre sale bien.

En el caso de que la impotencia te sirva de excusa inconsciente para castigar a tu pareja por algo, recuerda que la persona que más sufre por no tener ese placer al compartir amor eres tú, y que tu alma desea que te abras a las relaciones, que expreses tu creatividad y que perdones para vivir el amor cada vez con más profundidad.

Descubre las creencias que te impiden creer en tu capacidad de hacer lo que realmente deseas y de disfrutar del sexo.

2. Investigación

Viaja con tu mente al momento en que apareció el síntoma; ayúdate de las **preguntas generales (p. 68)** y añade las siguientes:

- ¿En qué situación te sentiste impotente e incapaz de actuar poco antes de que apareciera por primera vez el problema?
- ¿A quién crees que debías ayudar, pero no pudiste, y eso te hizo sentir impotente?
- ¿Qué preocupaciones tienes durante el acto sexual que te impiden disfrutar del presente?
- ¿Qué experiencias del pasado te han hecho asociar el sexo con algo negativo?
- ¿Deseas inconscientemente que tu pareja no disfrute, o evitar sufrir de alguna forma, y usas como excusa el no tener una erección?

3. Creencias (erróneas)

Busca las creencias limitantes (normalmente inconscientes) con las que más te identificas o encuentra en ti algunas similares:

- «He fracasado, no he conseguido lo que me proponía y no soy capaz de hacerlo».
- «Me siento atado, impotente ante esta situación; no sé qué hacer».
- «Me gustaría ayudar a _____ (otra persona), pero no lo consigo; me siento impotente».
- «No soy capaz de disfrutar del sexo; tengo que hacerlo todo perfecto o no seré un hombre».
- «Hay que tener una erección fuerte y duradera para agradar a una mujer (o a mi pareja, o a una persona del sexo que sea)».
- «Mi pareja espera mucho de mí y yo no soy capaz de satisfacerla».
- «Mi pareja se parece a una madre, es muy dulce y maternal, y no me atrevo a tener sexo con ella; me parece sucio, no me veo capaz».

- «El sexo me ha hecho sufrir, y me da miedo que vuelva a ocurrir; es mejor que no suceda».
- «Mi pareja me ha hecho daño y no deseo que disfrute, así que me alegro de no poder darle placer en el sexo».
- «No soy capaz de relajarme y sentir amor mientras tengo sexo».

4. Mensajes

Para cambiar tus creencias puedes usar las siguientes afirmaciones; te invito a crear las tuyas usando el **método general (p. 76)**:

- «Soy perfectamente capaz de lograr todo lo que me propongo y de superar todos los obstáculos que se me presentan en mi camino».
- «Me permito tomarme mi tiempo para resolver lo que me frena en mis deseos, me perdono y encuentro poco a poco una solución creativa, confiando en mi poder y en mi voluntad».
- «Soy un hombre maravilloso tal y como soy, y me acepto».
- «Elijo dejar libres a las personas a las que me gustaría ayudar y no puedo; confío en que podrán resolver por sí mismas sus problemas».
- «Puedo no tener una erección durante mi relación con mi pareja y sigo siendo un hombre maravilloso; puedo disfrutar y dar placer con otras partes de mi cuerpo».
- «Elijo relajarme y disfrutar de las caricias, de las miradas, de los abrazos y de los placeres sutiles del sexo, y permito que la erección venga sola cuando sea el momento oportuno».
- «A mi pareja le agrada tocarme y darme placer, tanto como recibir placer de mí».
- «Me permito ser imperfecto y cometer errores en el sexo y como pareja, y sigo siendo digno de amor».
- «Mi pareja puede disfrutar con mis dedos, con mi boca y con otras partes de mi cuerpo además de con mi pene».
- «Soy perfectamente capaz de satisfacer a mi pareja de muchas maneras utilizando mi imaginación y mi amor».
- «Me permito pedir a mi pareja lo que necesito para estar cómodo en el sexo y le expreso mis miedos y dificultades para que me ayude».
- «Mi pareja (si es mujer) es ante todo una mujer, una compañera, y me permito desearla sexualmente y ver su parte más erótica y sensual».

- «Me perdono por haber sufrido con el sexo en el pasado y elijo confiar en que soy capaz de tener una relación hermosa, placentera y llena de amor, con relaciones sexuales maravillosas».
- «Elijo perdonar a mi pareja por lo que me hizo sentir herido, y me permito dar y recibir placer con ella con el corazón abierto».
- «Soy capaz de relajarme y disfrutar siempre del sexo, dejando la mente de lado y sintiendo con mi cuerpo y con mi alma».

5. Acciones

- Repite los mensajes de tu cuerpo todos los días.
- Si hay algo que no has conseguido hacer como querías, dedica un tiempo a perdonarte, a analizar la situación y a decidir si quieres seguir adelante con ello o dejarlo ir. Si sigues, tómate tu tiempo para hacer un nuevo plan y vuelve a confiar en que puedes hacerlo; ¡tú puedes!
- Si tienes dudas sobre lo que necesita tu pareja o crees que no haces lo suficiente en el sexo, permítete hablar con ella y preguntarle; verás que es más fácil que los dos disfrutéis si conocéis bien vuestros deseos y vuestros miedos y os dais tiempo poniendo amor para superarlos.
- Investiga más posibles mensajes y... ¡ámate!

MENOPAUSIA Y ANDROPAUSIA

La menopausia es un cambio que se produce en la mujer después de los cuarenta años, normalmente, que implica el fin de la menstruación y que puede manifestarse como diversos síntomas, que incluyen sofocos, sudoración, problemas sexuales, picor vaginal, insomnio, depresión, etc.

La andropausia es un trastorno poco definido que se produce en el hombre al envejecer, causado fisiológicamente por una disminución de la testosterona. Se manifiesta como una disminución del apetito sexual o de la fertilidad, disminución de la cantidad de vello y del tamaño de los testículos, atenuación de otros rasgos masculinos, ánimo cambiante, irritabilidad, depresión, etc.

1. Significado

Lo más importante: Los cambios que se producen hacia la mitad de la vida, tanto en el hombre como en la mujer, son una indicación de un cambio en la energía fundamental de cada uno de ellos. La mujer pasa de ser más femenina y maternal a ser más masculina y activa. En el hombre sucede al contrario.

Los síntomas que aparecen en este cambio se deben a la no aceptación de estos ciclos naturales y a querer seguir manteniendo la energía (femenina o masculina) que se tenía antes de cambiar de ciclo.

Puedes consultar también el significado de CALOR, VAGINA, OVARIOS —en la mujer—, o de IMPOTENCIA, PRÓSTATA, TESTÍCULOS —en el hombre—.

Tu verdadero deseo: Fluir con los cambios de la vida, aceptar que tu energía es diferente ahora y que puede ser un período maravilloso de tu vida.

Significado en detalle: Si eres **mujer,** los síntomas de la MENOPAUSIA te indican que ha llegado el momento de soltar tus actividades más maternales y de dedicación a tus seres queridos, y que necesitas ocuparte de tu parte masculina creadora, que desea poner en marcha tus propios proyectos personales y ser menos emocional y más mental.

Los calores y sudores te indican que sigues deseando sentir muchas emociones, pero ahora necesitas que la mente «enfríe» el exceso de emoción no bloqueándolas, sino equilibrando tu percepción de lo que ves, usando tu mente más racional.

Los problemas sexuales te indican que ahora deseas expresar tu sexualidad de otra forma, tal vez más masculina, pero no te permites disfrutar de tu nueva energía y del placer que te trae (ver VAGINA).

Si tienes depresión o insomnio, necesitas dejar de preocuparte por estos cambios y soltar tus fantasías sobre cómo deberían ser las cosas.

En general, quieres dedicar más tiempo a reflexionar, a comprender tus emociones, a pasar tiempo contigo misma y a crear cosas solo para ti, dejando más libres a los demás.

Si eres **hombre,** los síntomas de la ANDROPAUSIA te indican que ya has dedicado mucho tiempo a crear de forma activa tus propios proyectos personales y que ahora necesitas vivir de forma más sencilla, sensible, familiar y afectiva, compartiendo tu sabiduría con los demás.

Quieres permitirte sacar tus emociones bloqueadas durante años, hablar más, sentir más y compartir momentos con las personas que quieres.

Es por eso por lo que disminuye la producción de testosterona y muchas veces cambian los rasgos físicos para ser más suaves y femeninos.

Los problemas de próstata o de fertilidad te indican que no confías en tu poder creador y que necesitas permitirte crear de forma diferente (ver PRÓSTATA).

Los problemas de erección te dicen que no te permites disfrutar del placer y del sexo de otra forma, siendo más femenino en tu forma de vivir las relaciones sexuales (ver IMPOTENCIA).

En general, quieres dedicar más tiempo a sentir, a mostrar tus emociones y afectos, a cuidar de otras personas y a disfrutar de tu esencia femenina.

2. Investigación

Viaja con tu mente al momento en que apareció el síntoma; ayúdate de las **preguntas generales (p. 68)** y añade las siguientes:

- ¿Qué creencias te impiden disfrutar del cambio a tu nueva energía, masculina (si eres mujer) o femenina (si eres hombre)?
- ¿Qué partes de tu nueva situación te impides aceptar con amor?
- ¿En qué situaciones te lamentas de que ya no eres como eras antes de este cambio?

3. Creencias (erróneas)

Busca las creencias limitantes (normalmente inconscientes) con las que más te identificas o encuentra en ti algunas similares:

- «Quiero seguir siendo como siempre he sido; no quiero cambiar a una energía diferente, aunque en mi interior sienta el cambio».
- Mujer: «No entiendo que ahora me sienta menos familiar y que quiera estar sola e independiente, y no lo acepto». «No me gusta usar mi mente, prefiero usar siempre el corazón». «No quiero ser más masculina, aunque siento que me apetece disfrutar del sexo de otra forma, pero me da miedo».
- Hombre: «No acepto que ahora no pueda ser tan activo; quiero tener todo controlado y seguir yo al frente de todo». «No me gusta

volverme sensible y emocional; es de débiles y no lo entiendo». «No está bien disfrutar de mi cuerpo de forma femenina; dejo de ser hombre si lo hago».

4. Mensajes

Para cambiar tus creencias puedes usar las siguientes afirmaciones; te invito a crear las tuyas usando el **método general (p. 76)**:

Mujer:
- «Me permito fluir con el cambio de mi energía y ser ahora más activa y masculina en algunas cosas, sabiendo que siempre soy mujer».
- «Me permito ser más independiente y crear mis propios proyectos personales, dejando a mi familia libre para que se cuide sola».
- «Me permito disfrutar de mi sexualidad de una forma nueva, más masculina y activa, permitiendo que mi hombre interior despierte y actúe más a menudo».
- «Me permito analizar las situaciones que mueven mis emociones y encontrar el equilibrio en ellas usando mi mente».
- «Elijo abrirme a este nuevo ciclo de mi vida y dejar salir una nueva mujer en mí, con nuevos aspectos y cualidades maravillosas por descubrir».

Hombre:
- «Me permito fluir con el cambio de la vida en este momento y ser más familiar, cariñoso y afectivo».
- «Me permito expresar cada vez más mis emociones y fluir con lo que siento, dejando la mente tranquila y en silencio».
- «Me permito llorar más, abrazar más, decir más palabras bonitas y amables, ser cariñoso, ser buen padre y buen amigo».
- «Me permito disfrutar de mi sexualidad de formas nuevas, siendo más receptivo y femenino y permitiendo que mi mujer interior despierte».
- «Elijo abrirme a este nuevo ciclo de mi vida y dejar salir un nuevo hombre en mí, con nuevos aspectos y cualidades maravillosas por descubrir».

5. Acciones

- Repite los mensajes de tu cuerpo todos los días.

- Haz una lista de las cosas que antes te interesaban y ahora no. Despídete de todo eso con amor y gratitud, y quema la hoja o haz un ritual.
- Elabora una lista de las cosas que ahora te gustaría llevar a cabo de un modo diferente a como lo hacías antes. Anota junto a cada cosa las ventajas que tiene esa forma nueva de hacerlo.
- Actúa para disfrutar de lo nuevo y experimenta con tu nueva forma de ser; la vida continúa y tienes una nueva vida por delante, ¡es tuya!
- Investiga más posibles mensajes y... ¡ámate!

MENORRAGIA (O HEMORRAGIA MENSTRUAL EXCESIVA)

Es un flujo menstrual excesivo en cantidad y duración, que suele ser frecuente, entre otros casos, cuando se usan dispositivos anticonceptivos intrauterinos.

1. Significado

Lo más importante: Cuando tienes un flujo en exceso después de colocarte un dispositivo intrauterino o después de usar un anticonceptivo, te indica que estás perdiendo una gran alegría de vivir por impedirte un embarazo —que probablemente es lo que más deseas— debido a un miedo.

Cuando sucede espontáneamente, mira el significado de MENS-TRUACIÓN (problemas), y ten presente, además, que existe una gran tristeza interior.

Puedes consultar también el significado de HEMORRAGIA.

Tu verdadero deseo: Quedarte embarazada y confiar en que todo va a salir bien.

Significado en detalle: La sangre representa la alegría de vivir, y la menstruación es una expresión simbólica de la tristeza de la mujer por no concebir cada mes.

El hecho de que la hemorragia sea abundante te indica que tu tristeza es grande y que hay en ti un gran deseo como mujer de quedarte embarazada y tener un bebé, pero sientes ciertos miedos y creencias que te lo están impidiendo.

Puede que tengas miedo de no ser buena madre, que te dé miedo el parto o que haya algo que te preocupe mucho si tienes un hijo. Incluso puede que te estés dejando influenciar demasiado por los demás. Descubre lo que es y encuentra la forma de afrontar tus miedos y confiar de nuevo en la vida.

Si tu miedo es tan fuerte que realmente ahora no te ves capaz de hacerlo, perdónate por ello, y permítete tomarte tu tiempo hasta que te sientas preparada para cumplir con el deseo de tu corazón.

Si no tiene que ver con la concepción, es posible que hayas vivido una situación de rechazo a tu feminidad y a los hombres al mismo tiempo (ver MENSTRUACIÓN).

El mensaje de la menorragia es que vuelvas a confiar en la vida y en tu capacidad como madre o como creadora y que no te tomes tan en serio la vida, pues todo es amor y todo conspira a tu favor para que logres tus sueños y las cosas salgan siempre bien.

2. Investigación

Viaja con tu mente al momento en que apareció el síntoma; ayúdate de las **preguntas generales (p. 68)** y añade las siguientes:

- ¿Qué situación, poco antes de que apareciera el síntoma, te hizo sentir miedo de ser madre y querer evitarlo?
- ¿Qué miedos te impiden quedarte embarazada y tener un bebé?
- ¿Qué te hace tomarte la maternidad y el hecho de ser mujer tan en serio?

3. Creencias (erróneas)

Busca las creencias limitantes (normalmente inconscientes) con las que más te identificas o encuentra en ti algunas similares:

- «En el fondo deseo ser madre, pero me da miedo, y creo que no va a salir bien, así que lo evito, pero estoy muy triste».
- «Creo que no voy a ser buena madre; es mejor que no lo sea».
- «Si tengo un hijo, puede que suframos él o yo, o que lo traiga a un mundo difícil, o que el parto salga mal, o que no pueda con ello; tengo miedo».
- «Es muy pesado y difícil ser mujer y ser madre; no sería capaz de llevarlo bien si tuviera hijos».
- «Me da pánico ser madre, aunque es lo que más deseo, y ahora mismo no puedo, realmente no puedo».

4. Mensajes

Para cambiar tus creencias puedes usar las siguientes afirmaciones; te invito a crear las tuyas usando el **método general (p. 76)**:

- «Me perdono por haber tenido miedo de ser madre y abrazo a mi niña interior hasta que sane y vuelva a tener confianza en la vida».
- «Me permito ser la madre que deseo ser y confío en que la vida me cuida y me protege, y también a mi bebé».
- «Vivo en un mundo donde todo es amor detrás de las apariencias y sé que puedo tener un bebé y que todo va a salir bien».
- «Si siento que quiero tener un hijo, es porque un alma desea venir a través de mí y que es importante que eso suceda, pues todo es amor».
- «Ser mujer y ser madre puede ser fácil y divertido si se hace con el corazón abierto y confiado y si es el deseo verdadero de mi Ser».
- «Si ahora mismo no puedo ser madre o no me siento capaz, me perdono y me doy mi tiempo, confiando en que todo llegará en el momento oportuno, cuando esté preparada».

5. Acciones

- Repite los mensajes de tu cuerpo todos los días.
- Habla con tu pareja, si es necesario, y decide si quieres tener ya un bebé. En caso afirmativo, piensa algo para lograrlo, como planear lo que harás, preparar tu hogar y evitar medidas anticonceptivas.
- Confía en la vida y trata de imaginar situaciones hermosas que vivirás en tu maternidad, aceptando los retos que vengan con ellas.
- Investiga más posibles mensajes y... ¡ámate!

MENSTRUACIÓN: PROBLEMAS GENERALES

Este significado se refiere a cualquier dolor, molestia o síntoma asociado al período menstrual, diferente del sangrado normal, que de forma natural se produce sin causar dolor ni síntomas.

1. Significado

Lo más importante: Cualquier problema relacionado con la menstruación (dolor, sangrado excesivo, metrorragia, etc.) te indica que tienes ideas de rechazo a lo que representa ser mujer, en relación con los hombres.

Por un lado, piensas que ser mujer tiene desventajas, que has de seguir muchas «reglas», y eso te hace estar resentida a veces por haber nacido mujer. Y por otro, piensas que los hombres tienen ciertas ventajas y beneficios por ser hombres, y eso te hace sentir rabia hacia ellos.

Añade el significado del lado afectado, DERECHO O IZQUIERDO (p. 50), para saber en qué área de tu vida debes buscar el mensaje.

Puedes consultar también el significado de OVARIOS (problemas), MENORRAGIA.

Tu verdadero deseo: Aceptar tu condición femenina, perdonar a los hombres y aceptar que tanto hombres como mujeres tienen ventajas e inconvenientes.

Significado en detalle: La menstruación es la forma que tiene el cuerpo femenino de liberar el «dolor» emocional por no haber concebido, estando la mujer preparada para ello cada período. La sangre representa esas lágrimas metafísicas que vierte la mujer, de forma natural, y has de saber que el período normalmente debería ser algo indoloro y vivido en la aceptación de su magia y su divinidad.

Cuando aparece dolor en los ovarios, o cualquier problema relacionado con la menstruación, tu cuerpo te indica que rechazas de forma inconsciente ser mujer y, por eso, cuando tu cuerpo te recuerda que lo eres al venir el período, sufres y te sientes culpable inconscientemente por haber elegido el sexo femenino en esta encarnación, de ahí el dolor.

Es posible que hayas aprendido que ser mujer no es muy bueno en tu sociedad, porque debes vivir una serie de cargas que puedes sentir como injustas, como tener y cuidar del bebé, aguantar el deseo masculino, ganar menos dinero que los hombres, etc.

Al mismo tiempo, culpas a los hombres por tener ciertas ventajas que piensas que las mujeres no tienen, como mejores puestos de trabajo con menos esfuerzo, orinar de pie o cualquier otra cosa. Es posible incluso que desees en ocasiones haber nacido como hombre.

El mensaje que te envía tu cuerpo es que te reconcilies con tu parte femenina, con tu esencia como mujer, y que aceptes que elegiste ser mujer para vivir algo importante y que tienes muchas ventajas por ello.

Por ejemplo, la mujer tiene capacidades de sentir y de percibir emociones fuera del alcance de la mayoría de los hombres y puede crear vida, entre otras muchas cosas. Los hombres, en cambio, sufren un baño de testosterona en el vientre materno que destruye algunas partes de su cerebro y desactiva muchas funciones emocionales, lo que le permite una mayor percepción del espacio tridimensional, por ejemplo (Brizendine, 2007).

No es que ser mujer o ser hombre sea mejor o peor. Tu cuerpo quiere que entiendas que cada uno es maravilloso a su manera y que no necesitas compararte, ni rechazar a los hombres, ni lamentarte de ser mujer.

Aprende a perdonar las diferencias que ves entre hombres y mujeres y busca el equilibrio, verás que tus dolores desaparecen.

Descubre las creencias que te impiden amar a la mujer, amarte como mujer y aceptar a los hombres tal y como son.

2. Investigación

Viaja con tu mente al momento en que apareció el síntoma; ayúdate de las **preguntas generales (p. 68)** y añade las siguientes:

* ¿Qué pensamientos de crítica hacia la mujer por su rol en la sociedad guardas en tu mente desde que comenzaron los problemas menstruales?
* ¿Qué te molesta tanto de los hombres, que a la vez envidias?
* ¿Qué situaciones te molestan respecto a ser mujer, en relación con los hombres?

3. Creencias (erróneas)

Busca las creencias limitantes (normalmente inconscientes) con las que más te identificas o encuentra en ti algunas similares:

* «La mujer está subyugada por el hombre, siempre tiene un papel inferior».
* «Los hombres son unos _____ (un insulto), solo piensan en sexo y no saben amar, y la mujer lo sufre».
* «No me gusta ser mujer, porque tenemos que tener hijos y cuidarlos, y el hombre no hace nada para ayudar».
* «Los hombres tienen mejores trabajos y mejores sueldos, y la mujer sufre esa injusticia».
* «Ser mujer es peor que ser hombre».
* «No me gusta tener la regla cada mes ni tener tantas "reglas" por ser mujer».

4. Mensajes

Para cambiar tus creencias puedes usar las siguientes afirmaciones; te invito a crear las tuyas usando el **método general (p. 76)**:

- «Elijo aceptar con amor a las mujeres tal y como son y acepto haber elegido ser mujer en esta vida; elijo amarme como mujer».
- «La regla es un proceso natural, agradable y mágico que me recuerda mi poder creador como mujer y me ayuda a amar lo femenino en mí».
- «Ser mujer tiene maravillosas ventajas que equilibran las posibles desventajas, como crear vida, ser sensible, ser femenina, tener compasión, ser paciente y un montón de cosas más».
- «Tanto los hombres como las mujeres tienen ventajas e inconvenientes por su sexo, y todos hemos vivido varias vidas en todos los sexos, por lo que hay siempre equilibrio».
- «Los hombres tienen también problemas y dificultades, como menos sensibilidad, más pensamientos, y muchas veces son llevados por la mujer con más facilidad. Elijo verles con más amor y compasión».
- «Elijo aceptar que mi cuerpo me recuerda cada mes que soy mujer, y que eso es mágico y maravilloso».
- «Perdono a la mujer por sus elecciones que no me gustan y perdono al hombre por sus acciones que no me gustan. Amo y estoy en paz».

5. Acciones

- Repite los mensajes de tu cuerpo todos los días.
- Haz una lista de todo lo que rechazas de ser mujer y luego haz otra con todas las cosas maravillosas que tienes por serlo, hasta que sientas que hay equilibrio.
- Haz una lista de todas las ventajas que crees que tienen los hombres, y luego haz otra con los inconvenientes, hasta que veas que hay equilibrio.
- Permítete expresar tu lado femenino más a menudo y aceptar que tú también tienes rasgos de los hombres, y que eso está bien.
- Investiga más posibles mensajes y... ¡ámate!

ORGASMO: PROBLEMAS GENERALES
(O ANORGASMIA O PROBLEMAS DE EYACULACIÓN)

Normalmente la falta de orgasmo se produce durante el acto sexual; se puede sentir placer al realizarlo pero sin llegar al grado más alto de placer que produce la energía del orgasmo. En los hombres, aunque existe el orgasmo sin eyaculación, normalmente la ausencia de eyaculación indica que no se ha llegado al orgasmo.

1. Significado

Lo más importante: La ausencia de orgasmo te indica que tienes dificultad para abrirte a recibir el amor del sexo opuesto y que te cuesta integrar bien tus partes femenina y masculina.

Es posible que seas una persona que trata de controlarse demasiado, porque temes perder el control y te cuesta recibir placer en tu vida.

Puedes consultar también el significado de FRIGIDEZ, IMPOTENCIA.

Tu verdadero deseo: Abrirte al regalo de tu pareja y al amor del sexo opuesto, disfrutando intensamente de todos los placeres de la vida con libertad.

Significado en detalle: El orgasmo es el resultado de una estimulación y un intercambio energético, real o virtual, y se produce cuando todos nuestros centros energéticos (chakras) polarizados están abiertos y con la energía fluyendo hacia arriba desde la base de la columna.

Representa la conexión con Dios, con el cosmos o la existencia, y simboliza también la fusión de nuestros principios masculino y femenino, creando una unidad completa.

Al no permitirte tener orgasmos, estás tratando de impedir esa fusión en tu interior por miedo a perder el control o por rechazar alguna parte de tu Ser (la masculina o la femenina).

Eso te indica que quizás necesitas abrir más el corazón, confiar más en los demás y en tu pareja y aprender a soltar el control, para poder disfrutar realmente de la vida.

Tu cuerpo te dice que ya es hora de que te permitas disfrutar de la vida plenamente y sin culpa, y que comprendas que el sexo y el orgasmo son formas de sentir la espiritualidad de forma plena, de conectar con Dios y de fusionar el alma y el espíritu.

Debes dejar de controlar y dominar las situaciones de tu vida, a los demás y, sobre todo, tus relaciones sexuales, porque, en el camino del amor, el control impide el flujo natural de energía.

Cuando permites que tú o tu pareja experimentéis el orgasmo, se produce un maravilloso intercambio energético entre los dos que recarga a cada uno de una energía diferente, tanto física como espiritual.

Acepta que mereces recibir todo el placer de la vida y que eres una persona espiritual también durante el sexo, pues es la actividad que conecta el espíritu y la materia con amor en una de sus formas más elevadas.

2. Investigación

Viaja con tu mente al momento en que apareció el síntoma; ayúdate de las **preguntas generales (p. 68)** y añade las siguientes:

- ¿Qué preocupaciones tienes durante la estimulación sexual que te impiden fusionarte con la otra persona?
- ¿En qué áreas de tu vida no te permites recibir placer o plenitud?
- ¿Qué creencias te hacen controlar todo y controlarte tanto?
- ¿A qué partes de tu Ser, masculinas o femeninas, te impides abrirte en el acto sexual y las rechazas?

3. Creencias (erróneas)

Busca las creencias limitantes (normalmente inconscientes) con las que más te identificas o encuentra en ti algunas similares:

- «No debo sentir placer, debo controlarme o sentiré demasiadas emociones».
- «He sufrido demasiado y debo tener cerrado el corazón para que no me hagan más daño; no debo abrirme a otras personas».
- «Si no controlo yo la situación, me van a controlar a mí».
- «Debo hacerlo todo bien; tengo que satisfacer a mi pareja, no debo pensar en mí».
- «Debo demostrar que estoy disfrutando aunque no lo sienta de verdad; me da miedo pedir lo que necesito y recibir ese placer, por si me rechazan».
- «No debo descontrolarme en nada, es de personas débiles».
- «La vida es una cuestión de disciplina y control, no de permitirse placeres o debilidades».

- «No existe Dios en el sexo, es algo muy humano, muy mundano».
- «El sexo no es espiritual, no debo disfrutarlo o me condenaré».
- «No debo abrirme al regalo de la otra persona, me da miedo aceptar lo que no conozco».

4. Mensajes

Para cambiar tus creencias puedes usar las siguientes afirmaciones; te invito a crear las tuyas usando el **método general (p. 76):**

- «Me abro al regalo de la otra persona, a su amor, al placer y a la unidad en el sexo».
- «La sexualidad es divina y espiritual, y me permito recibir placer en todas sus formas, llenándome de plenitud».
- «Me permito disfrutar de la vida y del sexo, y soy libre para descontrolarme y sentir, sabiendo que siempre estoy seguro y protegido».
- «Elijo abrir mi corazón al amor y sentir todas las emociones intensas que me ofrece una relación sexual con amor».
- «Puedo vivir la vida soltando el control, con aceptación, compasión y amor hacia mí y hacia todo lo que me rodea».
- «Acepto y perdono mis debilidades y doy a mi niño interior lo que necesita para sentirse querido y aceptado».
- «El sexo es una maravillosa expresión del amor en pareja y me ayuda a sentir a Dios en todas las cosas».
- «Me permito fundirme con mi pareja en el amor y disfrutar de la energía que fluye entre nosotros en cada orgasmo, de uno y de otro».

5. Acciones

- Repite los mensajes de tu cuerpo todos los días.
- Tómate tu tiempo durante la estimulación sexual y trata de disfrutar más y de pensar menos. Permite que la sabiduría de tu cuerpo te guíe hacia el placer y la diversión y, cuando sientas el orgasmo, ¡déjate llevar!
- Habla con tu pareja de tus miedos y verás como te comprende más de lo que crees y te ayuda a superarlos y a disfrutar más.
- Dedica un tiempo cada día a amar tu cuerpo y también a meditar; verás que el espíritu y la materia están más cerca de lo que crees.
- Investiga más posibles mensajes y... ¡ámate!

OVARIOS: PROBLEMAS GENERALES

Son las glándulas femeninas que producen los óvulos, para ser fertilizados por los espermatozoides durante el coito y crear así un bebé. Este significado se refiere a cualquier problema de ovarios, como dolor, quistes, etc.

1. Significado

Lo más importante: Cualquier dolor o problema en los ovarios te dice que tienes dificultades para confiar en tu poder creativo como mujer y para conectar con tu parte femenina creadora, o que sientes culpa por lo que has creado.

Añade el significado del lado afectado, DERECHO O IZQUIERDO (p. 50), para saber en qué área de tu vida debes buscar el mensaje.

Puedes consultar también el significado de QUISTE, MENSTRUACIÓN (problemas).

Tu verdadero deseo: Sentirte bien como mujer y confiar en ti misma para crear lo que deseas en tu vida.

Significado en detalle: Los ovarios son las glándulas de la mujer conectadas con su segundo chakra, el cual está relacionado con el poder creativo, con la libertad en las relaciones individuales (con uno mismo y con otras personas) y con la sexualidad como medio de relación con alguien.

Los problemas en los ovarios pueden indicarte un miedo a no ser capaz de crear lo que quieres crear como mujer (como, por ejemplo, un hijo, la familia que deseas, un proyecto personal, etc.); te cuesta comenzar algo, porque dudas de ti misma.

También pueden indicarte que no te sientes libre para expresar tu individualidad o tu parte femenina con otras personas, que te preocupa no poder ser tú misma por ser mujer, tal vez porque crees que los hombres u otras personas no te lo permiten. Te sientes culpable por algo que has creado y no aceptas bien el resultado de tus decisiones.

Si tienes un quiste, es porque desde hace tiempo guardas una pena relacionada con tu parte creativa femenina (ver QUISTE).

Si tienes un problema que afecta a la fertilidad, es porque tienes algún miedo con respecto a ser madre o al embarazo.

El mensaje de tus ovarios es que confíes en ti misma y en tu poder de crear, pues tienes dentro de ti el poder de lo femenino y de lo masculino y puedes usarlo para crear todo aquello que desees crear como mujer.

La mujer, como representante de lo femenino, tiene el infinito potencial de crear cosas nuevas, la conexión con el amor; la sensibilidad para inspirar, nutrir y cuidar a su hombre interior, y la capacidad para mostrarse vulnerable y expresarse tal y como es.

Confía en que siempre eres libre y en que, si tú te das el derecho de crear y de ser mujer, los demás lo aceptarán y te respetarán. Aprende a confiar en los hombres y así confiarás en tu hombre interior para ayudarte a crear mediante tu parte masculina activa.

Acepta también con amor lo que has creado y confía en que, pase lo que pase, todo siempre sale bien, pues eres parte del Creador.

Descubre qué creencias te impiden dejar salir tu parte femenina creativa en libertad.

2. Investigación

Viaja con tu mente al momento en que apareció el síntoma; ayúdate de las **preguntas generales (p. 68)** y añade las siguientes:

- ¿Qué deseaste crear, poco antes de que apareciera el problema en los ovarios, pero tuviste miedo de no ser capaz de hacerlo?
- ¿En qué parte de tu vida te impides sacar tu lado femenino, te impides expresar libremente tu creatividad o te culpas por lo que creas?
- Ovario izquierdo: ¿Qué te impide creer en tu poder de crear las relaciones afectivas que deseas?
- Ovario derecho: ¿Qué te impide creer en tu capacidad de crear la vida material que te gustaría tener?

3. Creencias (erróneas)

Busca las creencias limitantes (normalmente inconscientes) con las que más te identificas o encuentra en ti algunas similares:

- «No soy capaz de crear lo que deseo, no soy lo bastante fuerte o no tengo el poder que necesito por ser mujer».
- «No confío en los hombres, porque me impiden ser yo misma; no soy libre con ellos, pero los necesito».
- «No puedo mostrar mi parte femenina; ser mujer implica ser débil y no me gusta parecer débil ante los demás».

- «No soy capaz de ser buena madre o de crear el sueño que tanto deseo; no puedo sola».
- «Prefiero que otras personas me digan lo que debo y puedo hacer, no confío en mí para hacerlo».
- «No soy una persona creativa ni confío en mi intuición».
- «Me siento culpable por algo que he creado o que ha sucedido por mi culpa; debería haber hecho otra cosa».

4. Mensajes

Para cambiar tus creencias puedes usar las siguientes afirmaciones; te invito a crear las tuyas usando el **método general (p. 76):**

- «Soy una mujer poderosa y valiente, capaz de crear la vida que deseo en cada momento por mí misma».
- «Tengo todo el poder de mi mujer interior y de mi hombre interior, y puedo manifestar cualquier cosa que me propongo en mi vida».
- «Me permito confiar en los hombres y confío en que siempre soy libre para hacer lo que desea mi alma».
- «Soy perfectamente capaz de ser buena madre y de crear vida; puedo dar a mis hijos todo lo que necesitan».
- «Soy una mujer creativa y poderosa, libre para crear todo lo que siento que resuena con mi esencia femenina».
- «Me permito ser femenina y me acepto como mujer».
- «Acepto todo lo que creo como mujer y lo abrazo con amor».
- «Ser femenina también es ser vulnerable, y eso me hace sentirme fuerte y valiente, por atreverme a mostrar lo que siento».

5. Acciones

- Repite los mensajes de tu cuerpo todos los días.
- Haz una lista con aquello que siempre has deseado crear pero algún miedo te lo ha impedido. Descubre tus miedos, afróntalos y empieza a dar los pasos hacia tus sueños.
- Permite que otras personas te vean como mujer; piensa qué partes de ti te gustaría que vieran expresándose.
- Investiga más posibles mensajes y... ¡ámate!

PENE: PROBLEMAS GENERALES (E IRRITACIÓN)

El pene es el órgano masculino que permite (aparte de orinar) la penetración sexual y es uno de los principales órganos de disfrute sexual en el hombre. Sus problemas pueden ser dolor, irritación, impotencia o cualquiera que afecte a sus funciones sexuales.

1. Significado

Lo más importante: Cualquier problema en el pene, como te impide disfrutar del placer en las relaciones sexuales, te indica que tienes algún miedo o te sientes culpable por disfrutar de la vida, de las relaciones sexuales o del placer en general.

Si el problema aparece en el lado derecho, la preocupación es por tu parte masculina, activa, generadora, material, «invasora» de lo femenino. Si aparece en el lado izquierdo, la preocupación está en permitirte tu parte femenina, receptiva, sensible, emocional, acogedora, sensual.

Si el problema te impide o te dificulta orinar, consulta VEJIGA: CISTITIS.

Puedes consultar también el significado de PIEL (general), PICOR, EXCRECENCIA.

Tu verdadero deseo: Disfrutar del placer en general y del sexo, sin juicio y sin culpa, con alegría.

Significado en detalle: El pene en el hombre es la zona del cuerpo que le permite (entre otras funciones) disfrutar del sexo, que es la forma humana de compartir amor con otro ser de forma muy íntima.

Como todo problema en el pene (irritación, picor, dolor, heridas, excrecencias) te impide disfrutar completamente de tus relaciones sexuales o de disfrutar por ti mismo, significa que existen en tu mente creencias que te impiden disfrutar con libertad de tu sexualidad y de recibir placeres cotidianos. La zona de piel que rodea los genitales (pubis, ingles, escroto) tiene similar significado.

Puede que pienses que no mereces recibir placer, que debes dar para poder recibir o cualquier otra creencia. Busca en tu interior y descubre qué es lo que pensaste antes de aparecer el problema que te hizo sentirte culpable por disfrutar del sexo y de tu cuerpo, y cambia esos pensamientos de culpa por otros de amor incondicional hacia ti mismo.

Debes empezar a creer que estás en esta vida para disfrutar y jugar, no solo para crecer y superar retos. No necesitas castigarte por disfrutar; es perfectamente sano, natural y espiritual disfrutar de tu cuerpo y sentir el amor y las caricias que te hacen sentir amado.

Si el problema te afecta al lado izquierdo del pene, necesitas permitirte expresar más tu lado femenino en el sexo, ser más abierto, más receptivo, y dejarte sentir placer sin dar nada a cambio.

Si te afecta al lado derecho, necesitas permitirte sacar más tu parte masculina en el sexo, ser más activo, tocar, acariciar, penetrar y disfrutar viendo cómo das placer a otro ser, aceptando tu masculinidad.

Recuerda que el sexo es una forma maravillosa de compartir tu amor con la persona que amas y de fundirte con ella.

2. Investigación

Viaja con tu mente al momento en que apareció el síntoma; ayúdate de las **preguntas generales (p. 68)** y añade las siguientes:

- ¿Qué miedos te impiden disfrutar del placer o del sexo desde poco antes de que apareciera el síntoma?
- ¿De qué te sientes culpable si te permites recibir placer?
- ¿Qué partes de tu sexualidad te gustaría expresar, pero te frenas por miedo a que suceda algo malo, como ser rechazado?
- Lado izquierdo: ¿Qué te impide mostrarte más femenino mientras disfrutas del sexo?
- Lado derecho: ¿Qué te impide mostrarte más masculino mientras disfrutas del sexo?

3. Creencias (erróneas)

Busca las creencias limitantes (normalmente inconscientes) con las que más te identificas o encuentra en ti algunas similares:

- «No merezco recibir placer; soy un hombre y solo debería dar placer a mi pareja, no recibir».
- «No he provocado un orgasmo en mi pareja y debería hacerlo, así que no merezco recibir placer».
- «No está bien recibir placer sin dar placer».
- «No es bueno acariciar mi cuerpo, masturbarme o tener sexo para disfrutar; es malo y egoísta, o es poco espiritual».

- Lado izquierdo: «No está bien ser femenino; no debo mostrar que necesito cariño, caricias y placer como una mujer».
- Lado derecho: «Debo respetar tanto a la mujer que no debo intentar nada activo o invasivo, aunque no sepa si lo desea o no».

4. Mensajes

Para cambiar tus creencias puedes usar las siguientes afirmaciones; te invito a crear las tuyas usando el **método general (p. 76):**

- «Me permito disfrutar del sexo y del placer en general, y soy completamente digno de amor».
- «El sexo es maravilloso; estoy en esta vida para disfrutar de la vida y de mi cuerpo precioso».
- «Me abro a recibir amor y placer; me merezco todas las caricias y todo el amor en mi cuerpo y en mi Ser».
- «El sexo es una forma hermosa de compartir mi amor con otra persona y sé que puedo dar tanto como recibir».
- «Me permito disfrutar de mi cuerpo como siento y deseo, aprendiendo a encontrar mi propio equilibrio en el amor».
- «Puedo recibir placer sin dar en ese momento; la vida me pone las ocasiones para dar con placer, alegría y libertad».
- «Mi pene es maravilloso y me ayuda a sentir un gran placer, así que le doy gracias cada día por ayudarme a dar y recibir amor».
- «Amo mi sexualidad, y amo recibir placer».
- Lado derecho: «Mi lado masculino es precioso y maravilloso y expreso mi sexualidad de forma activa y con amor».
- Lado izquierdo: «Mi lado femenino es maravilloso y me permito ser receptivo y disfrutar del sexo con placer y sensualidad».

5. Acciones

- Repite los mensajes de tu cuerpo todos los días.
- Permítete disfrutar de tu sexualidad como desees, tanto solo como acompañado, y experimenta con tu cuerpo. Descubrirás lo que te gusta, lo que te da alegría, lo que te baja el ánimo y lo que te sube la energía. Encuentra tu propio camino y ¡disfruta!
- Aunque te cueste al principio, permítete hacer cosas nuevas en tus relaciones íntimas, como dejarte recibir de tu pareja o actuar sin pedir permiso, a ver qué sucede, respetando siempre lo que siente

cada uno de los dos. Verás que descubres que tu pareja te respeta y te aprecia mucho más de lo que esperabas, y, si no es así, sabrás qué tipo de amor deseas y si debes encontrarlo con otra persona o no.
* Investiga más posibles mensajes y... ¡ámate!

PRÓSTATA: PROBLEMAS GENERALES (Y PROSTATITIS)

La próstata es el órgano que, en los hombres, rodea el cuello de la vejiga y la uretra; se encarga de generar un líquido que favorece la movilidad de los espermatozoides en la eyaculación. Sus problemas más comunes son la inflamación (prostatitis), más común antes de los cincuenta años, y el agrandamiento, más habitual después de los cincuenta, y que bloquea la uretra.

1. Significado

Lo más importante: En el caso de la prostatitis, tu cuerpo te indica que acumulas cierta ira por no poder controlar tus emociones o por sentir que no puedes crear lo que deseas.

Cuando se produce un agrandamiento de la próstata a una edad más avanzada, normalmente te indica que no aceptas bien los cambios en tu energía, que pasa de ser más masculina a ser más femenina. Es decir, que te molesta no crear de forma tan activa como hacías antes y crees que está mal ser más sensible, más emocional y delegar más tus acciones.

Puedes consultar también el significado de ANDROPAUSIA, VEJIGA (problemas), TESTÍCULOS (problemas).

Tu verdadero deseo: Permitirte ser más femenino en la expresión de tu creatividad, más sensible, y aceptar que ahora creas de otras formas, permitiéndote delegar en otros lo que antes hacías tú mismo.

Significado en detalle: La próstata es, junto con los testículos, la glándula que conecta al hombre con su segundo chakra, la que representa (junto con los testículos) su poder creativo como hombre y la que interviene en la gestión de sus emociones en las relaciones individuales.

Los problemas más comunes producen dificultades en el acto de orinar, que simboliza la expresión y liberación hacia fuera de las emociones acumuladas.

Por este motivo, los problemas de próstata te indican que te cuesta gestionar bien tus emociones, ya sea en tu forma de crear como hombre (**prostatitis**) o en tu forma de cambiar de tu energía masculina de la primera mitad de tu vida a la femenina de la segunda mitad de tu vida (**agrandamiento** o cáncer amistoso de próstata).

También pueden indicarte que sientes impotencia por no poder controlar las cosas como deseas o como lo hacías antes, por creer que eres demasiado mayor y que ya no tienes las mismas capacidades que antes. En ese caso, también puede afectar a tu deseo sexual, que disminuye por tu creencia de que eres «menos hombre».

El mensaje de la próstata es que te permitas expresar tus emociones y confiar en tu capacidad creativa en todo momento, soltándote más y sin querer controlarlo todo.

Si eres un hombre joven, confía en tu capacidad de gestionar tus emociones y en tu fuerza creativa masculina, que te llevará a donde desees. Aprende a expresar más las emociones que te arden dentro.

Si eres un hombre mayor de cincuenta años —más o menos—, acepta que tu ritmo de vida ha cambiado y que ahora es momento de expresarte desde un lado más tranquilo, femenino y sensible, y menos activo. Permítete delegar las tareas que antes hacías, aprovecha la energía de las personas más jóvenes que desean ayudarte y disfruta de tu sabiduría y experiencia, sabiendo que sigues siendo un gran hombre, y que simplemente ha cambiado la forma en que expresas tu esencia creativa. Es el momento de sacar tu lado más emocional, vulnerable y receptivo, de resolver las heridas del pasado que bloqueaste y de llorar el dolor de tu alma con el corazón abierto (muy importante en caso de bloqueo de la uretra).

Encuentra las creencias que te impiden expresar tus emociones y tu creatividad a tu manera única como hombre.

2. Investigación

Viaja con tu mente al momento en que apareció el síntoma; ayúdate de las **preguntas generales (p. 68)** y añade las siguientes:

* ¿En qué situación te gustaría controlar más las cosas pero no te sientes capaz de gestionar bien tus emociones?
* ¿En qué área de tu vida ya no te sientes capaz de crear como hombre o como lo hacías antes?

- ¿Qué temes que suceda si te permites soltarte y delegar más tus tareas en personas más jóvenes?
- ¿Qué te impide expresar más tu lado sensible y femenino?

3. Creencias (erróneas)

Busca las creencias limitantes (normalmente inconscientes) con las que más te identificas o encuentra en ti algunas similares:

- «Siempre he controlado y dirigido a mi manera, y no quiero cambiar ahora».
- «Me hago mayor y ya no tengo la misma energía que antes, estoy en declive».
- «No soy capaz de crear lo que deseo, ya no tengo la misma fuerza y vigor que antes ni las mismas capacidades».
- «Envejecer es horrible; me vuelvo débil y sensiblero, y quiero seguir siendo masculino y poderoso».
- «Me irrita no ser capaz de gestionar bien mis emociones».
- «Los jóvenes vienen a ocupar mi lugar; ya no sirvo para nada».
- «Antes hacía muchas cosas y ahora no hago casi nada; no sé cómo expresar mi creatividad».

4. Mensajes

Para cambiar tus creencias puedes usar las siguientes afirmaciones; te invito a crear las tuyas usando el **método general (p. 76):**

- «Soy un hombre poderoso y sabio, capaz de gestionar bien mis emociones y de crear de nuevas maneras lo que deseo».
- «Me permito soltar el control y disfrutar más de la vida, fluyendo con ella y escuchando más mi corazón».
- «Me permito cada día más expresar mi lado femenino y sensible, y sacar mis emociones no sanadas, para liberarme con amor».
- «Es bueno expresar mi creatividad masculina de formas nuevas y pedir la ayuda que necesito de personas más jóvenes».
- «Me permito bajar mi ritmo de vida, escuchar más y compartir la sabiduría que he ido adquiriendo con el tiempo con otras personas».
- «Hacerse mayor es evolucionar, cambiar de energía y mostrar aspectos nuevos de mi Ser, y aprendo a disfrutarlo con alegría».
- «Acepto todo lo que he vivido como hombre y abrazo a mi niño interior, que ahora necesita expresarse en el mundo de formas nuevas».

5. Acciones

* Repite los mensajes de tu cuerpo todos los días.
* Empieza a cambiar tus hábitos y practica más con la expresión de tus emociones. Crea cosas nuevas de formas nuevas.
* Elabora una lista de las cosas que ahora te gusta hacer y descubre lo que has cambiado, alegrándote por ello.
* Busca la forma de delegar tareas que antes hacías tú mismo y disfruta más de tu tiempo y de lo que realmente te gusta.
* Haz de vez en cuando una visualización para sanar y abrazar a tu niño interior, permitiendo que salga lo que siente, con amor hacia él.
* Investiga más posibles mensajes y... ¡ámate!

TESTÍCULOS: PROBLEMAS GENERALES
(Y DOLOR Y VARICOCELE)

Son las glándulas masculinas donde se producen los espermatozoides, encargados de fecundar el óvulo y así generar vida. Sus problemas pueden incluir dolor, quistes y cualquier síntoma que afecte sus funciones reproductivas.

1. Significado

Lo más importante: Cualquier dolor o problema en los testículos te dice que tienes dificultades para confiar en tu poder creativo como hombre y para conectar con tu parte creadora masculina.

Añade el significado del lado afectado, DERECHO O IZQUIERDO (p. 50), para saber en qué área de tu vida debes buscar el mensaje.

Puedes consultar también el significado de QUISTE, en su caso.

Tu verdadero deseo: Sentirte bien como hombre, y confiar en ti mismo para crear lo que deseas en tu vida.

Significado en detalle: Los testículos, junto con la próstata, son las glándulas del hombre conectadas con su segundo chakra, que está relacionado con el poder creativo, con la libertad en las relaciones individuales (con uno mismo y con otras personas) y con la sexualidad como medio de relación con alguien.

Los problemas en los testículos pueden indicarte un miedo a no ser capaz de crear lo que quieres crear como hombre (como, por ejemplo, la relación de tus sueños, un proyecto profesional, la familia que deseas, tu hijo, un proyecto personal, etc.). El DOLOR te indicaría que sientes culpa por lo que has creado.

También pueden indicarte que no te sientes libre para expresar tu individualidad o tu parte masculina con otras personas, que te preocupa no poder ser tú mismo como hombre, tal vez porque crees que las mujeres u otras personas no te lo permiten.

Si tienes un **quiste**, es porque guardas una pena desde hace tiempo, relacionada con tu parte creativa masculina (ver QUISTE).

Si tienes un problema que afecta a la **fertilidad**, es porque tienes algún miedo con respecto a ser padre o a crear tu familia.

Si tienes un VARICOCELE (una dilatación de las venas que irrigan los testículos, similar a las varices), significa que te parece muy difícil y pesado crear lo que deseas, o ser hombre, en el área de tu vida simbolizada por el lado correspondiente (ver VARICES).

El mensaje de tus testículos es que confíes en ti mismo y en tu poder de crear, pues tienes dentro de ti el poder de lo masculino y de lo femenino y puedes usarlo para crear todo aquello que desees crear como hombre.

Debes aprender a no tomarte tan en serio lo masculino, y a permitirte crear con alegría y con actitud juguetona lo que deseas.

El hombre tiene la fuerza y la decisión para avanzar, la habilidad de dar forma a las cosas y también la capacidad de defenderse con amor y firmeza de cualquier cosa que pueda hacer daño a su mujer interior.

Confía en que siempre eres libre y en que, si tú te das el derecho de crear y de ser un hombre, los demás lo aceptarán y te respetarán. Aprende a confiar en las mujeres y así confiarás en tu parte femenina interior, que te ayudará a sentirte amado y cuidado.

Descubre qué creencias te impiden dejar salir tu parte masculina creativa en libertad.

2. Investigación

Viaja con tu mente al momento en que apareció el síntoma; ayúdate de las **preguntas generales (p. 68)** y añade las siguientes:

- ¿Qué deseaste crear, poco antes de que apareciera el problema de testículos, pero tuviste miedo de no ser capaz?
- ¿En qué parte de tu vida te impides sacar tu lado masculino, o te impides expresar libremente tu creatividad como hombre?

* ¿En qué situación te has sentido culpable por crear algo?
* Testículo izquierdo: ¿Qué te impide creer en tu poder de crear las relaciones afectivas que deseas?
* Testículo derecho: ¿Qué te impide creer en tu capacidad de crear la vida material que te gustaría tener?
* Varicocele: ¿Qué parte de ser hombre o de crear algo como hombre te tomas demasiado en serio y te parece algo pesado y difícil?

3. Creencias (erróneas)

Busca las creencias limitantes (normalmente inconscientes) con las que más te identificas o encuentra en ti algunas similares:

* «No soy capaz de crear lo que deseo, no soy lo bastante fuerte o no tengo la sensibilidad que necesito por ser hombre».
* «Mis creaciones son horribles, he creado algo malo o algo que no debería».
* «No confío en las mujeres; me cuesta ser yo mismo ante ellas y, aunque las necesito, no me siento libre con ellas de ser o de crear».
* «No puedo mostrar mi parte masculina; ser hombre implica ser tosco, grosero, agresivo, y no me gusta».
* «No soy capaz de ser buen padre o de crear mi familia o el sueño que tanto deseo; no puedo yo solo».
* «Prefiero que otras personas me digan lo que debo y puedo hacer; no confío en mí para hacerlo».
* «No soy una persona creativa ni confío en mi intuición».

4. Mensajes

Para cambiar tus creencias puedes usar las siguientes afirmaciones; te invito a crear las tuyas usando el **método general (p. 76):**

* «Soy un hombre poderoso y sabio, capaz de crear la vida que deseo en cada momento por mí mismo».
* «Todas mis creaciones son bellas y tienen amor, aunque pueda mejorarlas a veces, o no las comprenda siempre».
* «Tengo todo el poder de mi hombre interior y de mi mujer interior, y puedo manifestar cualquier cosa que me propongo en mi vida».
* «Me permito confiar en las mujeres y en mi mujer interior; siempre soy libre para hacer lo que desea mi alma».

- «Soy perfectamente capaz de ser buen padre y de crear una familia; puedo dar a mis hijos todo lo que necesitan».
- «Soy un hombre creativo y poderoso, libre para crear todo lo que siento que resuena con mi esencia masculina».
- «Me permito ser masculino y me acepto como hombre».
- «Ser masculino es ser activo, dar forma y proteger lo que es bueno y bello en mí y en otros; me aprecio como hombre».

5. Acciones

- Repite los mensajes de tu cuerpo todos los días.
- Haz una lista con aquello que siempre has deseado crear pero algún miedo te lo ha impedido. Descubre tus miedos, afróntalos y empieza a dar los pasos hacia tus sueños.
- Permite que otras personas te vean como hombre siendo masculino; piensa qué partes de ti te gustaría que vieran expresándose.
- Investiga más posibles mensajes y... ¡ámate!

TROMPAS DE FALOPIO: PROBLEMAS GENERALES

Son dos conductos que conectan los ovarios con el útero en la mujer. A través de estos conductos se desplaza el óvulo, bien para reunirse con el espermatozoide en ellos, bien para dirigirse al útero una vez fecundado o bien para ser expulsado en la menstruación si no ha sido fecundado.

Los problemas más comunes son la obstrucción o la inflamación (también llamada *salpingitis*).

1. Significado

Lo más importante: Como es el lugar donde se encuentran el óvulo y el espermatozoide, sus problemas te indican una dificultad para unir tus principios masculino y femenino y un rechazo hacia los hombres.

Puedes consultar también el significado de OVARIOS, ÚTERO.

Tu verdadero deseo: Abrirte a tu capacidad de crear usando tu parte masculina y tu parte femenina, y aceptar más a los hombres.

Significado en detalle: En metafísica, los ovarios representan tu creatividad como mujer, y el útero, el hogar donde acoges tus creaciones. Como las trompas conectan los dos y es donde se produce la fecundación del óvulo, sus problemas te indican que tienes dificultades para aceptar ideas externas que te ayuden a crear tu vida tal y como deseas, y que rechazas tu parte masculina más activa, lo que te hace cerrarte a los hombres.

Si tienes inflamación de las trompas, significa que has acumulado emociones negativas, como ira o miedo, por sentir que estabas siendo invadida por lo masculino en algún área de tu vida.

Su mensaje es que te permitas abrirte de nuevo a lo masculino para que puedas crear todo lo que deseas sin sentirte culpable y confiando en tu fuerza y en tu poder. Tal vez en el pasado cerrarte te sirvió para sentirte más segura, pero ahora tu cuerpo te avisa de que es hora de volver a abrirte, porque al cerrarte te impides seguir creciendo en tu camino hacia el amor.

Confía más en los hombres y en tu hombre interior, y así podrás manifestar mucho mejor la vida que deseas, al unir en ti lo masculino y lo femenino.

2. Investigación

Viaja con tu mente al momento en que apareció el síntoma; ayúdate de las **preguntas generales (p. 68)** y añade las siguientes:

- ¿En qué situación te impediste confiar en los hombres o abrirte a una idea nueva, poco antes de que apareciera el problema en las trompas?
- ¿Qué miedo te hace desconfiar de lo masculino y al mismo tiempo te impide confiar en tu propia fuerza para crear?

3. Creencias (erróneas)

Busca las creencias limitantes (normalmente inconscientes) con las que más te identificas o encuentra en ti algunas similares:

- «He sufrido por los hombres y ya no confío en ellos; no traen nada bueno».
- «Lo masculino es agresivo e invasor y no me gusta».
- «No confío en mi fuerza creativa, no soy capaz de manifestar mis sueños».
- «No debo recibir ideas de los demás; pueden hacerme daño».
- «Si actúo como deseo y trato de hacerlo para cumplir mis sueños, algo malo sucederá o alguien sufrirá».

4. Mensajes

Para cambiar tus creencias puedes usar las siguientes afirmaciones; te invito a crear las tuyas usando el **método general (p. 76)**:

- «Elijo confiar en los hombres y en mi hombre interior; siempre soy libre para crear lo que realmente deseo».
- «Me abro a mi principio masculino y permito que ayude a mi creatividad femenina a manifestarse».
- «Existen hombres maravillosos y me ayudan a ver mi propia fuerza y mi poder creador».
- «Elijo tomar decisiones y dar pasos para crear mi vida tal y como deseo; confío en que todo va a salir bien».
- «Elijo unir en mí lo masculino y lo femenino y abrirme a lo nuevo».

5. Acciones

- Repite los mensajes de tu cuerpo todos los días.
- Haz una lista de las cosas que te gustaría crear en tu vida, y descubre las señales que te está dando la vida en forma de ideas y mensajes, que hasta ahora no has querido ver por miedo a lo masculino.
- Diseña un plan para actuar paso a paso hacia lo que quieres crear y verás como sobre la marcha encuentras la forma de lograrlo.
- Investiga más posibles mensajes y... ¡ámate!

ÚTERO: PROBLEMAS GENERALES (Y QUISTE)

El útero es un órgano muscular donde se aloja el óvulo fecundado por el espermatozoide y donde puede crecer el bebé durante el embarazo, hasta el parto. Sus problemas pueden incluir: quistes, prolapso, infección, endometriosis y tumores.

1. Significado

Lo más importante: El útero simboliza el hogar, y los problemas en él te indican que sientes que tienes alguna dificultad para crear tu propio hogar, o bien que te preocupa no haber dado o no poder dar el hogar que desearías a otra persona o personas, incluido un posible bebé.

Añade el significado del lado afectado, DERECHO O IZQUIERDO (p. 50), para saber en qué área de tu vida debes buscar el mensaje.

Si el útero desciende sobre la vagina, mira el significado de VAGINA, además del de útero.

Puedes consultar también el significado de QUISTE, INFECCIÓN.

Tu verdadero deseo: Perdonarte si no sientes que has dado un buen hogar a alguien amado, o permitirte darte el tiempo necesario para crear el hogar que necesitas, ya sea para ti, para otra persona o para un nuevo proyecto.

Significado en detalle: Cuando la mujer tiene un problema en el útero, este le impide concebir, es decir, dar vida y acogerla para que crezca.

Eso es una indicación de que no te sientes capaz de «concebir» en algún área de tu vida. No tiene por qué ser un bebé físico, puede ser un proyecto nuevo, una relación satisfactoria, aunque, por supuesto, también un bebé.

Puede que sientas que no puedes crear el hogar que deseas para ti y que tu cuerpo te indique que has de aprender a apreciar lo que tienes y a confiar en tus capacidades de crear el lugar adecuado para ti y los tuyos.

Si el problema te impide tener un hijo, es posible que tengas un gran miedo a tenerlo, aunque ese sea tu mayor deseo. Muchas veces los QUISTES del útero simbolizan «hijos virtuales», que son un reflejo de la pena que siente la mujer por no haber tenido hijos. En ese caso debes revisar tus miedos respecto a ser madre y permitirte aceptarte mientras los tienes; has de liberar tu tristeza y tu dolor y abrirte poco a poco a superarlos para ser la madre que deseas ser.

Cuando el problema aparece después de haber tenido hijos o después de cuidar de alguien, su mensaje es que te preocupa demasiado no haber creado un buen hogar para tus seres queridos y puede que te culpes por creer que no lo hiciste lo bastante bien. En ese caso, tu cuerpo quiere que entiendas que siempre haces todo lo mejor que sabes, que tus seres queridos o tus hijos tuvieron la mejor madre que podían tener y el mejor hogar posible, hicieras lo que hicieras, y que es hora de perdonarte.

Si no deseas tener hijos, puede que el problema te indique que crees que no eres capaz de crear alguno de tus deseos, de «gestar» una idea y de ponerla en práctica, de darle vida. Si es así, debes aprender a confiar en ti misma, tomar decisiones que te lleven a crear lo que deseas y aceptar con amor las consecuencias de tus decisiones, que siempre te llevan a crecer en el amor.

En general, su mensaje es que te permitas tomarte tu tiempo para «gestar» y «dar un hogar» a lo que quieres crear, sin prisa, y que confíes en tus capacidades y en que lo que haces siempre es perfecto, aunque no todos los detalles sean como tú esperabas, pues tu alma te guía siempre.

Descubre las creencias que te impiden confiar en que el hogar que tienes y creas es perfecto tal y como es.

2. Investigación

Viaja con tu mente al momento en que apareció el síntoma; ayúdate de las **preguntas generales (p. 68)** y añade las siguientes:

- ¿En qué situación, poco antes de que apareciera el problema en el útero, sentiste que no estabas creando un hogar adecuado para ti o tus seres queridos?
- ¿Qué te da miedo, si deseas tener un hijo, respecto a acogerle bien o no poder hacerlo?
- ¿Qué proyecto o deseo te sientes incapaz de concebir, manifestar o llevar a cabo para darle vida? ¿Qué crees que te lo impide?

3. Creencias (erróneas)

Busca las creencias limitantes (normalmente inconscientes) con las que más te identificas o encuentra en ti algunas similares:

- «No soy capaz de dar un buen hogar a mis seres queridos o a mis hijos; no soy buena como madre o cuidadora».
- «No lo he hecho bien con mi familia en mi hogar, no he dado a mis hijos el lugar perfecto, debería haberlo hecho mejor».
- «Me da miedo tener un bebé, creo que no voy a saber cuidarlo bien».
- «No soy capaz de dar vida a un proyecto que deseo realizar y me gustaría que sucediese ya; no puedo esperar».
- «Si no es todo perfecto, no puedo avanzar; creo que lo he hecho mal al crear un hogar o traer algo al mundo».
- «No puedo "concebir" _____ (algo que te gustaría crear pero no te permites por un miedo)».

4. Mensajes

Para cambiar tus creencias puedes usar las siguientes afirmaciones; te invito a crear las tuyas usando el **método general (p. 76):**

- «Soy una mujer poderosa, capaz de crear cualquier cosa y de darle vida para que se manifieste en la Tierra».
- «Me permito "gestar" lo que deseo, tomándome mi tiempo y confiando en la vida y en que todo siempre sale bien».
- «El hogar que voy creando en cada momento siempre es el perfecto y aprendo a ver todos sus detalles con amor y compasión».
- «Me perdono y me acepto por haberme juzgado en mi forma de ser madre y de crear un hogar para mis hijos; soy una madre maravillosa y perfecta tal y como soy».
- «Mi familia y seres queridos han tenido y tienen la madre que necesitaban y el hogar que necesitaban para la evolución de su alma».
- «La vida es parte de un plan de amor perfecto y puedo crear todo aquello que sueño, confiando en el resultado».
- «Soy capaz de dar un hogar maravilloso a mis seres queridos y de estar verdaderamente a gusto en él».
- «Soy perfectamente capaz de ser madre y de traer un hijo al mundo; confío en que estoy siempre cuidada y protegida, y mi hijo también».
- «Me perdono y libero mi dolor si en algún momento no he sabido crear el hogar que deseaba o acoger a una nueva vida dentro de mí, abrazándome con amor».
- «Puedo concebir cualquier cosa que me propongo y tengo la intuición y la fuerza necesaria para crear y manifestar mis deseos en mi vida».

5. Acciones
- Repite los mensajes de tu cuerpo todos los días.
- Si tienes un quiste, el cual proviene de una pena interior, permítete sanar y abrazar a tu niña interior en una visualización y deja que la pena salga con tus emociones, perdonándote por todo y sintiendo el abrazo de tu propio amor, que te calma y te conforta.
- Da los pasos que necesites para superar tus miedos y atrévete a crear lo que deseas, ya sea tener un hijo, crear un proyecto o diseñar el hogar que más te gustaría para tu familia. ¡Tú puedes!
- Investiga más posibles mensajes y… ¡ámate!

VAGINA: PROBLEMAS GENERALES
(Y CANDIDIASIS, LEUCORREA Y VAGINITIS)

Es un conducto fibromuscular que une la vulva de la mujer con el útero, permite las relaciones sexuales y el parto y canaliza el flujo menstrual. En este significado se contempla su función como parte sensible en la penetración, que favorece el placer femenino durante el coito. Los problemas en este órgano son variados: irritación, infecciones, quistes, etc., y normalmente dificultan las relaciones sexuales.

Nota: Aunque lo que vas a leer habla de la relación de una mujer con un hombre, puedes cambiar el género en las frases si en tu caso el síntoma aparece en tu relación con una mujer. No conozco ningún caso, pero me encantaría que me lo contaras si te sucede.

1. Significado

Lo más importante: Cualquier problema en la vagina te indica que tienes dificultades para disfrutar del sexo y de las relaciones íntimas, y, en general, dificultad para recibir placer en tu vida.

Añade el significado del lado afectado, DERECHO O IZQUIERDO (p. 50), para saber en qué área de tu vida debes buscar el mensaje.

Si tienes algún quiste o síntoma específico, busca el nombre en el diccionario y consulta su significado.

Tu verdadero deseo: El verdadero deseo de tu alma es permitirte disfrutar con alegría y libertad de tu cuerpo y de sus placeres sensoriales y sensuales.

Significado en detalle: Si tienes problemas en la vagina, normalmente has aprendido a asociar el sexo y el placer con algo malo y has elegido sentirte culpable cuando disfrutas, aunque no seas consciente de ello.

La CANDIDIASIS es un ejemplo en el cual la mujer se deja invadir por miedos de la sociedad y quiere seguir conservando la «candidez» de cuando era niña, sin permitirse disfrutar del sexo como una mujer.

La LEUCORREA, que es una secreción de flujo blanco, espeso y de olor agrio, te indica que crees que el sexo es «sucio» y tratas de alejar a tu pareja por sentirte engañada y manipulada, o por creer que tu pareja quiere demasiado sexo y que no sabes decir que no; así, el aspecto y olor desagradable te proporciona una excusa para no tener relaciones.

En la VAGINITIS, por ser una inflamación, hay un enfado reprimido y un momento de duda entre perdonar o no a la persona que sientes que ha causado que no disfrutes del sexo.

Algunas de mis clientes con candidiasis habían sufrido abusos y se sentían culpables por haberlo permitido, o simplemente habían asociado el sexo con sentirse utilizadas. Es posible que el abuso sucediera de niña y que el problema vaginal apareciera en la adolescencia, cuando las relaciones sexuales comienzan a manifestarse de forma natural, lo que activa la herida interior.

Sea cual sea el problema, debes averiguar qué creencias te impiden disfrutar del sexo y del placer en general.

Puede que te sientas infravalorada, manipulada o que creas que los hombres (o tus parejas) solo te tratan como un objeto, pero es solo tu percepción. El mundo está lleno de hombres maravillosos que saben cuidar de la mujer con amor si esta se permite quererse y recibir afecto y placer. Y, además, cuando una persona se siente manipulada es porque también manipula a otras personas en otras áreas, y debe aprender a perdonarse por ello y a ver el equilibrio en la vida.

Piensa que el problema de tu cuerpo te indica que tu verdadero deseo es perdonar y volver a disfrutar del sexo con otra persona en amor y libertad.

Elige sentirte amada y deseada y descubrirás que tu cuerpo empieza a sanar y a disfrutar del placer y de la sexualidad sana.

2. Investigación

Viaja con tu mente al momento en que apareció el síntoma; ayúdate de las **preguntas generales (p. 68)** y añade las siguientes:

- ¿Qué situación te hizo sentirte culpable por sentir placer o por disfrutar del sexo?
- ¿Qué creencias te hacen pensar que disfrutar es algo malo, sucio, o que vas a sufrir algún daño?
- ¿Cuándo decidiste que la sexualidad era algo malo y qué creencias empezaste a tener desde entonces?
- ¿Te sientes manipulada en el sexo? ¿En qué áreas ves que manipulas a otras personas? ¿Qué necesitas perdonar en ti y en otros?
- ¿Qué aprendiste de pequeña respecto a la sexualidad que sea negativo y que ahora te impide ser feliz y disfrutar de tus relaciones?

3. Creencias (erróneas)

Busca las creencias limitantes (normalmente inconscientes) con las que más te identificas o encuentra en ti algunas similares:

- «El sexo hace daño y no existe para disfrutar, solo para sufrir».
- «No merezco recibir caricias y placer, no soy digna de amor».
- «Por culpa de _____ (una persona a la que consideras responsable) no soy capaz de disfrutar del sexo».
- «Los hombres no me quieren, solo quieren sexo; son unos _____ (un insulto)».
- «Los hombres engañan y se van con otra mujer».
- «Mi opinión sobre mi placer y mis deseos no es importante, el que manda decide sobre mi cuerpo».
- «He sufrido por el sexo y no entiendo que Dios lo haya permitido».
- «No entiendo por qué sufrí abusos; si esa persona me quisiera, me habría pedido permiso, y yo lo permití, así que debo de ser culpable».
- «Si no hago lo que el hombre desea, me tratará mal o me dejará».
- «Si soy muy afectuosa, excito a mi pareja y lo tenemos que hacer obligatoriamente, no puedo negarme».
- «No quiero a mi pareja igual que ella me quiere a mí y por eso no merezco recibir placer».
- «No soy capaz de defenderme en el sexo, me siento agredida y soy débil».
- «No existen hombres que amen de verdad a las mujeres y que las respeten».

4. Mensajes

Para cambiar tus creencias puedes usar las siguientes afirmaciones; te invito a crear las tuyas usando el **método general (p. 76):**

- «Soy capaz de vivir el sexo con amor y alegría y de disfrutar con mi pareja; es una forma preciosa para fundirme en el amor».
- «El placer es un medio maravilloso de disfrutar de mi cuerpo y sentir la vida, y es algo divino y espiritual».
- «Elijo renunciar a manipular y a ser manipulada, respeto mi libertad y la de los demás con amor y soy dueña de mi propia vida».
- «Elijo dejar entrar en mi vida solo hombres que me amen y que me respeten; estoy atenta a las señales de amor».

- «Cuando me acuesto con un hombre que me quiere, los dos disfrutamos del sexo y compartimos nuestro amor».
- «Yo soy la única que manda y decide sobre mi cuerpo, y pongo límites a quien no respeta mis necesidades como mujer».
- «La vida está llena de hombres amorosos y yo he venido a este mundo a disfrutar del amor, así que les dejo entrar en mi vida».
- «Siempre tengo todos los recursos para defenderme de un hombre y puedo abrirme a él si veo que me ama de verdad».
- «Soy una mujer grande, digna, maravillosa y especial, y puedo abrirme a recibir placer sexual cuando lo deseo».
- «Me perdono por haber permitido que alguien me tratara mal en el sexo o que abusaran de mí; soy digna de amor siempre».
- «Me permito aceptar que yo programé los abusos que sufrí y que eran parte de mi plan de alma, y a partir de ahora elijo quererme, cuidarme y respetarme siempre».
- «Me permito perdonar totalmente a _____ (la persona que te hizo sufrir); entiendo que lo hizo para que yo aprendiera a amarme completamente, y que cargó con las culpas para que yo aprendiera algo».
- «Cuando una persona busca su beneficio a costa de mi bienestar, es manipulación y yo elijo la negociación, el respeto y el amor».
- «Hay hombres que eligen el Servicio al Yo, y les dejo libres, y hay hombres cariñosos y maravillosos, y les dejo entrar en mi vida».
- «Me permito ser muy afectuosa con mi pareja, y decir que no si no quiero sexo en ese momento».
- «Los hombres son también amorosos y capaces de respetar y amar a una mujer siempre».
- «Sea como sea mi amor hacia mi pareja, puedo disfrutar siempre del sexo con ella y dejarme amar».
- «Me permito tener orgasmos aunque no los tenga mi pareja; tendrá oportunidades de disfrutar en otros momentos».

5. Acciones

- Repite los mensajes de tu cuerpo todos los días.
- Habla con tu pareja, y exprésale tus límites y necesidades en el sexo; verás que lo entiende mejor de lo que esperabas. Y si no, verás que no te respeta y podrás seguir buscando a alguien que te ame de verdad.

- Concédete más placeres cotidianos, como ver una película, comer un helado, pasear por la naturaleza, lo que te guste. ¡Disfruta!
- Permítete hacer lo que deseas y disfrutar a tu ritmo en el sexo. Pide lo que necesites, juega, quiérete.
- Si tienes una herida por algún abuso, escribe una carta a esa persona y expresa todo lo que sentiste, tratando de perdonarte y perdonar, y libérate. Puedes quemarla, enviarla, romperla… Haz lo que te ayude.
- Imagina a tu niña interior y pregúntale lo que siente respecto al sexo y a disfrutar. Cuando sientas su dolor, abrázala en tu corazón y dale todo el amor que necesita, asegurándole que vas a estar siempre con ella. Hazlo siempre que quieras y déjala llorar mientras te siente.
- Investiga más posibles mensajes y… ¡ámate!

5.7. Brazos, piernas, huesos, músculos y tendones

Las extremidades, músculos y huesos son las partes del cuerpo que nos dan estructura, movimiento y capacidad de actuar y mostrar lo que somos.

Los brazos nos hablan de nuestra capacidad de actuar en el presente, de manifestar o no los dictados de nuestro corazón. Las piernas nos hablan de nuestro valor para ir hacia el futuro, hacia nuestras metas, sueños y deseos. Los huesos representan nuestra seguridad y fortaleza, lo que nos sostiene y nuestra autoridad interior. Los músculos, nuestra voluntad y motivación para actuar y mostrar nuestra verdad al mundo.

Cada zona del cuerpo (brazos, piernas, vientre, costillas, etc.) tiene sus propios músculos, tendones y huesos, y por eso habrá que añadir el significado de cada zona al de la parte afectada, sea un músculo, un hueso o una parte concreta de brazos o de piernas.

Los problemas en estas zonas del cuerpo pueden incluir lesiones, roturas, golpes, hinchazón, daños en la piel, contracturas y todo tipo de síntomas asociados a dichas zonas (desde varices hasta cáncer amistoso).

Para cada síntoma específico hay que buscar la definición correspondiente y aplicarla al significado de esa parte del cuerpo.

ARTICULACIONES: PROBLEMAS GENERALES
(Y DOLOR, ARTRITIS Y ARTROSIS)

Los problemas en las articulaciones, tanto en las extremidades como en la columna vertebral, incluyen desde molestias leves hasta rigidez, hinchazón o dolor (artritis) y anquilosamiento crónico (artrosis). La gravedad del síntoma indicará la gravedad del mensaje.

1. Significado

Lo más importante: Un problema leve en una articulación, como molestias, dolor o hinchazón, o una artritis moderada, te indica que estás siendo inflexible y crítico hacia ti o hacia otros, en el área de tu vida que representa esa parte de tu cuerpo (ver significado). Te indica que te cuesta pedir lo que necesitas, te creas expectativas a menudo, esperas que otros adivinen lo que quieres sin pedirlo y te cuesta ceder ante nuevas ideas.

Si el problema es más crónico (artrosis), te indica además que sientes ira hacia otra persona, más que hacia ti, y que la culpas de tu malestar y de tu sufrimiento, en esa área de tu vida.

Puedes consultar también el significado de BRAZOS, HOMBROS, CODOS, MUÑECAS, PIERNAS, CADERAS, RODILLAS, TOBILLOS, DEDOS DE LAS MANOS, DEDOS DE LOS PIES, COLUMNA VERTEBRAL.

Tu verdadero deseo: Pedir lo que necesitas, ser más flexible contigo o con los demás y permitirte hacer las cosas o ver la vida desde una nueva perspectiva.

Significado en detalle: Cualquier DOLOR o problema en una articulación (que es una parte flexible de tu cuerpo), ya sea espontáneo o por un accidente, te indica que has sentido culpa por ser inflexible en el área de tu vida indicada por esa articulación concreta.

Un golpe, una torcedura o la inflamación de una articulación (ARTRITIS), según lo fuerte que sea, te indica el grado de inflexibilidad de tu mente en esa área, según el significado de la parte del cuerpo afectada.

También te indica que, poco antes de que apareciera el dolor o molestia, tuviste una actitud dura hacia ti mismo, que te impediste disfrutar de la vida con alegría y que te sentiste mal por no tener lo que deseabas, a pesar de que no pides lo que necesitas por creer que los demás deberían saberlo. Esperas mucho de los demás y te exiges mucho, y, si los demás no se ajustan a lo que esperabas, sientes tristeza y amargura.

Puede que creas que, si tú sabes lo que otros necesitan y se lo das sin que te lo pidan, entonces otros deberían hacer lo mismo; pero tu cuerpo te dice que esa forma de pensar te hace inflexible y te impide disfrutar de los regalos de la vida, al creer que no debes pedir.

Es importante que aprendas a soltar tus expectativas, a juzgar menos a los demás y a pedir lo que necesitas. Por ejemplo, si tienes problemas en los codos, necesitas pedir más espacio y libertad de movimientos; si te duelen las rodillas, deseas juzgar menos las ideas y consejos de los demás y pedir ayuda para avanzar mejor hacia tus metas; si tienes artritis o inflamación en los dedos, deseas ser menos crítico con los detalles de tu presente, pedir la ayuda o el apoyo que necesitas y actuar como sientes sin pretender que los demás sean lo que no son, viendo la situación con más perspectiva y confiando más.

Si actúas para que reconozcan tu labor y te den sin pedir, date cuenta de ello y haz solo lo que realmente sientes que te apetece hacer por los demás, sin expectativas, pidiendo al mismo tiempo lo que quieres. Verás que tu vida se vuelve más suave y flexible.

Si el dolor te impide moverte, te indica que te gustaría moverte y pasar a la acción, tomar más decisiones y pensar de formas nuevas y flexibles, pero no te lo permites por algún miedo y te dejas paralizar por ello. Necesitas vencer y afrontar ese miedo para recuperar tu libertad de movimientos.

En caso de que tengas ARTROSIS, tu cuerpo te indica que has estado tanto tiempo sin pedir lo que necesitas y siendo inflexible en tu forma de pensar que has acumulado mucha rabia y rencor hacia otras personas, a quienes consideras responsables de tu desdicha.

En ese caso debes recuperar tu propia responsabilidad y empezar a hacer más demandas a los demás, reconociendo que ellos solo responden a tus pensamientos sobre ti mismo y que, cuando tú respetes tus necesidades, los demás empezarán a ayudarte más y a darte el amor que necesitas.

Permítete ser más compasivo contigo y con los demás y aprende a disfrutar de la vida con más alegría, actuando solamente por amor y abriéndote a nuevos puntos de vista.

Cara interna y externa de una articulación:

En las articulaciones de un solo movimiento, como codos y rodillas, la parte interna es la que representa el aspecto femenino, es decir, la que se refiere a abrazar, acoger y permitir, mientras que la parte externa representa lo masculino, la acción, la expansión, el movimiento hacia nuevos lugares.

En los codos, por ejemplo, la parte interna se refiere más a abrazar situaciones presentes y a acoger desde el amor del corazón, y una molestia ahí indica una dificultad para mostrar tu parte femenina y abrazar desde el presente (las axilas tienen un significado similar, más relacionado con mostrarse femenino en las relaciones personales). En cambio, la parte exterior de los codos se refiere a la acción de expandirse, a tomar el propio espacio y la libertad necesaria para actuar y expresar el amor de uno en el presente, desde la acción masculina; una molestia en esa zona indica una dificultad para hacerlo.

En las rodillas, dado que las piernas están relacionadas con el avance hacia el futuro y las rodillas simbolizan la capacidad de la persona de «arrodillarse» ante las situaciones nuevas de la vida y de adaptarse al proceso de avanzar, la parte exterior o delantera representa nuestra forma de avanzar «empujando la vida, mientras que la cara interior nos indica el reposo femenino, el descanso y el deseo de adaptarse, a veces demasiado, a lo que es impuesto desde fuera para el propio avance en la vida.

2. Investigación

Viaja con tu mente al momento en que apareció el síntoma; ayúdate de las **preguntas generales (p. 68)** y añade las siguientes:

- ¿En qué situación, poco antes de que apareciera el problema articular, no te has permitido pedir lo que necesitas en el área de tu vida indicada por el significado de esa parte del cuerpo?
- ¿En qué situación estás siendo duro o inflexible contigo mismo o con otra persona y podrías abrirte a nuevas formas de pensar?
- ¿De quién esperas mucho por lo que haces y luego te decepcionas cuando no recibes lo que esperabas, porque no pides nada?

3. Creencias (erróneas)

Busca las creencias limitantes (normalmente inconscientes) con las que más te identificas o encuentra en ti algunas similares:

- «Es mejor hacer mucho por los demás y esperar a que te compensen que pedir lo que necesitas; no está bien pedir».
- «Si me quiere _____ (la persona hacia quien sientes enfado), debería saber lo que necesito y dármelo sin pedírselo».
- «Si pido no soy buena persona, y me da rabia que otras personas no me devuelvan lo mucho que hago por ellas; es injusto».
- «No debo pedir, porque me volveré egoísta».
- «La única forma de recibir es dar, y no puedo decir que no, aunque no me apetezca hacer lo que otros necesitan».
- «Quiero que me reconozcan, y por eso debo hacer mucho por los demás, y así me darán el amor que necesito».
- Artrosis: «Los demás son responsables de que yo sufra porque no saben darme lo que necesito, y se merecen sufrir».
- Articulación del dedo anular del pie derecho: «Me preocupa mucho el aspecto físico de mi ideal de pareja, pero me siento culpable por desearlo y pedirlo, y creo que no tengo los medios suficientes para conseguir lo que deseo».
- Articulación del dedo anular del pie izquierdo: «Me preocupa no conseguir el amor y el cariño que espero de mi ideal de pareja, pero me siento culpable por desearlo y pedirlo, y no creo tener el amor necesario para que venga a mi vida».
- Codo izquierdo: «Me cuesta pedir y recibir la libertad que necesito para actuar en mi vida sentimental; deberían dármela los demás».
- Rodilla derecha: «Tengo que avanzar hacia mis metas materiales como yo pienso; me cuesta escuchar a los demás o pedir consejo o ayuda, porque eso sería doblegarme y ser sumiso».

4. Mensajes

Para cambiar tus creencias puedes usar las siguientes afirmaciones; te invito a crear las tuyas usando el **método general (p. 76):**

- «Me permito pedir lo que necesito siempre y acepto con amor la respuesta que me dan, confiando en que todo llega en el momento adecuado y perfecto».
- «Me perdono por esperar a veces que los demás adivinen mis necesidades y aprendo cada día a expresarme y a quererme tal y como soy».

- «Es bueno pedir lo que necesito, y así las personas a las que quiero me conocen mejor y pueden ayudarme a sentirme amado como deseo».
- «Elijo hacer por otros solo lo que me apetece, sin esperar nada a cambio, y confío en que, si pido lo que deseo, a Dios o a otras personas, llegará en el mejor momento para mí».
- Artrosis: «Asumo mi responsabilidad por no haber pedido lo que necesitaba; me perdono y perdono a todas las personas que me han ayudado a ver mi aprendizaje».
- Articulación del dedo anular del pie derecho: «Me permito desear y pedir el ideal físico y material de pareja que me gusta, y confío en que tengo todo lo necesario para lograrlo. Acepto la pareja que la vida me trae para crecer en cada momento, y soy flexible».
- Articulación del dedo anular del pie izquierdo: «Me permito desear y pedir el cariño de pareja que necesito, y confío en que tengo todo el amor y los medios necesarios para conseguirlo».
- Codo izquierdo: «Me permito ser flexible y pedir la libertad afectiva que necesito en el presente, y la recibo con amor».
- Rodilla derecha: «Me permito ser flexible y pedir ayuda para encontrar la mejor manera de alcanzar mis metas económicas o materiales; escucho con amor y decido con confianza».

5. Acciones
- Repite los mensajes de tu cuerpo todos los días.
- Pide ayuda y busca nuevas formas de pensar que te hagan sentir que estás volviéndote más flexible contigo y con los demás.
- Comprueba si el dolor o molestia te impide hacer algo, y verás que eso es lo que realmente deseas hacer, pero con una actitud diferente.
- Investiga más posibles mensajes y… ¡ámate!

BRAZOS: PROBLEMAS GENERALES

Los problemas en los brazos incluyen problemas musculares, de huesos y articulares, y también problemas en los tejidos de la zona.

1. Significado
Lo más importante: Un dolor o problema en el brazo aparece cuando tenemos dificultad para actuar en el presente desde el amor o cuando

nos cuesta conectar con nuestro corazón en el acto de dar y recibir. Puede que te cueste dar o recibir, o puede que te sientas culpable por no dar o por recibir demasiado.

También puede indicar una dificultad para abrazar una situación nueva, o a una o varias personas en nuestra vida.

El brazo derecho se relaciona con el acto de dar y el brazo izquierdo con el de recibir. Añade el significado del lado afectado, DERECHO o IZQUIERDO (p. 50), para saber en qué área de tu vida debes buscar el mensaje. También observa si el bloqueo está en Pensamiento, Emoción o Acción, o entre alguno de ellos.

Puedes consultar también el significado de ARTICULACIONES, CODOS, FRACTURA, MUÑECAS o MANOS.

Tu verdadero deseo: Deseas fluir con el amor y permitirte dar y recibir con alegría en todo momento, respetando tus necesidades. También deseas abrazar las situaciones nuevas que se presentan en tu vida o expresar tu amor en el presente de forma más activa.

Significado en detalle: Como los brazos sirven para realizar muchas acciones en el presente, un dolor o molestia en ellos te indica una dificultad para hacer lo que realmente sientes que quieres hacer, con alegría y amor.

Si te cuesta abrazar a tus seres queridos, acogerlos y mostrarles tu afecto, tus brazos te dicen que te permitas ser una persona más amorosa y afectiva, y que confíes en que todo irá bien.

Cuando aparece un dolor en el brazo derecho, es posible que te sientas culpable por no dar lo suficiente, o que tengas miedo de dar por si se aprovechan de ti. Debes perder ese miedo, y dar solo lo que sientes que quieres dar con alegría y amor.

Cuando el dolor es en el brazo izquierdo, es posible que sientas culpa por recibir demasiado o por pedir lo que quieres recibir, o también puede que creas que no mereces recibir cosas buenas. En ese caso debes permitirte recibir los regalos que te da la vida sin creer que tienes que dar algo a cambio. Puedes recibir amor solo por ser el maravilloso Ser que eres, simplemente por existir.

Observa qué movimiento te dificulta el dolor en los brazos y verás lo que realmente deseas hacer. Por ejemplo, si te impide abrir los brazos, quieres permitir que alguien entre en tu vida o abrirte a una nueva situación, pero no te lo permites. Si te impide levantar la mano, quieres llamar la atención, pero un miedo te lo impide.

Un dolor en la mano te indica un bloqueo en tu pensamiento; en el antebrazo te indica emociones bloqueadas, y en el brazo, un bloqueo del paso a la acción.

Encuentra las creencias que te impiden actuar en el presente como deseas, dando y recibiendo de corazón, con armonía y amor.

2. Investigación

Viaja con tu mente al momento en que apareció el síntoma; ayúdate de las **preguntas generales (p. 68)** y añade las siguientes:

- ¿En qué situaciones, desde que apareció el problema, te sientes culpable por no dar (derecho) o por recibir (izquierdo)?
- ¿En qué situación te cuesta abrazar a los que amas o tienes dificultad para abrazar una nueva situación?
- ¿En qué momentos sientes la obligación de actuar sin realmente desearlo?
- Ejemplo. Codo: ¿En qué momentos tienes dificultad para pasar a la acción en situaciones relacionadas con dar o recibir porque crees que no tienes libertad de movimientos?
- Ejemplo. Piel del brazo: ¿En qué situación te preocupa lo que piensan los demás de ti respecto a tu forma de actuar o de dar y recibir?

3. Creencias (erróneas)

Busca las creencias limitantes (normalmente inconscientes) con las que más te identificas o encuentra en ti algunas similares:

- «No soy capaz de hacer bien nada, o alguna cosa de las que me gustaría hacer».
- «No doy lo suficiente a los demás; debería ayudar más a mis seres queridos».
- «No me gusta recibir, no me lo merezco».
- «No puedo permitirme ser cariñoso o abrazar a los que quiero y que me vean: es síntoma de debilidad».
- Codo: «Creo que no tengo la libertad que necesito para dar mi amor como deseo».
- Piel: «Me preocupa lo que piensen los demás o alguna persona de lo que hago, al dar o recibir, y temo su juicio».

4. Mensajes

Para cambiar tus creencias puedes usar las siguientes afirmaciones; te invito a crear las tuyas usando el **método general (p. 76)**:

- «Me permito pensar, sentir y actuar desde el corazón en todo momento y aprendo cada día más a dar y recibir con amor».
- «Me abro a lo nuevo con amor y abrazo lo que la vida me muestra».
- «Elijo confiar en mí y en mis capacidades para hacer lo que me propongo; soy una persona valiosa y capaz».
- «Me permito mostrar mi amor hacia aquellos a los que quiero con gestos y abrazos; soy una persona cálida y amorosa».
- «Busco cada día más cualidades en mí y me aprecio en mi forma de actuar como deseo en el presente».
- «Me permito dar con el corazón y recibir con agradecimiento».
- Codo: «Me concedo la libertad que necesito para dar y para recibir, escuchando a mi corazón, y actúo en el presente según lo que siento».
- Piel: «Elijo actuar como siento, y dar y recibir lo que me parece bien. Acepto que puedo ser juzgado por otros y me amo tal y como soy».

5. Acciones

- Repite los mensajes de tu cuerpo todos los días.
- Haz un plan de acción con lo que deseas, referente al presente, escuchando tus necesidades y tu intuición, y ponlo en marcha. Puedes buscar la ayuda de un coach o mentor que te ayude en el proceso.
- Permítete dar y recibir, sabiendo que eres un ser digno del amor divino, siempre.
- Actúa, ¡no te dejes frenar por tus miedos! Solo avanzando a tu ritmo y haciendo lo que sientes podrás crear la vida que deseas.
- Investiga más posibles mensajes y… ¡ámate!

BRAZOS: ARTICULACIÓN DEL HOMBRO (Y DELTOIDES Y AXILAS)

Se refiere a la articulación que une el brazo al torso, cuya parte superior es el músculo deltoides, y la inferior, la axila. Los problemas en esta zona pueden ser dolores articulares, problemas musculares, problemas de piel en esta zona o cualquier molestia que afecte a su buen funcionamiento o a su estado saludable.

1. Significado

Lo más importante: Esta articulación te indica una cierta inflexibilidad para abrirte a una situación nueva en tu presente o para abrazar con amor algo o a alguien. También puede ser inflexibilidad a la hora de dar (derecho) o recibir (izquierdo).

El músculo **deltoides** (la parte superior de la articulación) en ambos lados simboliza la parte masculina de esa articulación y te habla de una dificultad para pasar a la acción, para expresar tu amor o para actuar a la hora de dar o recibir amor.

La parte de la **axila** en los dos lados simboliza la parte femenina y te habla de una dificultad para actuar en el presente de forma receptiva, femenina, acogedora, y mostrar tu feminidad y sensibilidad en tus acciones.

Añade el significado del lado afectado, DERECHO O IZQUIERDO (p. 50), para saber en qué área de tu vida debes buscar el mensaje.

Puedes consultar también el significado de BRAZOS (problemas), ARTICULACIONES.

Tu verdadero deseo: Abrirte con amor a lo que la vida te presenta, ser más flexible en tu forma de pensar, y actuar desde el corazón.

Significado en detalle: Como el hombro es una articulación, además del mensaje de los brazos sobre una necesidad de actuar, o de dar y recibir con amor, te habla de una necesidad de pedir lo que necesitas, de expresar lo que sientes en tu forma de amar o de ser amado y de aceptar de forma más flexible lo nuevo en tu vida y las decisiones de los demás.

Si te duelen los músculos o tendones de la parte superior (la zona del músculo DELTOIDES), necesitas expresar más tu amor desde el lado masculino, abrirte más a la acción que sale de tu corazón y empezar a dar más (lado derecho) o permitirte recibir más de forma activa, pidiendo lo que necesitas (lado izquierdo).

Si tienes molestias en las AXILAS, permítete mostrar tu parte más femenina en tus acciones, es decir, tu parte sensible, emocional, sensual, cariñosa, tanto al dar como al recibir. Acoge lo que la vida te ofrece, ábrete al amor, da lo que sientes con cariño.

Observa también si el síntoma de esa zona te impide mover los brazos en cierta dirección. Si te impide abrir los brazos o sientes molestias al hacerlo, deseas abrirte a algo, pero te estás protegiendo demasiado por miedo a sufrir.

Si lo que te dificulta es cerrar los brazos en tu pecho, es posible que quieras acoger a alguien o una situación, pero te da miedo hacerlo porque temes que suceda algo malo.

Encuentra las creencias que te impiden expresar de forma flexible tu amor desde el corazón.

2. Investigación

Viaja con tu mente al momento en que apareció el síntoma; ayúdate de las **preguntas generales (p. 68)** y añade las siguientes:

- ¿En qué situación te dio miedo abrazar algo nuevo o a otra persona, poco antes de que apareciera la molestia del hombro, y fuiste inflexible?
- ¿En qué situación relacionada con tu forma de actuar en el presente has sido inflexible, o te has impedido pedir lo que realmente necesitas, o dar lo que realmente quieres dar?
- Deltoides: ¿En qué situación de tu vida te estás frenando de actuar como deseas o te gustaría mostrarte más masculino en lo afectivo-sentimental (izquierda) o en lo físico-material (derecha)?
- Axila: ¿En qué situación te impides mostrarte y actuar de forma más femenina y receptiva, ya sea en lo afectivo-sentimental (izquierda) o en lo físico-material (derecha)?

3. Creencias (erróneas)

Busca las creencias limitantes (normalmente inconscientes) con las que más te identificas o encuentra en ti algunas similares:

- «No debo abrirme aunque la vida me ponga algo que deseo delante, porque tengo miedo a sufrir».
- «Me cuesta abrazar esta situación nueva, porque no quiero cambiar mi forma de pensar antigua, no me gusta hacer las cosas de manera diferente».
- «No me atrevo a pedir lo que deseo en el presente; me cuesta actuar según lo que siento; creo que los demás deberían adivinar lo que quiero».

- Deltoides: «No puedo permitirme actuar de forma masculina en mis acciones, debo quedarme parado o sucederá _____ (algo que temes)».
- Axilas: «No debo ser femenino en mi forma de actuar, dar o recibir; no debo mostrar mi sensibilidad y vulnerabilidad o pasará algo malo».

4. Mensajes

Para cambiar tus creencias puedes usar las siguientes afirmaciones; te invito a crear las tuyas usando el **método general (p. 76):**

- «Me abro a la vida y abrazo todo lo que veo y todo lo que hago con amor y flexibilidad».
- «Me permito acoger aquello que deseo acoger en mis brazos y mostrar mis verdaderas necesidades en el presente».
- «Elijo abrirme a nuevas formas de amar, de dar y de recibir amor».
- «Me permito hacer lo que siento en mi corazón en el presente y confío en que todo va a salir bien».
- «Me permito ser flexible y abrirme a nuevos puntos de vista en mi forma de abrazar y de actuar desde el amor».
- «Me permito pedir lo que deseo en el presente y actúo con amor para conseguirlo, respetando lo que hagan los demás».
- Deltoides: «Me permito mostrar mi lado activo y masculino al actuar desde mi corazón con amor y al dar y recibir».
- Axilas: «Me permito mostrar mi lado femenino y sensible en mi forma de actuar en el presente y al dar y recibir con amor».

5. Acciones

- Repite los mensajes de tu cuerpo todos los días.
- Si necesitas abrazar, ¡abraza! Si necesitas acoger, ¡hazlo! Permítete actuar según lo sientas, abriéndote a nuevas formas de ser que no hayas experimentado antes, y así serás más flexible contigo y con los demás.
- Investiga más posibles mensajes y… ¡ámate!

Brazos: codos (problemas, dolor)

Se refiere a los dolores o síntomas internos o de la piel en la articulación del brazo, el codo y sus proximidades.

1. Significado

Lo más importante: Los codos como símbolo representan la libertad de movimientos, la libertad de acción. Si te duelen o te molestan, tu cuerpo te indica que crees que no tienes libertad de acción en el presente, pero también que eres tú quien te limitas en tu libertad por tus miedos.

Añade el significado del lado afectado, DERECHO O IZQUIERDO (p. 50), para saber en qué área de tu vida debes buscar el mensaje.

Puedes consultar también el significado de BRAZOS (problemas), ARTICULACIONES.

Tu verdadero deseo: Deseas permitirte moverte con libertad y desprenderte de lo que te limita.

Significado en detalle: La salud en los codos nos indica que nos sentimos libres para actuar en el presente con libertad. De la misma forma que si estamos en un lugar estrecho los codos se encuentran junto al cuerpo y sin poder moverse, sus problemas nos dicen que nos sentimos atrapados y sin libertad para actuar.

Comprueba el significado del lado del brazo correspondiente para ver en qué área de tu vida sientes que no tienes libertad.

Si te duele al abrir los brazos, puede que no te permitas abrirte a una persona o situación por sentir que alguien te controla o te impide ser libre.

En realidad, el mensaje de tus codos es que los límites te los has puesto tú, poco antes de que apareciera el dolor o molestia en ellos, con tu forma de pensar. Te dicen que eres un Ser infinito con todo el poder para crear tu vida y que solo tú puedes dejarte detener o limitarte.

Sea cual sea el problema, su mensaje es que te liberes, que decidas lo que realmente quieres hacer con tu libertad y tu espacio, y que ocupes tu verdadero lugar, tanto en el área familiar-sentimental o en el recibir (izquierdo) como en el área material-física o en el dar (derecho).

Encuentra las creencias que te impiden actuar con libertad.

2. Investigación

Viaja con tu mente al momento en que apareció el síntoma; ayúdate de las **preguntas generales (p. 68)** y añade las siguientes:

- ¿En qué situación sentiste, poco antes de que apareciera el dolor en el codo, que no eras totalmente libre?
- ¿Dónde sientes que no puedes actuar como desearías o que no tienes libertad de movimientos?
- ¿En qué situación crees que no puedes dar o recibir como quieres o que no puedes abrirte y abrazar algo o a alguien?

3. Creencias (erróneas)

Busca las creencias limitantes (normalmente inconscientes) con las que más te identificas o encuentra en ti algunas similares:

- «No soy libre, no puedo actuar, algo me limita».
- «Hay personas que no me dejan hacer lo que realmente quiero, no tengo libertad».
- «Si hago lo que deseo, mi familia no lo entenderá; tengo que controlarme».
- «No puedo hablar de mis proyectos en mi trabajo o me despedirán».
- «Si me abro a algo o a alguien nuevo, perderé mi libertad».
- Codo derecho: «No puedo dar todo lo que me gustaría o me siento obligado a dar; no soy libre». «No tengo libertad en mi trabajo».
- Codo izquierdo: «No me puedo permitir recibir con libertad». «No puedo actuar como quiero con mi familia».

4. Mensajes

Para cambiar tus creencias puedes usar las siguientes afirmaciones; te invito a crear las tuyas usando el **método general (p. 76):**

- «Soy una persona libre y me permito actuar de acuerdo a mi corazón y según mis verdaderos deseos».
- «Elijo defender mi libertad y permitirme dar y recibir aquello que realmente necesito».
- «Soy siempre libre y estoy siempre protegido».
- «Puedo expresar lo que deseo hacer y confío en que la vida me ayudará a conseguirlo de la mejor manera posible».

- «Si alguien quiere limitar mi libertad, elijo alejarme de esa persona y respetar mis necesidades; defiendo mi libertad con firmeza y amor».
- «Me permito concederme en cada momento la libertad que necesito para hacer lo que siento».
- «Me abro a lo nuevo y confío en que seguiré siendo libre».

5. Acciones

- Repite los mensajes de tu cuerpo todos los días.
- Piensa en un plan para poder hacer aquello que crees que no puedes hacer; siempre hay soluciones. ¡Ánimo!
- Cuando cambies los miedos que te limitan por confianza, actúa y haz lo que sientes: tu alma crecerá.
- Investiga más posibles mensajes y... ¡ámate!

BRAZOS: MUÑECAS

Se refiere a la articulación que une la mano al brazo y a sus problemas y síntomas, como dolor, esguince, etc.

1. Significado

Lo más importante: Un dolor o problema en la muñeca te indica que estás siendo inflexible contigo mismo en tu forma de decidir para qué usas tus manos. Es decir, que no te permites hacer lo que realmente deseas con ellas por creer que no eres capaz de hacerlo, o bien tratas de esforzarte en hacer cosas que no te gustan demasiado para probar tu valor a los demás.

Añade el significado del lado afectado, DERECHO O IZQUIERDO (p. 50), para saber en qué área de tu vida debes buscar el mensaje.

Puedes consultar también el significado de ARTICULACIONES, ESGUINCE, MANOS.

Tu verdadero deseo: Aprender a ser más flexible y actuar de acuerdo a lo que sientes, sin tratar de demostrar nada a nadie ni haciendo lo que esperan de ti.

Significado en detalle: Las muñecas son una parte flexible del cuerpo; los problemas en ellas te impiden actuar, trabajar o hacer lo que deseas con libertad y facilidad. Eso significa que no estás haciendo lo que realmente te gustaría con ellas, tal vez porque piensas que no mereces hacer algo que te guste y que te divierta; tienes alguna forma de pensar rígida e inflexible.

Es posible que creas que otras personas te exigen mucho o que tienen expectativas respecto a lo que haces, y te obligas a hacer cosas de las que no disfrutas realmente para tratar de demostrar algo, pero esa actitud inflexible te perjudica solo a ti.

También puede que creas que no eres capaz de hacer bien lo que haces o lo que te gustaría hacer, y el dolor puede haber aparecido poco después de sentir un miedo de ese tipo.

Su mensaje es que te permitas actuar con libertad y flexibilidad, según los verdaderos deseos de tu corazón, sin tratar de demostrar nada a nadie y sin sentirte presionado a actuar de una cierta forma.

Descubre la forma verdadera en la que deseas servir y ayudar con tus acciones en el presente; actúa con amor, alegría y gratitud y te sanarás.

2. Investigación

Viaja con tu mente al momento en que apareció el síntoma; ayúdate de las **preguntas generales (p. 68)** y añade las siguientes:

- ¿En qué situación, poco antes de que apareciera el problema en la muñeca, te has sentido obligado a actuar de una determinada forma, en contra de tus deseos?
- ¿En qué estás siendo inflexible respecto a tu forma de dar (derecha) o de recibir (izquierda)?
- ¿En qué situación crees que debes hacer algo que no te gusta, porque piensas que no eres capaz de hacer lo que realmente quieres o para demostrar algo a los demás?

3. Creencias (erróneas)

Busca las creencias limitantes (normalmente inconscientes) con las que más te identificas o encuentra en ti algunas similares:

- «Debo actuar como me han enseñado; no puedo hacer las cosas a mi manera, como realmente deseo, o me juzgarán».
- «Me siento obligado a trabajar en algo que no deseo, y siento que abusan de mí, pero no soy capaz de cambiar».
- «No merezco dedicarme a lo que me gusta o divertirme en mi trabajo; nadie se divierte y sería injusto».

- «No puedo equivocarme en mi trabajo o en lo que hago, debo ser perfecto».
- «No estoy a la altura de lo que deseo hacer, no tengo las capacidades necesarias, así que haré lo que se me da bien aunque no me guste».
- «No me gusta lo que hago, pero es lo que hay, así que haré como que estoy bien y demostraré lo mucho que valgo para que me acepten».

4. Mensajes

Para cambiar tus creencias puedes usar las siguientes afirmaciones; te invito a crear las tuyas usando el **método general (p. 76):**

- «Me permito ser flexible en mi forma de usar las manos y hacer con ellas lo que realmente deseo hacer con alegría y amor».
- «Elijo dar y recibir con alegría y libertad, disfrutando de lo que hago de forma flexible».
- «Tengo todas las capacidades necesarias para hacer lo que me gusta y puedo permitirme equivocarme de vez en cuando, pues actúo con amor».
- «Elijo dejar de hacer lo que no me gusta y empezar a dedicarme a lo que realmente me gusta y disfruto».
- «Puedo hacer las cosas de formas nuevas y creativas; me permito ser flexible con mi trabajo o mis tareas».
- «Soy yo la única persona que decide lo que hago o no hago y siempre soy libre, incluso si he elegido estar haciendo algo que no me gusta realmente; puedo cambiar cuando quiera».
- «Me merezco ser feliz y dedicarme siempre a lo que me gusta, pues mis manos reflejan la alegría en mis acciones presentes».

5. Acciones

- Repite los mensajes de tu cuerpo todos los días.
- Encuentra las acciones que realizas de forma inflexible contigo y busca la forma de hacerlas con alegría o de dejar de hacerlas.
- Haz una lista de las acciones o tareas con las que no disfrutas y empieza a delegarlas o a cambiarlas por otras que te gusten más; no tienes por qué sentir ninguna obligación si guardas en tu interior la actitud más amorosa.

- Haz una lista de las actividades que realmente te gusta realizar y empieza a elaborar un plan para dedicarles más tiempo o vivir de ellas.
- Investiga más posibles mensajes y... ¡ámate!

BRAZOS: MANOS (PROBLEMAS, DOLOR)

Se refiere a cualquier problema, dolor o síntoma en las manos.

1. Significado

Lo más importante: Las manos representan los medios que usamos para dar y recibir, y cualquier problema en ellas te indica que te cuesta usarlas para lo que tu corazón desea y que piensas que no tienes todo lo necesario para actuar o trabajar como te gustaría.

La mano derecha es la de *dar*, y la izquierda, la de *recibir*.

Añade el significado del lado afectado, DERECHO O IZQUIERDO (p. 50), para saber en qué área de tu vida debes buscar el mensaje.

Puedes consultar también el significado de DEDOS DE LAS MANOS, si el problema está en ellos.

Tu verdadero deseo: Usar tus manos para aquello que te inspira, aceptando lo que haces en el presente con amor y confiando en tus capacidades.

Significado en detalle: Si te duele o te molesta la mano, puede que no te sientas útil en lo que haces o que te sientas obligado a hacer cosas que no deseas; puede que creas que haces demasiado o que no haces suficiente.

Puede ser que no sientas que haces el trabajo que realmente deseas y que lo haces a disgusto, o que no veas la utilidad en lo que haces, en casa o en el trabajo. En ese caso, su mensaje es que confíes en que estás haciendo lo mejor en este momento, pues tus decisiones te llevaron hasta allí; y también te dice que, si deseas cambiar, tomes una decisión y confíes en que tu oportunidad llegará, pero mientras es mejor que disfrutes del presente tal y como es.

También es posible que dudes de tus capacidades y que tengas miedo de hacer las cosas mal o de equivocarte. Si es así, el mensaje de tus manos es que confíes en que tienes todos los recursos necesarios para actuar y hacer las cosas bien.

Un dolor o molestia en la **mano izquierda** puede indicarte que crees que está mal recibir sin dar o recibir alegría a cambio de hacer lo que más te gusta. También puede decirte que tienes dificultades para hacer lo que deseas en el área familiar-sentimental.

Un dolor o molestia en la **mano derecha** puede indicarte que a veces das para recibir, con expectativas, y que no te permites encontrar el servicio que realmente te gusta dar, para así darlo sin expectativas, confiando en que vendrá la recompensa por otro lado. También puede indicarte una dificultad para actuar en el área laboral-material.

Las manos, como los brazos, son una expresión del corazón y te recuerdan que debes actuar siempre por amor y nunca por obligación; que la expresión y las acciones de tu Ser deben expresar tus pensamientos y sentimientos más elevados, como el dar con amor y el recibir con gratitud.

2. Investigación

Viaja con tu mente al momento en que apareció el síntoma; ayúdate de las **preguntas generales (p. 68)** y añade las siguientes:

- ¿En qué situación crees que no tienes los medios para actuar como deseas en el presente?
- ¿Qué te impide hacer con soltura tu problema en las manos? Eso será lo que deseas hacer, con una actitud diferente.
- Mano derecha: ¿En qué situación te sientes culpable por no dar, por dar demasiado o por hacer algo que no te gusta?
- Mano izquierda: ¿En qué situación te sientes culpable por recibir lo que te dan o por creer que recibes demasiado?

3. Creencias (erróneas)

Busca las creencias limitantes (normalmente inconscientes) con las que más te identificas o encuentra en ti algunas similares:

- «No soy bueno en lo que hago, me faltan dones o habilidades y no soy capaz de hacerlo bien».
- «Me siento obligado a trabajar haciendo algo que no me gusta, y no puedo cambiar».
- «Es una fantasía querer dedicarme a lo que me gusta; no es normal disfrutar de lo que haces y ser feliz».

- «Cuando doy, es lógico que reciba inmediatamente; no debería esperar o puede que no venga lo que necesito».
- Mano derecha: «No he dado todo lo que debería a _____ (otra persona); debo dar más, aunque no me apetezca o no lo sienta».
- Mano izquierda: «Debo dar algo para recibir a cambio, no puedo recibir porque sí, por ser yo».

4. Mensajes

Para cambiar tus creencias puedes usar las siguientes afirmaciones; te invito a crear las tuyas usando el **método general (p. 76):**

- «Tengo todo lo necesario para hacer bien mi trabajo y disfrutar de lo que hago con alegría y plenitud».
- «Me permito expresar mi amor con las manos y hacer lo que realmente deseo con ellas».
- «Elijo disfrutar de lo que hago en el presente y encuentro la manera de ser feliz con mi labor y mi servicio».
- «Me permito recibir sin dar nada a cambio y me permito dar sin esperar recibir; soy digno de amor siempre».
- «Doy las gracias a mis manos por ayudarme a materializar los deseos de mi corazón».
- Mano derecha: «Me permito actuar y dar lo que realmente deseo dar y hacer con amor».
- Mano izquierda: «Me permito recibir lo que la vida me da y encuentro la manera de disfrutar lo que la vida me pone delante en el presente».
- «Actúo en el presente según lo que siento y busco cada día la mejor expresión del amor de mi corazón en mis acciones».

5. Acciones

- Repite los mensajes de tu cuerpo todos los días.
- Busca las ventajas de la labor que haces en el presente hasta que encuentres el equilibrio y descubras por qué lo estás haciendo. Entonces podrás cambiar y hacer lo que te gusta de verdad. Puedes usar la técnica del Método Demartini®.
- Perdónate por todo lo que has hecho o no has hecho; abraza en tu mente a tu niño interior y empieza a actuar según lo que realmente sientes.

- Da lo que te apetece y di «no» cuando no quieras dar. Recibe lo que la vida te da, y siente que lo mereces.
- Investiga más posibles mensajes y... ¡ámate!

BRAZOS: DEDOS DE LAS MANOS

Los problemas en los dedos incluyen problemas musculares, de huesos y articulares, y también problemas en los tejidos de la zona (problemas de piel, «padrastros» o pellejos, etc.).

1. Significado

Lo más importante: Los problemas en los dedos de las manos te indican una preocupación excesiva por los detalles en relación a lo que haces en el presente.

Puede que seas una persona muy perfeccionista en lo que haces y te cueste ver la situación en conjunto.

Cada dedo tiene su significado. Comprueba lo que significa el dedo o dedos afectados, teniendo en cuenta añadir el significado de LADO DERECHO O LADO IZQUIERDO, en función de la mano afectada.

Si notas una inflamación en la articulación de algunos de los dedos o aparece un callo en la zona, además del significado del dedo consulta el significado de ARTICULACIONES y de CALLO.

Puedes consultar también el significado de MANOS.

Tu verdadero deseo: Deseas ver la situación que te preocupa con más distancia, con una perspectiva más amplia, y ser menos perfeccionista, en el tema indicado por el dedo o dedos en cuestión.

Significado en detalle: Observa los momentos en los que aparece el dolor o molestia en los dedos, o lo que estás pensando en ese momento, y verás la situación que te está causando esa preocupación por los detalles.

Su mensaje en general es que te relajes y no busques tanto la perfección, sino más bien la visión global del amor, en la que todo tiene más sentido.

Puedes ver más pistas en el significado de cada dedo afectado.

Pulgar:

Un problema en el dedo pulgar, que es el que nos permite empujar y coger objetos, te indica que tienes el deseo de «empujar» o apartar a alguien de tu camino para avanzar libremente y coger lo que deseas, pero te sientes culpable por ello. Te gustaría liberarte y respetar con amor tus límites.

Índice:

Este dedo representa el poder de decisión y la autoridad, y los problemas en él te indican que sientes culpa por mostrar con claridad tus decisiones o tu autoridad a los demás, por una preocupación por ciertos detalles.

Corazón o mayor:

El dedo corazón de la mano simboliza la acción desde el corazón, es decir, el deseo de **dar de corazón** (mano derecha), o **recibir de corazón** (mano izquierda). También puede estar relacionado con la sexualidad. Un problema en ese dedo te indica que te gustaría, o bien recibir lo que deseas con gratitud y sin dar nada a cambio (mano izquierda), o bien dar solamente lo que te apetece sin esperar nada a cambio (mano derecha); pero te impides hacerlo por preocuparte por los detalles. También puede ser que te preocupen demasiado los detalles de tu vida íntima.

Anular:

Este dedo representa nuestro ideal de pareja en el presente y nuestro deseo de materializarlo a través de otra persona. Los problemas en él te indican que te preocupa demasiado ese tema en este momento y que eres muy perfeccionista en tus deseos.

En la mano izquierda sería el ideal afectivo o emocional, y en la mano derecha, el ideal físico de pareja.

Meñique:

El dedo más pequeño simboliza la libertad y la independencia, el deseo de ser diferente a los demás en tus acciones presentes. Sus problemas te indican que deseas más libertad o independencia, pero no te lo permites por preocuparte por los detalles. Quieres aceptarte siendo diferente a los demás y seguir tu camino con libertad.

2. Investigación

Viaja con tu mente al momento en que apareció el síntoma; ayúdate de las **preguntas generales (p. 68)** y añade las siguientes:

- **GENERAL:** ¿En qué área de tu vida te preocupan demasiado los detalles? ¿En qué estás siendo demasiado perfeccionista en el dar (derecha) o en el recibir (izquierda) y te sientes culpable?
- **PULGAR:** ¿A quién deseas «empujar» o apartar de tu camino? ¿Quién sientes que te frena para coger lo que deseas?
- **ÍNDICE:** ¿En qué área te cuesta mostrar tu poder de decisión o tu autoridad?
- **CORAZÓN:** ¿En qué situación sientes que no das de corazón o no recibes de corazón? ¿Qué te preocupa tanto de tu sexualidad?
- **ANULAR:** ¿Qué detalles te preocupan sobre tu ideal de pareja? ¿En qué te dejas invadir por detalles que te quitan tu paz interior en ese tema?
- **MEÑIQUE:** ¿Qué te preocupa en relación con tu independencia? ¿En qué área te cuesta afirmarte y pedir tu espacio o tu libertad de ser diferente?

3. Creencias (erróneas)

Busca las creencias limitantes (normalmente inconscientes) con las que más te identificas o encuentra en ti algunas similares:

- **GENERAL:** «Es importante fijarse siempre en los detalles, ser preciso, perfecto, no cometer errores».
- **PULGAR:** «No debo apartar a una persona de mi camino aunque me moleste». «No sé qué dirección elegir, porque si me equivoco pasará algo malo».
- **ÍNDICE:** «No debo mostrar mi poder de decisión o mi autoridad, porque no seré apreciado».
- **CORAZÓN:** «No debo recibir porque sí, sin dar nada a cambio (mano izquierda), o no me parece bien dar sin más, sin esperar nada (mano derecha); me preocupan ciertos detalles en la situación que vivo». «Me siento culpable por los deseos que tengo en mi vida sexual».
- **ANULAR:** «Me preocupa mucho que mi pareja no tenga todos los detalles que deseo; necesito que sea perfecta (mano derecha: a nivel físico-estético, mano izquierda: a nivel emocional-afectivo)».
- **MEÑIQUE:** «No puedo permitirme ser diferente ni mostrar mi independencia; puedo ser criticado».

DICCIONARIO DE SÍNTOMAS | 389

4. Mensajes

Para cambiar tus creencias puedes usar las siguientes afirmaciones; te invito a crear las tuyas usando el **método general (p. 76):**

- «Me permito ser una persona detallista, pero capaz de ver también la situación en conjunto. Sé que todo va a salir bien y confío».
- «Elijo ser más tolerante con los detalles de lo que hago y me centro solo en aquello que me hace ser lo que quiero ser, en armonía conmigo y con la vida».
- PULGAR: «Me permito apartar con amor a aquellas personas que me dificultan el avance en la vida y sigo mi propósito».
- ÍNDICE: «Elijo aceptar en mí y mostrar a los demás mi poder de decisión y mi autoridad, y me hago respetar desde el amor».
- CORAZÓN: «Elijo aceptarme tal y como soy en mi vida sexual e íntima, y observo el conjunto de mi camino y adónde me lleva, confiando en que lo que siento es correcto». Izquierdo: «Me permito recibir con amor hacia mí, sin dar nada a cambio, y me amo». Derecho: «Elijo dar de corazón solo lo que me apetece dar, y confío en que todo llega en su momento».
- ANULAR: «Me permito ser más flexible en mi visión de mi pareja ideal; sé que llegará y aprendo a ver a esa persona con todo lo bueno y lo malo, de forma equilibrada». «Confío en que mi ideal de pareja está presente en mi vida siempre en la forma perfecta para mí». «Acepto que a veces soy perfeccionista en lo que deseo, y me perdono».
- MEÑIQUE: «Me permito mostrar mi independencia a los demás y recorrer lo que siento que es mi camino con libertad».

5. Acciones

- Repite los mensajes de tu cuerpo todos los días.
- Cuando te preocupen cosas muy concretas de tu vida, aprende a ver la situación en conjunto, como si te salieras de ella, y verás que la solución siempre es más sencilla.
- Investiga más posibles mensajes y… ¡ámate!

CADERA E INGLE (PROBLEMAS, DOLOR)

Este significado se refiere a los problemas en la articulación de la cadera con el fémur, en la zona de la ingle, en el propio hueso de la cadera, en los músculos que unen el fémur y la cadera y en las zonas de tejido cercanas que afectan a la movilidad de la pierna.

Si aparece una molestia en la piel de la zona, que impide o dificulta disfrutar de la sexualidad o del placer, consultar VAGINA o PENE, según el caso.

1. Significado

Lo más importante: Los problemas en la cadera te indican una dificultad para avanzar hacia tu futuro por una creencia del tipo «no soy capaz».

Añade el significado del lado afectado, DERECHO o IZQUIERDO (p. 50), para saber en qué área de tu vida debes buscar el mensaje.

Puedes consultar también el significado de HUESOS, FRACTURA.

Tu verdadero deseo: Confiar en tus capacidades y avanzar con determinación hacia las metas que deseas lograr o hacia tu futuro.

Significado en detalle: Cuando tienes un problema que te impide mover con soltura la articulación de la CADERA, como puede ser un problema en un tendón en la INGLE, un músculo o la propia articulación, significa que poco antes has deseado avanzar hacia una de tus metas (afectivas si es el lado izquierdo, materiales si es el lado derecho), pero has pensado que no eras capaz por algún motivo. Crees que si lo intentas no va a salir bien y te bloqueas.

Observa si te molesta al dar pasos largos; si es así, verás que te impides avanzar en tu vida «dando grandes pasos», es decir, tomando decisiones que te hagan crecer deprisa.

Si la molestia o el **dolor** en la cadera aparece en posición sentada o acostada, es posible que no te estés permitiendo descansar cuando lo necesitas y seguir avanzando después; crees que debes avanzar sin descanso, aunque también dudas de tus capacidades.

Si es un **problema en la piel** de esa zona, significa que, además de dudar de tus capacidades, temes el juicio de los demás respecto a tu forma de avanzar y por eso te frenas.

Tu cuerpo te dice que confíes en ti, que eres perfectamente capaz de llegar a donde te propongas y que solo tienes que permitirte avanzar paso a paso a tu ritmo, concediéndote también descansar y siendo consciente de que cada paso es un progreso.

No temas equivocarte: tu alma guía tu camino y seguro que aprenderás algo importante mientras avanzas.

2. Investigación

Viaja con tu mente al momento en que apareció el síntoma; ayúdate de las **preguntas generales (p. 68)** y añade las siguientes:

* ¿En qué situación has sentido que no eras capaz de avanzar?
* ¿En qué situación te has sentido derrotado antes de empezar?

3. Creencias (erróneas)

Busca las creencias limitantes (normalmente inconscientes) con las que más te identificas o encuentra en ti algunas similares:

* «No soy capaz de lograr _____ (lo que deseas en tu futuro)».
* «Voy a equivocarme y saldrá mal. ¿Para qué intentarlo?».

4. Mensajes

Para cambiar tus creencias puedes usar las siguientes afirmaciones; te invito a crear las tuyas usando el **método general (p. 76):**

* «Soy perfectamente capaz de lograr _____ (lo que deseas)».
* «Me permito avanzar hacia mi futuro con valor y confío en que, pase lo que pase, todo va a salir bien».
* «Me permito detenerme a descansar cuando lo necesito y confío en mis capacidades para llegar a donde me propongo».
* Pierna izquierda: «Soy capaz de avanzar hacia mis metas y sueños de familia y de pareja; mi alma me guía y lo voy a lograr».
* Pierna derecha: «Soy capaz de lograr mis objetivos materiales y físicos, y de avanzar hacia lo que deseo con alegría; la vida me apoya».

5. Acciones

* Repite los mensajes de tu cuerpo todos los días.
* Observa qué pasos te impides dar hacia lo que quieres debido un miedo y haz un plan para darlos, a tu ritmo.
* Investiga más posibles mensajes y… ¡ámate!

CALAMBRE (O ESPASMO)

Un calambre o espasmo muscular es un agarrotamiento fuerte de un músculo; se produce de forma involuntaria y puede producir mucho dolor. Los calambres pueden afectar a casi todas las zonas del cuerpo humano (extremidades, intestinos, etc.).

1. Significado

Lo más importante: El calambre te indica que te estás aferrando a algo o a alguien relacionado con el significado de la parte del cuerpo donde aparece. Añade el significado de esa zona.

En el lado izquierdo, probablemente te aferras a un ser querido, a una pareja o amor de tu vida o a una persona muy cercana.

En el lado derecho, probablemente te aferras a algo material, a un trabajo, a una relación física o a relaciones no muy cercanas.

Tu verdadero deseo: Soltar y dejar marchar aquello o a aquella persona a la que te estás aferrando, expresando tu verdad y aceptando el resultado.

Significado en detalle: Cuando un músculo se contrae con el calambre o espasmo, normalmente te obliga a adquirir una postura forzada y aparece un dolor muy intenso. Eso significa que, poco antes de aparecer el síntoma, has tenido algún pensamiento relacionado con forzarte a seguir manteniendo una cierta actitud, que implica no soltar a alguien o algo a lo que te aferras, por miedo a perderlo del todo.

El dolor te indica que sientes una gran culpa por no hacer lo que crees que es correcto, debido a ese gran miedo que tienes.

Un calambre **en una mano** te indicará que te aferras a algo relacionado con lo que haces en el presente o con tu forma de dar y recibir.

Un calambre **en los intestinos** puede indicarte que no te permites soltar alguna idea antigua o a alguna persona, y que no te perdonas por aferrarte a lo conocido, a tus ideas y costumbres. Necesitas mandarte amor, perdonarte y permitirte soltar lo que ya no te sirve en tu vida.

Un calambre **en el gemelo** puede indicarte un deseo de avanzar más rápido hacia tu futuro, pero que frenas por aferrarte a algo.

En mi caso, tuve un calambre en la planta del pie izquierdo cada cierto tiempo durante años; descubrí que me indicaba que me estaba aferrando a un antiguo amor y que nunca le había dicho lo que sentía, por miedo a perderla para siempre. El dolor aparecía en situaciones en las que pensaba en ella o que me recordaban a ella, y en el pie izquierdo, porque era el área sentimental; temía no tener lo necesario para que me amara y no poder avanzar hacia mi futuro junto a ella. Se solucionó en cuanto hablé por fin con ella y le dije mis verdaderos sentimientos para dejarla ir, lo que me liberó y me hizo sentirme amado aunque no pudiera suceder nada entre nosotros.

El mensaje del calambre es que te sueltes, que confíes y que expreses tu verdad y lo que quieres en el área indicada por esa parte del cuerpo, confiando en que es bueno dejar ir aquello a lo que te aferras, pues, si es para ti, volverá a tu vida y, si no, es bueno que se vaya para que pueda venir algo nuevo.

2. Investigación

Viaja con tu mente al momento en que apareció el síntoma; ayúdate de las **preguntas generales (p. 68)** y añade las siguientes:

* ¿En qué o en quién estabas pensando poco antes del calambre, que a su vez es algo a lo que te aferras y no sueltas?
* ¿Qué crees que va a suceder si sueltas eso que no quieres dejar marchar?

3. Creencias (erróneas)

Busca las creencias limitantes (normalmente inconscientes) con las que más te identificas o encuentra en ti algunas similares:

* «Si actúo como siento de verdad, puede que pierda a _____ (la persona a la que temes perder), así que ni actúo ni la suelto».
* «No puedo permitirme perder eso que tanto aprecio; debo actuar como sea, aunque me fuerce, para no perderlo».
* «Temo perder a alguien y me da miedo dejar que se vaya, porque me sentiría culpable si me equivocara».
* «No debo soltar las heridas de mi pasado o algo que me hace sufrir; me duele, pero soy como soy y no puedo cambiar».

4. Mensajes

Para cambiar tus creencias puedes usar las siguientes afirmaciones; te invito a crear las tuyas usando el **método general (p. 76):**

* «Me permito soltar a _____ (la persona o la situación a la que te aferras) y confío en que todo irá bien y en que la vida me traerá todo lo que necesito para estar bien».
* «Expreso mis emociones, deseos y necesidades a las personas adecuadas, para poder soltar aquello que no he podido soltar hasta ahora y ser libre y feliz».

- «Si algo o alguien tiene que desaparecer de mi vida, seguro que hay una buena razón para ello, así que me expongo y me libero de lo que ya no me aporta lo que necesito».
- «Soy amor y atraigo siempre amor a mi vida, por eso puedo dejar marchar lo que ya ha cumplido su misión en mi vida».

5. Acciones

- Repite los mensajes de tu cuerpo todos los días.
- Si tienes que soltar a una persona, te recomiendo que le escribas una carta en la que le expreses todo lo que sientes y que hagas lo necesario para despedirte de ella. Si no puedes en persona, hazlo con un ritual y quema la carta, despidiéndote con amor en el corazón.
- Si debes dejar ir una situación, un trabajo o algo material, imagina lo nuevo que vendrá y da los pasos necesarios para que eso se vaya de tu vida. Tu alma lo agradecerá.
- Investiga más posibles mensajes y... ¡ámate!

ENTUMECIMIENTO
(U HORMIGUEO O MIEMBRO DORMIDO)

Se refiere a la sensación de acorchamiento, normalmente de una extremidad, en la que ya no se siente nada al tacto, normalmente debido a una falta de riego sanguíneo, y que se recupera al fluir otra vez la circulación de la sangre.

1. Significado

Lo más importante: Cuando se duerme una parte de alguna extremidad, significa que no te estás permitiendo sentir en esa área de tu vida, que crees que no sientes nada, pero no es así. Debes dejar de creer que eres insensible.

Añade el significado del lado afectado, DERECHO O IZQUIERDO (p. 50), para saber en qué área de tu vida debes buscar el mensaje.

Puedes consultar también el significado de BRAZOS, MANOS, PIERNAS, PIES.

Tu verdadero deseo: Permitirte sentir lo que sientes, sin engañarte creyendo que eres inmune a sentir emociones.

Significado en detalle: Observa el significado de la parte del cuerpo dormida y verás en qué área no te permites sentir tus emociones o crees que no sientes nada, cuando en realidad sí que sientes.

En los **brazos,** puede que te exijas demasiado en lo que haces y eso te lleva a experimentar muchas emociones que te impides sentir.

Si es en el brazo o mano izquierdos, puede que creas que no te importa no recibir, o que no sientes nada si no hacen nada por ti tus seres queridos, pero no es así.

Si es en el brazo o mano derechos, tal vez pienses que no necesitas dar para ser feliz o que no te importa que otros no reciban lo que deseas dar; o creas que no sientes nada aunque no te sientas útil en tu trabajo o no estés haciendo lo que realmente deseas, y haces como si no te importara.

En las **piernas** te indicaría que tienes deseos de avanzar o preocupaciones por tu futuro, pero haces como que no sientes nada en esa área y te frenas en tus avances, ya sea en lo emocional-sentimental (izquierda) o en lo material-físico (derecha).

Su mensaje es que reconozcas que hay algo que deseas sentir cuando actúas, pero sucede que al mismo tiempo bloqueas tus emociones y sentimientos, creyendo que eres invulnerable y que no sientes nada. Te dice que te permitas ser la persona sensible que eres y expresar tus deseos y tu amor a través de tus acciones (brazos) o de tus avances y decisiones (piernas). Confía en que sentir es bueno y te ayuda a crecer.

2. Investigación

Viaja con tu mente al momento en que apareció el síntoma; ayúdate de las **preguntas generales (p. 68)** y añade las siguientes:

- ¿Qué pensabas, poco antes del entumecimiento, que te hizo bloquear lo que sentías y creer que algo no te afectaba?
- ¿En qué situación crees que eres insensible y que no sientes nada, ya sea en lo que haces en el presente (brazos) o en tus proyectos futuros (piernas)?

3. Creencias (erróneas)

Busca las creencias limitantes (normalmente inconscientes) con las que más te identificas o encuentra en ti algunas similares:

- «Hay una situación que me mueve y me hace sentir, pero no quiero sentir para no sufrir, prefiero creer que soy duro e insensible».
- «Me gusta emocionarme y vivir todo con pasión, pero me juzgan si lo hago, así que prefiero bloquear lo que siento».
- Mano derecha: «Me gustaría ayudar a _____ (alguien a quien quieres), pero me puede rechazar, así que mejor bloqueo lo que siento y hago como que no me afecta».
- Mano izquierda: «Me apetece mucho recibir afecto, pero me da miedo pedir, así que prefiero hacer como que no me afecta; yo puedo solo».
- Pies: «Me da miedo avanzar hacia lo que deseo por si no tengo lo necesario, así que mejor no siento nada y no me arriesgo».

4. Mensajes

Para cambiar tus creencias puedes usar las siguientes afirmaciones; te invito a crear las tuyas usando el **método general (p. 76):**

- «Me permito sentir lo que siento, y me suelto para divertirme y hacer lo que me gusta hacer».
- «Soy una persona sensible y soy capaz de gestionar bien mis emociones cuando avanzo hacia lo que deseo hacer».
- Brazos: «Me permito sentir a la hora de dar y recibir».
- «Elijo mostrar a otras personas lo que siento, y confío en que todo va a salir bien, pues mi alma me guía siempre».
- Hablando a mi parte dormida: «Muy bien, de acuerdo, siento algo en mi interior y no quería verlo, pero es verdad; acepto que siento _____ (una emoción) y me permito sentir».

5. Acciones

- Repite los mensajes de tu cuerpo todos los días.
- Aprende a expresar tus emociones y lo que sientes cuando deseas actuar, y abraza esa parte sensible que tienes; confía, todo irá bien, ya verás.
- Aprende a dejar que fluya la alegría en tus acciones y cuando avanzas hacia tus metas. Toma decisiones como si fueras un niño, pero con tu sabiduría, y ¡diviértete sintiendo!
- Investiga más posibles mensajes y... ¡ámate!

Esguince (o torcedura)

Se trata de una lesión que se produce en una articulación cuando se fuerza el movimiento más allá de sus límites, sin producirse dislocación. Suele dejar un fuerte dolor en los tendones involucrados en el movimiento.

1. Significado

Lo más importante: El esguince te indica que te has sentido forzado, o bien a hacer algo (brazos) o a avanzar hacia algún lugar (piernas), que realmente no deseabas, y te dice que no has puesto límites o te has sentido mal por hacerlo, por tener miedo a una ruptura por la cual te sentirías culpable.

Añade el significado del lado afectado, DERECHO O IZQUIERDO (p. 50), para saber en qué área de tu vida debes buscar el mensaje.

Puedes consultar también el significado de TENDONES.

Tu verdadero deseo: Elegir con claridad tu camino y hacer lo que realmente desees, poniendo límites cuando alguien trate de llevarte a un lugar o una situación donde no quieras ir.

Significado en detalle: El hecho de que el esguince lleve a tus músculos y tendones más allá de sus límites, hasta causarte un problema articular, te indica que te has sentido obligado a ir más allá de tus verdaderos deseos y límites y que tienes una actitud poco flexible contigo mismo por creer que debes seguir unas ciertas normas.

Debes tratar de averiguar lo que realmente quiere esa o esas personas por las que te sientes presionado a hacer algo que sabes que no deseas. Descubre sus motivos y decide si realmente hacer eso puede servirte para algo bueno o si, por el contrario, deseas decir claramente que no quieres ir en esa dirección, expresándolo con amor y firmeza.

Si te has obligado a hacer algo que no deseabas, descubre cuál es el miedo que te obliga a hacerlo y encontrarás las creencias que te están perjudicando, de las cuales te avisa tu cuerpo.

Su mensaje es que aceptes que tienes ciertos límites en este momento y que no es preciso que te lesiones para detenerte o para no hacer lo que no deseas; solo necesitas expresarte y confiar en que las personas que te quieren lo entenderán.

2. Investigación

Viaja con tu mente al momento en que apareció el síntoma; ayúdate de las **preguntas generales (p. 68)** y añade las siguientes:

- ¿En qué situación, poco antes de que se produjera el esguince, te sentiste obligado a ir en una dirección que no deseabas o a hacer algo que no querías hacer?
- ¿Qué temes que ocurra si dices que no a otras personas y haces lo que realmente deseas?

3. Creencias (erróneas)

Busca las creencias limitantes (normalmente inconscientes) con las que más te identificas o encuentra en ti algunas similares:

- «Tengo que hacer lo que dicen los demás o lo que hace todo el mundo, aunque no me apetezca, o me criticarán».
- «Si no voy con la persona que amo a donde espera que vaya, puede que la pierda y sufra».
- «Tengo que hacer las cosas de forma "normal", como esperan de mí, y no salirme de la norma».
- «No puedo poner límites a mis amigos o a mis seres queridos, es maleducado y grosero, y tengo que integrarme bien».

4. Mensajes

Para cambiar tus creencias puedes usar las siguientes afirmaciones; te invito a crear las tuyas usando el **método general (p. 76):**

- «Me permito reconocer mis límites, ser flexible conmigo y poner límites a los demás, haciendo solo lo que siento y deseo».
- «Me permito preguntarle sus intenciones a las personas con las que estoy y que desean que haga algo, y decido con el corazón mi camino y mi verdad, respetando mis necesidades».
- «Puedo hacer lo que yo desee aunque otras personas no estén de acuerdo conmigo o aunque me salga de las normas establecidas».
- «Elijo expresar mis límites y necesidades a mis seres queridos y confío en que, si me quieren, respetarán mis deseos y me apoyarán y, si no, acepto que salgan de mi vida».

5. Acciones

- Repite los mensajes de tu cuerpo todos los días.
- Habla con la persona o personas por las que te sientes presionado a avanzar hacia algo que no deseas del todo, y dedica un tiempo a decidir lo que quieres hacer y actúa. Tu cuerpo dice: ¡exprésate!
- Permítete descansar cuando quieras descansar, y así no necesitarás lesionarte para conseguirlo.
- Investiga más posibles mensajes y... ¡ámate!

HUESOS: PROBLEMAS GENERALES (Y OSTEOPOROSIS)

Se refiere a cualquier problema que afecte a los huesos del cuerpo, que sirven normalmente de estructura y sostén para el cuerpo humano.

1. Significado

Lo más importante: Cualquier problema en los huesos te indica que no confías en tu capacidad para sostenerte o sostener a otras personas. También es posible que dudes de tu valor y que creas que no puedes defenderte o hacerte valer ante una figura que representa para ti la autoridad.

Busca el significado de la parte del cuerpo donde se encuentra el hueso afectado (BRAZOS, PIERNAS, COSTILLAS, CADERA, etc.).

Añade el significado del lado afectado, DERECHO O IZQUIERDO (p. 50), para saber en qué área de tu vida debes buscar el mensaje.

Puedes consultar también el significado de FRACTURA.

Tu verdadero deseo: Creer en tu valor y en tu fortaleza y confiar en que puedes sostenerte a ti y a otras personas cuando es necesario o cuando lo deseas.

Significado en detalle: Los huesos son los elementos que proporcionan al cuerpo físico una estructura sólida y estable, a la vez que flexible.

Su significado metafísico está relacionado con nuestras estructuras mentales, con las ideas sobre las que nos apoyamos y que nos hacen sentirnos fuertes y capaces de sostenernos y sostener a otros.

En la infancia los huesos suelen ser más flexibles, lo que indica que nuestra mente tiene estructuras aún flexibles, no demasiado sólidas.

Cuando crecemos, el equilibrio y la salud de nuestros huesos dependerán del equilibrio y la salud de nuestras estructuras mentales.

Por ejemplo, si tienes problemas de descalcificación u OSTEOPOROSIS, tu cuerpo te indica que no confías en tu fuerza ni en tu valor ante los demás, crees que debes actuar de determinada forma para demostrar que eres fuerte, y te valoras solo si te sientes útil ante los demás, creyendo que no vales si ya no puedes sostenerte a ti o a otros. Incluso puede que necesites que otros dependan de ti para sentirte importante.

En ese caso, tu cuerpo te dice que debes creer en ti, aunque no ayudes a otros, y que te preocupes más por tus necesidades y por estar bien, valorándote por la fuerza de tu amor y por tu Ser único y especial.

Eso se puede ver en las mujeres que tienen osteoporosis a partir de los cincuenta años, cuando se sienten menos útiles en su papel como madres de familia o como protectoras o sustentadoras de los demás. Lo mismo puede aplicarse a los hombres que ya no se sienten útiles en ese sentido.

Por ejemplo, las personas que tienen una **rotura de cadera**, reciben el mensaje de que ya no se sienten capaces de avanzar hacia su futuro (ver CADERA), posiblemente por hacerse mayores y no sentirse útiles, o por no creer que puedan crear su propio proyecto de vida.

La descalcificación puede deberse a que no te valoras respecto a una figura de autoridad, a que crees que, porque alguien tiene más fuerza, o más conocimientos, o más poder, o lo que sea, tú vales menos.

En ese caso, tu cuerpo te indica que debes aprender a confiar en tu valor y en tu propia autoridad, entendiendo que cada persona es buena en diferentes áreas y que eso no hace que unos sean mejores o más valiosos que otros, pues todos somos iguales en el amor.

Cuando después de una descalcificación se produce un exceso de calcificación, que se acompaña de un incremento de los glóbulos blancos, significa que la persona ha resuelto su miedo a la autoridad o ha empezado a valorarse más, pero ahora lo compensa volviéndose más autoritaria y dominante, poniéndose a la defensiva, con un exceso de dureza interior.

Si es tu caso, el mensaje es que veas tu valor, pero también que te permitas seguir siendo vulnerable y flexible, sin miedo a que eso te haga frágil y que te quiebre por ser demasiado duro, que es lo que les sucede a tus huesos con exceso de calcio.

Permítete ver tu autoridad en las áreas en las que la tienes y defender tus ideas con firmeza, así evitarás ser una persona que se deja intimidar o lo contrario (que abusa de su autoridad).

Confía en que puedes valerte por ti mismo y sostenerte a ti y a quien desees sin tener que demostrar nada a nadie. Tienes toda la fuerza del Universo en ti y puedes crear siempre la estabilidad que desees en tu vida.

Descubre las creencias que te hacen dudar de tu valor y de tu fuerza y crea nuevas estructuras en tu mente que te ayuden en tu camino.

2. Investigación

Viaja con tu mente al momento en que apareció el síntoma; ayúdate de las **preguntas generales (p. 68)** y añade las siguientes:

- ¿En qué situación, poco antes de que apareciera el problema en los huesos, sentiste que no valías ya lo suficiente o que no podías sostenerte a ti o a otras personas?
- ¿En qué situación has sentido miedo ante la autoridad o has sentido que valías menos que otra persona que representaba una autoridad para ti en algún área de tu vida?
- ¿Crees que si no eres útil para los demás no vales nada? ¿Qué temes que suceda si haces solo lo que te gusta y buscas tu estabilidad?

3. Creencias (erróneas)

Busca las creencias limitantes (normalmente inconscientes) con las que más te identificas o encuentra en ti algunas similares:

- «No soy una persona importante, valgo menos que los demás, no sirvo para brillar ni mostrar mi autoridad en nada».
- «Nadie me aprecia ni me valora, no soy amado».
- «No soy lo bastante fuerte o valiente para sostenerme a mí mismo, soy una persona débil y frágil».
- «No hago lo suficiente y no soy capaz de cuidar de las personas a las que quiero; no tengo los medios para sostenerlas».
- «Solo soy útil si ayudo a otras personas; si no hago nada, no valgo».
- «No soy importante si no tengo a nadie que dependa de mí».
- «Me da miedo esa persona que representa la autoridad y creo que valgo menos que ella; no soy capaz de defenderme o hacerme valer».
- «Hay una persona que sabe más que yo o es mejor que yo en algo y creo que soy menos que ella por eso».

4. Mensajes

Para cambiar tus creencias puedes usar las siguientes afirmaciones; te invito a crear las tuyas usando el **método general (p. 76):**

- «Elijo creer en mi fuerza y en mi valor; soy un Ser único y especial».
- «Mi valor procede de mi interior; siempre soy digno de amor».
- «Soy perfectamente capaz de valerme y sostenerme por mí mismo y de tener la estabilidad que necesito».
- «Aprendo cada día a ver las áreas de la vida en las que demuestro mi autoridad y mi valor, y respeto que hay diferencias en todos, pero que todos somos igualmente dignos de amor».
- «Soy capaz de cuidar de aquellos a los que quiero y de respetar al mismo tiempo mis necesidades y mis límites».
- «Soy una persona valiosa tal y como soy; tengo derecho a ser respetado y me merezco amor siempre».
- «Elijo ser mi propia autoridad y hacerme respetar con firmeza y amor».
- «Todas las personas a las que quiero pueden valerse por sí mismas y son cuidadas por Dios y por la vida, y yo solo ayudo por placer y por amor».
- «Me permito crear mi propio proyecto de vida y confío en mi capacidad para sostenerme y apoyarme en todo momento».
- «Soy fuerte e independiente y elijo verme tan valioso como a cualquier persona a la que respeto y admiro, buscando sus cualidades en mí».
- «Respeto la autoridad de algunas personas en ciertas áreas, pero elijo valorarme como importante y brillante en mis especialidades».
- «Nadie tiene derecho a imponer su autoridad ante mí; soy siempre libre de hacer lo que siento y de defender con firmeza mis límites».
- «Encuentro cada día el equilibrio entre fortaleza y flexibilidad, entre firmeza y suavidad, entre amor y sabiduría».

5. Acciones

- Repite los mensajes de tu cuerpo todos los días.
- Haz una lista de tus cualidades y fortalezas, hasta que veas que eres tan valioso como cualquier persona a la que conoces y que te impresiona.

- Busca momentos del día para meditar y encontrar tu equilibrio y estabilidad mental haciendo cosas que te den confianza en tu Ser.
- Habla con las personas que representan una autoridad para ti y expresa tus emociones y cómo te sientes por lo que hacen o lo que te dicen. Encuentra la forma de sentir seguridad y de hacer respetar tus límites, pidiendo la ayuda que necesites.
- Habla con las personas que crees que dependen de ti, o de las que necesitas valoración, y averigua si realmente te necesitan y si te valoran ya en lo que haces. Sea cual sea su visión, expresa tus necesidades de independencia y autoafirmación y busca tu propio camino, respetando tus necesidades.
- Investiga más posibles mensajes y… ¡ámate!

HUESOS: FRACTURA

Una fractura es una rotura, más o menos grave, de un hueso del cuerpo, normalmente producida por un choque violento. En el caso de una fisura, el significado es el mismo, pero de menor gravedad.

1. Significado

Lo más importante: Cuando se produce una fractura, normalmente es porque tienes pensamientos de ira o violencia hacia alguien y te gustaría expresar esa agresividad, pero no te lo permites y la vuelcas contra ti mismo.

Puede haber también una falta de aceptación de una ruptura o de una situación en la que se ha roto alguno de tus esquemas o ideas en las que te apoyabas, y no aceptas bien ese cambio.

Añade el significado de la parte del cuerpo donde se encuentra el hueso fracturado (BRAZOS, PIERNAS, COSTILLAS, etc.) y el significado del lado del cuerpo correspondiente, IZQUIERDO O DERECHO.

Puedes consultar también el significado de ACCIDENTE, HUESOS (problemas).

Tu verdadero deseo: Perdonarte y aceptarte si no has podido, aceptar los cambios que te muestra la vida en tus estructuras y formas de pensar, y expresar tu ira de forma que no dañes la libertad de otra persona.

Significado en detalle: Como la fractura es causada normalmente por un golpe o accidente, y suele provocar mucho dolor, está relacionada con la culpa por algo que creemos que hemos hecho o no hemos hecho.

También es posible que creas que eres una persona frágil; no confías en tu fuerza o tu valor y piensas que lo que crees y sabes no te va a ayudar a lograr lo que deseas, por eso «te dejas romper» con facilidad.

Cada hueso tiene su significado relacionado con la parte del cuerpo donde se encuentra, así que es importante que mires el significado de dicha parte para saber en qué área de tu vida tienes ese deseo de violencia reprimido que has volcado contra ti o donde te ves frágil.

Por ejemplo, una fractura en la pierna derecha puede deberse a un miedo a avanzar hacia una nueva vida profesional o un nuevo lugar físico, que te ha hecho sentir una ruptura con el pasado y que cuestiona tus creencias y estructuras mentales más firmes. Puede que sientas rabia porque crees que hay alguna persona que te retiene o que te transmitió la idea de quedarte y no moverte. Eso te paraliza, porque crees que no debes avanzar, y vuelves hacia ti la culpa que sentirías si dieras ese paso nuevo.

Yo sufrí una fisura en la muñeca de la mano derecha cuando estudiaba en la universidad y tuve que estar dos meses escayolado, sin poder escribir en clase ni hacer prácticamente nada con ella. En aquella época yo estaba a punto de terminar la carrera y no sabía qué iba a hacer con mi vida, si sería capaz de dedicarme a lo que había estudiado o no, si debería seguir estudiando otras cosas o no, y no me vi con fuerza o con valor para hacerlo bien en mi profesión. Además, sentía que algunas asignaturas que estudiaba no me servían para nada y estaba enfadado por ello, lo cual seguramente volví contra mí en cuanto pude salir de mi entorno unos días de vacaciones en la nieve, donde sucedió la lesión.

El mensaje de cualquier fractura es que dejes de tener miedo de cambiar tus estructuras mentales, porque eso te hace sentir mucha ira cuando se produce un cambio o una ruptura que no entiendes bien.

Aprende a expresar tu ira antes de volverla contra ti; descubre por qué ciertos cambios te molestan tanto y por qué crees que debes inmovilizarte o bloquearte en algo (que es lo que sucede cuando tienes una fractura), en lugar de cambiar tus estructuras mentales.

También te dice que no veas tanto tu fragilidad, pues eso te hace perder valor ante tus ojos, y que confíes más en tu fortaleza y en tu capacidad de adaptarte a los cambios y a nuevas estructuras de pensamiento que te llevarán lejos en el propósito de tu alma.

2. Investigación

Viaja con tu mente al momento en que apareció el síntoma; ayúdate de las **preguntas generales (p. 68)** y añade las siguientes:

- ¿En qué situación sentiste miedo a un cambio o a una ruptura, y sentiste rabia o violencia, pero no quisiste expresarla por miedo a hacer daño?
- ¿En qué situación «se rompieron tus esquemas» o temiste un cambio, que te hizo sentirte frágil y sin capacidad para actuar como deseabas?
- ¿En qué área de tu vida, relacionada con el significado de la parte del cuerpo afectada, te has sentido inmovilizado o bloqueado, y eso te ha hecho sentir mucha ira?

3. Creencias (erróneas)

Busca las creencias limitantes (normalmente inconscientes) con las que más te identificas o encuentra en ti algunas similares:

- «Estoy lleno de ira y quiero hacer daño, pero me sentiría culpable por ello si lo hago y prefiero agredirme yo o pararme como sea».
- «No acepto la ruptura que he vivido; me siento herido y siento deseos de violencia hacia la otra persona».
- «Soy una persona frágil y vulnerable, no tengo la capacidad de hacer lo que deseo hacer en ciertas áreas de mi vida».
- «Se acerca un cambio y me da miedo no saber hacerle frente; me siento frágil y sin las estructuras interiores necesarias».
- «No quiero cambiar; no me gustan los cambios en mi vida ni en mi forma de pensar, me molestan y me hacen sentir miedo y rabia».
- «Me da miedo avanzar o actuar, porque creo que mi mundo se desmoronaría».

4. Mensajes

Para cambiar tus creencias puedes usar las siguientes afirmaciones; te invito a crear las tuyas usando el **método general (p. 76):**

- «Me perdono por haber sentido ira y deseos de violencia, y abrazo a mi niño interior».
- «Me permito expresar mi enfado y mi dolor de forma positiva y constructiva, y aprendo a aceptar los cambios».

- «Mi alma es sabia y me indica cuándo debo cambiar; elijo aceptar los cambios de la vida».
- «Elijo aceptar que las rupturas en mi vida, si suceden, son necesarias y son para mi mayor bien».
- «Soy una persona fuerte y capaz y puedo afrontar los cambios con valor; confío en que sabré hacer frente a la vida con mis capacidades y talentos».
- «Estoy siempre seguro y protegido, y la vida me guía cuando avanzo hacia mis metas y hago lo que siento».
- Pierna: «Me permito avanzar hacia mi futuro con valor y confianza en mis ideas y en mis capacidades, me libero de lo que me bloquea y aprendo a ver la vida de nuevas formas liberadoras».
- Mano: «Me permito hacer lo que deseo con mis manos, disfrutando con ellas, confiando en mí y creando nuevas estructuras de pensamiento que me ayuden a dar y recibir con amor de la forma que deseo».

5. Acciones

- Repite los mensajes de tu cuerpo todos los días.
- Si ya has sentido ira y deseo de violencia antes de la fractura, como no lo puedes ignorar, el primer paso es perdonarte por sentirlo, expresar esa ira de la forma más constructiva posible (con frases de tipo «Yo me he sentido así...», «Esto que hiciste me hizo sentir...», o incluso con ejercicio físico —la próxima vez, cuando te recuperes de la fractura—) y poco a poco abrirte a nuevas formas de pensar que te beneficien más.
- Mira el significado de esa parte del cuerpo y haz un plan para permitirte actuar de acuerdo a tus verdaderos deseos en cuanto puedas.
- Usa el tiempo de reposo de tu recuperación para reflexionar sobre la situación que causó que te sintieras tan culpable como para agredirte así y para ver qué partes de tu mente necesitaban cambiar pero te dio miedo hacerlo. Crea nuevos mensajes con las nuevas creencias que necesitas y que te dan alegría y paz interior.
- Investiga más posibles mensajes y... ¡ámate!

MÚSCULOS: PROBLEMAS GENERALES

Se refiere a cualquier dolor, debilidad o molestia en los músculos que se mueven y contraen mediante la voluntad humana (no los que se mueven de forma involuntaria, como el corazón).

1. Significado

Lo más importante: Los problemas musculares te indican una falta de voluntad o motivación para actuar o para avanzar hacia lo que deseas, debido a un miedo que te bloquea.

Busca el significado de la parte del cuerpo donde se encuentra el músculo afectado (BRAZOS, PIERNAS, COSTILLAS, HOMBROS, etc.).

Añade el significado del lado afectado, DERECHO O IZQUIERDO (p. 50), para saber en qué área de tu vida debes buscar el mensaje.

Puedes consultar también el significado de TENDONES.

Tu verdadero deseo: Encontrar metas o deseos que te motiven de verdad y confiar en tu fuerza y capacidad para avanzar usando tu voluntad.

Significado en detalle: Los músculos te permiten moverte o mover partes de tu cuerpo cuando lo deseas mediante tu voluntad, y por eso sus síntomas se relacionan con una falta de voluntad o motivación para actuar.

Cuando existe dolor muscular, por ejemplo, significa que sientes culpa por actuar como deseas, en el área reflejada por la parte del cuerpo donde aparece el dolor (ver el significado de esa parte).

La debilidad muscular te indica que no crees en tu fuerza y que no tienes suficientes motivos para moverte o avanzar hacia lo que deseas en tu vida. Al faltarte voluntad mental, tus músculos se debilitan para mostrarte que necesitas una fuerza interior que te impulse para actuar.

Es posible que te dé miedo llegar a la meta, que temas perder el interés o que creas que va a suceder algo malo si consigues alcanzar tus sueños.

Sin embargo, tu cuerpo quiere recordarte con el problema muscular que, en este momento, es importante para ti actuar y avanzar, expresando la parte de tu Ser que necesita ese músculo para mostrarse.

Por ejemplo, si el problema muscular es en la **pierna izquierda,** necesitas confiar en tu fuerza para avanzar hacia tu futuro familiar, sentimental o vocacional, buscando nuevas metas que te inspiren.

Si el problema es en los **brazos,** puede que necesites actuar más en el presente como deseas o abrazar una situación nueva con amor, confiando en que, si diriges tus energías hacia lo que te motiva, lo lograrás.

Un problema en los músculos de la **cara** puede indicarte que deseas expresar más tus emociones pero no te lo permites por miedo a que te juzguen; te dice que confíes más en tu valor y busques buenos motivos para expresar tu verdad.

En el **abdomen,** puede significar que sientes que puedes sufrir daño por creer que eres demasiado vulnerable y debes aprender a confiar más en tu fuerza y en tu protección divina.

En general, el mensaje de tus músculos es que vuelvas a creer en tus deseos y sueños, que te fijes metas que te ilusionen y que creas en tu poder para actuar y para avanzar en tu vida.

2. Investigación

Viaja con tu mente al momento en que apareció el síntoma; ayúdate de las **preguntas generales (p. 68)** y añade las siguientes:

- ¿En qué situación, poco antes de aparecer el problema muscular, creíste que ya no tenías metas o motivación para lograr algo?
- ¿Qué ha sucedido en el área indicada por la parte de tu cuerpo afectada que te ha hecho rendirte o dudar de tu fuerza para lograr algo?

3. Creencias (erróneas)

Busca las creencias limitantes (normalmente inconscientes) con las que más te identificas o encuentra en ti algunas similares:

- «No tengo ilusiones, nada me motiva lo suficiente, no puedo lograr nada realmente bueno en mi vida».
- «Si consigo lo que quiero, la vida perderá el interés; me da miedo que eso suceda, así que mejor no deseo nada».
- «No tengo la fuerza necesaria para hacer lo que me gustaría; hay algo que me frena y me lo impide».
- «No encuentro nada concreto que me inspire; la vida es un cúmulo de cosas que me distraen, pero ninguna me llena».
- «Como he fracasado alguna vez, ya no quiero intentar nada; prefiero dejarme consumir y que la vida me lleve, sin pasión ni ilusión».

4. Mensajes

Para cambiar tus creencias puedes usar las siguientes afirmaciones; te invito a crear las tuyas usando el **método general (p. 76):**

- «Elijo confiar en mis sueños y en mi fuerza para hacerlos realidad; soy un Ser poderoso y en mi interior está la chispa divina».
- «Soy capaz de encontrar aquello que me ilusiona y me motiva a actuar, y elijo tomar decisiones para cumplir mis metas».
- «La vida tiene un propósito y un sentido, y mi intuición me guía cada día hacia las señales que me llevarán a mi destino más grandioso».
- «Acepto con amor mis experiencias pasadas y mis errores, y confío en que cada vez estoy más preparado para lograr los deseos de mi alma».
- «Mi dolor muscular se libera cuando me perdono y me permito actuar como desea mi corazón, confiando en que todo va a salir bien».
- «Para encontrar mi pasión, busco en aquellas áreas donde pongo más mi atención, mi energía, mi tiempo, mi dinero, mis pensamientos y mis conversaciones».
- «Tengo toda la fuerza necesaria y enfoco mi atención para dirigir mi voluntad hacia la vida que me inspira y me llena de plenitud».

5. Acciones

- Repite los mensajes de tu cuerpo todos los días.
- Haz una lista de las cosas o actividades que siempre te han alegrado o motivado y encuentra la forma de crear nuevos sueños que te gusten.
- Dedica tiempo a meditar cada día y reflexiona sobre cuál es el sentido de tu vida y cómo deseas usar tu energía y tu tiempo para servir al mundo, de la forma que se te ocurra, sencilla o compleja. Si te lo propones de verdad y te ilusionas, encontrarás la manera de hacerlo.
- Ve haciendo un plan de acción para avanzar hacia tus sueños y corrígelo poco a poco mientras avanzas y te equivocas; verás que cada vez es más perfecto y fluyes más con la vida.
- Investiga más posibles mensajes y... ¡ámate!

Piernas: problemas generales

Este significado se refiere a cualquier problema que afecte a las piernas en general y a sus funciones motoras, como dolor, rigidez, lesiones, problemas en la piel, etc.

1. Significado

Lo más importante: Las piernas simbolizan nuestra forma de avanzar hacia el futuro; cualquier problema en ellas que te afecte al moverte te indica que tienes un miedo o una preocupación que te impide avanzar hacia algo nuevo, una meta, un lugar o un proyecto.

Si la molestia aparece en reposo, te indica que te sientes culpable por permitirte descansar y que no te concedes ese derecho debido a algún miedo.

La pierna derecha se refiere a tu futuro material, laboral o físico; la pierna izquierda, a tu futuro sentimental, afectivo, familiar o vocacional.

Puedes consultar también el significado de CADERAS, PIES, MUSLOS, PANTORRILLAS, RODILLAS, en su caso.

Tu verdadero deseo: Avanzar hacia tu futuro con alegría y confianza, a tu ritmo.

Significado en detalle: Las piernas son las extremidades que utilizamos para avanzar hacia delante (que simboliza el futuro); normalmente, un problema, molestia o dolor nos impide andar bien o avanzar.

Cuando te duelen al andar, te indican que te gustaría avanzar más deprisa, pero que te estás frenando de hacerlo. Observa si la molestia aparece al ir despacio o deprisa y verás si te impides avanzar tranquilamente a tu ritmo (despacio) o bien te estás impidiendo ir hacia tus metas a toda velocidad (deprisa).

Recuerda que lo que te impide un síntoma es lo que más deseas, así que, si ves que tus piernas te frenan, lo que más deseas es ir más rápido, no más despacio, aunque creas que es más seguro.

Los problemas en la piel de las piernas te indican preocupación por tus avances hacia el futuro, sobre todo por lo que piensen otras personas de ti (ver PIEL). Te frenas por miedo a que te juzguen.

Si te molestan las articulaciones, mira el significado de la articulación específica y de ARTICULACIONES.

Comprueba también el significado de la parte concreta de la pierna o del síntoma específico que tienes en ella.

En general, el mensaje de tus piernas es que des pasos hacia tu futuro con valor y con fe. Aprende a confiar en la vida y en el Universo, y avanza con confianza hacia lo que sueñas y deseas, pues siempre estás protegido y siempre vas a tener todo lo que necesitas para llegar. Descubre las creencias que te impiden avanzar hacia tus sueños.

2. Investigación
Viaja con tu mente al momento en que apareció el síntoma; ayúdate de las **preguntas generales (p. 68)** y añade las siguientes:

- ¿En qué situación, desde poco antes de que apareciera el problema, creíste que algo o alguien te frenaba en tus avances?
- ¿En qué área de tu vida tienes miedo a avanzar y reflexionas demasiado antes de actuar, por si pasa algo malo?
- ¿En qué meta futura te estás obligando a ir más despacio?
- Dolor al descansar: ¿Qué creencia te impide parar a descansar?
- Al ponerte de pie: ¿Qué creencia te impide ponerte en marcha?
- Pierna izquierda: ¿Qué te preocupa a la hora de avanzar hacia el futuro en el área sentimental, familiar o vocacional?
- Pierna derecha: ¿Qué temes si avanzas hacia lo que deseas en lo material, en el trabajo o en lo físico (incluida tu sexualidad)?

3. Creencias (erróneas)
Busca las creencias limitantes (normalmente inconscientes) con las que más te identificas o encuentra en ti algunas similares:

- «Me da miedo avanzar hacia lo que quiero y equivocarme, así que mejor voy despacio y seguro».
- «Tengo que parar, porque no sé cómo llegar hacia lo que deseo y no debo dar ningún paso».
- «Hay algo externo que me detiene; no sé cómo seguir por mí mismo».
- Pierna izquierda: «Me da miedo avanzar hacia mi futuro en pareja o mi futuro familiar; creo que algo puede salir mal y es mejor frenar».
- Pierna derecha: «Puede que no consiga todo lo que deseo en lo material o en lo físico, o no sé lo que haré si lo consigo, así que mejor voy despacio o incluso no avanzo».

4. Mensajes

Para cambiar tus creencias puedes usar las siguientes afirmaciones; te invito a crear las tuyas usando el **método general (p. 76):**

- «Me permito avanzar hacia mi futuro con seguridad y confianza; soy capaz de vencer mis miedos y lograr lo que deseo».
- «Me libero de aquello que me impide avanzar y doy los pasos necesarios con alegría y firmeza».
- «No existen errores, solo experiencias, y aprendo avanzando a mi ritmo en el camino de la vida».
- Dolor al descansar: «Me permito descansar cuando lo necesito y sigo siendo una persona maravillosa».
- Pierna izquierda: «Me permito avanzar hacia mis metas familiares o sentimentales y confío en que puedo lograrlo».
- Pierna derecha: «Me permito avanzar hacia mis proyectos económicos, físicos o materiales, y vivir la vida que realmente deseo».

5. Acciones

- Repite los mensajes de tu cuerpo todos los días.
- Haz una lista de tus sueños y deseos, y ve tomando decisiones para realizarlos en un tiempo que para ti sea razonable.
- Haz un plan de acción que te ayude a ver que vas avanzando en lo que te propones y permítete dar pasos, aunque no sepas si son los correctos siempre; verás que la vida te sostiene pase lo que pase.
- Investiga más posibles mensajes y... ¡ámate!

PIERNAS: NALGAS (PROBLEMAS, DOLOR)

Es la parte carnosa situada al final de la espalda y que conecta esta con las piernas. Los problemas más habituales son dolor, tensión muscular o neuralgia del nervio ciático que pasa por la zona.

1. Significado

Lo más importante: Cuando tienes un dolor o molestia en la nalga, te indica que tratas de controlar demasiado tu entorno o lo que hacen otras personas, porque crees que tus ideas son las mejores y que todo debería ser a tu manera.

Añade el significado del lado afectado, DERECHO O IZQUIERDO (p. 50), para saber en qué área de tu vida debes buscar el mensaje.

Puedes consultar también el significado de NEURALGIA O ESPALDA: CIÁTICA, en su caso.

Tu verdadero deseo: Dejar libres a los demás para que hagan lo que sientan, soltarte y confiar en la vida.

Significado en detalle: Si te duelen las nalgas, es posible que estés sufriendo porque no puedes controlar que las cosas sean como tú desearías. Puede que quieras controlar una situación o a otra persona, porque crees que tú tienes las mejores ideas y soluciones; no quieres que otros lo hagan a su manera, porque piensas que pueden equivocarse.

Las nalgas pueden darte también el mensaje de que tratas de controlar demasiado a los demás en el área sexual, pues rodean a los genitales.

Como están en la zona de las piernas, te hablan de preocupaciones sobre el futuro y te indican que quieres tener todo en cuenta para que salga bien, pero a tu manera, y tu alma desea soltar ese control.

Si se ve afectado el nervio ciático, te indica que tienes miedo a sufrir si te falta algo importante, normalmente material, y no quieres afrontar ese dolor, por eso tratas de controlar las cosas para que no salgan mal.

El mensaje de tus nalgas es que te sueltes, que dejes que la vida sea como es y que confíes en que, aunque no controles nada, todo va a salir bien.

Si te preocupa que los demás sufran por no hacer las cosas de la manera que tú crees óptima, tu alma desea que permitas que otras personas hagan las cosas a su manera y que confíes en que aprenderán algo de ello, pues su alma les guía siempre.

Si tienes neuralgia del nervio ciático, necesitas permitirte sentir dolor emocional y sanarlo con el poder de tu amor, confiando en la vida.

Tus nalgas te recuerdan que todo es un plan de amor y que no es necesario controlar nada, solo fluir y observar con amor para aprender de lo que vives en cada momento.

2. Investigación

Viaja con tu mente al momento en que apareció el síntoma; ayúdate de las **preguntas generales (p. 68)** y añade las siguientes:

- ¿Qué situación quisiste controlar a tu manera poco antes de que empezara el problema en las nalgas?
- ¿En qué área de tu vida crees que tus ideas son las mejores y que los demás deberían hacerte caso?

3. Creencias (erróneas)

Busca las creencias limitantes (normalmente inconscientes) con las que más te identificas o encuentra en ti algunas similares:

- «No me gusta cómo hacen las cosas los demás; mis ideas son mucho mejores y deberían hacerlo como yo pienso».
- «Si esa persona sigue haciendo las cosas así, va a salir mal, porque yo ya lo he vivido; debo decirle cómo hacerlo para que no se equivoque como yo».
- «Creo que yo lo haría mejor; no entiendo que esa persona no escuche mis consejos».
- «Tengo que tener cuidado de todos los detalles de esta situación y cuidar que nada se descontrole o saldrá mal».
- «La vida es algo imprevisible y peligroso, hay que tener todo controlado».
- «Me da miedo sufrir en el futuro, así que tengo que hacer todo con cuidado, y los demás deberían hacerme caso».

4. Mensajes

Para cambiar tus creencias puedes usar las siguientes afirmaciones; te invito a crear las tuyas usando el **método general (p. 76):**

- «Acepto que los demás hagan las cosas a su manera y aprendan de sus errores, aunque mis ideas sean excelentes».
- «El camino de cada persona es válido y respetable; puedo ver cómo avanzan, respetando su camino, y darles un consejo cuando me lo pidan y lo sienta».
- «Mi camino me ha enseñado a mí y elijo respetar lo que su camino les enseña a otras personas».
- «Resuelvo cada situación con lo mejor que sé, dejando los detalles en manos de la vida y confiando en que saldrá bien».
- «Elijo confiar en que la vida cuida de todo y de todos, y en que siempre estamos protegidos y seguros».

- «Elijo soltarme, confiar en la vida y fluir con lo que sucede, aprendiendo a adaptarme y haciendo lo que siento de corazón».
- «Elijo abrir mi corazón a la vida y a sentir el amor que nos rodea y nos envuelve a todos».

5. Acciones
- Repite los mensajes de tu cuerpo todos los días.
- Antes de dar un consejo, pregúntate si ha sido solicitado. Si no, es mejor que respires hondo y elijas confiar en que la vida cuida de todos.
- Permítete de vez en cuando hacer cosas sin planificar mucho y suelta el control: verás que salen mejor de lo que creías.
- Investiga más posibles mensajes y... ¡ámate!

PIERNAS: MUSLOS (PROBLEMAS, DOLOR)

Es la parte de la pierna que une la rodilla y la cadera; contiene múltiples vasos sanguíneos y nervios sensibles. Su significado se refiere a todo tipo de dolores y síntomas en esa zona y su piel.

1. Significado
Lo más importante: Los muslos están relacionados con la alegría y el placer al avanzar hacia el futuro; los problemas en ellos te indican que te tomas demasiado en serio los pasos que das, que escuchas demasiado la voz de tu parte adulta y responsable y que te impides disfrutar de verdad de tus avances.

Añade el significado del lado afectado, DERECHO O IZQUIERDO (p. 50), para saber en qué área de tu vida debes buscar el mensaje.

Puedes consultar también el significado de PIERNAS (problemas).

Tu verdadero deseo: Avanzar hacia tus metas con gran alegría y placer, sin tomarte las cosas muy en serio, sino más bien disfrutando y jugando.

Significado en detalle: Los muslos tienen grandes vasos sanguíneos que dan vida a las piernas y llevan la alegría de vivir a tus pasos en la vida. También son zonas de las piernas muy sensibles y placenteras al tacto; además, nos permiten poner en acción el movimiento de las piernas.

Cualquier problema que afecte a esa zona te dice que no te permites disfrutar plenamente de los pasos que das hacia tu futuro, ya sea en lo emocional-afectivo (izquierda) o en lo material-físico (derecha). Te tomas muy en serio lo que haces, tal vez porque permites que hable demasiado en tu cabeza la voz de «papá y mamá» o de las personas de autoridad que te enseñaron lo que estaba «bien» y lo que estaba «mal».

La cara interna de los muslos te indica también un miedo a disfrutar del placer sexual y físico, por creer que no es serio disfrutar demasiado mientras avanzas por la vida, y te invita a disfrutar más de todo lo que haces y de cada paso que das.

Permítete equivocarte, hacer cosas creativas y pasar a la acción sin pensar tanto que todo es demasiado serio y que tiene consecuencias que debes analizar. ¡La vida no es tan seria en realidad!

Es hora de que permitas que tu niño interior se divierta más y de que te tomes la vida y los pasos que das en ella como un juego divertido, en el que hay risas, alegría y placer.

Encuentra las creencias que te impiden divertirte y jugar mientras caminas hacia tus metas y tus deseos futuros.

2. Investigación

Viaja con tu mente al momento en que apareció el síntoma; ayúdate de las **preguntas generales (p. 68)** y añade las siguientes:

- ¿Qué parte de tus decisiones para avanzar hacia el futuro te tomaste demasiado en serio desde poco antes de que apareciera el síntoma?
- ¿En qué áreas de tu vida escuchas demasiado a tu parte adulta y responsable, hasta el punto de frenarte en tus avances?

3. Creencias (erróneas)

Busca las creencias limitantes (normalmente inconscientes) con las que más te identificas o encuentra en ti algunas similares:

- «Debo tener cuidado al avanzar y no cometer errores, pues puedo decepcionar a algunas personas».
- «Debo tomarme muy en serio lo que hago y lo que decido, porque soy adulto y no puedo equivocarme»
- «La vida no es un juego, es muy seria; debo hacer lo correcto».
- «Avanzar hacia el futuro en familia es algo serio».

- «Crear un proyecto de vida es algo serio y hay que tener cuidado en lo que haces y en ver a dónde vas».

4. Mensajes

Para cambiar tus creencias puedes usar las siguientes afirmaciones; te invito a crear las tuyas usando el **método general (p. 76):**

- «Me permito avanzar hacia mi futuro con alegría y optimismo, disfrutando cada paso y jugando como un niño».
- «La vida es solo un juego y tengo todo el derecho a elegir con libertad y a equivocarme para aprender cosas nuevas».
- «Hago lo que me apetece, con mi mejor intención amorosa, y descubro lo que mi alma y la vida me deparan al caminar».
- «Dejo salir a mi niño interior y avanzo por la vida con ligereza, sintiendo cada paso y aprendiendo de mis errores».
- «Mi parte adulta me ayuda a materializar mis sueños, pero mi niño interior me ayuda a disfrutar y a divertirme en el proceso».

5. Acciones

- Repite los mensajes de tu cuerpo todos los días.
- Elabora una lista de cosas que podrías hacer para divertirte más, tanto en tu vida personal como en la profesional o material, y aplícalas a tu día a día. Observa los resultados.
- Busca formas de ser más espontáneo, de mostrar tu parte cómica y divertida, y toma más decisiones que te lleven a disfrutar más de lo que haces y de tus avances.
- Investiga más posibles mensajes y... ¡ámate!

PIERNAS: RODILLAS (PROBLEMAS, DOLOR)

Se refiere a una molestia o dolor que impide el funcionamiento normal de la articulación de la rodilla. También a los problemas en la piel de esa zona.

1. Significado

Lo más importante: Un dolor o molestia en las rodillas te indica que estás siendo inflexible en tu forma de avanzar hacia el futuro y que no te permites escuchar los consejos o ideas de otras personas, o las señales de la vida, por miedo a ser una persona débil o sumisa.

Añade el significado del lado afectado, DERECHO O IZQUIERDO (p. 50), para saber en qué área de tu vida debes buscar el mensaje.

Puedes consultar también el significado de PIERNAS (problemas), ARTICULACIONES.

Tu verdadero deseo: Ser más flexible, escuchar a los demás y elegir con tu corazón.

Significado en detalle: Las rodillas son las articulaciones que nos permiten arrodillarnos, doblarnos, agacharnos y también andar con soltura.

Un **dolor punzante repentino** puede indicarte un pensamiento de culpa por creer que las cosas deberían ser como tú piensas y que, si cedes a lo nuevo, sería como doblegarte. Te indica que no avanzas como deberías hacia el futuro por resistirte a aceptar ideas nuevas.

Cuando el dolor es **de tipo inflamatorio**, es probable que te hayas liberado de un miedo que te hacía ser inflexible y que ahora estés en el proceso de perdonarte y ser más flexible.

Observa el movimiento que te impiden hacer o lo que te produce molestias y verás las creencias que te hacen ser inflexible.

Por ejemplo, si el problema te impide arrodillarte bien, tu deseo es ser más humilde, escuchar otras opiniones que te ayuden a ir más rápido a tu destino; pero es posible que creas que has cedido muchas veces y que hacerlo otra vez es símbolo de debilidad: crees que no debes ceder. Y sin embargo, el mensaje es el contrario. Escuchar los consejos de los demás te hace una persona más sabia y con capacidad de adaptación o lo nuevo, y siempre vas a ser tú la persona que decida al final.

Si te duele cuando te levantas de estar sentado, tu cuerpo te dice que quieres ponerte en marcha, pero un miedo te frena, porque no ves un camino más rápido hacia tus metas.

En general, el mensaje de la rodilla es que te permitas ceder, que te perdones por haber sido inflexible hasta ahora en tu forma de avanzar y que aprendas a escuchar las señales y consejos que vienen de fuera, para que puedas decidir después con más información y más claridad.

Tus rodillas te dicen que avances hacia tus sueños con alegría de formas nuevas y sorprendentes, que cambies las formas de pensar rígidas que te lo impiden.

2. Investigación

Viaja con tu mente al momento en que apareció el síntoma; ayúdate de las **preguntas generales (p. 68)** y añade las siguientes:

- ¿En qué situación de tu vida, poco antes de que apareciera el dolor o molestia en la rodilla, fuiste inflexible en algo, contigo o con otra persona?
- ¿En qué área de tu vida has sido testarudo y no has querido escuchar los consejos de nadie por creer que sería «doblegarte»?
- ¿Hacia dónde te impides avanzar más rápido debido a una actitud mental inflexible?
- ¿En qué situación crees que eres flexible pero estás siendo inflexible en realidad?

3. Creencias (erróneas)

Busca las creencias limitantes (normalmente inconscientes) con las que más te identificas o encuentra en ti algunas similares:

- «El otro día discutí con alguien y fui muy inflexible; tenía miedo de cambiar o de ceder, y me siento culpable por lo que hice o dije».
- «Si cedo a lo que me dicen los demás, seré débil o sumiso; no debo ceder, no está bien ser flexible».
- «Me gusta hacer las cosas a mi manera, porque suele ser la correcta, y me considero una persona muy flexible, aunque sufra».
- «No debo dejarme influenciar por los demás, me da miedo perder el control de mi vida y no quiero ser como mis padres».
- «Si acepto las ideas de los demás, seré una persona débil y sin criterio propio; debo rechazarlas y hacerlo todo a mi manera».
- «Los demás no saben cómo funciona la vida, no entienden».

4. Mensajes

Para cambiar tus creencias puedes usar las siguientes afirmaciones; te invito a crear las tuyas usando el **método general (p. 76):**

- «Me perdono por no haber sido flexible y aprendo a escuchar nuevas ideas y nuevas formas de avanzar hacia mis metas».
- «Me permito escuchar los consejos y sugerencias de los demás para avanzar hacia mi futuro y decidir con mi corazón».
- «Me permito ceder y aceptar la voluntad de mi alma, que me ayuda siempre a encontrar el mejor camino».

- «Cuando algo me frena y voy despacio, es momento de escuchar las señales que me manda la vida con humildad».
- «Los demás pueden tener tan buenas ideas como yo; elijo escuchar y después decidir con el mejor criterio de mi corazón».
- «Elijo escuchar a los demás y sigo siendo libre y sabio».
- «Me permito pedir la ayuda que necesito para ver el mejor camino hacia lo que deseo».
- «Elijo escuchar las ideas de mis guías, amistades y seres queridos, porque soy yo quien crea mi vida y quien toma la decisión final».
- «Elijo ser flexible, adaptable, como un junco, y encuentro la forma más sencilla y rápida de llegar a mis metas».

5. Acciones

- Repite los mensajes de tu cuerpo todos los días.
- Cuando notes el dolor de rodilla, observa si alguna persona te está dando un consejo o una idea nueva y te resistes a escucharla. Puede ser una señal de que es un buen consejo para ti y de que debes escuchar.
- Atrévete a salir de tu visión con frecuencia; ábrete a nuevas visiones y opiniones sobre tu camino, y confía en tu criterio al final.
- Prueba a arrodillarte (físicamente) poco a poco, escuchando en tu mente los pensamientos que aparecen. Permítelos y busca la forma de volverte cada día más flexible con tu forma de pensar.
- Investiga más posibles mensajes y... ¡ámate!

PIERNAS: PANTORRILLAS, GEMELOS (PROBLEMAS, DOLOR)

Se refiere a cualquier dolor o problema en la zona inferior de la pierna, principalmente en la parte carnosa de los gemelos.

1. Significado

Lo más importante: Un dolor o molestia en esta parte del cuerpo te indica que tienes dificultad para dar un gran paso hacia delante en dirección a lo que deseas; te gustaría avanzar más rápido, pero un miedo te lo impide.

Añade el significado del lado afectado, DERECHO O IZQUIERDO (p. 50), para saber en qué área de tu vida debes buscar el mensaje. Puedes consultar también el significado de PIERNAS (problemas).

Tu verdadero deseo: Avanzar más deprisa hacia aquello que quieres conseguir en tu futuro, dando grandes pasos y sin dejarte detener.

Significado en detalle: Como la pantorrilla tiene los músculos que usamos para impulsarnos hacia delante con fuerza, un dolor al andar te indica que te gustaría dar un gran salto en tu vida, avanzar más rápido, atreverte a hacer algo nuevo que suponga un cambio en tu vida, pero te dejas detener por un miedo.

Puede que creas que deberías ir más despacio para no dejar atrás a alguien o que temas equivocarte si vas muy deprisa, pero tu cuerpo te dice que no te frenes más, que es el momento de avanzar y de dar ese gran paso que deseas. Si tuvieras que ir despacio, tu pierna no te dolería al avanzar rápido, así que debes aprender a confiar más en ti y en tus capacidades y dar los pasos firmes y decididos que tu corazón te pide.

Si el dolor o molestia se produce cuando estás sentado o en reposo, tu cuerpo te dice que deseas avanzar rápido pero que no te das derecho a descansar de vez en cuando, que te exiges demasiado.

Encuentra las creencias que te impiden avanzar rápidamente y con fuerza hacia tus metas y tus deseos.

2. Investigación

Viaja con tu mente al momento en que apareció el síntoma; ayúdate de las **preguntas generales (p. 68)** y añade las siguientes:

- Desde poco antes de que apareciera el problema en la pierna, ¿qué paso deseas dar más rápido o con más firmeza, pero te has frenado?
- ¿En qué situación deseaste dar un gran paso hacia tu futuro o hacia algo que deseabas, pero te frenaste por miedo a estar yendo muy deprisa?

3. Creencias (erróneas)

Busca las creencias limitantes (normalmente inconscientes) con las que más te identificas o encuentra en ti algunas similares:

- «No debo avanzar demasiado deprisa o me estrellaré».
- «Es mejor ir despacio, aunque esté preparado y sienta que necesito avanzar más rápido, porque no quiero que salga mal».

- «Si voy muy rápido hacia lo que quiero, dejaré personas atrás».
- «Me da miedo equivocarme si voy muy deprisa; necesito frenar».

4. Mensajes

Para cambiar tus creencias puedes usar las siguientes afirmaciones; te invito a crear las tuyas usando el **método general (p. 76):**

- «Me permito avanzar con firmeza y dar grandes pasos hacia mi futuro y hacia lo que deseo en mi corazón».
- «En este momento es bueno avanzar deprisa y dar un salto hacia lo nuevo».
- «Escucho a mi corazón con claridad y doy el paso que necesito, confiando en que todo va a salir bien siempre, pase lo que pase».
- «Me permito ir al ritmo que deseo, y confío en que las personas que deben estar conmigo me seguirán y, las que no, se irán con amor».
- Dolor al descansar: «Me permito avanzar deprisa, pero también descansar de vez en cuando para coger fuerzas y el impulso que necesito».

5. Acciones

- Repite los mensajes de tu cuerpo todos los días.
- Cuando sepas lo que te estás frenando de hacer, diseña un plan para dar el primer paso y los siguientes, y ¡actúa!
- Investiga más posibles mensajes y... ¡ámate!

PIERNAS: TOBILLOS (PROBLEMAS, DOLOR)

Se refiere a cualquier dolor o síntoma que afecte a la articulación del tobillo —el cual une la pierna con el pie— y a las proximidades de la zona.

1. Significado

Lo más importante: Un dolor o problema en los tobillos te indica que estás siendo inflexible en tu forma de elegir la dirección que vas a seguir para tu porvenir o tu futuro y que te cuesta cambiar de dirección aunque la vida te muestre que cambiar es lo mejor para ti en este momento.

Añade el significado del lado afectado, DERECHO O IZQUIERDO (p. 50), para saber en qué área de tu vida debes buscar el mensaje. Puedes consultar también el significado de ARTICULACIONES, PIES.

Tu verdadero deseo: Ceder y ser más flexible con la dirección que tomas al avanzar hacia tu futuro.

Significado en detalle: Los problemas en los tobillos están relacionados con una cierta inflexibilidad, por ser una articulación, y con el futuro y los medios para avanzar, por conectar la pierna y los pies.

Es posible que se haya presentado ante ti una oportunidad de tomar un nuevo rumbo y de avanzar hacia algo que deseas mucho, pero has sentido miedo a los cambios y has creído que era mejor parar o no ir en esa nueva dirección.

El **tobillo izquierdo** te habla de la vida familiar, sentimental o de la vocación, y el **tobillo derecho**, de tu vida material, laboral o la parte física de tus relaciones.

Su mensaje es que cedas más, que avances por caminos nuevos, que te permitas cambiar de dirección, porque la vida te está mostrando nuevas oportunidades y tú sabes en tu corazón que lo que sientes te llevará a donde deseas, aunque todavía te dé miedo.

Permítete tomar nuevas decisiones y dar los pasos que necesitas con alegría y con flexibilidad y verás que siempre tienes el apoyo que necesitas para avanzar.

2. Investigación

Viaja con tu mente al momento en que apareció el síntoma; ayúdate de las **preguntas generales (p. 68)** y añade las siguientes:

- ¿Qué cambio de dirección se te presentó delante, pero te dio miedo tomar, poco antes del problema en el tobillo?
- ¿En qué situación estás siendo inflexible en tu forma de decidir hacia dónde debes ir en tu futuro, por miedo a cambiar de dirección?

3. Creencias (erróneas)

Busca las creencias limitantes (normalmente inconscientes) con las que más te identificas o encuentra en ti algunas similares:

- «Debo ir por el camino marcado; no debo salirme de lo normal o me equivocaré».

- «No me gusta cambiar de golpe de dirección o de camino aunque reciba señales de ello; me da miedo cambiar».
- «Siento que debo cambiar de rumbo, pero no sé pedir lo que necesito para hacer ese cambio; quiero que me lo den todo hecho».
- «Había planeado hacer un viaje a mi manera, pero hubo un cambio y no me gustó que la vida me impusiera lo que debía hacer».

4. Mensajes

Para cambiar tus creencias puedes usar las siguientes afirmaciones; te invito a crear las tuyas usando el **método general (p. 76):**

- «Me permito ser flexible conmigo mismo en el rumbo que elijo y tomar los nuevos caminos que la vida me muestra con sus señales y que siento en mi corazón».
- «Elijo ser flexible y adaptable, y dar los pasos necesarios para lograr lo que deseo, cambiando de dirección cuando lo creo conveniente».
- «Elijo ser una persona valiente y decidida, y tomar nuevos rumbos para vivir el plan de mi alma como si fuera una aventura».
- «Soy capaz de pedir la ayuda que necesito para tomar el nuevo camino que me pide mi corazón, y acepto los regalos que la vida me da».
- «Aprendo cada día a escuchar las señales de la vida y a hacer los cambios que necesito para lograr la vida de mis sueños».

5. Acciones

- Repite los mensajes de tu cuerpo todos los días.
- Elige el nuevo rumbo que deseas tomar y haz un plan de acción para dar los pasos progresivos que debes dar para cambiar.
- Habla con las personas que te pueden ayudar a hacer ese cambio, consigue el apoyo que necesitas en tu nueva aventura y ¡elige creer en ti!
- Investiga más posibles mensajes y... ¡ámate!

Piernas: pies (problemas, dolor)

Este síntoma representa cualquier dolor o molestia en los pies, que normalmente se percibe al andar o en determinadas situaciones de tu vida, lo que te dará pistas de por dónde buscar.

1. Significado

Lo más importante: Cualquier problema en los pies, cuando existe una molestia al andar o al moverlos, te indica que sientes que no tienes los medios necesarios para avanzar hacia tu futuro y que te cuesta dar los pasos necesarios porque temes equivocarte.

Si la molestia aparece al estar en reposo, te indica que no te permites detenerte a descansar; te presionas demasiado por lograr lo que deseas.

Añade el significado del lado afectado, DERECHO O IZQUIERDO (p. 50), para saber en qué área de tu vida debes buscar el mensaje.

Puedes consultar también el significado de ARTICULACIONES, CALAMBRE, CALLOS, DEDOS DE LOS PIES, TALÓN.

Tu verdadero deseo: Deseas permitirte avanzar con seguridad y firmeza, confiando en que tienes los medios necesarios para lograr aquello que deseas en tu futuro.

En caso de aparecer en reposo, tu deseo es permitirte descansar de vez en cuando también y después avanzar confiando en que tienes lo que necesitas.

Significado en detalle: Como los pies son los medios que usamos para avanzar con las piernas, y estas representan nuestra forma de avanzar hacia el futuro, el dolor de pies te indica que no confías en tener todas las capacidades o recursos necesarios para conseguir tus metas futuras, ya sea en lo afectivo-familiar (pie izquierdo) o en lo material-físico (pie derecho).

Los pies también nos conectan con la Tierra, que es la vida que nos acoge al nacer y que siempre nos cuida; un problema en los pies puede indicarte que no confías en que todo te es dado siempre en cada momento y que te desconectas del aquí y ahora preocupándote demasiado por el futuro.

La Tierra, por ser el lugar donde el alma se separa de la unidad, también simboliza la dualidad, los ciclos positivos y negativos, y los pies pueden decirte también que no aceptas bien la parte difícil de la vida, que te gustaría a veces no estar en este mundo, por los problemas que tiene. Debes aprender en ese caso a ver el equilibrio en todo.

Cualquier problema en los pies que te impida caminar o correr te dice que quieres avanzar hacia tus metas, pero un miedo te lo impide o sientes que alguien o algo te frena. En todo caso, son tus pensamientos los únicos que pueden frenarte; debes aprender a quitarte tus barreras y dar ese «salto al vacío» hacia lo que sientes que es lo correcto, confiando en que todo siempre sale bien y en que no existen errores.

Si notas el dolor al detenerte o descansar, significa que te sientes culpable por ir despacio, que no te permites parar para recuperar energía. En ese caso, el mensaje de tu cuerpo es que te tomes la vida con más calma, que tengas paciencia y recuperes fuerzas, para así poder seguir caminando con ánimo y alegría.

2. Investigación

Viaja con tu mente al momento en que apareció el síntoma; ayúdate de las **preguntas generales (p. 68)** y añade las siguientes:

- ¿En qué situación crees que te faltan medios para avanzar hacia el futuro?
- ¿En qué área de tu vida sientes que te detienen, que te pisan o que no puedes avanzar?
- ¿De qué tienes miedo si afrontas tu presente y te permites avanzar?
- Dolor al detenerte: ¿Hay algún momento en que te gustaría descansar pero no te lo permites? ¿En qué situación?

3. Creencias (erróneas)

Busca las creencias limitantes (normalmente inconscientes) con las que más te identificas o encuentra en ti algunas similares:

- «No dispongo de lo necesario para avanzar hacia lo que deseo, no confío en que salga bien».
- «Quiero dar un paso hacia delante, pero me da miedo cometer un error y que no pueda arreglarlo».
- «No me gusta cómo está hecha la vida, tiene demasiados problemas, y me gustaría irme de aquí, no sé cómo avanzar».
- «No puedo permitirme equivocarme, debo ser perfecto cuando tomo decisiones para el futuro».
- Pie izquierdo: «No creo que cuente con la capacidad de lograr tener la familia que yo deseo o la relación de pareja que amo, o la vocación que quiero realizar».
- Pie derecho: «No creo que tenga los recursos necesarios para alcanzar las metas materiales, económicas o físicas que necesito para estar bien».

• Dolor al descansar: «No debo pararme a descansar, debo esforzarme si quiero llegar a mis objetivos».

4. Mensajes

Para cambiar tus creencias puedes usar las siguientes afirmaciones; te invito a crear las tuyas usando el **método general (p. 76):**

• «Elijo confiar en que tengo todo lo necesario para lograr lo que deseo, y sé que los medios llegarán en el momento preciso».
• «Me permito tomar decisiones para avanzar y cometer errores, sabiendo que aprenderé de mis experiencias».
• «Afronto aquello que siento que me detiene y me libero, avanzando con seguridad hacia mi futuro».
• «Confío en que lo que me pone delante la vida ahora es lo que necesito para crecer, y aprendo de ello».
• «Me permito aceptar lo bueno y lo malo que tiene la vida y encuentro los medios para avanzar, dando los pasos necesarios para mí en cada momento».
• Pie izquierdo: «Tengo todo lo necesario para disfrutar de la pareja y la familia que deseo con amor, y para vivir mi vocación».
• Pie derecho: «Tengo todos los medios y capacidades necesarios para conseguir el sustento material que necesito y para materializar la vida que deseo».
• Dolor al descansar: «Me permito descansar cuando lo necesito y sigo siendo una persona maravillosa; todo lo que necesito llega siempre en el momento oportuno».

5. Acciones

• Repite los mensajes de tu cuerpo todos los días.
• Haz una lista, si lo necesitas, de todo aquello que ya tienes para lograr lo que deseas. Descubrirás que cuentas con muchos más medios de los que imaginabas.
• Escribe un plan o pide ayuda para empezar a dar pasos hacia tus metas. Escribe tus sueños y ve dándoles forma realizando una pequeña acción cada vez.
• Atrévete a dar pasos pequeños y grandes hacia tu futuro deseado y permítete equivocarte; a veces el camino largo es el mejor maestro.
• Investiga más posibles mensajes y… ¡ámate!

PIERNAS: TALÓN (PROBLEMAS, DOLOR)

Se refiere a cualquier dolor o síntoma en la zona del talón, que es la parte posterior del pie, donde se apoya gran parte del peso del cuerpo estando de pie.

1. Significado

Lo más importante: Un problema en el talón te indica que crees que necesitas la aprobación o el apoyo de alguien para avanzar hacia lo que deseas y que te da miedo avanzar si alguien no te dice qué es lo correcto.

Añade el significado del lado afectado, DERECHO O IZQUIERDO (p. 50), para saber en qué área de tu vida debes buscar el mensaje.

Si tienes una callosidad, busca también CALLOS; si aparecen grietas, busca FISURA.

Puedes consultar también el significado de PIES (problemas).

Tu verdadero deseo: Deseas darte tu propio apoyo y avanzar por tus propios medios.

Significado en detalle: Como el talón es la zona donde se apoya la mayor parte del peso en el pie, sus problemas simbolizan la necesidad que tiene una persona de que la apoyen, la animen o le confirmen que puede avanzar por el camino que ha elegido.

Si te duele o te molesta el talón **al caminar**, es porque tienes miedo de avanzar por ti mismo y te sentirías culpable si lo hicieras sin pedir permiso ni aprobación, debido a un miedo o creencia.

Si te afecta a **la piel**, es porque tienes miedo a que te juzguen si te equivocas en tus decisiones. Si hay un **callo**, mira CALLOS.

Si tienes un problema en el **tendón de Aquiles**, además de necesitar la aprobación o el apoyo de alguien, crees que necesitas mostrar tu capacidad y tu poder porque tienes miedo de una posible ruptura por la cual te sentirías culpable (ver TENDONES).

Tu cuerpo te dice que te permitas darte tu propio apoyo y aprobación, que creas en ti y en tu capacidad para valerte por ti mismo y que avances con decisión hacia lo que deseas para tu futuro, sin esperar que otras personas te apoyen siempre.

Hay momentos en los que tus seres queridos o las personas a las que respetas no estarán de acuerdo con tu camino o con tus decisiones, pero si te duele el talón es porque dejas que sus voces te frenen, y en realidad deseas actuar, a pesar de lo que piensen los demás.

Descubre las creencias que te impiden darte tu propio apoyo.

2. Investigación

Viaja con tu mente al momento en que apareció el síntoma; ayúdate de las **preguntas generales (p. 68)** y añade las siguientes:

- ¿Qué paso ibas a dar pero te frenaste, poco antes de que apareciera el problema en el talón, debido a que creíste necesitar el apoyo o la aprobación de alguien?
- ¿Quién crees que debería aprobarte o darte el visto bueno para poder hacer algo que deseas?
- ¿Qué crees que pasará si alguien no te dice que tu camino es el correcto o si no te apoyan?

3. Creencias (erróneas)

Busca las creencias limitantes (normalmente inconscientes) con las que más te identificas o encuentra en ti algunas similares:

- «No puedo tomar mis propias decisiones, debo consultar antes a _____ (alguien en quien confías, tu pareja, tus padres, etc.)».
- «Si no pido consejo antes de actuar, me puedo equivocar, y eso sería muy grave».
- «Necesito que alguien me diga que todo va a salir bien; si no, no puedo hacer nada».
- «Quiero que mi familia siempre esté de acuerdo con todo lo que hago antes de hacerlo».
- «Necesito la aprobación de mi pareja o de mis amigos antes de actuar o perderé su afecto».

4. Mensajes

Para cambiar tus creencias puedes usar las siguientes afirmaciones; te invito a crear las tuyas usando el **método general (p. 76):**

- «Me permito darme a mí mismo el apoyo que necesito, y avanzo hacia mi futuro con fe y con alegría».
- «Acepto que a veces mis seres queridos puedan no estar de acuerdo con mis decisiones; los respeto y hago igualmente lo que siento en mi corazón».

- «Elijo confiar en mí y en mis capacidades para avanzar hacia mi futuro; soy una persona capaz y valiosa».
- «Puedo consultar lo que hago, pero elijo confiar sobre todo en mi propio criterio para tomar decisiones sobre mi vida».
- «Tengo derecho a equivocarme y a aprender de mis propias decisiones y experiencias; todo está bien».

5. Acciones
- Repite los mensajes de tu cuerpo todos los días.
- Permítete tomar alguna decisión importante sin contar con nadie, y descubre que tienes todo lo necesario para salir adelante.
- Si lo ves necesario, puedes hablar con tus seres queridos y decirles que ya no vas a consultar tanto su opinión, aunque la valoras, y que tienes que aprender a creer en ti.
- Investiga más posibles mensajes y... ¡ámate!

PIERNAS: DEDOS DE LOS PIES

Los problemas en los dedos incluyen problemas musculares, de huesos y articulares, y también problemas en los tejidos de la zona (uña encarnada, ampollas, roces), con similar significado.

1. Significado

Lo más importante: Los problemas en los dedos de los pies indican una preocupación excesiva por los detalles en tu forma de avanzar hacia tu futuro. Tu perfeccionismo te impide avanzar con alegría hacia lo que deseas.

Cada dedo tiene su significado. Comprueba lo que significa el dedo o dedos afectados, teniendo en cuenta añadir el significado de LADO DERECHO O LADO IZQUIERDO, en función del pie afectado.

Si notas una inflamación en la articulación de algunos de los dedos o aparece un callo en la zona, además del significado del dedo consulta el significado de ARTICULACIONES y de CALLOS.

Puedes consultar también el significado de PIES (problemas), FRACTURA, ESGUINCE.

Tu verdadero deseo: Deseas avanzar hacia tu futuro sin dudar tanto y con firmeza, y ser menos perfeccionista, en el tema indicado por el dedo o dedos en cuestión.

Significado en detalle: Observa en qué situación o lugar geográfico te molesta el dedo o dedos en cuestión y verás una indicación de la situación donde te preocupan los detalles de tu futuro o de las personas involucradas.

El principal mensaje de tus dedos es que avances, que no te detengas por las preocupaciones de la mente y que veas la situación más en conjunto, confiando en que todo es amor y en que todo sale siempre bien.

Acepta que tienes miedo a lo desconocido y actúa con lo mejor de tus conocimientos, usando tu intuición y arriesgándote a equivocarte; verás que no existen errores, sino solo experiencias.

Descubre lo que te dice cada dedo en el que sientes una molestia, dolor o síntoma:

- PULGAR: El dedo gordo del pie te indica que tienes dudas respecto a la dirección a seguir, que quieres decidirte por una entre dos o más opciones para avanzar, pero temes que pase algo si te equivocas. Debes confiar en ti, elegir con tu corazón y avanzar sin miedo, pues todo son experiencias y aprendizajes dentro del amor y no hay errores.
- ÍNDICE: El segundo dedo del pie te indica que tienes dificultades para mostrar tu poder de decisión, que te cuesta decidirte por lo que realmente quieres para tu futuro y que debes confiar más en tus decisiones y en tu autoridad al avanzar.
- CORAZÓN: El dedo del medio en el pie simboliza el avance hacia tu futuro en el área sexual o de la expresión de tus emociones íntimas; te indica que te da miedo evolucionar en esa área y que te preocupa no estar escuchando a tu corazón en lo que deseas para tu futuro. Debes confiar en que podrás experimentar con amor tu vida íntima y en que todo irá bien.
- ANULAR: El dedo junto al pequeño se relaciona con tu ideal de pareja futuro; te indica que te preocupas demasiado por los detalles de ese ideal futuro, ya sea que no te permites ser flexible ahora por lo que deseas en el futuro o bien que crees que no tienes los medios necesarios para lograr ese ideal, al verlo con tanto detalle. Debes creer que lo que deseas llegará en el momento adecuado, permitirte desearlo y confiar en que tienes todo lo necesario para lograrlo, abriéndote a que tus deseos puedan cambiar con el tiempo. Busca lo

que te hace sentir amor y alegría de ese ideal de pareja y ve adaptando tu visión con lo que aprendas.

En el lado izquierdo representa el ideal de pareja afectivo o emocional; en el lado derecho: el ideal de pareja físico.

- MEÑIQUE: El dedo más pequeño te habla de tus deseos de libertad y de que te preocupa tu libertad y tu independencia en el futuro en algún área importante de tu vida (ver lado IZQUIERDO o DERECHO).

2. Investigación

Viaja con tu mente al momento en que apareció el síntoma; ayúdate de las **preguntas generales (p. 68)** y añade las siguientes:

- GENERAL: ¿En qué área de tu vida te preocupan demasiado los detalles de tu futuro? ¿En qué estás siendo demasiado perfeccionista?
- PULGAR: ¿Qué situación te produce dudas sobre la dirección que debes tomar? ¿Qué te da miedo si te equivocas?
- ÍNDICE: ¿En qué área te cuesta avanzar según la verdadera decisión de tu corazón? ¿Dónde no respetas tu autoridad para decidir tu futuro?
- CORAZÓN: ¿Qué partes de tu vida íntima y sexual te preocupan en relación con el futuro? ¿Dónde te preocupa avanzar sin escuchar tu corazón?
- ANULAR: ¿Qué detalles te preocupan sobre tu ideal de pareja en el futuro? ¿Qué te impide disfrutar de la pareja en el presente por preocuparte por el futuro? ¿Qué crees que te falta para conseguir la pareja que sueñas?
- MEÑIQUE: ¿Qué te preocupa en relación con tu independencia en el futuro? ¿En qué área te cuesta afirmarte y pedir tu espacio para ir a donde tú deseas y ser libre?

3. Creencias (erróneas)

Busca las creencias limitantes (normalmente inconscientes) con las que más te identificas o encuentra en ti algunas similares:

- GENERAL: «No puedo avanzar sin tener todos los detalles controlados; no debo equivocarme, soy muy perfeccionista».
- PULGAR: «No sé qué dirección elegir, porque, si me equivoco, pasará algo malo; no puedo avanzar».

- Índice: «No sé cómo mostrar mi poder de decisión para avanzar hacia el futuro; me da miedo mostrar de lo que soy capaz en lo afectivo-familiar (izquierdo) o en lo material-profesional (derecho)».
- Corazón: «Me preocupa lo que imagino en mi futuro sexual; me da miedo que no se cumplan mis deseos o que me desvíe de mi camino por no saber escuchar mi corazón».
- Anular: «Me preocupa mucho que mi pareja no tenga en el futuro todos los detalles que deseo (derecho: en el ámbito físico-estético; izquierdo: en el ámbito emocional-afectivo)». «No tengo todos los medios necesarios para estar con la pareja de mis sueños».
- Meñique: «No debo ser independiente o diferente al avanzar hacia mis metas futuras o alguien sufrirá, o sucederá algo que temo».

4. Mensajes

Para cambiar tus creencias puedes usar las siguientes afirmaciones; te invito a crear las tuyas usando el **método general (p. 76):**

- «Me permito avanzar hacia mi futuro confiando en que puedo relajarme y soltar los detalles. Sé que todo va a salir bien».
- «Elijo ser más tolerante conmigo y tomar decisiones que me lleven a avanzar, aceptando que está bien equivocarse y aprender de lo que sucede en el camino».
- Pulgar: «Elijo escoger una dirección y avanzar en mi camino como siento; acepto que no existen errores, solo aprendizajes en el amor».
- Índice: «Me decido por mostrar mi verdadero ser, tanto en el amor (lado izquierdo) y en amar como deseo, como en mi vida material (lado derecho) y en dedicarme a lo que me gusta».
- Corazón: «Acepto la expresión que elija en cada momento de mi sexualidad y de mi intimidad, y confío en que todo va a salir bien».
- Anular: «Me permito ser más flexible con mi visión de mi pareja ideal en el futuro; sé que llegará, y aprendo a ver a esa persona con todo lo bueno y lo malo, de forma equilibrada». «Confío en que mi ideal de pareja está presente en mi vida siempre en la forma perfecta para mí y en que tengo todos los medios para estar con ella».
- Meñique: «Me permito avanzar hacia el futuro con independencia de los demás y hago lo que siento que es mi camino con libertad».

5. Acciones

- Repite los mensajes de tu cuerpo todos los días.
- Aprende a no dejarte detener por los detalles y sigue dando pasos hacia lo que deseas y crees que es mejor para ti; cada decisión te hará aprender cosas nuevas.
- Investiga más posibles mensajes y... ¡ámate!

PIERNAS: OLOR DE PIES
(POR HONGOS EN LOS PIES O PIE DE ATLETA)

Se refiere al olor desagradable que se produce en los pies, normalmente debido a la sudoración por el uso de calzado cerrado, el calor y la humedad, que favorece la aparición de hongos. Suele manifestarse también como unas lesiones en la piel de entre los dedos, donde esta se levanta y se desprende, y puede agrietarse.

Consulta HONGOS EN LA PIEL; añade el significado de los dedos afectados (ver PIERNAS: DEDOS DE LOS PIES) o, en su caso, del talón (ver TALÓN).

TIC NERVIOSO
(Y TIC EN EL OJO Y TEMBLOR MUSCULAR)

Un tic es una contracción involuntaria de un músculo del cuerpo; aparece de forma espontánea e intermitente. Es común en los ojos (párpados), en los brazos, en las piernas o en los dedos, pero puede aparecer en cualquier músculo. El significado también se refiere a los músculos que se contraen y relajan sin control, y producen un temblor involuntario en brazos, piernas o cabeza.

1. Significado

Lo más importante: Cuando aparece el tic, es una indicación de que has estado tratando de controlarte en el área especificada por ese músculo y que, de tanto controlar, has llegado a tu límite y por eso pierdes el control del mismo.

Consulta el significado de la parte del cuerpo donde aparece el tic (OJOS, BRAZOS, PIERNAS, DEDOS, MUSLO, etc.).

Tu verdadero deseo: Soltar el control y mostrarte tal y como eres, aceptándote con amor.

Significado en detalle: Los músculos del cuerpo nos ayudan a actuar y a expresarnos; la aparición de un TIC NERVIOSO o de un TEMBLOR MUSCULAR, al ser un movimiento descontrolado, te indica que has puesto un gran esfuerzo mental en controlar tus acciones o tus expresiones durante un tiempo, incluso durante años, pero en esta ocasión has llegado al límite de lo que puedes controlar sin hacerte daño en tu interior y tu cuerpo te avisa haciéndote perder el control de la parte del cuerpo relacionada con el tema en que te controlas.

Por ejemplo, cuando aparece un TIC EN EL OJO, tu cuerpo te indica que estás controlando tu vista y evitas ver algo que no te gusta ver, o también puede que te esfuerces en ver demasiado todo, sin permitirte relajarte.

Concretamente, cuando tienes un tic en el ojo izquierdo (ver OJOS: PROBLEMAS), significa que no deseas ver una parte de tu interior que no te gusta y te controlas para no verlo, porque crees que sería horrible o desagradable ser eso que temes, pero tu cuerpo te dice que te atrevas a mirar dentro de ti y veas que puedes abrazar sin temor todo lo que eres, pues eres una maravillosa combinación de aspectos positivos y negativos que te permiten vivir experiencias nuevas que necesita tu alma.

En mi caso, tuve una vez un tic en el ojo izquierdo porque vi que me estaba comportando de forma egoísta en mis deseos de pareja y quise estar muy atento para no volver a cometer el mismo error; eso me hacía controlarme demasiado en mis actos, sin dejarme espacio para perdonarme a mí mismo y permitirme cometer errores de nuevo. En cuanto accedí a ser yo mismo y cometer errores, se quitó el tic.

Si el temblor aparece en los brazos, quizás te estés impidiendo actuar según tu corazón desea en el presente; finalmente pierdes el control y por eso aparece el síntoma (ver BRAZOS).

Cuando aparece en las piernas, puede indicarte que deseas avanzar hacia alguna parte en tu futuro, pero te contienes y te frenas, controlando demasiado tus movimientos.

En otro ejemplo de mi experiencia personal, referido a las piernas, a veces siento un fuerte impulso de estirar la pierna hacia delante estando sentado, sobre todo cuando tengo sueño; normalmente es una indicación de que llevo un buen rato queriendo ir a dormir (avanzar hacia... ¡mi cama!), pero me resisto a hacerlo por creer que debo quedarme hablando, viendo una película, leyendo o por cualquier otro motivo.

En general, el mensaje de cualquier tic nervioso es que dejes de controlarte y te permitas mostrar esa parte de ti que desea expresarse de forma natural, incluidos tus miedos, deseos, emociones, inquietudes y límites, aunque te dé miedo hacerlo.

Normalmente tendrás varios pensamientos, relativos a cierta situación, que te angustian y te estresan, pero te resistes a aceptar lo que sientes, porque temes lo que los demás pensarán de ti (por eso es habitual que aparezca en el rostro). Sin embargo, cuando comienza el tic, consigues llamar más la atención de otros de forma artificial; por eso debes dejar de preocuparte por su opinión y ser más tú mismo.

Date el derecho de expresarte y de actuar tal y como eres, y acepta con amor la reacción de los demás; verás que vas encontrando poco a poco tu equilibrio interior y tu versión más auténtica.

2. Investigación

Viaja con tu mente al momento en que apareció el síntoma; ayúdate de las **preguntas generales (p. 68)** y añade las siguientes:

- ¿Qué parte de tu Ser deseaste expresar, poco antes de que apareciera el tic o temblor, pero te controlaste por un miedo relativo al significado de esa parte del cuerpo?
- Ojos: ¿Qué parte te niegas a ver o te esfuerzas demasiado en ver en ti (izquierdo) o en los demás (derecho)?
- Brazos: ¿En qué situación te controlas y no abrazas a alguien o te impides hacer algo que sientes que quieres hacer, dar o recibir?
- Piernas: ¿En qué situación te controlas y no avanzas hacia donde realmente deseas?

3. Creencias (erróneas)

Busca las creencias limitantes (normalmente inconscientes) con las que más te identificas o encuentra en ti algunas similares:

- Cara: «No debo expresar lo que siento de verdad, porque pueden juzgarme, aunque sienta mucho miedo o angustia; debo controlarme».
- Ojo izquierdo: «Me preocupa mucho lo que los demás piensen de mí y no quiero ver ni que vean mis defectos; debo estar muy atento y controlarme».

- Ojo derecho: «No quiero ver lo que me molesta de otra personas, así que hago como que no me importa y pongo buena cara».
- Brazos: «Tengo grandes deseos de expresar mi amor y mi afecto, pero siempre he tenido que controlarme, porque mis padres me trataban con dureza y me da miedo expresarme; creo que puedo sufrir».
- Piernas: «Deseo enormemente ir a _____ (algún lugar o destino), pero creo que debo controlarme e ir más despacio por si pasa algo malo».
- Mano izquierda: «Nunca me he dejado recibir y ahora me cuesta mucho hacerlo; debo esforzarme por mostrar que no necesito nada».
- Mano derecha: «Siempre he dado lo que creía que debía dar, aunque no me gustara, y sigo esforzándome por hacer cosas que no me gustan».

4. Mensajes

Para cambiar tus creencias puedes usar las siguientes afirmaciones; te invito a crear las tuyas usando el **método general (p. 76):**

- «Me permito soltar el control y ser libre, y me acepto tal y como soy en este momento, con mis virtudes y mis defectos».
- «Elijo aceptar con amor mis miedos, mis emociones, mis deseos y mis inquietudes, y aprendo a expresarlos cada día más».
- «Acepto que puedo ser juzgado por los demás cuando no muestro una "buena cara", y me permito ser yo mismo».
- Ojo izquierdo: «Me permito mirarme con amor y aceptación y ver todas las partes de mi Ser que no he querido ver hasta ahora».
- Ojo derecho: «Me permito ver a los demás con los ojos del corazón y expreso lo que siento de lo que veo, mostrando mi parte más humana».
- Brazos: «Me permito actuar como siento y expresar el amor de mi corazón, y confío en que todo va a salir bien».
- Piernas: «Me permito avanzar hacia donde deseo con alegría y confianza, dejando atrás mis miedos y aprendiendo del camino».
- Mano izquierda: «Me permito recibir con amor los regalos que me da la vida y acepto lo que los demás puedan opinar de mí».
- Mano derecha: «Me permito hacer lo que realmente deseo y dar solo por amor y con alegría».

5. Acciones

* Repite los mensajes de tu cuerpo todos los días.
* Observa bien las situaciones en las que aparece más el tic o temblor y anota las expresiones y emociones que puede que estés controlando en ese momento. Después haz un plan para ir expresándolas poco a poco.
* Visualiza a tu niño interior y pregúntale qué es lo que teme si expresas tu verdad. Entonces abraza a tu niño y dile que todo va a salir bien, que ya no tiene que ser lo que los demás esperan de él y que tú le vas a dar todo el amor que necesita.
* Investiga más posibles mensajes y... ¡ámate!

TENDONES: PROBLEMAS GENERALES
(Y DESGARRO Y TENDINITIS)

Son las partes terminales de los músculos estriados que los conectan con el hueso para transmitir la fuerza. En los tendones puede haber dolor, inflamación o rotura. El nivel de gravedad del problema te indicará la gravedad del mensaje que te está dando tu cuerpo.

1. Significado

Lo más importante: Cualquier problema en un tendón te indica que has tenido miedo a una ruptura por la cual te sentirías culpable y que te impide actuar o avanzar hacia lo que deseas.

Consulta el significado de la parte del cuerpo donde se encuentra el tendón (la extremidad, zona o articulación a la que está conectado): BRAZOS, CODOS, DEDOS, MANOS, PIERNAS, PIES, RODILLAS, TALÓN y, en su caso, ESGUINCE.

Tu verdadero deseo: Confiar en que puedes hacer lo que deseas aunque no guste a todo el mundo y en que todo lo que se va de tu vida es por una buena razón.

Significado en detalle: Cuando tienes molestias o dolor en un tendón, tu cuerpo te avisa de que has deseado actuar en el presente (si es en los brazos) o avanzar hacia tu futuro (si es en las piernas), pero te has frenado por miedo a que se produjera una ruptura, ya sea con alguien especial, con un ser querido, con la familia, o con un trabajo, con una situación conocida, etc.

Si el tendón llegara a romperse (DESGARRO), indicaría que tu miedo a una ruptura es demasiado intenso y que sientes que «se ha roto» algo que creías que era muy importante para ti.

La inflamación (TENDINITIS) te dice que has guardado tus emociones de ira y miedo por esa posible ruptura y que necesitas expresarte lo antes posible, perdonar y volver a confiar.

Por ejemplo, una tendinitis en el **codo derecho** puede hablarte de que tienes miedo a romper con alguien en el sentido material o con tu trabajo, y que te impides ser libre y hacer lo que realmente deseas por si sucede eso que temes.

Si es en el **talón izquierdo**, podría significar que tienes miedo a que se rompa una relación cercana (pareja, familia) y que te impides avanzar hacia tus verdaderos deseos, porque crees que, si no te apoya alguien y decides mal, sucederá esa ruptura que temes.

En general, el mensaje de cualquier tendón es que confíes más en la vida y en que, si las personas o cosas se van de tu vida, es por una buena razón, y que, si no hay una buena razón para que algo se rompa, no sucederá, pues tu alma tiene un plan de amor que guía el proceso.

Atrévete a preguntar a las personas indicadas si tus temores son ciertos y acepta el resultado con amor, permitiéndote ser como eres.

2. Investigación

Viaja con tu mente al momento en que apareció el síntoma; ayúdate de las **preguntas generales (p. 68)** y añade las siguientes:

- ¿Qué relación o situación temiste que se rompiera, poco antes de que apareciera el problema en el tendón, si hacías algo que deseabas hacer?
- ¿En qué situación temiste que hubiera una separación de la cual te sentirías culpable, en el área familiar-sentimental (lado izquierdo) o material-física (lado derecho)?
- ¿Qué creencias te hacen pensar que sería grave si hubiera una ruptura que temes?

3. Creencias (erróneas)

Busca las creencias limitantes (normalmente inconscientes) con las que más te identificas o encuentra en ti algunas similares:

- «Si tomo esta decisión y hago lo que quiero, perderé a _____ (tu pareja, algún familiar, tu trabajo etc.)».

- «Perder a alguien es malo, porque no encontraré a otra persona que me dé lo que necesito».
- «No debo cometer errores, porque puedo estropear mi relación con esa persona importante para mí y seré infeliz».
- Tendinitis: «No puedo expresar lo que siento, ni mi ira ni mi miedo, aunque tenga miedo a perder a _____ (alguien), o lo perderé definitivamente».

4. Mensajes

Para cambiar tus creencias puedes usar las siguientes afirmaciones; te invito a crear las tuyas usando el **método general (p. 76):**

- «Elijo hacer lo que realmente siento, y confío en que las personas que son importantes para mí seguirán estando en mi vida, haga lo que haga».
- «Siempre hay una buena razón si alguien sale de mi vida, y, si no la hay, sé que se quedará conmigo».
- «Me permito avanzar hacia lo que deseo; confío en que lo que es importante para mí (trabajo, bienes materiales, personas) seguirá conmigo y en que lo que debe marcharse se irá».
- «La vida me cuida con amor; siempre tengo y voy a tener todo lo que necesito».
- «Me permito expresar mis dudas y miedos a las personas adecuadas, y confío en que me ayudarán a creer más en mí y a tener más claridad».
- «Me permito cometer errores al actuar y al avanzar, y acepto que, si algo se rompe, no depende de mí, sino del plan global de cada uno».

5. Acciones

- Repite los mensajes de tu cuerpo todos los días.
- Habla de lo que sientes con la persona a la que temes perder o con alguien de confianza y averigua si tus temores tienen fundamento o no. Después actúa con la mejor de tus intenciones y confía en la vida.
- Investiga más posibles mensajes y... ¡ámate!

Uñas: problemas generales (y rotura y morderse las uñas)

Son unas estructuras duras situadas al final de los dedos y formadas principalmente por queratina que sirven de protección para los dedos y permiten rascar, arañar y tener mayor precisión para coger y agarrar objetos.

1. Significado

Lo más importante: Cualquier problema en las uñas te indica que no te sientes protegido en algún área de tu vida y que te preocupas mucho por los detalles nimios. En las manos, se refiere al presente; en los pies, al futuro.

Añade el significado del lado afectado, DERECHO O IZQUIERDO (p. 50), para saber en qué área de tu vida debes buscar el mensaje.

Puedes consultar también el significado de DEDOS DE LAS MANOS, DEDOS DE LOS PIES.

Tu verdadero deseo: Confiar en que siempre estás protegido y puedes defenderte, y en que no debes preocuparte tanto, sino mirar las situaciones con perspectiva y con fe.

Significado en detalle: Las uñas representan una protección en las manos y pies, y simbólicamente nos ayudan a defendernos de agresiones externas, por lo que los problemas en ellas te indican que sientes que no puedes protegerte bien de las agresiones de los demás. Te preocupan mucho los detalles de ciertas situaciones de tu vida (ver el significado de cada dedo en: DEDOS) y te cuesta ver las cosas con objetividad; no ves que cada situación que te da miedo está ahí para enseñarte algo importante y para que aprendas a confiar en tu valor.

Si TE MUERDES LAS UÑAS, es posible que hayas sentido que tus padres no te protegieron lo suficiente y que decidieras que, si te mantenías con nervios y alerta, evitarías las agresiones; pero no es así. Cuando revives esa sensación de agresión, tus nervios te hacen morderte las uñas otra vez, y eso te indica que te sientes incapaz de «sacar las uñas» para defenderte.

Si tus uñas se rompen con facilidad (ROTURA), es posible que te veas frágil en tu manera de defenderte, ya sea por preocupaciones en el presente (si es en las manos) o por preocupaciones de tu futuro (si es en los pies).

Los **problemas estéticos** en las uñas te indican que te preocupa demasiado la imagen que das a los demás y lo que puedan pensar de ti si te defiendes como necesitas; te dicen que aceptes mostrarte como eres, con tus miedos y con tu valor, defendiéndote cuando lo necesitas.

La **uña encarnada** en el dedo gordo del pie se refiere más a una dificultad para decidir la dirección a seguir en tu futuro (ver DEDOS DE LOS PIES).

Tus uñas quieren hacerte ver que siempre estás protegido y que siempre tienes toda la fuerza y el valor que necesitas para defenderte de las agresiones externas. Hasta que sepas confiar en ti mismo, aprende a pedir ayuda a otra personas y ve encontrando tu propio valor; verás que la vida es un lugar donde puedes sentirte seguro.

Encuentra las creencias que te impiden confiar en que puedes protegerte y defenderte cuando lo necesitas.

2. Investigación

Viaja con tu mente al momento en que apareció el síntoma; ayúdate de las **preguntas generales (p. 68)** y añade las siguientes:

- ¿En qué situaciones, desde poco antes de que empezara el problema de tus uñas, te sientes indefenso y crees que nadie te protege?
- ¿Qué temes que suceda si te defiendes cuando te sientes atacado?
- ¿En qué situaciones te sientes frágil o débil ante las agresiones ajenas?

3. Creencias (erróneas)

Busca las creencias limitantes (normalmente inconscientes) con las que más te identificas o encuentra en ti algunas similares:

- «No soy capaz de protegerme de los demás cuando intentan hacerme daño, y nadie me protege».
- «No sé defenderme, no sé mostrar mi autoridad o mi independencia, y me pongo nervioso por los detalles que no son como yo quiero».
- «Si me defiendo cuando me hacen algo, me harán más daño o yo haré algo muy malo a la otra persona; no quiero usar la violencia».
- «Estoy nervioso, pero no debo mostrar mi debilidad o me atacarán más».

- «Soy una persona frágil y débil, no puedo defenderme si me atacan».
- «Me da vergüenza ser débil y no saber defenderme, y también que me vean pelearme».
- Pies: «Me da miedo no ser capaz de defenderme en el futuro si pasa algo con cierta persona o personas».

4. Mensajes

Para cambiar tus creencias puedes usar las siguientes afirmaciones; te invito a crear las tuyas usando el **método general (p. 76):**

- «Aprendo a expresar mis miedos y preocupaciones a las personas que pueden ayudarme y pido la protección que necesito».
- «Me permito defenderme cuando alguien trata de hacerme daño, y confío en mi fuerza, en mi valor y en que todo saldrá bien al final».
- «Soy perfectamente capaz de protegerme de cualquier agresión, siempre encuentro la forma de lograr la paz que necesito».
- «Me perdono por haber sentido miedo, y aprendo cada día más a confiar en la vida y en mi valor para protegerme de todo daño».
- «Elijo poner límites a los demás con amor, pero con toda la firmeza necesaria, hasta que paren su agresión y respeten mis límites».
- «Elijo ser una persona fuerte, capaz e independiente y mostrar mi autoridad a los demás con firmeza, amor y confianza».
- «Me permito ser imperfecto en los detalles de mi vida y en mi forma de protegerme, y aprendo a hacerlo mejor cada día».

5. Acciones

- Repite los mensajes de tu cuerpo todos los días.
- Atrévete a poner límites a las personas que te agreden, diciendo lo que no estás dispuesto a tolerar, y verás que, además de vencer tus miedos, consigues el respeto que necesitas. No te preocupes si no te sale bien a la primera, al final lo lograrás.
- Busca el significado del dedo con el problema de uñas y averigua cómo podrías sentirte protegido en esa área de tu vida.
- Investiga más posibles mensajes y… ¡ámate!

5.8. La piel y sus síntomas

La piel es el órgano más grande del ser humano, ya que cubre la superficie del cuerpo en su totalidad. Es la zona de contacto con los demás seres, la parte visible (sobre todo la cara), y al mismo tiempo la barrera que nos protege de muchas invasiones externas.

Los síntomas en la piel son muy variados y pueden aparecer en cualquier parte de ella, por lo que es importante conocer tanto el significado del problema concreto de piel (granos, celulitis, cortes, etc.) como el significado de la zona del cuerpo donde aparece (brazos, piernas, pies, pecho, cara).

En general, la piel nos indica la imagen que vemos de nosotros mismos y la que creemos que mostramos hacia fuera; sus problemas nos hablan de miedo a ser juzgados, de querer que las personas se alejen para que nos hagan daño o no nos «invadan», o de la existencia de un esfuerzo por mostrar la apariencia que creemos que a los demás les gustará, en lugar de mostrar nuestro verdadero Ser, que es lo que nuestra alma desea.

PIEL: PROBLEMAS GENERALES

Este significado se refiere a cualquier problema que afecte a la piel, en cualquier parte del cuerpo, como significado general. Después habría que añadir el significado del problema concreto de piel, más el significado de la parte del cuerpo afectada.

1. Significado

Lo más importante: Todo lo que afecta a la piel te da el mensaje de que te preocupa demasiado la imagen que muestras a los demás o lo que puedan pensar de ti si te muestras como eres. Temes el juicio de los demás y te proteges, no te dejas «tocar» por ellos. La parte de tu cuerpo donde sufres el problema de piel te indicará el área de tu vida donde tienes ese miedo.

Añade el significado del lado afectado, DERECHO O IZQUIERDO (p. 50), para saber en qué área de tu vida debes buscar el mensaje.

Añade también el significado de la parte del cuerpo con el problema de piel (BRAZOS, PIERNAS, PECHO, etc.) y el significado del problema específico (PICOR, CALLOS, GRANOS, QUISTE, LUNARES, etc.).

Tu verdadero deseo: Mostrarte tal y como eres, aceptar las partes de ti que percibes como buenas y malas, aceptando con amor que puedes ser juzgado cuando eliges ser quien quieres ser.

Significado en detalle: La piel, al ser lo más visible, simboliza la imagen que tenemos de nosotros mismos; también es la parte del cuerpo que nos protege del exterior, nos pone en contacto con los demás y nos permite «ser tocados», es decir, sentir el afecto o el cariño de forma física.

Si tienes un problema en la piel, como afecta a tu aspecto estético, significa que te preocupa demasiado la imagen que das hacia fuera, y que crees que, si no te muestras tal y como otros esperan de ti, te juzgarán y sufrirás. Crees que debes ser diferente o te avergüenzas de ti mismo.

Por ejemplo, si el problema de piel es en los brazos, te preocupa la imagen que das hacia fuera en tu forma de actuar en el presente. La piel de esa zona indica una preocupación excesiva por los propios actos, por creer que no estás haciendo lo que los demás aprueban, y te indica un temor al juicio de los demás en ese tema.

Si el problema aparece en las piernas, se refiere a tu forma de avanzar hacia el futuro; si es en el pecho, a tu forma de acoger a otras personas o de ser acogido; si es en la cara, te preocupa tu honor, tu imagen pública, si muestras o no lo que esperan de ti. Busca el significado de la parte concreta o las partes de tu cuerpo donde aparece el problema de piel.

Con este mensaje, tu cuerpo te ayuda a entender y a confiar en que siempre puedes ser tú mismo, a comprender que es normal que otros te juzguen, pues se juzgan a sí mismos y tú eres su reflejo. Si lo aceptas, podrás ser libre de mostrarte tal y como eres, con tus virtudes y tus defectos.

Si el problema vuelve tu piel sensible (como los granos, la irritación, etc.), significa que no permites a los demás que se acerquen a ti de verdad, porque crees que eres demasiado sensible y vulnerable y porque temes no saber poner límites. No quieres dejarte «tocar», es decir, que toquen tu corazón, tus emociones o que te den afecto y amor, por miedo a resultar herido o a tener que devolver lo que recibes.

También por eso la piel toma un aspecto desagradable, para alejar a los demás, debido a que piensas que es mejor que se alejen para no pasar verguenza; pero tu alma desea lo contrario, desea que se acerquen y sentir su amor. Tu cuerpo te dice así que tu mayor deseo es ser tocado y ser visto, pero que tienes un miedo muy fuerte que te lo impide.

Por ejemplo, si tienes acné en la espalda, significa que tienes miedo a recibir afecto o cariño, porque crees que «tienes que devolver ese amor con acciones» (ver significado de ESPALDA DORSAL) y que no sabes poner límites, y por eso te impides sentir ese afecto en tu piel y en tu corazón.

El síntoma te indica normalmente cómo te ves. Si tu piel está seca, te dice que te consideras una persona «seca» y que quieres mostrarte más dulce y suave, con más cariño hacia los demás.

Si aparece picor o comezón, tu cuerpo te dice que tienes un gran deseo de ser otra persona, de mostrarte diferente, de quitarte tus máscaras, pero que el miedo al juicio de los demás te lo impide.

Si aparecen manchas, lunares o verrugas, te indican que no te gusta lo que ves en ti, en el área de tu vida que simboliza esa parte del cuerpo. Cuanta más fealdad veas en tu cuerpo, más te indica que no te aprecias en esa área.

Encuentra las creencias que te impiden mostrarte y aceptarte tal y como eres, y libera tu verdadero Ser. Cuanto más te ames y te muestres tal y como eres, con valor y confianza, mejor estará tu piel.

2. Investigación

Viaja con tu mente al momento en que apareció el síntoma; ayúdate de las **preguntas generales (p. 68)** y añade las siguientes:

- ¿En qué situación, poco antes de que apareciera el síntoma en la piel, tuviste miedo de mostrarte tal y como eres?
- ¿Qué parte de ti quieres mostrar, pero tu miedo a ser juzgado te lo impide?
- ¿En qué situación no permites que se vea tu Ser, tu sensibilidad, tu vulnerabilidad, y no dejas que otros se acerquen?
- Ejemplo. Piel de las piernas: ¿En qué situación te ha preocupado el juicio de los demás en tu forma de avanzar hacia el futuro?
- Ejemplo. Piel de la espalda (zona dorsal): ¿A qué personas no dejas acercarse a ti por miedo a tener que hacer algo por ellas o a que te juzguen si no lo haces?

3. Creencias (erróneas)

Busca las creencias limitantes (normalmente inconscientes) con las que más te identificas o encuentra en ti algunas similares:

- «Si muestro esta parte de mí y lo que siento a esta persona, me juzgará y sufriré».
- «Me gustaría ser diferente, mostrarme diferente, pero no puedo, porque si lo hago sucederá _____ (lo que te da miedo)».
- «Debo hacer lo que los demás esperan de mí y no mostrar mi verdadera personalidad, o no seré aceptado».
- «Soy muy sensible y vulnerable; si dejo que otros se acerquen a mí, me harán daño y sufriré».
- «No soy capaz de respetar mis límites, así que debo alejar a las personas para sentirme libre».
- Piel de las piernas: «Si sigo este camino para lograr lo que deseo, seré juzgado y me hundiré».
- Piel de la espalda (zona dorsal): «No puedo mostrar mi necesidad de cariño, porque tendré que dar mucho para devolverlo, o me juzgarán».

4. Mensajes

Para cambiar tus creencias puedes usar las siguientes afirmaciones; te invito a crear las tuyas usando el **método general (p. 76):**

- «Me permito mostrarme tal y como soy, acepto que puedo ser juzgado por los demás y me abrazo con amor».
- «Soy digno de ser amado tal y como soy, haga lo que haga, siempre».
- «Elijo relajar mi mente y mostrarme al mundo con libertad, me permito ser yo mismo».
- «Me amo, me acepto y me aprecio tal y como soy, con mis virtudes y mis defectos».
- «Soy capaz de dejar que las personas se acerquen a mí y confío en que puedo poner límites si es necesario».
- «Al mostrar mi vulnerabilidad y mi verdadero ser, muestro mi enorme fuerza interior».
- «Mando amor cada día a mi piel y a mi cuerpo, y veo la belleza que hay en mi interior y que se muestra en mi exterior».
- Piel de las piernas: «Me permito hacer lo que siento y avanzar hacia mi futuro con alegría y fe; acepto que los demás pueden no entenderme siempre y elijo amarme pase lo que pase».

- Piel de la espalda (zona dorsal): «Me permito pedir afecto y recibir sin dar nada a cambio». «Acepto que puedo ser juzgado cuando no hago lo que esperan de mí; soy libre y me amo».

5. Acciones
- Repite los mensajes de tu cuerpo todos los días.
- Atrévete a mostrar cada día aspectos nuevos de tu ser y aprende a aceptar las reacciones de los demás con amor, mirándote como un Ser perfecto en constante cambio.
- Dedica un tiempo cada día a decirte cosas bellas, a acariciar tu cuerpo y a mandar amor a tus células y a tu piel. ¡Te lo agradecerán!
- Investiga más posibles mensajes y... ¡ámate!

ABSCESO

Un absceso es un tipo de quiste. Hay dos tipos de absceso: el frío, que se observa como una acumulación de líquido bajo la piel en alguna zona del cuerpo y forma una esfera de tamaño variable, sin dolor y de consistencia dura al tacto, y el caliente, que aparece normalmente después de haber existido el absceso frío e implica una infección, inflamación, enrojecimiento y dolor.

1. Significado
Lo más importante: El absceso frío te indica un pesar acumulado durante un cierto tiempo, en el área indicada por la parte del cuerpo en la que aparece. Tienes alguna emoción negativa o tristeza que no te permites liberar por miedo al juicio de los demás y que te hace sentir ira reprimida.

Cuando aparece el absceso caliente, es una indicación de que te has liberado de esa misma preocupación, ya sea temporal o definitivamente; el dolor y el pus te indican la culpa y la ira reprimida por no haber expresado tus emociones hasta ese momento.

Busca también el significado de la parte del cuerpo donde aparece el absceso.

Añade el significado del lado afectado, DERECHO O IZQUIERDO (p. 50), para saber en qué área de tu vida debes buscar el mensaje.

Puedes consultar también el significado de PIEL (problemas).

Tu verdadero deseo: Si el absceso es frío, deseas liberar esa pena o pesar acumulado llorando y expresándote; si es caliente, deseas perdonarte por no haberte expresado, y quieres aceptar tu ira y tu dolor.

Significado en detalle: Como todo quiste, el absceso representa una acumulación de varias emociones, que suelen incluir pena, ira y culpa, las cuales llevas cierto tiempo sin expresar. Es posible que hayas sentido también desesperación o sensación de impotencia y de fracaso.

Observa el significado de la parte del cuerpo donde aparece y el momento en que comenzó, y verás el área de tu vida donde tienes un bloqueo de tus emociones, desde poco antes de que apareciera.

Por ejemplo, si aparece en el **muslo izquierdo**, guardas un pesar por no permitirte disfrutar de tus avances hacia el futuro en tu vida sentimental o familiar, lo que te hace guardar ira reprimida.

Si aparece en el **pecho**, representa un dolor por sentir que no acoges a alguien «en tu pecho» a quien crees que deberías cuidar, o bien no te sientes acogido «en el pecho» de alguien.

Su mensaje es que revises tus pensamientos negativos hacia ti o hacia otra persona y te permitas expresar tus verdaderas emociones y lo que te entristece, mostrándote tal y como eres.

Acepta tu ira y perdónate por lo que hayas sentido y pensado y por lo que hayas hecho o no hayas hecho. Aprende a liberar tus emociones y pensamientos negativos antes de que se bloqueen en tu cuerpo y te creen más dolor del necesario.

2. Investigación

Viaja con tu mente al momento en que apareció el síntoma; ayúdate de las **preguntas generales (p. 68)** y añade las siguientes:

- ¿Qué pena o ira guardas en tu interior desde poco antes de que apareciera el absceso en tu cuerpo?
- ¿Qué significa la parte del cuerpo donde aparece?
- ¿Qué creencias te impiden expresar lo que realmente sientes?

3. Creencias (erróneas)

Busca las creencias limitantes (normalmente inconscientes) con las que más te identificas o encuentra en ti algunas similares:

- «Prefiero guardarme mi rabia y mi ira. No me gusta expresar mi dolor a otras personas».

- «Nadie tiene por qué saber cómo me siento».
- «Mi dolor y mi sufrimiento son míos».
- «Soy una persona débil, incapaz de hacerme valer, y soporto demasiado las afrentas que me hacen».
- Piernas: «Siento ira porque creo que no puedo avanzar hacia mis metas y deseos, o siento que los demás no me dejan avanzar».
- Brazos: «Siento rabia e impotencia porque no puedo hacer ahora lo que realmente quiero, no me permito dar y recibir como deseo y me cuesta expresar todas las emociones que siento».
- Cerca de los ojos: «Siento un gran pesar por cosas que veo en mi vida, pero que me duele ver, y prefiero guardarme mi dolor y no afrontar esas situaciones».

4. Mensajes

Para cambiar tus creencias puedes usar las siguientes afirmaciones; te invito a crear las tuyas usando el **método general (p. 76):**

- «Me permito liberarme de mis sentimientos de rabia o ira hacia ciertas personas. Los dejo ir y me abrazo con amor».
- «Soy capaz de ver el equilibrio y el amor que se encuentra en cada situación difícil que se me presenta. Los retos me ayudan a crecer como persona».
- «Me permito expresar mi tristeza y mi dolor a otras personas, y me acepto tal y como *soy*».
- «Me atrevo a reconocer ante mí mis miedos y a quererme tal y como *soy* con ellos, sabiendo que son temporales».
- «Aprendo a expresar mi rabia y mi ira de forma constructiva, con amor, usando palabras equilibradas que hablen de cómo me siento».
- «Me permito expresar mis miedos y dudas a mis seres queridos y me acepto haciéndolo».

5. Acciones

- Repite los mensajes de tu cuerpo todos los días.
- Lee las acciones para piel (problemas) y utilízalas en tu día a día.
- Aprende a expresarte con asertividad, sin caer en el victimismo ni el autoritarismo. Busca el equilibrio, y tu corazón y tu piel lo agradecerán.

- Atrévete a expresar lo que sientes a tus seres queridos; seguro que lo entienden mejor de lo que crees.
- Investiga más posibles mensajes y… ¡ámate!

Acné (o puntos negros o granos con pus)

El acné aparece en forma de puntos negros, es decir, poros con impurezas en zonas grasosas de la piel, que pueden llegan a crear una inflamación y una infección, con los característicos granos rojos con pus. Suele aparecer en la cara, en la espalda y en los hombros (entre otros lugares), normalmente en la adolescencia o pubertad, aunque también puede continuar o reaparecer en la vida adulta.

1. Significado

Lo más importante: Si tienes acné, es probable que seas una persona muy sensible y tengas miedo de dejar que otras personas se acerquen, porque temes que te afecte emocionalmente lo que otros piensen de ti.

El acné, por su apariencia desagradable, te aleja de los demás, cuando tu mayor deseo es acercarte a ellos y dejarte «tocar».

Añade el significado de la parte del cuerpo donde aparece el acné concretamente, para saber dónde te sientes juzgado.

Añade el significado del lado afectado, DERECHO O IZQUIERDO (p. 50), para saber en qué área de tu vida debes buscar el mensaje.

Puedes consultar también el significado de PIEL (problemas), CARA, ESPALDA, HOMBROS.

Tu verdadero deseo: Mostrar a los demás tu sensibilidad, quererte y cuidar tu autoestima, confiando en que los demás te amarán cuando tú te ames.

Significado en detalle: Si miras el efecto que produce el acné en tu cuerpo, verás que afecta a tu imagen, en las partes del cuerpo donde aparece, y a la sensibilidad de tu piel. Sientes más el contacto en esas zonas del cuerpo; incluso llega a ser doloroso a veces.

Eso te indica que te preocupa mucho lo que piensan otras personas sobre tu Ser único y especial, sobre la expresión de tu individualidad, y que prefieres retirarte y alejarte de la gente para no sufrir y no sentir dolor, debido a tu enorme sensibilidad y porque te avergüenza lo que puedan pensar de ti. Eso te hace sentir ira reprimida, que se manifiesta en forma de pus en los granos.

Sin embargo, tu cuerpo te dice con este síntoma que eso no es lo que realmente quieres, sino que deseas en lo más profundo de ti acercarte a otras personas, amar, sentir, dejarte tocar y acariciar, dejar que toquen tu alma y tu espíritu y que te conozcan de verdad.

Siempre habrá personas que te admiren y que te critiquen, pues el Universo mantiene siempre un equilibrio; pero es importante, si quieres que desaparezca el acné, que te permitas ser tal y como eres, que aceptes que puedes gustar a unos y a otros no, y que eso está bien.

Reconoce que eres una persona sensible, pero no temas que eso te lleve a sufrir; simplemente debes aprender a gestionar tus emociones, encontrando el equilibrio entre todos los opuestos que se te presentan y que te hacen sentir esas emociones. Lo que ves malo siempre tiene algo bueno, y lo que ves bueno siempre tiene algo malo; si encuentras el equilibrio, verás que puedes sentir sin sufrir y lo que más sentirás será amor y gratitud.

Si el problema aparece porque te esfuerzas en ser o en no ser como tus padres, permítete ser tú mismo, aunque te parezcas o no a alguno de ellos; siempre vas a ser una persona única.

Si el problema aparece en la edad adulta o no se ha solucionado cuando creces, es porque todavía te juzgas por los mismos criterios que cuando eras adolescente y debes aprender a perdonarte y a sanar esas heridas de la infancia. Reconoce tus miedos y abraza a tu niño para sanarlos.

Si el acné aparece en la espalda o en los hombros, significa que te preocupa que te juzguen si no haces lo que otros esperan de ti o si no te responsabilizas de los demás, y por eso no dejas que las personas te den amor o se acerquen a ti, para no sentirte obligado a dar algo a cambio. En ese caso debes aprender a recibir sin dar y a sentirte digno de amor, aunque no hagas nada por los demás, pues siempre te mereces todo el amor del mundo.

Aprende a aceptar tus diferentes estados emocionales y a perder el miedo a mostrarlos a los demás. En cuanto los demás vean que eres una persona natural que se muestra tal y como es, con sus fortalezas y debilidades, te respetarán, y verás que ser amado era más fácil de lo que pensabas.

Averigua qué creencias te impiden mostrarte tal y como eres de verdad y conviértelas en mensajes de amor y confianza que te ayuden a reconocer tu belleza y el maravilloso Ser que eres.

2. Investigación

Viaja con tu mente al momento en que apareció el síntoma; ayúdate de las **preguntas generales (p. 68)** y añade las siguientes:

- ¿En qué situaciones, desde que apareció el acné, temes lo que piensen otros de ti y tratas de alejarte de ellos para no sufrir?
- ¿De quién temes un juicio desagradable y te da miedo mostrarte tal y como eres ante esa persona?
- ¿En qué situación crees que eres muy sensible y que no vas a poder aceptar las críticas?
- Espalda: ¿En qué situación crees que debes hacer algo por otra persona y, para no verte obligado, evitas recibir amor o el contacto cercano? ¿Quién temes que te juzgue si no ayudas a otro?

3. Creencias (erróneas)

Busca las creencias limitantes (normalmente inconscientes) con las que más te identificas o encuentra en ti algunas similares:

- «Siento que si me acerco a los demás puedo ser herido o dañado».
- «Necesito expresarme, pero como no confío en mí y tengo miedo de lo que piensen los demás, creo que no puedo y en el fondo siento ira reprimida».
- «Quiero que me acepten tal y como soy, pero temo no hacer las cosas bien y que me rechacen».
- «Me esfuerzo por no parecerme (o por parecerme) a mi padre o a mi madre, no (o sí) quiero ser como ellos; no sé cómo debo ser».
- «Siento que debo llevar una máscara, que tengo que esforzarme por caer bien para que me valoren y me aprecien los demás; no puedo ser yo mismo».
- «Si muestro mi ira o mis emociones intensas, podría ser rechazado por otras personas».
- «Tengo miedo de mostrarme tal y como soy».
- Espalda: «Temo no estar haciendo lo suficiente por otros, o creo que debo hacer mucho para ser valorado». «Si me dejo querer, me senti-

ré obligado a hacer cosas por los demás, así que prefiero no recibir cariño de otras personas».

4. Mensajes

Para cambiar tus creencias puedes usar las siguientes afirmaciones; te invito a crear las tuyas usando el **método general (p. 76)**:

- «Me permito expresar mis emociones y mi Ser, y superar mis miedos con confianza y valor».
- «Elijo acercarme y abrirme a la persona a la que quiero y a mis amigos, compañeros y familiares, y me muestro tal y como soy, confiando en que estoy protegido y soy amado».
- «Soy un Ser único y especial; puedo ser diferente a los demás y soy digno de ser amado».
- «Me permito parecerme en algunas cosas a mi padre y a mi madre, sabiendo que soy una persona única».
- «Cuando siento rabia por no mostrarme como soy, me permito expresarla a otra persona con amor y liberarme».
- «Escucho a mi corazón y, si noto que debo decir algo de lo que siento a otra persona, lo hago con valentía y confiando».
- «Soy una persona valiosa y me merezco ser querida por el valor de mi corazón».
- «Soy un Ser único y especial; hago las cosas siempre lo mejor que sé y, aunque puedo equivocarme, mi intención es buena».
- Espalda: «Acepto que puedo ser juzgado cuando no hago lo que esperan de mí; soy libre y me amo».
- «Me permito recibir amor y ser tocado por los demás y por las personas a las que amo, y solo doy lo que quiero dar con alegría».
- «Hago con amor solo aquello que siento para ayudar a los demás y me aprecio por ello».

5. Acciones

- Repite los mensajes de tu cuerpo todos los días.
- Permítete acercarte a otras personas con amor, permítete ser tocado, recibir el cariño de otros, dar cariño, abrazos, caricias, besos; di palabras bonitas a otras personas a las que aprecias; siéntete bien con tus emociones y tu sensibilidad.

- Expresa, desde el amor, tus miedos, tu ira, tus deseos, tus necesidades y todo lo que sientes a otras personas, respetando su libertad y su espacio pero siendo sincero y auténtico.
- Busca el significado de la parte del cuerpo donde aparece el acné y así descubrirás en qué área de tu vida necesitas apreciarte más. En los brazos o las manos, se relaciona con las acciones en el presente y con dar y recibir; en las piernas, con tu forma de avanzar hacia tu futuro o hacia tus metas, y los miedos que te frenan; en el cuello, se relaciona con inflexibilidad en tu forma de percibir algunos sucesos de tu vida que te molestan o te afectan emocionalmente, pero que no quieres ver.
- Investiga más posibles mensajes y... ¡ámate!

CALLOS

Un callo es una formación córnea en la piel, la cual se endurece, pierde sensibilidad y tiene una textura áspera al tocarla. Suele aparecer en las manos y los pies, en zonas donde hay roces, pero puede aparecer espontáneamente en otros lugares, normalmente donde hay una articulación inflamada.

1. Significado

Lo más importante: Si tienes callos (normalmente en manos o pies), significa que tiendes a frenar tus impulsos naturales y tus deseos porque crees que no puedes hacer lo que realmente quieres. Tu verdadera pasión no sale a la luz, porque la tapas con una máscara de piel que te impide sentir bien. Debes permitirte liberar tus verdaderas capacidades y deseos.

En las manos, te habla de lo que haces en el presente; en los pies, te habla del futuro y de adónde te diriges.

Añade el significado del lado afectado, DERECHO O IZQUIERDO (p. 50), para saber en qué área de tu vida debes buscar el mensaje.

Puedes consultar también el significado de PIEL (problemas), MANOS, PIES, DEDOS DE LAS MANOS, DEDOS DE LOS PIES, TALÓN.

Tu verdadero deseo: Usar todos tus dones y capacidades para hacer lo que te apasiona, en el área de la vida simbolizada por el lugar de aparición.

Significado en detalle: Cuando aparece un callo, debes mirar en qué zona de las manos o de los pies aparece y su significado. También si aparece en el lado izquierdo (emocional-afectivo) o en el derecho (material-físico).

Cuando aparece en las manos y pies, **cerca de los dedos**, mira el significado del dedo más cercano al callo y verás el tema que más te preocupa, en el cual frenas tus capacidades y te impides mostrar tu brillo y expresar tu deseo y tu pasión.

Si es en **las manos**, tal vez quieras dar o recibir con más pasión o intensidad, o dedicarte ya a lo que realmente quieres, pero algún miedo te frena para mostrar tus verdaderas habilidades.

Si es en **el pie izquierdo**, puede que quieras avanzar con más decisión hacia tu familia, tu pareja o tu vocación, pero no te permites dejar salir tu amor plenamente en esa área por miedo a que te juzguen.

Si es en **el pie derecho**, es posible que quieras vivir de lo que realmente te gusta, expresando tu Ser y recibiendo la vida que deseas materialmente, pero no te lo permites.

Si es en **el talón**, te indica que te frenas en tus avances por necesitar la aprobación de una figura de autoridad o de alguien en concreto, y que debes aprender a soltarte y a apoyarte tú mismo.

Por ejemplo, yo tuve durante un tiempo durezas e inflamación en la articulación de algunos dedos del pie derecho —segundo (índice) y cuarto (anular)—, que se quitaron progresivamente cuando, por un lado, me permití dedicarme a tiempo completo a mi labor de intérprete de mensajes del cuerpo y vivir de ello (segundo dedo, que simboliza el poder de decisión en lo material, laboral, físico), y, por otro lado, cuando acepté mis deseos de un cierto ideal físico de pareja sin sentirme juzgado por desearlo y siendo flexible con lo que viniera a mi vida (cuarto dedo, que simboliza la parte física del ideal de pareja, por ser en el pie derecho).

En cambio, otro callo que apareció en la articulación del segundo dedo del pie izquierdo solo se empezó a quitar cuando, estando en una relación sentimental donde había conflictos, me decidí a amar a esa persona completamente, pues eso era lo que sentía, aunque temiera lo que pensaran otros de mí. Anteriormente, desde que apareció el callo, no me había permitido amar completamente; al permitirme expresar el amor que realmente deseaba expresar en pareja, superé varios miedos y nos separamos finalmente, habiendo aprendido los dos a respetar nuestras diferencias con amor.

En todo caso, el callo te dice que te expreses, que te liberes de tu miedo a no poder hacer lo que deseas y que lo hagas con confianza, pues el mundo está esperando tus dones para transformarse en algo más hermoso todavía.

2. Investigación

Viaja con tu mente al momento en que apareció el síntoma; ayúdate de las **preguntas generales (p. 68)** y añade las siguientes:

* ¿Qué partes de tu Ser no dejas salir desde que apareció el callo, impidiéndote hacer lo que deseas (manos) o avanzar hacia lo que deseas (pies)?
* ¿En qué áreas de tu vida frenas tus impulsos naturales y la expresión de tus dones y capacidades?

3. Creencias (erróneas)

Busca las creencias limitantes (normalmente inconscientes) con las que más te identificas o encuentra en ti algunas similares:

Manos:
* «Quiero dedicarme a otra cosa diferente a lo que hago, pero no siento que sea capaz».
* «No puedo permitirme hacer ahora lo que realmente deseo».
* «Tengo muchos impulsos de dar y recibir en mi vida, pero los freno por miedo a ser juzgado».
* «Creo que debo mostrar dureza y frialdad en lo que hago, en lugar de ser emocional y mostrar mi sensibilidad y creatividad».

Pies:
* «No me permito decidirme a hacer lo que realmente quiero para mi futuro».
* «Me da miedo equivocarme o fracasar, y no encuentro los medios para avanzar hacia mis deseos».
* «Sé lo que quiero hacer, pero temo sufrir críticas si lo hago, y por eso me freno».
* «Quiero amar como siempre he deseado, pero no confío en mi capacidad y no actúo para conseguirlo».

4. Mensajes

Para cambiar tus creencias puedes usar las siguientes afirmaciones; te invito a crear las tuyas usando el **método general (p. 76)**:

Manos:
- «Confío en mi capacidad para hacer lo que realmente deseo; puedo dedicarme a lo que me apasiona».
- «Conecto cada día con mis impulsos naturales y aprendo a expresarlos con armonía y amor en mi vida».
- «Me permito dar y recibir según mis verdaderos deseos».
- «Ser vulnerable y mostrar mi verdadero Ser me hace más fuerte y más sabio; confío en que todo siempre sale bien».

Pies:
- «Si me concentro en mis metas conectadas a mi corazón, sé que puedo lograrlo todo».
- «Doy los pasos necesarios para cumplir mis sueños, expresando todas mis capacidades».
- Izquierdo: «Me permito amar tal y como siempre he soñado y avanzar hacia la relación de amor que deseo de verdad».
- Derecho: «Me permito descubrir lo que realmente deseo hacer y me permito lograrlo y vivir de ello».
- Talón: «Elijo apoyarme a mí mismo en mis decisiones y expreso mis dones confiando en mi propio criterio».

5. Acciones
- Repite los mensajes de tu cuerpo todos los días.
- Cuando encuentres alguna situación en la que te estés frenando, permítete arriesgarte y haz algo nuevo, expresando una parte de ti escondida. Verás que ser vulnerable te trae, junto con el reto, grandes recompensas.
- Investiga más posibles mensajes y... ¡ámate!

CARA: PROBLEMAS FACIALES GENERALES (EN MEJILLAS, FRENTE, ETC.)

Se refiere a cualquier síntoma o problema que afecte a la piel de la cara, normalmente mostrando una apariencia menos agradable.

1. Significado

Lo más importante: Cualquier problema en la cara te indica que tienes una gran preocupación por la «cara» que muestras a los demás, es decir, por tu reputación, tu honor o tu valor como persona ante los demás. Te cuesta aceptarte tal y como eres y mostrarte verdaderamente a otras personas.

Añade el significado del lado afectado, DERECHO O IZQUIERDO (p. 50), para saber en qué área de tu vida debes buscar el mensaje.

Puedes consultar también el significado de PIEL (problemas), ACNÉ, MANCHAS ROJAS, LUNARES.

Tu verdadero deseo: Aceptarte con tus defectos y virtudes, mostrarte a los demás y saber que siempre eres una persona digna de amor y respeto, hagas lo que hagas.

Significado en detalle: Si tienes un problema en la cara, normalmente afecta a tu aspecto estético, pues es lo primero que ven de ti los demás, y eso significa que juzgas demasiado tu apariencia, no solo físicamente, sino en cuanto a tus actitudes y formas de ser.

Te preocupa demasiado lo que otros puedan pensar de ti y a veces crees que tienes que ponerte una máscara para ocultar lo que eres, porque temes que, si ven tu verdadero rostro, te rechacen y no tengas ese amor que tanto deseas.

El **lado izquierdo** de la cara se refiere a tu lado femenino, a tu vida afectiva y sentimental, a tus relaciones cercanas o a tu vocación. El **lado derecho** se refiere a tu vida material, a tus relaciones laborales, o las más físicas y menos afectivas, y a tu lado masculino.

La frente te habla de cómo te ves o te juzgas en tu forma de pensar o analizar; **los ojos** y las zonas cercanas te hablan de una preocupación por cómo ves la vida; **las cejas y pestañas** son una protección para tus ojos, y los problemas en ellos te indican que no proteges bien tu visión, que dejas que la opinión de los demás influya en tu visión del amor; **la nariz** está relacionada con tu forma de sentir y tu preocupación por cómo te muestras a la hora de sentir; **la mandíbula y maxilares** te hablan de una preocupación por expresar tu rabia y tus emociones; **las mejillas** te indican que prefieres «poner la otra mejilla», es decir, dejarte tratar mal, antes que perder tu honor o el respeto de los demás; **los labios** te hablan de los deseos y de su materialización (ver LABIOS).

La piel seca en la cara te indica que te consideras una persona «seca» de cara a los demás, que crees que no expresas mucho tu cariño o tu afecto. Su mensaje es que te aprecies como eres, dando mucho o poco cariño, y que te permitas expresarte más.

La piel áspera te indica que te consideras una persona «áspera» en tu forma de expresarte o mostrarte a los demás; crees que deberías ser más suave. Su mensaje es que dejes de esforzarte en ser lo que crees que otros esperan; puedes ser una persona áspera a veces, pues también eres suave, aunque no lo veas.

Los granos tienen relación con una sensibilidad extrema que te hace rechazar a los demás para no ser herido (ver ACNÉ). Su mensaje es que te permitas ser sensible y te dejes «tocar» por los demás.

Las manchas, lunares o verrugas indican una percepción muy negativa de ti mismo, en el sentido de ver fealdad en ti de algún modo, ya sea físicamente o en tus actitudes (ver LUNARES). Su mensaje es que te aprecies en lo que no te gusta, que veas tu belleza interior y exterior.

Las arrugas te indican que te tensas demasiado a la hora de mostrar tus emociones, tus temores y tus angustias. Por un lado quieres que otras personas vean lo mucho que sufres o sientes, pero no te gusta expresarlo porque crees que debes mostrar una apariencia perfecta siempre, que no debes mostrarte débil o triste. Su mensaje es que te relajes y te permitas mostrar tus emociones y ser una persona blanda y vulnerable, que confíes en que la vida es un lugar tranquilo y amoroso y en que nadie te va a juzgar si te permites sufrir menos o si muestras más lo que sufres.

Si aparece una **parálisis facial**, significa que te sientes paralizado a la hora de expresar tu ser, que crees que no eres capaz de mostrarte tal y como eres y que te controlas demasiado. Su mensaje es que dejes de controlarte ya, que empieces a creer en tu capacidad de ser quien eres y aceptes que los demás te querrán cuando tú te ames.

El mensaje de los problemas de tu rostro es que seas tú mismo, que te permitas mostrar tus debilidades, tus fallos, las partes que no te gustan de ti y todo lo bueno que tienes; que sientas mucho amor por lo que eres y aceptes que algunas personas te pueden juzgar y otras te amarán incondicionalmente. Tu honor nunca está en entredicho, piensen lo que piensen los demás, pues el Creador ama a todos sus hijos tal y como son, en todo momento, pase lo que pase.

En cualquier caso, solo tú puedes amarte a ti mismo de verdad, eligiendo confiar en que siempre eres digno de amor.

2. Investigación

Viaja con tu mente al momento en que apareció el síntoma; ayúdate de las **preguntas generales (p. 68)** y añade las siguientes:

- ¿En qué situación, poco antes de que apareciera el problema en el rostro, te preocupó excesivamente tu imagen personal o tu honor?
- ¿En qué situaciones crees que debes llevar una máscara o te avergüenzas de lo que eres o de lo que haces?
- ¿Qué preocupaciones te impiden mostrarte tal y como eres o expresar lo que tu alma necesita expresar desde hace tiempo?

3. Creencias (erróneas)

Busca las creencias limitantes (normalmente inconscientes) con las que más te identificas o encuentra en ti algunas similares:

- «El mundo está lleno de personas que te juzgan; he de tener siempre buena apariencia y mostrar que estoy bien aunque no lo esté».
- «Si me muestro como soy, con mis defectos, me rechazarán».
- «Debo esforzarme por ser buena persona para ser aceptado, aunque no sienta amor o me esté obligando a poner buena cara».
- «Nunca deben saber cómo soy por dentro o me harán daño».
- «Me da miedo que otras personas se acerquen y vean lo que puedo hacer, mis dones, porque a lo mejor me juzgan por ser diferente a ellos».
- «Soy una persona fea y desagradable, no puede quererme nadie».
- «Me han rechazado siempre, así que debo de ser una mala persona; me esforzaré por mostrar mi mejor cara y parecer mejor».
- «No debo mostrar mis emociones o mis nervios, pero soy demasiado sensible y no sé qué hacer; creo que me van a juzgar».
- «Debo hacer lo que sea, incluso dejarme tratar mal, para que vean los demás que soy buena persona, o para no perder a alguien».

4. Mensajes

Para cambiar tus creencias puedes usar las siguientes afirmaciones; te invito a crear las tuyas usando el **método general (p. 76)**:

- «Soy una persona maravillosa siempre y me permito mostrarme a los demás tal y como soy, con mis virtudes y mis defectos».
- «Mi interior es más importante que mi apariencia; soy un Ser de amor, y mis cualidades más importantes están en mi corazón».
- «Acepto que otras personas pueden juzgarme cuando soy yo mismo, y elijo amarme y aceptarme en todo momento».
- «Elijo creer que el mundo está lleno de personas amorosas que me aceptan».
- «Tengo derecho a ser como soy, a ser humano, a ser imperfecto, pues en mis detalles se encuentra mi perfección».
- «Elijo mostrarme como soy ante los demás y me dejo ver y tocar por las personas a las que aprecio, descubriendo nuevos aspectos de mi Ser».
- «Siempre tengo el honor y el respeto del Creador, siempre soy digno de amor».
- «Soy una persona suave, dulce, cariñosa y amorosa, y lo expreso de la mejor manera que sé».
- «Me permito mostrar mis dones al mundo y acepto que voy a tener siempre tanto aprecio como rechazo, pues el amor se ve en el equilibrio».
- «Soy capaz de respetarme a mí mismo y de poner límites a los demás cuando lo necesito, y entiendo que pueden juzgarme por ello, pero sigo siendo digno de amor».

5. Acciones

- Repite los mensajes de tu cuerpo todos los días.
- Busca un momento cada día para decirte cosas bellas sobre tu aspecto y sobre tu Ser interior, y quiérete cada día un poco más.
- Permítete cometer errores y obsérvate con compasión, como un niño que vive en un mundo extraño y que tiene derecho a ser amado.
- Mírate con buenos ojos siempre; sé tan compasivo contigo como puedas serlo con los demás; abraza tu oscuridad y tus defectos.
- Haz un proceso de visualización para conectar con tu niño interior, y permítele expresar sus miedos, abrazándolo con tu amor.
- Investiga más posibles mensajes y... ¡ámate!

CELULITIS (O PIEL DE NARANJA)

Es una inflamación del tejido celular de la piel, mucho más común en las mujeres, con zonas de mayor acumulación de grasa que dan a la piel una apariencia rugosa, como de piel de naranja. En ocasiones existe dolor localizado al presionar.

1. Significado

Lo más importante: La celulitis te indica que estás bloqueando la expresión de tu creatividad por miedo al juicio de los demás y por una falta de confianza en tus capacidades. Contienes tus emociones y tus deseos.

Puedes consultar también el significado de PIEL (problemas), NAL-GAS, MUSLOS, CUELLO, BRAZOS, ESPALDA LUMBAR, ABDOMEN, RODILLAS, TOBILLOS.

Tu verdadero deseo: Expresar libremente tu enorme capacidad creadora, confiando en que serás amado si lo haces.

Significado en detalle: El hecho de que sea un problema principalmente femenino y que aparezca con los cambios hormonales al pasar a la edad adulta, indica que está relacionado con la esencia femenina que empieza a expresarse de forma individual, tanto en mujeres como en hombres, cuando crecemos.

La persona que contiene su esencia creativa, sus deseos y emociones, que se deja influenciar por los demás y que no confía en sí misma para manifestar lo que siente, es la que sufrirá de celulitis.

Como es un problema que afecta al aspecto estético, significa que te importa lo que piensen otros de ti, en el área de tu cuerpo donde aparece. Su mensaje es que aceptes que otros pueden juzgarte cuando expresas lo que sientes y al crear lo que deseas, pues siempre eres un ser digno de amor.

Cuando aparece en los muslos, te indica que bloqueas tu creatividad en tu forma de avanzar hacia tu futuro y que te impides disfrutar (como haría un niño) de lo que haces por tomártelo todo muy en serio, como si un adulto te estuviera vigilando y juzgando. Necesitas aprender a crear divirtiéndote, avanzando, jugando y riéndote de tus errores mientras disfrutas del viaje.

En las nalgas, te indica que te esfuerzas en controlar todo (ver NALGAS), que te gustaría que los demás escucharan tus ideas, o incluso que bloqueas la creatividad de otras personas porque no te permites mostrar la tuya propia. Debes aprender a soltar y a soltarte, a aceptar que lo nuevo y lo creativo son necesarios en el mundo, aunque a otras personas no les guste cambiar.

En los hombros, te indica que te impides crear lo que deseas por un exceso de responsabilidades; debes aprender a hacer solo aquello que corresponde a tu esencia creativa, lo que haces con alegría y placer.

Observa lo que significan las partes del cuerpo donde aparece y eso te dará una pista sobre el área en la cual bloqueas tu creatividad.

En general, su mensaje es que te permitas ser especial, que muestres tus dones, tus talentos y tus capacidades creativas, llamando la atención, y que disfrutes de tus aciertos y errores, pues la vida siempre mantiene un equilibrio. No temas la crítica o el rechazo, pues, si acoges con amor todo lo que te llega, sin halagarte o culparte (simplemente reconociendo que eres un Ser divino, lleno de amor y luz), podrás cambiar el mundo con esa parte creativa tuya que está deseando salir.

Descubre las creencias que te impiden mostrar tu creatividad al mundo.

2. Investigación

Viaja con tu mente al momento en que apareció el síntoma; ayúdate de las **preguntas generales (p. 68)** y añade las siguientes:

- ¿En qué áreas de tu vida, desde que apareció la celulitis, te impides sacar tu creatividad?
- ¿Qué temes que pase si te permites mostrar todos tus talentos?
- Nalgas: ¿A qué personas tratas de controlar por no permitirte expresar tu propia creatividad?
- Muslos: ¿Qué te gustaría hacer para avanzar en tu vida con alegría y diversión, pero te lo impides por miedo a que te juzguen?

3. Creencias (erróneas)

Busca las creencias limitantes (normalmente inconscientes) con las que más te identificas o encuentra en ti algunas similares:

- «En el fondo de mi Ser me gustaría expresar mi creatividad, pero me da miedo fracasar y no me lo permito».

- «No confío en mi capacidad de crear; me da miedo lo que puedan pensar los demás de mis creaciones».
- «Tengo miedo de que me digan que no soy tan especial para los demás si elijo crear lo que realmente me gustaría».
- «Me gusta que los demás me hagan caso, porque tengo grandes ideas de cómo se deben hacer las cosas, pero no lo expreso y hago como que no me afecta».
- «Me duele ver a otras personas siendo espontáneas y creativas, porque yo me esfuerzo en controlarme y no muestro mi Ser».

4. Mensajes

Para cambiar tus creencias puedes usar las siguientes afirmaciones; te invito a crear las tuyas usando el **método general (p. 76):**

- «Elijo creer en mi capacidad para crear».
- «Soy una persona creativa y me permito mostrar a los demás mi enorme creatividad y mis talentos».
- «Acepto que mis creaciones pueden gustar o no gustar, y elijo crear aquello que sale de mi corazón».
- «Aprendo a disfrutar de mi camino y de mi esencia creativa expresando mis emociones y jugando con la vida».
- «Trato de expresar con amor las ideas que tengo para ayudar a los demás y les dejo libres para elegir».
- «Admiro a las personas creativas y aprecio ser como ellas, a mi manera única, respetando su libertad y la mía».

5. Acciones

- Repite los mensajes de tu cuerpo todos los días.
- Lee las acciones para piel (problemas), que se encuentran más atrás, y utilízalas en tu día a día.
- Busca en lo que más te gusta aquellas áreas donde necesitas expresar tu creatividad. Puede ser en el arte, en la cocina, en el deporte, en el lenguaje, en la ciencia, ¡donde sea! Permítete mostrar al mundo eso que llevas dentro.
- Investiga más posibles mensajes y… ¡ámate!

ESTRÍAS

Son marcas en la piel en forma de línea, normalmente de un color blanquecino, a veces amoratado o rojizo; aparecen cuando se estira la piel y las fibras no son lo bastante flexibles para volver a su estado original, por lo que queda esa línea de piel distendida. Suelen presentarse en el abdomen, los muslos, los glúteos, el pecho o cualquier zona donde la piel pueda estirarse.

1. Significado

Lo más importante: Las estrías te indican que has tratado de mostrar una apariencia fuerte y rígida, en lugar de mostrar tu vulnerabilidad, en el área de tu vida simbolizada por la parte del cuerpo donde aparecen.

Consulta el significado de dicha parte del cuerpo, además de PIEL (problemas).

Tu verdadero deseo: Permitirte mostrarte tal y como eres, con tus debilidades y límites, y dejar de hacer como que puedes con todo.

Significado en detalle: Como la piel representa la imagen que mostramos de nosotros mismos y las estrías son una ruptura del tejido por falta de elasticidad y flexibilidad, su aparición te indica que has sido inflexible contigo mismo, que has creído que necesitabas ponerte rígido y dar una apariencia de fortaleza que en ese momento no tenías.

Si además tienen un color rosado o amoratado, te indican que te tomas demasiado en serio tus preocupaciones, que pierdes alegría de vivir y ocultas tu tristeza por tratar de mostrarte fuerte.

Por ejemplo, una mujer embarazada puede desarrollar estrías en el vientre si se hace demasiado la fuerte, en lugar de pedir la ayuda y la protección que necesita para sentirse segura (por ejemplo, una persona importante de mi vida fue capaz de pedir toda la ayuda que necesitó durante el embarazo, confió en sí misma y en la vida y no tuvo ninguna estría ni muchos otros síntomas asociados al embarazo).

Si aparecen en los **glúteos**, puede ser una indicación de que tratas de controlar demasiado lo que hacen los demás y crees que siempre debes mostrar la apariencia de que lo sabes todo, que tus ideas son las mejores.

Si es en el **pecho,** tal vez tratas de mostrar una apariencia maternal y protectora, incluso cuando no tienes fuerzas y necesitas para ti esa protección y cuidados.

Si es en las **rodillas,** quizás tratas de mostrarte siempre fuerte ante los demás en lo relativo a tu futuro, como si ya tuvieras todo claro, pero en el fondo desearías mostrar tus miedos y debilidades y pedir el consejo que necesitas, doblegándote o arrodillándote ante la vida y dejándote guiar un poco más.

El mensaje de las estrías, en general, es que te vuelvas más suave y flexible, que te permitas mostrar tu lado vulnerable y frágil para que veas que la vida también cuida de ti. Así, al no hacerte pasar por fuerte cuando no lo eres en ese momento, tu piel cederá y volverá de forma natural a su lugar, sin dejar marcas.

Cuando ya han aparecido, te recomiendo que revises la situación en la que creíste que debías ser fuerte y te perdones por tu debilidad. Puede que no sea fácil que se regenere la piel, pero estoy seguro de que es posible si recuperas tu inocencia y fragilidad y aceptas tus límites.

Descubre las creencias que te hacen esforzarte en mostrar una apariencia fuerte y rígida, cuando realmente deseas ayuda.

2. Investigación

Viaja con tu mente al momento en que apareció el síntoma; ayúdate de las **preguntas generales (p. 68)** y añade las siguientes:

- ¿En qué situación creíste que debías mostrarte fuerte y te exigiste demasiado, en el área representada por esa parte del cuerpo, poco antes de que aparecieran las estrías?
- ¿Qué te preocupa tanto de lo que puedan pensar los demás si muestras tu fragilidad, tu vulnerabilidad y tus necesidades?

3. Creencias (erróneas)

Busca las creencias limitantes (normalmente inconscientes) con las que más te identificas o encuentra en ti algunas similares:

- «Debo mostrarme fuerte; no deben pensar que soy una persona débil, aunque necesite ayuda, o sucederá _____ (algo que temes)».
- «No está bien doblegarse ni ceder ante los problemas que me agobian; debo mostrar firmeza y capacidad de resolución».

- «Debo ser una madre embarazada perfecta y hacer ver que siempre estoy bien, aunque tenga miedo por dentro».
- «Creo que debo dirigir a otros por el camino correcto y no puedo mostrar debilidad ni vacilación; deben creer que siempre tengo las respuestas y las soluciones».
- «No está bien pedir ayuda para tomar decisiones; debería ser capaz de hacer todo solo, sin ayuda, y mostrarme fuerte y capaz».
- «Debo cuidar siempre de los demás y aparentar fortaleza, aunque necesite ayuda y no pueda más».

4. Mensajes

Para cambiar tus creencias puedes usar las siguientes afirmaciones; te invito a crear las tuyas usando el **método general (p. 76):**

- «Me permito ser vulnerable y flexible, y acepto pedir la ayuda que necesito en cada momento, pues siempre soy digno de amor».
- «Acepto que los demás vean mis debilidades y mis necesidades, pues también en otros momentos muestro mi fuerza y mis capacidades».
- «Es bueno aceptar la ayuda de los demás, porque me hace más humano y me ayuda a apreciar el amor que los demás sienten hacia mí».
- «Me permito expresar mis límites y necesidades, y mostrarme vulnerable, y confío en que todo va a salir bien».
- Vientre: «Soy una gran madre cuando me permito pedir la ayuda, el apoyo y la protección que necesito, y soy digna de amor siempre».
- Pecho: «Elijo confiar en que las personas a las que quiero estarán bien, y me permito dejarlas libres y cuidar de mí, pidiendo lo que necesito».
- Muslos: «Me permito disfrutar de la vida como un niño y avanzar hacia lo que me ilusiona y me divierte, aceptando que no tengo que demostrar nada y que puedo ser auténtico, tal y como soy».
- Glúteos: «Acepto que los demás tienen su propia visión y es totalmente válida, y me permito mostrar que no tengo todas las respuestas y que a veces necesito ayuda yo también».

5. Acciones

- Repite los mensajes de tu cuerpo todos los días.

- Haz una lista de las situaciones en las que te gustaría pedir ayuda pero por miedo te haces pasar por fuerte, poniéndote rígido.
- Abraza a tu niño interior y dile que aceptas sus debilidades, que vas a hacer lo posible para que tenga lo que necesita y que le amas con todo lo que siente y con todo tu corazón.
- Habla con las personas que te rodean y exprésales tus necesidades, aceptando con amor y gratitud lo que puedan darte, y confiando en que, si no pueden ayudarte, la ayuda vendrá de una forma u otra a tu vida.
- Investiga más posibles mensajes y... ¡ámate!

EXCRECENCIA

Una excrecencia es un crecimiento anormal de las células de la piel, que da lugar a un tumor benigno. Consulta el significado de TUMOR y VERRUGA; añade que tienes una gran pena en el presente, que guardas desde hace tiempo, y que te impides hacer lo que quieres por un miedo muy grande a no ser buena persona o a ser juzgado si lo haces. Debes elegir abrir tu corazón, perdonarte y perdonar, y lanzarte hacia lo que quieres confiando en tu luz y en tu bondad.

FISURA, CORTE O GRIETA (EN PIEL, LABIOS, ANO, ETC.)

Una fisura es una pequeña hendidura que separa en dos la piel de una zona del cuerpo. Suele aparecer en los labios, en el ano y como cortes en cualquier otro lugar.

1. Significado

Lo más importante: Una fisura te indica que te sientes dividido entre dos opciones y que no sabes cuál debes elegir por miedo a ser juzgado por los demás si te equivocas. El dolor indicaría culpa por la incertidumbre.

Añade el significado del lado afectado, derecho o IZQUIERDO (p. 50), para saber en qué área de tu vida debes buscar el mensaje.

Busca también el significado de la parte del cuerpo donde aparece, para saber en qué área de tu vida te sientes dividido.

Tu verdadero deseo: Confiar en tu criterio y saber que no tienes que elegir, sino solo hacer lo que sientes y no lo que esperan de ti.

Significado en detalle: Al ser un problema en la piel, tu cuerpo te dice que te preocupa lo que piensen los demás de ti, en este caso por sentirte dividido entre dos situaciones o dos personas.

Crees que tu elección es muy difícil y que no debes equivocarte, pero no es tan grave como crees. En el fondo sabes lo que sientes; solo debes elegir lo que realmente deseas y afrontar así tu miedo a desagradar a otras personas.

En caso de aparecer en el labio, tiene relación con sentirte atrapado entre dos deseos, o entre algo que deseas y ponerlo o no en práctica. Si te duele al sonreír, te indica que te sientes culpable por ser feliz con tu decisión, la cual sabes que es la correcta.

Cuando aparece en el ano, normalmente crees que debes elegir entre terminar una situación o no; sientes que es una decisión imposible, pero sabes en el fondo que lo que deseas es poner fin a algo que te duele, aunque temes la reacción de los demás.

Cuando la fisura aparece en forma de un corte en la piel, significa que te sientes dividido en una situación relacionada con esa parte (mira el significado).

Si hay sangre, significa que tus dudas te hacen perder alegría de vivir, que te tomas demasiado en serio la decisión.

Su mensaje es que confíes en tu criterio, que veas con claridad la situación, pues, en realidad, una de las dos opciones que crees que debes elegir no es lo que realmente quieres, pero tu miedo te hace dividirte. Pasa a la acción, creyendo con firmeza en lo que sabes que es tu elección correcta.

2. Investigación

Viaja con tu mente al momento en que apareció el síntoma; ayúdate de las **preguntas generales (p. 68)** y añade las siguientes:

- ¿En qué situación, poco antes de que apareciera la fisura, te sentiste dividido?
- ¿Qué temes que suceda si te equivocas al elegir?

3. Creencias (erróneas)

Busca las creencias limitantes (normalmente inconscientes) con las que más te identificas o encuentra en ti algunas similares:

- «No puedo elegir entre esas dos opciones que tengo; si me equivoco, seré juzgado y sufriré».
- «No tengo intuición ni criterio; no soy capaz de saber lo que es mejor para mí ni qué decisión es la mejor, y puede pasar algo malo».
- Labios: «No sé si debo llevar a la práctica mi deseo o no; no sé si lo merezco».
- Ano: «Dudo si poner fin o no a la situación que me preocupa; temo equivocarme y que salga mal».

4. Mensajes

Para cambiar tus creencias puedes usar las siguientes afirmaciones; te invito a crear las tuyas usando el **método general (p. 76):**

- «Soy capaz de saber cuál es la opción más adecuada para mí y acepto que puedo ser juzgado cuando la llevo a cabo».
- «Me decido por lo que siento que es mejor para mí, escuchando mi corazón y aceptando la opinión de los demás, sea cual sea».
- «No tengo que elegir, todas las opciones son válidas, pero me permito hacer lo que creo que me ayuda en este momento».
- Labios: «Confío en mi intuición y en mi criterio, y expreso lo que deseo y me hace feliz».
- Ano: «Me permito terminar con la situación que me preocupa, y confío en que todo va a salir bien si hago lo que siento que es correcto».

5. Acciones

- Repite los mensajes de tu cuerpo todos los días.
- Haz una lista de los miedos que tienes si te equivocas en tu elección, y busca el amor y la solución en ellos, verás que son menos graves de lo que pensabas.
- Decide lo que quieres y ¡hazlo! Si estás dudando entre acercarte a una persona o alejarte, haz lo que sientas y aprende de la experiencia.
- Investiga más posibles mensajes y… ¡ámate!

GRANOS QUE NO SON ACNÉ
(O ERUPCIÓN CUTÁNEA)

Un grano es un bultito, un pequeño tumor en la superficie de la piel, similar a un tumor benigno en otras partes del cuerpo, que aparece como una inflamación (solo o en grupo) y después puede desaparecer por reabsorción o supuración, o formar una herida.

1. Significado

Lo más importante: Los granos te indican que has sentido impaciencia, y también que no has aceptado cambios en tus planes, lo cual te ha generado rabia o ira reprimida.

Si hay picor además, te indica que tienes un deseo que no dejas salir por miedo a lo que piensen otras personas (ver PICOR).

Para saber en qué aspecto vives esa ira, rabia o impaciencia, es importante buscar el significado del lugar del cuerpo donde aparece (por ejemplo, un grano en el pecho se relaciona con la familia; en las piernas, con tu forma de avanzar hacia el futuro).

Añade el significado del lado afectado, DERECHO O IZQUIERDO (p. 50), para saber en qué área de tu vida debes buscar el mensaje.

Puedes consultar también el significado de PIEL (problemas), ACNÉ, ABSCESO, EXCRECENCIA, QUISTE.

Tu verdadero deseo: Quieres expresar tus necesidades y deseos, ser más paciente y tolerante a los cambios y mostrarte tal y como eres ante los demás, aceptando que pueden juzgarte y que aun así mereces recibir amor.

Significado en detalle: Observa la parte de tu cuerpo donde aparecen los granos. Si es en la cara, te preocupa tu honor o la imagen que ven los demás de tu persona. Si es en la mandíbula, deseas expresar algo pero te contienes. Si es en los brazos, deseas actuar pero te reprimes. Si es en las piernas, deseas avanzar pero te frenas.

En todos los casos, hay rabia o impaciencia por no poder hacer lo que habías planeado; existe un miedo a lo que piensen los demás, que viene de tu infancia, de cuando aprendiste a actuar como otros esperaban de ti.

Debes permitirte ser más paciente y tolerante con los cambios y, al mismo tiempo, hacer aquello que tenías pensado hacer, pero tal vez de forma diferente o a otro ritmo. Sé más flexible y adaptable y verás que todo sucede como lo ves por una buena razón.

Tu cuerpo te dice que todo lo que te rodea te da señales de cuál es el camino que tu alma quiere seguir, y que, si te impacientas, es porque no escuchas bien los ritmos de la vida y de la Tierra.

Si te preocupa mucho lo que puedan pensar los demás ante tus acciones, sé consciente de que ellos no son tan críticos contigo como tú mismo y de que, si tú te perdonas y te permites mostrarte tal y como eres, los demás te aceptarán al final.

2. Investigación

Viaja con tu mente al momento en que apareció el síntoma; ayúdate de las **preguntas generales (p. 68)** y añade las siguientes:

- ¿En qué área de tu vida puedes estar siendo impaciente y te preocupa demasiado la opinión de los demás?
- ¿Qué cambio no aceptaste bien en tus planes poco antes de que aparecieran los granos?
- ¿En qué situación temes el juicio de alguien? Mira el significado de la parte del cuerpo donde aparecen los granos para ver el tema relacionado.

3. Creencias (erróneas)

Busca las creencias limitantes (normalmente inconscientes) con las que más te identificas o encuentra en ti algunas similares:

- «Me gustaría que todo lo que me molesta fuera como yo deseo y no tener que mostrar mis emociones».
- «Me gusta que ciertas cosas sucedan ya, pronto, ¡cuanto antes! No quiero esperar».
- «Siento ira porque las cosas no han sido como yo quería, pero prefiero no mostrar esa ira para no hacer daño o para evitar el rechazo».
- «Guardo una preocupación excesiva por la opinión de los demás sobre mí; me cuesta mostrar mi sensibilidad en _____ (mirar en qué área en función de la parte del cuerpo)».
- «Me cuesta expresar mis preocupaciones internas, mis miedos y mis emociones; temo no ser apreciado».

4. Mensajes

Para cambiar tus creencias puedes usar las siguientes afirmaciones; te invito a crear las tuyas usando el **método general (p. 76):**

- «Me abro a expresar mis temores, dudas y preocupaciones a los demás y acepto con amor su reacción».
- «Me permito ser más paciente, flexible y adaptable a los imprevistos; todo sucede por una buena razón».
- «Elijo amarme y valorarme tal y como soy, con mis virtudes y mis defectos, y mostrarme a los demás».
- «Acepto que puedo ser juzgado cuando expreso mis deseos, necesidades y límites, y elijo amarme como soy».
- «Soy capaz de mostrarme sensible, desarrollar mi paciencia y permitir el fluir de la vida».
- «Soy capaz de observar mi ira cuando aparece y dejarla fluir a través de mí con amor, sin hacer nada más».

5. Acciones

- Repite los mensajes de tu cuerpo todos los días.
- Lee las acciones para piel (problemas) y utilízalas en tu día a día.
- Cuando sientas impaciencia, trata de ver qué cosas positivas te aporta esa situación nueva y recuperarás el equilibrio de tu Ser.
- Atrévete a expresar lo que sientes a tus seres queridos; seguro que lo entienden mejor de lo que crees. ¡Anímate!
- Investiga más posibles mensajes y... ¡ámate!

HERIDA (O GOLPE, CONTUSIÓN, ROZADURA, ETC.)

Toda herida suele ser causada por un golpe de una parte del cuerpo contra algo; produce dolor y una hemorragia, externa o interna, de mayor o menor intensidad.

1. Significado

Lo más importante: Cualquier herida con dolor simboliza culpa (ver DOLOR), preocupación por el juicio de los demás y pérdida de alegría de vivir por tomarte demasiado en serio aquello por lo que te sientes culpable. Si la herida es abierta, te indica que quieres que se vea tu tristeza y tu dolor. Si la hemorragia es interna (por ejemplo, HEMATO-MA), significa que te da vergüenza mostrar tu dolor o la culpa y prefieres ocultarlo.

Busca el significado de la parte del cuerpo donde aparece la herida y añádelo a este significado.

Añade el significado del lado afectado, DERECHO O IZQUIERDO (p. 50), para saber en qué área de tu vida debes buscar el mensaje.

Puedes consultar también el significado de PIEL (problemas), AC-CIDENTE, HEMATOMA, HEMORRAGIA.

Tu verdadero deseo: Liberarte de la culpa, perdonarte y tomarte la vida con más alegría y menos en serio.

Significado en detalle: Cualquier herida se produce por un sentimiento de culpa, normalmente vivido a nivel inconsciente, después de haber creído que has hecho algo malo y por lo que piensas que mereces un castigo.

Es muy posible que no sepas que te sientes culpable por algo, porque si fueras consciente de ello no atraerías esa herida en tu cuerpo.

Según la parte afectada, la culpa estará referida a un área concreta de tu vida. Por ejemplo, una herida en la pierna o en el pie te indica culpa por alguna decisión de avanzar a tu manera hacia el futuro o hacia algo. Si es en la pierna izquierda, la culpa es relativa a algún ser querido o a algo emocional en tu vida. Si es una herida en el codo derecho, representa culpa por creer que no debes tener libertad de movimientos en lo material o profesional.

El hecho de que haya **hemorragia**, interna o externa, te indica que has sentido mucha tristeza, que necesitas tomarte menos en serio lo que ha pasado, que te castigas porque crees que has hecho algo muy grave; te dice que no es para tanto, que tienes derecho a expresar tu tristeza pero también a ir quitando importancia al asunto, porque la vida es más bien un juego y no algo tan grave.

Por ejemplo, una persona querida para mí sufrió un fuerte golpe en la rodilla después de no haber ido al hospital a ver a un ser querido que estaba enfermo y enterarse de que había muerto esa noche, lo que indicaría su culpa por haber ido donde deseaba en lugar de visitar a este ser querido.

El mensaje de cualquier herida es que te perdones y que te ames. La culpa no es necesaria en ningún caso y no mereces ningún castigo, hayas hecho lo que hayas hecho.

Si crees que debes hablar con alguien por algo que has hecho o que no has hecho, o que debes enmendar un error, solo tienes que hacerlo con sinceridad, con paz interior y aceptando las consecuencias de tus actos; no hay necesidad de castigarte además por ello.

La vida es una secuencia de oportunidades para amar, para crecer y para servir, y los pensamientos de culpa o de creer en el bien y el mal te quitan energía en este caso; tu cuerpo te invita a aceptarte tal y como eres, a mirarte con compasión y a permitirte equivocarte en todo momento, pues siempre eres digno de amor.

Descubre las creencias que te hacen sentir culpa por algo que has hecho o por algo que no has hecho, y te llevan a tomarte muy en serio la vida.

2. Investigación

Viaja con tu mente al momento en que apareció el síntoma; ayúdate de las **preguntas generales (p. 68)** y añade las siguientes:

- Poco antes de que apareciera el problema, ¿qué situación, relacionada con el significado de la parte del cuerpo herida, te hizo sentirte culpable por algo?
- ¿Qué crees que has hecho mal o que no has hecho bien, y debido a ello una parte de ti cree que mereces un castigo?
- ¿Qué parte de ti o de tus actos te has tomado muy en serio, y eso te ha hecho perder tu alegría?

3. Creencias (erróneas)

Busca las creencias limitantes (normalmente inconscientes) con las que más te identificas o encuentra en ti algunas similares:

- «He hecho algo realmente malo; no debería haberlo hecho, me merezco un castigo».
- «Creo que soy mala persona, porque las buenas personas hacen _____ (algo que crees que deberías haber hecho)».
- «Los demás me van a juzgar por lo que he hecho; debería ser diferente».
- Talón: «Me siento culpable por necesitar la aprobación de una persona; debería valerme por mí mismo».
- Rodilla izquierda: «Me siento culpable si cedo en mi forma de avanzar hacia mi futuro en pareja; me da miedo ser sumiso si no lo hago a mi manera».

- Moratón muslo derecho: «Me siento culpable por querer jugar y divertirme más en el trabajo que me da el sustento; debería ser más serio y responsable, y no debo mostrar mi tristeza a los demás».
- Brazo derecho: «Me siento culpable por no dar lo que esperan de mí; debería dar más».
- Mano izquierda: «Me siento culpable por haber recibido algo bueno haciendo lo que realmente me gusta con mis manos; no lo merezco».
- Cabeza: «Me siento culpable por ser como soy: no valgo, no soy lo suficientemente bueno; debo ser diferente o no me amarán».

4. Mensajes

Para cambiar tus creencias puedes usar las siguientes afirmaciones; te invito a crear las tuyas usando el **método general (p. 76):**

- «Soy una buena persona haga lo que haga y me merezco amor siempre».
- «Soy un Ser precioso y maravilloso, y soy digno de amor, con todos mis defectos y mis virtudes».
- «Elijo perdonarme por _____ (lo que crees que has hecho mal) y me abrazo con amor y compasión».
- «Acepto que otras personas pueden no ver bien lo que he hecho, me perdono y me amo tal y como soy».
- «Tengo derecho a hacer lo que siento y a cometer errores; soy perfecto tal y como soy, con mis virtudes y defectos».
- «Sea lo que sea lo que haya hecho o dejado de hacer, soy digno de amor».
- «Soy un digno hijo del Creador y me merezco amor siempre».
- «La vida es un juego y elijo divertirme siempre y tomármela más a la ligera».
- «Me permito expresar mi tristeza y mis preocupaciones; averiguo si lo que me preocupa es tan grave o no, y si puedo lo corrijo con amor».
- Talón: «Me perdono por haber necesitado el apoyo de alguien y me doy yo mismo el apoyo que necesito a partir de ahora».
- Rodilla izquierda: «Me perdono por no ser flexible a veces al avanzar hacia _____ (mi pareja ideal, mi vocación, etc.) y elijo escuchar nuevas opiniones de los demás con amor, para hacer finalmente lo que siento».

- Moratón en el muslo derecho: «El trabajo, como todo en la vida, es un juego, y tengo derecho a divertirme y disfrutar, además de hacerlo bien».
- Brazo derecho: «Me permito no dar a veces cuando no lo siento».
- Mano izquierda: «Me merezco recibir todo lo bueno de la vida y hacer siempre lo que realmente me gusta, pues la vida es alegría».
- Cabeza: «Soy un Ser especial y maravilloso, y me merezco amor solo por ser, tal y como soy, siempre».

5. Acciones

- Repite los mensajes de tu cuerpo todos los días.
- Imagina a tu niño interior, que se siente triste y culpable, y abrázalo con tu amor y tu calor, llevando el perdón a donde sea necesario. Verás que el dolor físico desaparece más rápido de lo que crees.
- Investiga más posibles mensajes y... ¡ámate!

HONGOS EN LA PIEL

Los hongos que afectan a la piel son un tipo de organismos que se alimentan de queratina (piel, pelo, uñas); pueden aparecer en forma de infección cutánea en varias zonas del cuerpo, habitualmente en los pies, entre los dedos y en las uñas.

1. Significado

Lo más importante: La aparición de hongos en la piel te indica que te has dejado influir por un miedo de tu entorno y que has tratado de protegerte frenando tus impulsos naturales por miedo a lo que otros podían pensar de ti. La infección aparece cuando te has liberado del miedo (suele ser un síntoma de liberación), y ayuda a que desaparezcan los tejidos sobrantes.

Para averiguar en qué área de tu vida has tenido ese miedo y te has dejado influir, busca el significado de la parte del cuerpo afectada por los hongos.

Puedes consultar también el significado de PIEL (problemas), INFECCIÓN.

Tu verdadero deseo: Confiar más en la vida, en que estás protegido y en que puedes mostrarte tal y como eres en esa área de tu vida, aceptándote con amor.

Significado en detalle: Los hongos son uno de los organismos más antiguos de la Tierra; actúan en las zonas del cuerpo conectadas con la parte más primitiva del cerebro (paleoencéfalo), lo que significa que sus infecciones normalmente tienen conexión con temores ancestrales sobre la supervivencia y la sexualidad.

El proceso habitual es el siguiente: en la zona afectada, y mientras existe ese miedo que te hace protegerte de los demás y temer su juicio si te permites ser quien quieres ser, primero la piel de la zona se engrosa o aparecen callos o formaciones celulares; después, cuando ya has resuelto ese miedo, actúan los hongos destruyendo el exceso de tejido y formando el característico mal olor.

Si aparecen en los dedos de los pies, por ejemplo, puede que hayas tenido miedo a avanzar hacia tu futuro por preocuparte demasiado por ciertos detalles y por temor a que te juzgaran si no tomabas la decisión «correcta» (ver el significado de cada dedo en DEDOS DE LOS PIES). También puede que frenaras tus impulsos y formaras así un callo en algún dedo o articulación al no permitirte sacar tu verdadero Ser, y que entonces, al liberarte de tu miedo, aparecieran los hongos para disolver la formación córnea, manifestándose como una infección y mal olor.

El mensaje en ese caso es que refuerces tu confianza en el futuro y que te permitas mostrarte tal y como eres para evitar una nueva infección; que aceptes que otras personas pueden no estar de acuerdo con tus decisiones, pero no tienes por qué frenarte por ello.

Si tienes **mal olor de pies** en general, probablemente tengas en tu interior un proceso recurrente de miedo a actuar y a avanzar hacia el futuro por falta de confianza en tus medios para lograrlo y después vivas la solución de ese miedo, lo cual causa la aparición de la infección y que el olor vuelva.

Si la infección aparece en el **pecho**, se relaciona con un miedo a no estar cuidando bien a otros o a no ser cuidado (ver PECHO).

Si aparece en la **zona inguinal** (de la ingle), está relacionado con una preocupación acerca de la sexualidad o de tu capacidad para avanzar en la vida disfrutando del proceso. Si es en la zona del ano, con la preocupación por terminar algo.

Si aparece en las **uñas**, se relaciona con un miedo a no sentirte protegido, porque has dejado que otra persona o grupo te influya para creerlo (ver UÑAS).

Si sufres **candidiasis** vaginal, mira CANDIDIASIS.

En todo caso, el mensaje de los hongos es que evites dejarte influir tanto por los miedos ajenos y que confíes más en que todo está bien y en que todo va a salir bien. Acepta que los demás puedan tener esos miedos y juzgarte, pero encuentra tu propia confianza y actúa según sientas en tu corazón; así podrás abrir el camino para que otros se permitan mostrar su verdadero Ser.

2. Investigación

Viaja con tu mente al momento en que apareció el síntoma; ayúdate de las **preguntas generales (p. 68)** y añade las siguientes:

- ¿En qué situación, relacionada con el significado de la parte del cuerpo afectada, sentiste que no podías actuar como deseabas por miedo a lo que pensaran los demás, hasta que apareció el problema de hongos?
- ¿Qué miedos ajenos has dejado que te afecten hasta creer que debías limitar tus impulsos y frenar lo que realmente deseabas mostrar de ti?

3. Creencias (erróneas)

Busca las creencias limitantes (normalmente inconscientes) con las que más te identificas o encuentra en ti algunas similares:

- «Llevo un tiempo con miedo a mostrar una parte de mí porque me han hecho creer que puedo sufrir, quedarme solo o perder algo».
- «Me he contenido de hacer lo que deseo porque he creído que me iban a juzgar, que la vida era difícil y que el mundo era un lugar peligroso».
- Dedos de los pies: «He vivido preocupado de los detalles de mi futuro, creyendo que no tenía los medios para lograr mis metas y que otras personas iban a juzgarme si avanzaba y me equivocaba».
- Olor de pies: «Me importa mucho lo que piensen de mí los demás respecto de mi futuro y mis decisiones; creo que no puedo por mí mismo y que debo hacer lo que esperan de mí o me pasará algo malo».

- Uñas: «Tengo miedo de no poder defenderme de las agresiones externas por las ideas que me transmiten los demás; debo estar muy atento siempre a los detalles».

4. Mensajes

Para cambiar tus creencias puedes usar las siguientes afirmaciones; te invito a crear las tuyas usando el **método general (p. 76):**

- «Me permito mostrarme a los demás y actuar tal y como soy, aceptando que pueden juzgarme, y confío en que merezco amor y aceptación».
- «Me perdono por haber permitido que otras personas me hicieran no confiar en la vida, y aprendo a confiar de nuevo, mostrándome de forma auténtica tal y como soy».
- «Tomo mis decisiones escuchando a mi corazón, y confío en que la vida va a cuidar de mí siempre y en que voy a estar bien, piensen lo que piensen los demás».
- «Respeto que otras personas tengan miedo y me juzguen, y aprendo a confiar en mi criterio, para así avanzar en mi camino y mostrar una forma nueva de vivir».
- Dedos de los pies: «Elijo ver mi camino y mi futuro con una perspectiva más amplia; acepto el juicio de los demás con amor y avanzo confiando en la vida y en el criterio de mi corazón».
- Dedo anular y meñique del pie izquierdo: «Me permito ser más independiente en mi relación de pareja; confío en que el ideal que deseo llegará y dejo salir mi amor de verdad, respetando mis necesidades».
- Olor de pies: «Elijo confiar en mi capacidad para crear el futuro que deseo, acepto que otras personas pueden no entender mis decisiones o mi criterio y confío en que todo va a salir bien».
- Uñas: «Elijo confiar en mi fuerza y en mi capacidad de defenderme en todo momento, dejo de lado los detalles y lo que no me da confianza y observo la vida en su conjunto, expresándome como soy».

5. Acciones

- Repite los mensajes de tu cuerpo todos los días.
- Como los hongos aparecen cuando te liberas del miedo, debes observar si la liberación es temporal (al alejarte del conflicto, sin resol-

verlo) o si realmente has superado ese miedo (mediante la aceptación o el perdón). En caso de ser temporal, revisa cuál es el miedo que tenías durante el tiempo anterior a la aparición del síntoma y crea tus propias afirmaciones para afrontarlo y superarlo definitivamente.

- Dedica un tiempo a visualizar y a abrazar a tu niño interior con todos sus miedos y los que ha dejado que otros le transmitan, y dile que todo va a salir bien, que puede confiar en la vida y mostrarse tal y como es.
- Elabora una lista de las cosas que te has impedido hacer, o de las partes de tu Ser que te has impedido mostrar por ese miedo, y haz un plan para realizarlas o mostrarlas y para ser tú mismo por fin. ¡Deja que tu luz brille!
- Investiga más posibles mensajes y... ¡ámate!

LUNARES (Y MANCHAS Y VERRUGAS)

Un lunar es una mancha de color marrón o rojizo en la piel, de tamaño menor a cinco milímetros y con bordes definidos. Hay otro tipo de manchas, como los *nevus*, cuya forma y color pueden variar.

Las verrugas son formaciones celulares con forma globular y de tamaño variable; pueden ser de color claro o de color oscuro y suelen tener vasos sanguíneos y nervios que las alimentan.

Tanto los lunares como las manchas y las verrugas pueden desaparecer espontáneamente en cualquier momento.

1. Significado

Lo más importante: Cualquier problema de piel como estos, que afectan a su estética, te indica que no te gusta cómo te ves en el área de la vida representada por la parte del cuerpo donde aparece. Puede que te consideres una persona «fea» en esa área o incluso que no te guste esa parte de tu cuerpo.

Añade el significado de la parte del cuerpo donde aparece el problema y el significado de IZQUIERDA o DERECHA si aparece solo en uno de los lados.

Puedes consultar también el significado de PIEL (problemas).

Tu verdadero deseo: Apreciarte más en esa área de tu vida o aceptar con amor esa parte de tu cuerpo, aprendiendo a mostrarte tal y como eres con confianza, prestando más atención a tu belleza interior.

Significado en detalle: Como la piel es la parte del cuerpo que los demás ven, cualquier mancha o problema estético que haga su apariencia menos agradable es una indicación de que juzgas demasiado lo que ves en ti y te consideras inadecuado, feo o desagradable en el área de tu vida que simboliza la zona de aparición de la mancha, lunar o verruga.

Un lunar representa un juicio leve, mientras que una MANCHA grande (incluso un —así denominado— melanoma) representa un juicio más severo que diriges hacia ti. Si el lunar es rojo y tiene circulación sanguínea, te indica que tu juicio te hace perder alegría, pero te contienes de expresarlo. Las VERRUGAS, además de indicarte que te ves de forma muy negativa o «fea» en esa área, como son similares a un quiste, te indican que guardas una pena interior que te cuesta expresar.

Si la mancha o la verruga crece, es posible que cada vez te juzgues más en esa parte de tu ser y que te cueste poner en tu corazón compasión hacia ti. Si se queda como está pero no desaparece, es porque aún no te has perdonado por eso que viste mal en ti y por lo que te juzgaste.

Por ejemplo, si el problema en la piel aparece en un **brazo**, estará relacionado con un juicio hacia ti por tu forma de dar o recibir, de abrazar o de actuar en el presente (ver BRAZOS).

Si aparece en la **cara**, te indica que te preocupa mucho tu honor o tu imagen social, y que has visto algo en ti que te ha parecido «feo» de cara a los demás. Cerca de la nariz se relaciona con las emociones y con el deseo sexual; cerca de los ojos, con tu forma de ver la vida; en la mandíbula, con la expresión de la ira y de los deseos (ver CARA, NARIZ, OJOS y MANDÍBULA).

En la **zona genital**, se relaciona con una percepción negativa de ti mismo en tu forma de disfrutar del placer y de las relaciones sexuales.

Consulta la parte del cuerpo exacta donde aparece, para ver en qué área has creído que no te mostrabas como «debías» o de qué parte de ti te has avergonzado en exceso.

En general, el mensaje de cualquier mancha o verruga es que te aprecies tal y como eres, con todo lo que no te gusta de ti, y que aprendas a ver más tu belleza, tanto la exterior como, sobre todo, la interior.

En el caso de las verrugas y manchas más graves, te recomiendo que encuentres las creencias que te hacen guardarte la pena y la ira, y te permitas expresar lo que sientes hacia los demás y ser tú mismo.

Descubre las formas de pensar que te hacen juzgarte tan duramente y creer en la fealdad de tu ser.

2. Investigación

Viaja con tu mente al momento en que apareció el síntoma; ayúdate de las **preguntas generales (p. 68)** y añade las siguientes:

- ¿En qué situaciones, relacionadas con el significado de la parte del cuerpo afectada, te has considerado indigno, feo o desagradable, poco antes de que apareciera el problema?
- ¿Qué es lo que no te gusta de tu ser, de tu forma de actuar o de tu cuerpo?
- ¿Qué creencias te hacen temer tanto que te juzguen que llegas a juzgarte tú más incluso y te esfuerzas por ser perfecto en esa área?

3. Creencias (erróneas)

Busca las creencias limitantes (normalmente inconscientes) con las que más te identificas o encuentra en ti algunas similares:

- «No soy como debería ser, hago ciertas cosas mal y creo que no gusto a la gente, en ese tema que me preocupa».
- «Soy una persona desagradable en algunas cosas que muestro a los demás y me da miedo que me juzguen y que me rechacen».
- «Tengo partes de mi cuerpo que me parecen feas y desagradables; debería ser normal, diferente a como soy, pero soy raro».
- Cara: «Creo que no soy buena persona, porque hay oscuridad en mí, y no me gusta nada; debo tratar de demostrar que soy bueno y temo que me juzguen».
- Nariz: «Siento muchos deseos y emociones, sobre todo en lo sexual, pero me avergüenzo de ello; debería ser mejor y más espiritual».
- Dedo gordo del pie izquierdo: «Me resulta desagradable mi forma de afrontar mi futuro familiar; nunca sé qué decisión tomar o qué camino seguir». «No me gusta mi dedo del pie, me parece feo y desagradable».
- Genitales: «Me siento feo y sucio en mis relaciones sexuales y me da vergüenza mostrar ciertas partes de mí por si me rechazan». «Me

siento mal por desear recibir placer; creo que soy egoísta y que me van a juzgar».

- Brazo izquierdo: «Me da vergüenza recibir amor; me preocupa ser mala persona si recibo demasiado y no doy nada a cambio».

4. Mensajes

Para cambiar tus creencias puedes usar las siguientes afirmaciones; te invito a crear las tuyas usando el **método general (p. 76):**

- «Elijo apreciarme tal y como soy, con mis partes buenas y las no tan buenas, y veo la belleza que hay en mí a pesar de todo».
- «Soy un Ser perfecto y maravilloso, lleno de matices que me hacen especial, y soy digno de amor».
- «Soy siempre perfecto, tal y como soy en cada momento, y aprendo a quererme y a abrazar a mi niño herido».
- «Cada cosa que veo en mí que no me gusta me enseña a amarme, a perdonarme y a mirar con compasión a mi niño interior y a los demás».
- Cara: «Elijo mostrar a los demás todo lo que me gusta de mí y lo que no, y acepto que vean mi Ser mientras me amo tal y como soy».
- Nariz: «Todos mis deseos y emociones son válidos, y me permito sanar a mi niño interior dejándole expresar lo que siente».
- Dedo gordo del pie izquierdo: «Elijo aceptar mis miedos sobre mi futuro familiar, y veo la belleza que hay en mi humanidad y en mis errores». «Elijo ver con amor lo que no me gusta de mi cuerpo, y aprendo a apreciar la belleza de lo que es diferente, pues el Creador me ha hecho diferente y especial».
- Genitales: «Aprendo cada día a apreciarme en lo sexual y a mostrar mis gustos a mi pareja; disfruto de mi cuerpo y comprendo que lo físico también es espiritual y está lleno de amor». «Elijo creer que es amoroso dejar que quien me ama me dé placer, y disfruto de mis sentidos con alegría y gratitud hacia el Universo».
- Brazo izquierdo: «Soy una persona maravillosa cuando me permito recibir amor de los demás, y les doy la oportunidad de dar, que es un placer».

5. Acciones
- Repite los mensajes de tu cuerpo todos los días.

- Dedica tiempo cada día a decirle cosas bonitas a tu cuerpo, a tu piel y a la parte del cuerpo con el síntoma de piel que tienes. ¡Tus células se alegrarán mucho!
- Mira el significado de la parte del cuerpo y escribe todo lo que puede no gustarte de ti en esa área. Después, imagina que eres una madre amorosa, o un Ser de luz y amor, y escribe las palabras de amor que le dirías al ser que más quieres, que tiene esos miedos y que se juzga tanto. Esos serán los mensajes precisos (y preciosos) que necesitas tú para sanar.
- Dedica un tiempo a meditar y a cuidarte cada día, y observa tu mente cuando empiezas a juzgarte. En ese momento usa tu voluntad para parar ese pensamiento negativo y de juicio y conviértelo en un pensamiento agradable y amoroso hacia ti mismo.
- Imagina a tu niño interior y, mientras lo abrazas, dile con amor todo lo que necesita escuchar para sentirse bien como es.
- Investiga más posibles mensajes y... ¡ámate!

MANCHAS ROJAS EN LA PIEL (Y RUBOR)

Este significado se refiere a la aparición de zonas rojas en la piel, ya sea en forma de pequeñas manchas o en zonas completas de color rojizo, que pueden aparecer con o sin picor o granos en la piel.

1. Significado

Lo más importante: Cuando aparecen manchas rojas, tu cuerpo te indica que crees que debes actuar de cierta forma, hasta el punto de sentirte atrapado en un rol artificial que no es el tuyo para responder a las expectativas de otra persona.

Busca el significado de la parte del cuerpo donde aparecen para ver en qué área de tu vida controlas tu personalidad hasta ese punto.

Añade el significado del lado afectado, DERECHO O IZQUIERDO (p. 50), para saber en qué área de tu vida debes buscar el mensaje.

Puedes consultar también el significado de PIEL (problemas).

Tu verdadero deseo: Ser tú mismo y mostrarte tal y como eres, con libertad y aceptando que no tienes que cumplir el ideal que has creado para ti.

Significado en detalle: Tanto las **manchas** como el rubor aparecen cuando nos sentimos avergonzados de no ser lo que otros esperan de nosotros.

Cuando aparecen en tu piel, te dicen que has creado una versión idealizada de ti que es difícil de cumplir y que ya es hora de que dejes de esforzarte en ser lo que crees que otros desean de ti y de que empieces a ser más como deseas ser tú.

Si es en la **cara** (RUBOR), puede que tengas miedo a no responder a las expectativas de los demás, que temas «no dar la cara» o perder tu honor si no haces lo que supones que debes hacer.

Si es en el **pecho**, te indica que crees que debes esforzarte en acoger o cuidar de alguien, pero que no lo haces espontáneamente, por amor, sino porque crees que es «lo correcto», lo que espera esa persona de ti.

En todos los casos, su mensaje es sencillo: permítete soltar esas ideas sobre cómo «debes ser»; empieza a ser *lo que quieres ser* en cada momento, con tus errores y defectos, y confía en que las personas te aceptarán más de lo que crees si eres tú mismo.

Averigua, hablando con esas personas, lo que piensan al respecto, y descubre si tienen tantas expectativas de ti como las tienes tú. Sea como sea, tu cuerpo te dice que solo tú tienes el deber de quererte tal y como eres, y que los demás te apreciarán cuando tú lo hagas.

2. Investigación

Viaja con tu mente al momento en que apareció el síntoma; ayúdate de las **preguntas generales (p. 68)** y añade las siguientes:

- ¿En qué situación, poco antes de que aparecieran las manchas rojas, sentiste que estabas actuando de forma artificial, controlando tus actos para evitar ser juzgado?
- ¿Con quién te has sentido atrapado en un rol, mostrando la personalidad que otros esperaban de ti, en lugar de ser tú mismo?

3. Creencias (erróneas)

Busca las creencias limitantes (normalmente inconscientes) con las que más te identificas o encuentra en ti algunas similares:

- «Debo hacer lo que esta persona espera de mí o no seré aceptado».
- «Lo correcto es ser de esta manera, y debo hacerlo así o seré juzgado por los demás, o incluso me quedaré solo».

- «No quería hacer _____ (algo que hiciste), pero me sentí obligado porque es lo que esa persona esperaba de mí».
- «Me siento obligado a actuar y a mostrarme de cierta forma; tengo que cumplir mi papel en la sociedad, en la pareja o en familia».
- «Estoy seguro de que _____ (una persona cercana) espera mucho de mí, y si no cumplo no valgo lo suficiente».

4. Mensajes

Para cambiar tus creencias puedes usar las siguientes afirmaciones; te invito a crear las tuyas usando el **método general (p. 76):**

- «Me perdono por haber tratado de mostrar una personalidad que no es la mía, y a partir de ahora elijo ser yo mismo, tal y como soy».
- «Tengo el derecho de ser como soy, de mostrar a los demás aspectos que pueden no gustar, y soy digno de amor igualmente».
- «Me permito preguntar a los demás si esperan de mí lo que yo creo, y me libero en todo caso, haciendo lo que realmente deseo».
- «Puedo ser yo mismo, y confío en que las personas que me quieren y que deben estar en mi vida seguirán estando».
- «Me libero de las expectativas de los demás y hago solo lo que realmente siento en cada momento, con alegría y amor».
- «Elijo soltar el ideal que tengo de mí y aceptarme tal y como soy, con mis virtudes y mis defectos».

5. Acciones

- Repite los mensajes de tu cuerpo todos los días.
- Averigua los comportamientos que muestras de forma artificial y trata en próximas ocasiones de cambiarlos por lo que realmente querrías hacer, aunque te dé miedo. Verás que todo sale bien y que te amas mucho más.
- Habla con las personas a las que crees que debes agradar o con quienes crees que debes cumplir ciertas expectativas, y averigua si esperan tanto de ti como tú mismo.
- Cada día mírate al espejo y di alguna palabra bonita sobre ti, hasta que sientas que puedes quererte tal y como eres, en cada momento.
- Investiga más posibles mensajes y... ¡ámate!

Picor (o comezón o prurito)

Es una sensación de hormigueo o irritación de los nervios de la piel, que provoca el deseo de rascar la zona afectada.

1. Significado

Lo más importante: El picor representa un deseo que te invade de repente, realista o no, que te impides manifestar por miedo a lo que puedan pensar otros si lo haces. Deseas mostrar algo nuevo de ti, pero te frenas.

Añade el significado de la parte del cuerpo donde aparece el picor, y el significado de IZQUIERDA O DERECHA, si aparece solo en uno de los lados.

Tu verdadero deseo: Quieres darte cuenta de si tu deseo es realizable o no y, si lo es, permitirte hacer lo necesario para manifestarlo sin miedo ni culpa. Si no es realista, simplemente deseas dejarlo ir.

Significado en detalle: Como el picor aparece en la piel y nos produce deseo de rascarnos, es un indicador de que deseamos «quitarnos la piel», es decir, mostrarnos ante los demás de manera diferente.

El picor te indica que quieres expresar tus emociones, disfrutar, sentir, vivir una experiencia, pero no te lo permites por miedo a que te juzguen.

Por ejemplo, si el picor aparece en las piernas, deseas avanzar con alegría hacia tus metas y disfrutar de lo nuevo, pero te frenas.

Si te pican los brazos, te gustaría actuar, dar o recibir de manera genuina para ti, pero frenas tus deseos y te impides hacerlo.

Si el picor es en los genitales, deseas disfrutar del placer en general o del sexo, pero te frenas por algún miedo relacionado con la imagen que muestras, de tu exterior o de tu interior.

Si te pican los ojos, deseas ver algo con claridad, pero te da miedo ver, y debes permitirte abrir los ojos y afrontar lo que temes.

Si te pica la cabeza, es posible que estés tratando de ser otra persona, que quieras conectar con tu parte espiritual y dejar en segundo plano lo más material y racional, pero no te lo permites. Debes permitirte ser lo que eres en ese momento y mostrar tu conexión con lo divino con alegría y confianza.

Busca lo que significa la zona concreta que te pica y verás dónde está tu deseo no realizado.

Su mensaje en general es que descubras qué es lo que tanto deseas y que pases a la acción para lograrlo, ya sea pidiendo lo que necesitas, expresando tus emociones o liberándote de aquello que te bloquea. En caso de que no se pueda realizar, permítete soltar ese deseo y acepta que la vida te traerá siempre cosas nuevas que te gusten.

2. Investigación

Viaja con tu mente al momento en que apareció el síntoma; ayúdate de las **preguntas generales (p. 68)** y añade las siguientes:

- ¿Qué deseo te corroe desde que apareció el picor, relacionado con lo que significa esa parte del cuerpo?
- ¿Qué parte de ti deseas expresar pero no te lo permites?
- ¿En qué área de tu vida has deseado «mostrar otra cara» o ser otra persona, y te has juzgado por lo que eres en este momento?

3. Creencias (erróneas)

Busca las creencias limitantes (normalmente inconscientes) con las que más te identificas o encuentra en ti algunas similares:

- «No puedo expresar eso que tanto deseo, porque me pueden juzgar y sufriré».
- «Quiero mostrarme diferente, ser otra persona, quitarme mis máscaras, pero me da miedo».
- «Quiero _____ (algo que deseas), pero me da miedo pedirlo o actuar por si me rechazan o por si sufro».
- «Quiero algo que veo en otra persona aunque no pueda conseguirlo. No quiero soltar mi deseo aunque sé que no es realista».

4. Mensajes

Para cambiar tus creencias puedes usar las siguientes afirmaciones; te invito a crear las tuyas usando el **método general (p. 76)**:

- «Me permito expresar mi deseo a las personas adecuadas y hacer lo necesario para conseguirlo con amor».
- «Elijo aceptar lo que siento y deseo en este momento, y me acepto como soy, actuando y pidiendo lo que necesito».

- «Me permito pedir lo que necesito y acepto que otras personas puedan no entenderlo; mis deseos son dignos de amor».
- «Elijo quitarme mis máscaras y me muestro tal y como soy, con mis deseos, mis virtudes y mis defectos, y me amo».
- «Si lo que deseo no es realizable, lo dejo ir y confío en que la vida me mostrará cosas nuevas y maravillosas que sí puedo conseguir».

5. Acciones
- Repite los mensajes de tu cuerpo todos los días.
- Encuentra tu verdadero deseo y haz un plan de acción para lograrlo, paso a paso. Supera tus miedos y haz tus demandas.
- Deja de tratar de ser lo que no eres, quítate tus máscaras y muestra tus deseos y tus pasiones a los demás. Verás que te entienden más de lo que piensas.
- Investiga más posibles mensajes y... ¡ámate!

QUEMADURA

Es una lesión en la piel que destruye los tejidos, causada por una alta temperatura, por fricción, sustancias químicas, electricidad o radiación.

1. Significado
Lo más importante: La quemadura te indica que te sientes culpable en la misma medida que el dolor que te produce la lesión, que hay una situación que «te quema» y que te preocupa demasiado lo que puedan pensar de ti si muestras lo que sientes en esa situación.

Consulta el significado de la parte o partes del cuerpo que han sufrido la quemadura para saber en qué área de tu vida sientes esa culpa.

Puedes consultar también el significado de PIEL (problemas).

Tu verdadero deseo: Perdonarte por lo que creas que los demás van a juzgar, expresar tu ira y mostrarte ante los demás tal y como eres, con libertad.

Significado en detalle: Una quemadura es un daño más o menos importante a la piel; puede dejar marcas y suele producir dolor y a veces infección.

Como elimina la hidratación y la elasticidad de la piel, por un lado te indica que te acusas de no ser una persona que expresa sus emociones y que te gustaría ser más expresivo y más flexible en tu forma de mostrarte a los demás.

Por otro lado, el dolor te indica culpa, mayor cuanto más grande es el dolor. El hecho de que deje marcas o de que su aspecto sea poco saludable o desagradable te dice que te avergüenzas de ti mismo, que no te gusta la parte de ti que querías mostrar a los demás cuando sentiste que una persona o situación «te quemaba» (es decir, te producía sentimientos de rabia e indignación), y que te cuesta perdonarte y aceptar tus partes menos agradables.

Por ejemplo, una quemadura en la **mano izquierda** puede significar que te has sentido culpable por recibir algo, lo cual te ha removido y has recordado una situación que «te quemaba», por lo que no te has permitido mostrar gratitud y recibir ese regalo.

Una quemadura en la **pierna derecha** puede significar que te sientes muy culpable de tomar ciertas decisiones que te llevarían al futuro laboral, material o económico que deseas, y que te preocupa mucho lo que piensen los demás.

En general, el mensaje de cualquier quemadura es que te concedas el permiso de ser tú mismo y de expresar a la persona adecuada aquello que te perturba o te molesta, sin sentirte culpable por ello y perdonándote de corazón.

Acepta que eres humano y mereces perdón y compasión siempre, no solo cuando haces las cosas bien; tienes derecho a enfadarte o a mostrar tus emociones cuando lo sientas necesario.

Descubre las creencias que te hacen preocuparte tanto por lo que piensan los demás y castigarte de esa manera.

2. Investigación

Viaja con tu mente al momento en que apareció el síntoma; ayúdate de las **preguntas generales (p. 68)** y añade las siguientes:

- ¿Qué situación, poco antes de que apareciera la quemadura, «te quemaba» y te hizo molestarte, pero te preocupó lo que pudieran pensar de ti y te sentiste culpable de lo que sentías?
- ¿En qué situación sentiste que debías contenerte, o te sentiste mal por algo que deseabas mostrar a los demás sobre ti?

- ¿En qué situación, relacionada con el significado de la parte del cuerpo quemada, te castigaste por creer que habías hecho algo mal?

3. Creencias (erróneas)

Busca las creencias limitantes (normalmente inconscientes) con las que más te identificas o encuentra en ti algunas similares:

- «He hecho algo mal y me merezco un castigo; no debí mostrar esa parte que no me gusta de mí».
- «Me quema lo que ha hecho _____ (una persona cercana), pero no quiero que vea lo mucho que me molesta, porque vería que tengo un lado negativo».
- «Me da miedo que me juzguen si expreso lo que siento; pueden pensar que soy demasiado emocional».
- Mano izquierda: «No está bien que me den algo bueno; no merezco recibir nada por haberme mostrado desagradable o haber hecho algo malo anteriormente».
- Pierna derecha: «Me siento culpable de haber tomado la decisión de cambiar de trabajo; creo que mi familia va a pensar que soy egoísta».

4. Mensajes

Para cambiar tus creencias puedes usar las siguientes afirmaciones; te invito a crear las tuyas usando el **método general (p. 76):**

- «Me perdono por cualquier cosa que crea que no he hecho bien y me acepto con amor y compasión».
- «Tengo derecho a mostrar las partes de mí menos agradables, y sigo siendo digno de amor».
- «Acepto que otros pueden juzgarme cuando me muestro como soy, y me doy yo mismo el amor que necesito».
- «Me permito ver con compasión las cosas que me molestan de los demás, y expreso lo que siento a la persona adecuada».
- «Hago siempre las cosas lo mejor que sé, y entiendo que los demás me aceptarán cuando me acepte yo mismo».
- «Me permito ser una persona emocional y afectuosa, y aprendo cada día a aceptarme más y a mostrarme tal y como soy».
- Mano izquierda: «Me permito recibir los dones que me da la vida, los acepto con gratitud y confío en que siempre soy digno de amor».

- Pierna derecha: «Elijo confiar en mi capacidad para tomar decisiones sobre mi futuro, guiado por mi corazón, y confío en que las personas que me quieren me comprenderán y me apoyarán».

5. Acciones

- Repite los mensajes de tu cuerpo todos los días.
- Dedica tiempo a cuidarte y a tratarte bien, ahora que ya te has producido la quemadura, y habla a tu cuerpo diciéndole cosas bonitas.
- Revisa qué fue lo que crees que hiciste mal y encuentra los aspectos positivos de esa parte de ti que mostraste, o que no mostraste aunque deseabas hacerlo. Eso te ayudará a perdonarte antes y sanar.
- Investiga más posibles mensajes y... ¡ámate!

SEQUEDAD DE PIEL (O PIEL SECA)

La piel seca aparece cuando no hay suficiente hidratación; se muestra con un aspecto blanquecino, con menos elasticidad y, en algunos casos, con la aparición de escamas de piel que se desprenden.

Normalmente la piel seca te indica que te consideras una persona «seca», es decir, poco cariñosa o afectiva, en algún área de tu vida. Si es en las manos, por ejemplo, es posible que desees «tocar» más, abrazar más o mostrar tu afecto de varias formas, pero te lo impides por miedo al juicio de los demás.

Si aparece una descamación fuerte, sin causa aparente, puede deberse a que estás «mudando de piel», es decir, soltando una parte que mostrabas de ti y dejando que salga una nueva parte de tu personalidad (en caso de aparecer después de una quemadura solar, ver también QUEMADURA).

En cualquier caso, ver PIEL (problemas), teniendo en cuenta el significado de la parte o partes del cuerpo donde aparece la sequedad (si es, por ejemplo, en las piernas, el problema se relaciona con miedos a avanzar hacia tu futuro; si es en el pecho, con acoger o cuidar a tu familia o seres queridos, etc.).

SUDOR: PROBLEMAS GENERALES
(TRANSPIRACIÓN EXCESIVA O ESCASA)

El sudor sirve para mantener la temperatura corporal en el nivel adecuado y para liberar algunos tipos de residuos del organismo. Un problema aparece si la persona no suda lo suficiente cuando su cuerpo debería hacerlo (para enfriarse, por ejemplo), o cuando suda demasiado, sin relación con un esfuerzo grande o una alta temperatura exterior. El mal olor de la transpiración también indica un mensaje.

1. Significado

Lo más importante: La falta de sudoración te indica que contienes demasiado tus deseos y emociones por miedo a herir a los demás o a que pase algo malo.

El exceso de sudoración te indica que te has reprimido tanto de expresar tus emociones que ya no puedes contenerte más y se te salen las emociones por los poros de la piel.

El mal olor te indica pensamientos negativos hacia ti mismo por lo que sientes.

Mira también el significado de la parte del cuerpo donde aparece más el problema de transpiración.

Añade el significado del lado afectado, DERECHO O IZQUIERDO (p. 50), para saber en qué área de tu vida debes buscar el mensaje.

Puedes consultar también el significado de PIEL (problemas).

Tu verdadero deseo: Expresar tus emociones más y dejar de contenerte; apreciarte tal y como eres, con lo que sientes.

Significado en detalle: Como los líquidos representan nuestras emociones y deseos, los problemas de transpiración te indican que te gustaría dejar salir hacia fuera tus emociones, que se vean en lo que muestras a los demás (la piel), pero te contienes.

Si te contienes mucho pero todavía no has llegado a tu límite, tu sudoración será ESCASA o inexistente. Si ya has llegado al límite de lo que puedes contener, el SUDOR EXCESIVO te mostrará que ya no puedes más, y tus emociones saldrán hacia fuera por tu piel, mostrándote en qué áreas de tu vida necesitas expresarte más.

Por ejemplo, si tienes sudor en las **manos** cuando estás con alguien especial, como tu pareja, significa que tienes un gran deseo de actuar, de expresar tu cariño o tus emociones de forma activa, con caricias, con tu tacto y con abrazos, pero te contienes o piensas que no está del todo bien por alguna razón.

Si es en los **pies**, te indica que contienes los miedos relacionados con el futuro; si es en la **espalda**, con responsabilizarte de la felicidad de los demás y lo que eso te hace sentir, etc.

Si tienes sequedad en la piel u otros problemas asociados con la falta de sudoración, es porque te gustaría mostrarte de otra forma ante los demás, tal vez como una persona más dulce y cariñosa, y no preocuparte tanto por lo que piensen (ver PIEL).

Cuando el sudor viene acompañado de **mal olor**, tu cuerpo te dice que has estado cierto tiempo pensando mal de ti y de tus emociones y deseos, y es importante que aprendas a perdonarte por tus errores y por los momentos en los que te pierdes o no sabes hacerlo mejor, y que vayas poco a poco expresando lo que sientes.

Ten en cuenta que, si has reprimido la expresión de tus emociones mucho tiempo, es posible que al principio te cueste expresarlas, e incluso que los demás no te entiendan cuando lo haces, porque pueden no comprender que sientas tantas cosas y que nunca lo hayas expresado anteriormente. Pero es bueno que en ese proceso te aceptes y permitas que salga todo: tu alegría, tu tristeza, tu amor, tu enfado y todo lo que sientes, aunque te expreses con torpeza o parezca fuera de lugar.

El principal mensaje de los problemas de sudoración es que te permitas ser una persona sensible que vive sus emociones positivas y negativas de forma natural, sin hacer dramas ni reprimirlas, y que te permitas mostrar lo que sientes en tu corazón en cada momento.

Es muy importante que te perdones por el tiempo en el que no has sabido expresarte, que perdones a otras personas que te han hecho sentir tantas emociones para que aprendieras algo, y que te perdones por todas las ocasiones en las que aún no te resulte fácil ser tú mismo.

2. Investigación

Viaja con tu mente al momento en que apareció el síntoma; ayúdate de las **preguntas generales (p. 68)** y añade las siguientes:

- ¿En qué situaciones, poco antes de que apareciera el problema de sudoración, te ha costado expresar tus emociones y deseos?

- ¿Qué emociones sientes y no manifiestas por miedo a hacer daño o por miedo a sufrir?
- ¿Qué temes que suceda si muestras a los demás tu sensibilidad, tu cariño y tus emociones, sobre todo en los momentos en los que aparece el problema?

3. Creencias (erróneas)

Busca las creencias limitantes (normalmente inconscientes) con las que más te identificas o encuentra en ti algunas similares:

- «No puedo permitirme expresar todo lo que siento como me gustaría, porque pasará algo malo, o puedo hacer daño a otras personas, o pueden sentirse invadidas o intimidadas».
- «Debo contener mis emociones o pareceré una persona débil y que no sabe valerse por sí misma».
- «Si muestro mis deseos o emociones de forma abierta, las personas me van a juzgar».
- «No sé cómo expresar mi cariño a los demás; he aprendido a guardarme lo que siento y me da vergüenza hacerlo».
- «Llevo ya mucho tiempo conteniendo mis emociones y deseos, y las personas no van a entenderme si ahora muestro todo lo que siento».

4. Mensajes

Para cambiar tus creencias puedes usar las siguientes afirmaciones; te invito a crear las tuyas usando el **método general (p. 76):**

- «Me permito mostrar todo lo que siento a otras personas, y acepto que pueden no entenderlo bien; elijo amarme tal y como soy».
- «Expresar mis emociones con mis palabras y con mi cuerpo es bueno y sanador, y me libera».
- «Elijo ser una persona cariñosa y dulce, y mostrar mi afecto y mi amor a todos los seres a los que quiero».
- «Me perdono por no haber mostrado mis deseos y emociones en el pasado y elijo perdonar a todas las personas que me han hecho sentir tanto, llenándome poco a poco de gratitud por lo vivido».
- «Soy capaz de gestionar bien mis emociones y de mostrarlas a otras personas cada vez mejor».
- «Me permito liberar lo que siento, aunque a veces no sea de la mejor manera, y voy aprendiendo a fluir más con mis deseos y emociones».

- «Soy una persona sensible y maravillosa, y tengo derecho a mostrarme tal y como soy y a que mi amor sea aceptado, respetando a los demás».
- «Soy una persona bella y especial, y mis emociones también son bellas».
- «Acepto que he venido a este planeta a vivir emociones positivas y negativas, y entiendo que es bueno mostrarlas para reconocerlas y aprender de ellas».
- «Me acepto y me abrazo con compasión en el proceso de aprender a expresar lo que siento, perdonando los momentos en los que no me sale tan bien».

5. Acciones

- Repite los mensajes de tu cuerpo todos los días.
- Presta atención a los momentos en los que aparece el problema de transpiración y verás las situaciones donde te preocupa más expresar lo que sientes. Permítete expresarte cada vez más con esas personas y en esas situaciones. Déjate tocar por los demás.
- Si hasta ahora no has podido expresar a alguien lo que sientes o no te has permitido hacer lo que deseas, habla con esa persona y explícale que vas a empezar a hacerlo más, aunque puede que a veces no te salga del todo bien, pero que necesitas que lo entienda y que lo acepte. Verás que obtienes más comprensión de la que crees.
- Investiga más posibles mensajes y... ¡ámate!

5.9. Síntomas globales del cuerpo

En esta sección encontrarás los síntomas que afectan normalmente a varias partes del cuerpo a la vez, independientemente del sistema o zona a la que pertenezcan (como la fiebre, el calor, la fatiga, etc.), o los que pueden aparecer en diferentes partes del cuerpo cada vez, pero de forma aislada (como un accidente, una picadura, una inflamación, etc.).

Accidente (o golpe por accidente o lesión)

El significado se refiere a los accidentes que producen una herida o lesión en nuestro cuerpo.

1. Significado

Lo más importante: Un accidente que produce una lesión es una forma inconsciente de castigarte que atraes con tu mente a tu vida por creer que has hecho algo malo o que eres mala persona, lo cual no es cierto.

Puedes consultar también el significado de DOLOR, HEMORRAGIA, HERIDA, ESGUINCE, FRACTURA.

Tu verdadero deseo: Deseas aceptarte como eres, con tus errores y tus defectos, y permitirte ser y hacer lo que sientes sin culpa ni temor.

Significado en detalle: Un accidente parece un suceso fortuito. Sin embargo, en mi experiencia he observado que siempre atraemos todo aquello que necesitamos para escuchar un mensaje de nuestra alma.

Si te caes, por ejemplo, y no te pasa nada, no sería un mensaje para ti. Si tienes un accidente de coche en el que este se estropea, pero tú estás bien después, probablemente sea un mensaje relacionado con un miedo a perder lo material o con sentir que «se te ha parado el motor» de tu vida.

En cambio, los accidentes en los que sufres un daño o una herida te indican que poco antes tuviste pensamientos de autocastigo y culpa por algo que hiciste o no hiciste, o por una forma de ser.

Por ejemplo, si te impides descansar en tu trabajo y te presionas para acabar las cosas a tiempo, pensando que no lo estás haciendo bien, es posible que tengas una lesión en los brazos o piernas que te obligue a descansar un tiempo en casa. Eso significa que deseabas descansar pero te hubieras sentido culpable si lo hubieras hecho «porque sí».

Si el accidente te causa una **fractura**, significa que has tenido sentimientos de violencia hacia alguien, los cuales has volcado contra ti (ver FRACTURA).

Si se produce en tu piel **un corte o herida**, significa que te has sentido dividido entre dos opciones y que te culpas por ello (ver FISURA y HEMORRAGIA).

Si te afecta al cuello, significa que ha habido una situación que te ha molestado, pero que has hecho como que no es así (ver CUELLO).

En general, con el accidente tu cuerpo te dice que no te castigues por ser humano, por tener necesidades y límites o por necesitar cosas a veces. Hayas hecho lo que hayas hecho, eres digno de amor.

Cuando tengas un accidente, observa lo que significa la parte del cuerpo accidentada, averigua por qué te sientes culpable y perdónate, pues siempre eres el Creador viviendo una experiencia nueva.

2. Investigación

Viaja con tu mente al momento en que apareció el síntoma; ayúdate de las **preguntas generales (p. 68)** y añade las siguientes:

- ¿Qué hiciste poco antes del accidente que te pareció tan malo?
- ¿En qué situación has tenido pensamientos de crítica hacia tu forma de ser o de hacer las cosas?
- ¿Qué te impide hacer la lesión, que es precisamente lo que deseas hacer, con una actitud diferente?

3. Creencias (erróneas)

Busca las creencias limitantes (normalmente inconscientes) con las que más te identificas o encuentra en ti algunas similares:

- «He hecho _____ (algo que consideras malo), y merezco un castigo».
- «No puedo permitirme descansar; tengo que terminar todo a tiempo o no seré bien considerado».
- «Tengo que ser perfecto, no puedo equivocarme».
- «Soy mala persona por tener más que los demás».
- «No sé cómo llevar mi vida adelante, soy un fracaso».
- «Soy malo por _____, no merezco amor».

4. Mensajes

Para cambiar tus creencias puedes usar las siguientes afirmaciones; te invito a crear las tuyas usando el **método general (p. 76):**

- «Haya hecho lo que haya hecho, soy digno de amor».
- «Me perdono por todo lo que percibo como incorrecto en mí y me acepto tal y como soy».
- «Puedo permitirme descansar y hacer lo que necesito para estar bien, y sigo siendo buena persona».

- «Acepto que puedo equivocarme y ser imperfecto; el amor es el equilibrio de todos los opuestos».
- «Soy una persona maravillosa y mi Ser ayuda a otros a conocerse mejor».
- «Todas mis experiencias son necesarias, incluso cuando me equivoco, pues soy el Creador viviendo momentos nuevos para crecer».

5. Acciones

- Repite los mensajes de tu cuerpo todos los días.
- Observa el significado de la parte del cuerpo afectada, y descubre lo que te hace sentirte culpable. Luego encuentra pensamientos de amor más saludables, para ser libre y amarte de nuevo.
- Si el accidente te impide hacer algo, descubre qué miedo te impide permitirte hacer en paz eso que quieres. Afronta tu miedo, y el dolor desaparecerá.
- Investiga más posibles mensajes y… ¡ámate!

CALOR (O BOCHORNO O SOFOCOS)

El significado se refiere a cualquier calor corporal fuera de lo normal, que no sea el resultado de una actividad física fuerte o de calor externo, y que puede afectar a cualquier parte del cuerpo.

1. Significado

Lo más importante: El calor te indica, normalmente, o bien una liberación de emociones bloqueadas, o un momento de canalización de amor del Creador a través de ti, o un exceso de amor y compasión no equilibrado con sabiduría.

Consulta también el significado de la parte o partes del cuerpo donde aparece el calor, si está localizado en un lugar específico.

Puedes consultar también el significado de FRÍO.

Tu verdadero deseo: Dependiendo de su causa, tu deseo puede ser: comprender la situación en la que has sentido liberación, reconocer el amor que fluye a través de tu Ser o usar tu mente para calmar un exceso de emotividad en el amor que sientes hacia los demás.

Significado en detalle: En ocasiones, cuando aparece en nuestra vida una situación que nos hace sentirnos bloqueados o preocupados, el cuerpo comienza a sentir más frío de lo normal, sobre todo en las extremidades.

Si ese es tu caso, es posible que sientas un calor repentino cuando te liberas de esa preocupación, ya sea alejándote de la situación que te preocupa o resolviéndola mediante el amor y la aceptación.

Si sientes calor **en una parte específica** de tu cuerpo, es posible que tuvieras en ese lugar un bloqueo energético que causaba un síntoma visible o no visible, como un absceso, un quiste o cualquier otro, y cuando vuelves al amor, perdonando y perdonándote, aparece una sensación de calor en ese lugar, como símbolo de que te estás recuperando, física y emocionalmente, de aquello que te preocupaba.

En ese caso, tu cuerpo simplemente te avisa de que has tenido energía bloqueada un tiempo y de que por fin has encontrado una respuesta o has hecho algo que te ha liberado. Es importante que observes si es una liberación temporal por alejarte del problema (por ejemplo, te sientes mal en el trabajo y te vas de vacaciones, y te da una sensación de calor al alejarte de lo que te preocupaba. Entonces lo más normal es que vuelva a repetirse la situación y vuelva el frío y otros síntomas), o bien si la resolución es definitiva (lo que sabrás si has hecho un proceso interior para perdonar a otras personas y para perdonarte y aceptarte a ti tal y como eres, hasta sentir liberación donde antes sentías preocupación).

Si la temperatura alta aparece en tu cuerpo **mientras estás haciendo alguna terapia o hablando de algún tema espiritual** que te inspira, es posible que estés canalizando información o amor espiritual, que entra por tu chakra corona y sale por el chakra correspondiente (cuarto, quinto o sexto), después de llegar al corazón. Es normal, y solo debes regular bien tu temperatura corporal, o quizás serenar un poco tus emociones internas, si la temperatura es excesiva.

Si te sucede porque eres una persona muy afectuosa y amorosa, pero **crees que sientes demasiado** en ocasiones, su mensaje es que te permitas usar más tu mente para equilibrar tus emociones («enfriarlas»), es decir, que aprendas a analizar más algunas cosas con tu parte racional, para buscar el equilibrio y no sentir tanto lo que percibes en los demás que resuena contigo.

Es posible que seas una persona con exceso de empatía y que debas aprender a establecer en tu mente límites entre tú y los demás, amándolos y respetando su camino, pero dejándolos libres para que vivan sus emociones, sin necesitar sentirlas tú por ellos.

Si los calores proceden del cambio a la **menopausia**, puede indicarte que hasta ese momento has sido una persona femenina y afectuosa, más familiar, y que ahora empieza un nuevo período de tu vida en el que quieres ser un poco más mental y poner en marcha tus propios proyectos, y así equilibrar tu exceso de emocionalidad (ver MENOPAUSIA).

Descubre la causa de tu calor y las creencias que pueden haber alimentado tus miedos antes de la liberación, o las que te impiden enfriar tu energía usando tu mente.

2. Investigación

Viaja con tu mente al momento en que apareció el síntoma; ayúdate de las **preguntas generales (p. 68)** y añade las siguientes:

- ¿De qué situación o conflicto te has sentido liberado, poco antes de que apareciera la sensación de calor en tu cuerpo?
- ¿En qué situación en la que estabas canalizando amor hacia otros seres has sentido un exceso de temperatura?
- ¿En qué situaciones te percibes como demasiado emocional o amoroso y crees que deberías aprender a «enfriar» tus emociones?

3. Creencias (erróneas)

Busca las creencias limitantes (normalmente inconscientes) con las que más te identificas o encuentra en ti algunas similares:

- «No me interesa analizar el porqué de lo que me sucede; prefiero vivir en la ignorancia, porque la vida es como es».
- «Aunque se me repiten situaciones difíciles en la vida, no creo que haya un motivo, es algo aleatorio».
- «Es necesario que sea una persona muy amorosa, muy comprensiva, muy compasiva; debo perdonar siempre y nunca poner límites a ciertas personas».
- «No me gusta ser mental o usar mi mente para analizar; prefiero solo sentir y vivir con el corazón».
- «No me gusta cambiar a una energía más masculina y mental; prefiero seguir siendo una persona femenina, cariñosa y afectuosa».

4. Mensajes

Para cambiar tus creencias puedes usar las siguientes afirmaciones; te invito a crear las tuyas usando el **método general (p. 76)**:

- «Acepto con amor cada momento de liberación emocional y me permito analizar lo sucedido para aprender la lección de mi alma».
- «Elijo afrontar las situaciones que me preocupan, buscando cómo puedo ver amor en los demás o en mí mismo, mediante el perdón».
- «Me permito usar mi mente para serenar mis emociones y enfriar mi amor, encontrando el equilibrio entre compasión y sabiduría».
- «Me permito ser un canal del amor del Creador, de la forma más armoniosa posible y disfrutando del proceso».
- «Aprendo cada día a ver las ventajas de lo que considero malo y las desventajas de lo que considero bueno, para encontrar el equilibrio y potenciar mi sabiduría interior».
- «Me permito ser una persona más masculina y racional y aprendo a vivir la vida que deseo en este momento, distinta de lo anterior».
- «Es bueno conocer mis límites y respetar mi espacio y el de los demás para que todos tengamos libertad como creadores».
- «Aunque todos somos uno, soy capaz de ver a las demás partes del Creador como libres e independientes de mí en esta ilusión temporal; elijo sentir solo mis propias emociones para sanarlas».

5. Acciones

- Repite los mensajes de tu cuerpo todos los días.
- Si te has liberado de un conflicto interior, averigua cuál es y encuentra la lección de amor que tiene para ti.
- Si te sucede cuando eres un canal de amor, puedes buscar información sobre cómo se mueve la energía dentro de tu cuerpo y aprender a gestionarla para que siempre te sientas recargado y en plenitud. Un calor agradable es una buena señal.
- Si tienes exceso de compasión hacia los demás, usa algún método para percibir más el equilibrio, como el Método Demartini®, y verás que puedes seguir comprendiendo a otros seres y a la vez dejarlos libres para que vivan su vida, sin involucrarte tanto en lo que sienten.
- Investiga más posibles mensajes y... ¡ámate!

DEBILIDAD, FATIGA O ASTENIA

La debilidad es una falta de fuerza física que puede afectar a uno o varios músculos del cuerpo, o a todo el cuerpo en general.

La fatiga se refiere a una falta de energía en todo el cuerpo, como el cansancio o la astenia, que dura un cierto tiempo y está asociada a una falta de motivación para actuar.

1. Significado

Lo más importante: La debilidad muscular te indica que no te permites ver tus verdaderas fuerzas y capacidades ni disfrutar de lo que te gustaría por creer que eres débil. Si afecta solamente a alguna parte del cuerpo, consulta el significado de esa parte para ver en qué área de tu vida crees que eres débil.

La fatiga te indica que te falta alegría para vivir y disfrutar, porque no te permites tener deseos y metas que te motiven lo suficiente para actuar y volver a jugar con la vida.

Puedes consultar también el significado de ANEMIA, HIPOGLUCEMIA, PULMONES.

Tu verdadero deseo: Deseas volver a creer en tus fuerzas y capacidades, y ponerte nuevas metas y deseos que te hagan crecer y disfrutar de la vida de nuevo.

Significado en detalle: Toda falta de fuerza muscular (**debilidad**) en el cuerpo es una indicación de que tienes pensamientos que te dicen que careces de fuerza mental o motivación para actuar en esa área o situación de tu vida.

Por ejemplo, la debilidad en los **brazos** puede indicarte que sientes que no puedes hacer las cosas tan bien como otros, o que no eres capaz de mostrar tu amor o abrazar ciertas situaciones, porque crees que no tienes la fuerza necesaria.

En cambio, una debilidad en las **piernas** puede indicarte que temes avanzar hacia tu futuro porque crees carecer de la voluntad, la fuerza o los recursos necesarios para lograr lo que deseas.

El mensaje de tu debilidad es que vuelvas a creer en ti y en tu fuerza, porque esa energía que no utilizas para cumplir tus sueños tenderá a salir de cualquier forma, a veces en forma de emociones negativas o como enfermedad.

Si tienes **cansancio generalizado** y su origen es un esfuerzo físico grande o aparece después de liberarte de una preocupación o conflicto emocional, es un síntoma normal; lo recomendable es descansar el tiempo necesario y darle al cuerpo lo que te pida para que pueda repararse y volver a estar bien.

Cuando la fatiga no tiene una de las dos causas anteriores y no mejora con el descanso (**fatiga, astenia**), normalmente significa que has perdido motivación y ganas de vivir por falta de deseos en el plano físico.

Es posible que creas que no mereces disfrutar de la vida, o quizás lleves mucho tiempo tomándote la vida demasiado en serio y necesitas volver a jugar y disfrutar de lo que haces, actuando con sencillez e inocencia.

El mensaje de tu cuerpo es que necesitas volver a ponerte metas, tanto a largo plazo como a medio y a corto plazo, para cuidar de tu cuerpo emocional y poder seguir creciendo y evolucionando.

Elige algo que deseas hacer o algo que deseas tener y diseña un plan para lograrlo que te motive y te vuelva a dar la alegría que tiene un niño cuando juega a su juego favorito.

Descubre las creencias que te hacen dudar de tu fuerza y te impiden avanzar hacia tus sueños y deseos más profundos.

2. Investigación

Viaja con tu mente al momento en que apareció el síntoma; ayúdate de las **preguntas generales (p. 68)** y añade las siguientes:

- ¿En qué situación, poco antes de que apareciera la debilidad, deseaste algo pero te dio miedo no ser lo bastante fuerte para lograrlo?
- ¿Qué sucedió en tu vida que te llevó a rendirte y no perseguir tus sueños, haciendo que te tomaras la vida demasiado en serio?
- ¿Qué creencias te impiden desear cosas y ponerte metas que te alegren la vida?

3. Creencias (erróneas)

Busca las creencias limitantes (normalmente inconscientes) con las que más te identificas o encuentra en ti algunas similares:

- «Siempre me han comparado con otras personas y no me veo capaz de hacer lo que deseo; creo que soy débil y no voy a poder lograrlo».
- «Otros saben hacer mucho mejor lo que yo hago, y no tengo la fuerza necesaria para superarme o hacerme notar».
- «Como una vez fracasé tratando de ayudar, creo que ya no voy a poder ayudar nunca; me da miedo no tener fuerzas».
- «Tengo miedo de no poder lograr lo que deseo para mi futuro y, por no equivocarme, prefiero no hacer nada, aunque eso me consuma».

- «No he hecho nada bueno para merecer todo lo que quiero; tengo que conformarme con una vida normal, incluso mediocre».
- «No está bien desear cosas; debería aceptar la vida como es, sin aspirar a nada mejor».
- «El deseo me ha llevado por malos caminos y es el origen del sufrimiento, así que prefiero vivir una vida sin deseos, aunque la sienta vacía y sin alegría».
- «La vida es algo muy serio; no debo soñar ni jugar, tengo que ser responsable y atender a mis obligaciones».

4. Mensajes

Para cambiar tus creencias puedes usar las siguientes afirmaciones; te invito a crear las tuyas usando el **método general (p. 76):**

- «Elijo confiar en mi fuerza y en mis capacidades, y expreso lo mejor que sé mis habilidades y talentos, compartiéndolos con el mundo».
- «Me perdono por no haber conseguido a veces cumplir mis sueños; recupero paso a paso la confianza en mí y en mis capacidades y avanzo hacia mis sueños».
- «Soy un Ser único y valioso; aprendo cada día a ver más mi valor y los dones que tengo para ayudar a los demás».
- «Elijo ser una persona fuerte y valiente y confiar en mí».
- «La vida es un lugar perfecto de amor, y todo va a salir bien».
- «Me permito soñar y desear los objetos y experiencias que necesita mi alma para crecer y evolucionar en el amor».
- «Elijo creer que la vida es un lugar divertido y amoroso, donde puedo jugar y divertirme en cualquier situación».
- «Es bueno desear sin esperar nada, permitiendo que la vida me muestre a través de mis decisiones lo que es mejor para mí en cada momento».
- «Me permito ponerme metas a corto, medio y largo plazo, y confío en que la vida me llevará al ritmo adecuado hacia ellas».
- «Elijo soltar mis apegos y necesidades, pero me permito desear lo que siento que es importante para mí, aprendiendo del proceso».
- «Cada deseo me enseña a conocerme mejor y me ayuda a saber lo que ya no necesito y lo que realmente me aporta crecimiento y plenitud».
- «La vida es un juego y yo elijo jugar y divertirme como un niño».

5. Acciones

- Repite los mensajes de tu cuerpo todos los días.
- Atrévete a hacer las cosas que no te sientes capaz de llevar a cabo y verás que, cuanto más elijas confiar en tu fuerza, más podrás hacer.
- Descubre los deseos que has guardado en tu corazón y haz una lista con ellos; dedica un tiempo cada día a refinarlos y mejorarlos.
- Diseña un plan de acción y ve poniendo en marcha acciones que te lleven a cumplir tus deseos. Con el tiempo desecharás algunos, porque verás que ya no te llenan o no te aportan nada, y otros permanecerán y se ampliarán, lo que te inspirará hacia nuevas experiencias.
- Juega con la vida y descubre lo que te llena, tomando decisiones. Verás que incluso los errores te llevan a aprender y te ayudan a descubrir nuevos deseos, cada vez más alineados con tu alma.
- Investiga más posibles mensajes y... ¡ámate!

DOLOR (EN GENERAL)

Se refiere a cualquier tipo de dolor en cualquier parte del cuerpo.

1. Significado

Lo más importante: El dolor está relacionado directamente con la culpa, sea cual sea su origen. Cuando aparece un dolor es porque tienes pensamientos negativos hacia ti mismo y crees que mereces algún castigo aunque sea de forma inconsciente.

Busca el significado de la parte del cuerpo donde sientes dolor para saber cuál es el área de tu vida donde ha aparecido la culpa.

Tu verdadero deseo: Perdonarte por lo que crees que has hecho o que no has hecho, y seguir adelante, aprendiendo la lección de amor que está detrás.

Significado en detalle: El dolor, tanto si surge por un golpe, una herida o una contractura, como si es espontáneo y sin causa aparente, indica la presencia en tu mente de un pensamiento de culpa relacionado con un tema sobre el que estabas pensando poco antes.

Cuando el dolor es **punzante**, indica culpa en ese momento por algo que te preocupa. Cuando es de tipo **inflamatorio** (como presión en la zona) suele indicar liberación de un bloqueo emocional anterior a ese momento, donde había una cierta culpa acumulada.

El dolor es la forma que tiene el cuerpo de avisarte de que te estás castigando de forma innecesaria y de que no te estás dando cuenta.

El nivel de dolor que sientes en tu cuerpo es proporcional al nivel del castigo que crees merecer, para compensar lo que consideras que ha sido un error por tu parte. Pero en el Amor Incondicional no hay errores y todo merece ser perdonado. Todo, de verdad.

Tu cuerpo quiere decirte que no te castigues más, que no mereces ese dolor y que está ahí porque tú te castigas innecesariamente con tu forma de pensar inconsciente. Debes entender que no estamos en esta vida para juzgarnos ni para juzgar las acciones de otros, sino solo para amar, aceptando que muchas veces nuestra percepción es limitada y que, si nos equivocamos, es porque no sabemos hacerlo mejor en ese momento.

Cuando sientas el dolor, es importante que tomes la decisión de perdonarte por lo que sea que creas que has hecho mal o que no has hecho como deseabas, y que confíes en que todo sucede por una buena razón. Después, si deseas hablar con alguien para expresarle que sientes haber causado algún daño, hazlo, pero por amor, no por culpa. Expresa lo que sientes y simplemente trata de hacerlo mejor la próxima vez.

Y ten en cuenta que, en ocasiones, cuando creemos que hemos hecho algo malo no ha sido así, porque la persona que creemos «dañada» no lo ha percibido de esa forma.

Piensa que lo que crea el karma y la atracción de situaciones conflictivas una y otra vez a nuestra vida es la falta de perdón hacia nosotros mismos.

Si te perdonas, descubrirás con el tiempo que todo sucede por una buena razón, y verás que aquello que pensabas que era tan malo tenía también muchas cosas buenas para ti y para los demás, para que vuestras almas crecieran en el amor.

2. Investigación

Viaja con tu mente al momento en que apareció el síntoma; ayúdate de las **preguntas generales (p. 68)** y añade las siguientes:

- ¿Qué crees que has hecho mal, o no tan bien, poco antes de que apareciera el dolor, y por ello mereces un castigo?

- ¿De qué te sientes culpable en el área indicada por el lugar del dolor?

3. Creencias (erróneas)

Busca las creencias limitantes (normalmente inconscientes) con las que más te identificas o encuentra en ti algunas similares:

- «No lo he hecho todo lo bien que deseaba, me he equivocado».
- «Me siento culpable por _____ (algo de lo que te arrepientes); debería haber hecho algo diferente».
- «Soy tan torpe… ¡No hago nada bien!».
- «Me merezco un castigo por lo que he hecho».
- «Me merezco un castigo por lo que no he hecho».

4. Mensajes

Para cambiar tus creencias puedes usar las siguientes afirmaciones; te invito a crear las tuyas usando el **método general (p. 76):**

- «Me perdono por cualquier cosa que haya hecho o no haya hecho; siempre soy digno de amor».
- «Me acepto con todos mis errores y mis defectos, y me permito crecer en el amor a mi ritmo».
- «Soy una persona maravillosa, y soy digno de ser amado tal y como soy».
- «Soy inocente, maravilloso, perfecto».
- «Si hay algo que pueda corregir de lo que he hecho, me permito corregirlo con amor, me perdono por ello y trato de hacerlo mejor la próxima vez».
- «Pase lo que pase, siempre merezco perdón y amor».

5. Acciones

- Repite los mensajes de tu cuerpo todos los días.
- Busca siempre el equilibrio de los opuestos y verás que en todo lo que crees malo hay algo bueno y que en todo lo que consideras bueno hay algo malo. El equilibrio de todo ello se llama amor.
- Investiga más posibles mensajes y… ¡ámate!

Fiebre

Consiste en un aumento de la temperatura normal del cuerpo, normalmente por encima de los 37 °C, que suele venir con oscilaciones de la sensación térmica, entre frío y calor intenso.

1. Significado

Lo más importante: La fiebre te indica un enfado acumulado muy intenso, debido normalmente a que algo no ha salido como esperabas y se libera en el momento en el que sube la temperatura.

Puedes consultar también el significado de INFECCIÓN.

Tu verdadero deseo: Deseas aprender a gestionar mejor las contrariedades y a abrirte al amor en toda situación, aunque las cosas no sean como esperas.

Significado en detalle: La fiebre, al manifestarse como un aumento de la temperatura, es un síntoma de la liberación de un conflicto interior (ver CALOR).

Significa que anteriormente ha sucedido algo que te ha producido mucha ira y enfado, incluso frustración y rabia, por no poder conseguir aquello que habías planeado o por algún suceso imprevisto que ha activado una herida en tu interior (Las principales heridas son: rechazo, abandono, humillación, traición o injusticia).

Esta reacción tuya se debe a que no has conectado bien con tu corazón y has creído que las cosas debían ser de una forma y no de otra. Tu cuerpo quiere hacerte consciente de que solo tú puedes enfermarte, por tu forma de reaccionar negativamente a las cosas, y de que solo tú puedes curarte, comprendiendo todo desde el amor.

Cada herida que vivimos es para reflexionar y descubrir si queremos reaccionar a ella con miedo o con amor. De tu elección depende si vives en un mundo de amor y respeto, o de miedo y control. Tu alma quiere que despiertes a tu verdad más profunda a través de esa experiencia que has vivido.

Cuando percibes **calor,** tu cuerpo te dice que sientes que lo que ha causado tu enfado ahora está «bien» (en armonía) o que has solucionado tu conflicto interior, temporal o definitivamente, y estás empezando a recuperarte.

Si vuelves a sentir **frío** es porque has dejado que tu mente vuelva a pensar en el conflicto que tenías, y sigues juzgando la situación con dureza, dejándote llevar por el miedo (el frío suele indicar miedo o influencia cercana de la vibración del Servicio al Yo).

El mensaje de tu fiebre es que vuelvas a restablecer la confianza en que todo en la vida pasa por algo y en que detrás de todo hay amor, para que puedas buscar dónde está el amor en ese momento.

Además, aprende a expresar con claridad y honestidad lo que te molesta, para que no se acumule esa ira dentro de ti y tenga que salir en forma de temperatura a través de tu cuerpo.

Averigua si esa situación que tanto te enfada te está enseñando a perdonar una parte de ti que no amas o algo que no amas en los demás, que también se reflejará en ti en algún momento. Verás que, una vez que encuentres dónde estaba el amor, la fiebre desaparecerá rápidamente.

Descubre las creencias que te hacen enfadarte tanto y contener tu enfado hasta salir en forma de calor.

2. Investigación

Viaja con tu mente al momento en que apareció el síntoma; ayúdate de las **preguntas generales (p. 68)** y añade las siguientes:

- ¿En qué situación, poco antes de que apareciera la fiebre, sentiste un gran enfado por algo que no salió como tú esperabas?
- ¿Qué cosas que te molestan te has reprimido de expresar recientemente?

3. Creencias (erróneas)

Busca las creencias limitantes (normalmente inconscientes) con las que más te identificas o encuentra en ti algunas similares:

- «No me gusta que las cosas no salgan como yo espero; estoy realmente enfadado y no sé cómo expresarlo».
- «Me contraría mucho esta situación; no soporto que las cosas salgan así y me gustaría decirlo, pero me da miedo que pase algo malo si lo hago».
- «No entiendo que pasen cosas que no me gustan; la vida no me ayuda, no hay amor».
- «Esa persona me ha herido y eso no debería haber pasado».

- «Esto que me ha molestado me pasa siempre, y no quiero que se repita más, pero no sé qué hacer; no me gusta cambiar mi forma de ver las cosas».
- «Tenía muchas expectativas sobre _____ (algo que te importa) y no ha salido como esperaba; me siento frustrado».
- «Me he exigido mucho durante un tiempo y ahora siento rabia por ello».

4. Mensajes

Para cambiar tus creencias puedes usar las siguientes afirmaciones; te invito a crear las tuyas usando el **método general (p. 76):**

- «Elijo aceptar que a veces las cosas no son como yo espero, y que eso también está bien».
- «Todo en la vida son lecciones de amor y juegos para crecer y perdonar, y aprendo cada día a ver el amor en todo lo que me sucede».
- «Me perdono por haber sentido mucha ira y enfado, y me permito expresarla con amor, mostrando cómo me he sentido por lo sucedido».
- «Aunque a veces no lo entiendo, confío en que mi alma me ha puesto en el camino sentir esta herida para aprender a perdonar y a amar».
- «Me permito buscar el amor y el perdón en esta situación, y entiendo que cuando algo no me gusta en otro es porque aún no lo he amado en mí».
- «Me permito amar todo lo que no me gusta en otros y en mí para dar un gran salto en mi evolución en el amor».
- «Elijo abrazar todas las emociones negativas en mi interior, y mando amor a mi niño interior para que sane y se libere completamente».
- «Me perdono por haberme exigido tanto, acepto mi enfado y me abro a respetar mejor mis límites la próxima vez».
- «Soy amor y vivo en un mundo de amor, donde todo lo que siento está bien y es digno de ser amado».

5. Acciones

- Repite los mensajes de tu cuerpo todos los días.
- Si la fiebre ya ha aparecido, permite que tu cuerpo se reponga a su ritmo dándole lo que te pida, para que se recupere cuanto antes.

Mientras, dedica un tiempo a reflexionar sobre lo que te ha enfadado tanto, y enfócate en abrir tu corazón y perdonar cualquier ofensa que hayas sentido, hacia ti o hacia otro. Si encuentras el amor, sentirás paz y liberación.

- Trata de resolver cualquier conflicto siempre mediante la aceptación, el perdón y la comunicación abierta y sincera, y verás como tu corazón se abre cada vez más y sientes más amor.
- Investiga más posibles mensajes y... ¡ámate!

FRÍO

Es una sensación de ausencia de calor corporal en alguna parte concreta del cuerpo o en todo el cuerpo.

1. Significado

Lo más importante: El frío suele ser una indicación de que has sentido miedo o de que te has dejado invadir por pensamientos negativos que te bloquean o paralizan en algún área de tu vida y no eres consciente de ello.

También puede tener que ver con un conflicto emocional que aún no has resuelto y que te hace sentir algún tipo de miedo.

Si es solo en una parte del cuerpo o en uno de los lados, consulta el significado de esa parte del cuerpo o de ese lado.

Tu verdadero deseo: Soltar el miedo, llenarte de amor y confiar en la vida, resolviendo aquello **que te preocupa desde el amor incondicional.**

Significado en detalle: Nuestro campo energético, cuando sentimos amor y confianza en la vida, está completo y protegido. En ese momento, solemos tener buena temperatura corporal y, ya sea con ropa o de forma natural, nos sentimos bien.

Cuando aparece una sensación de frío y no hace realmente frío que lo justifique, suele ser una indicación de que estamos permitiendo que entre en nosotros una influencia negativa, basada en el miedo, y que la estamos aceptando en nuestro campo mental. La aparición de una entidad del Servicio al Yo, en forma física o no física, también puede generar sensación de frío.

También puede que te impidas ser una persona cálida y afectuosa por miedo a que se aprovechen de ti, y eso te impide sentir amor.

El frío en las manos puede indicar un miedo a algo que deseas hacer en el presente; el frío en los pies, miedo a carecer de algo para ir hacia tu futuro.

Cualquier miedo está ahí para que lo afrontes y aprendas a confiar más, y por eso tu cuerpo te informa de que todavía sientes preocupación por algo y de que aún no has resuelto ese miedo que te preocupa.

Puede ser cualquier cosa, como temer dar el paso hacia un nuevo lugar o un nuevo trabajo, abrirte a una relación íntima o cualquier preocupación que incluya miedo a lo desconocido.

En cuanto encuentres tu miedo y lo afrontes, verás que el calor empieza a recorrer tu cuerpo, pues el calor es un síntoma de liberación emocional.

Descubre lo que temes, llénate de confianza y amor y disfruta del presente, soltando el miedo al futuro. Envíale tu amor a aquella persona, entidad o situación que te puede estar enviando miedo y verás que este no puede sobrevivir a la luz de tu amor.

2. Investigación

Viaja con tu mente al momento en que apareció el síntoma; ayúdate de las **preguntas generales (p. 68)** y añade las siguientes:

- ¿Qué te dio miedo justo antes de empezar a sentir frío?
- ¿Qué situación te preocupa y consume parte de tu energía desde poco antes de tener el frío en tu cuerpo?
- ¿Qué piensas, relacionado con un miedo al futuro, que te impide estar y disfrutar del presente?

3. Creencias (erróneas)

Busca las creencias limitantes (normalmente inconscientes) con las que más te identificas o encuentra en ti algunas similares:

- «Me preocupa _____ (algo que te da miedo) y me siento incapaz de resolverlo».
- «Siento miedo y no sé cómo confiar y llenarme de amor».
- «Estoy solo y desprotegido; temo que algo que me preocupa no salga bien».

- «Me estoy dejando invadir por miedos de los demás y no confío en la vida».

4. Mensajes

Para cambiar tus creencias puedes usar las siguientes afirmaciones; te invito a crear las tuyas usando el **método general (p. 76):**

- «Soy luz y amor, y estoy siempre protegido; todo va a salir bien».
- «Tengo todo lo necesario para afrontar lo que me da miedo; elijo confiar en mí y hacer lo que necesito para resolverlo».
- «Mando luz y amor a cualquier ser que me envíe energía negativa, pues entiendo que me enseña a saber dónde tengo aún un punto débil y a fortalecerlo. Perdono, abrazo y confío en la vida».
- «Visualizo una gran luz en mi interior y actúo, con valor y confianza, para conseguir aquello que deseo ».
- «Elijo disfrutar del presente y escuchar a mi corazón, que me habla en el silencio, para ver cuál es el camino de mi alma».

5. Acciones

- Repite los mensajes de tu cuerpo todos los días.
- Encuentra tu temor, descubre lo que quieres lograr si vences ese miedo y diseña un plan para lograrlo. Confía y actúa.
- Dedica tiempo a meditar en silencio, y observa tus miedos, rodeándolos en tu mente con tu amor. Verás que desaparecen.
- Investiga más posibles mensajes y… ¡ámate!

INFECCIÓN

Es una invasión por hongos, bacterias o virus que afecta al cuerpo en determinados momentos; provoca la activación del sistema inmunitario y genera en ocasiones la aparición de pus en la zona.

1. Significado

Lo más importante: Toda infección te indica que, previamente a su aparición, te has dejado invadir por pensamientos de miedo externos a ti, provenientes de la sociedad, de la familia o de otra persona.

Tu verdadero deseo: Respetar tu integridad mental, permitiendo entrar solo aquellas ideas que resuenen con tu verdadero Ser y dejando fuera de ti las ideas basadas en el miedo.

Significado en detalle: La infección normalmente aparece cuando nos liberamos de un conflicto emocional que nos ha tenido preocupados durante un tiempo.

Durante ese tiempo anterior, hemos abierto demasiado nuestro campo mental a las ideas y creencias de otras personas y hemos sentido miedo a que sucediera algo. Para ver de dónde provenía el miedo, debemos buscar el significado de la parte del cuerpo donde aparece la infección.

Como la infección suele generar pus, que es un indicador de ira reprimida, significa que ese temor —el cual hemos vivido al aceptar pensamientos externos de miedo— nos ha causado ira hacia nosotros por permitirlo o hacia otra persona que creemos responsable.

En todo caso, el mensaje de la infección es que cuides tu campo mental la próxima vez y que observes los miedos que has aceptado en tu mente, para sustituirlos por confianza cuando vuelvan a aparecer personas que te hagan dudar de tus ideas.

Normalmente, la aparición de la infección te indica que ya has solucionado ese miedo, bien alejándote del problema, o bien solucionándolo mediante la aceptación y el perdón, hacia ti y hacia los demás. En caso de que aparezca por haberte alejado del problema, sin llegar a resolverlo, es importante que identifiques el miedo que dejaste que entrara, porque seguramente tu alma necesite aprender algo importante y para ello creará una situación similar, hasta que venzas el temor y confíes.

Ten en cuenta que —como dice el doctor Hamer— tanto la inflamación como la infección son síntomas de la segunda parte de un proceso de dos partes que conlleva la enfermedad: la fase activa (primera) y la fase de resolución (segunda). Por ejemplo, muchos tipos de tumores se disuelven de forma natural mediante un proceso de infección y supuración, lo cual es una buena señal y no el indicativo de un problema, a pesar de que aparezcan otros síntomas, como la fiebre o el dolor de cabeza, que, si no son muy graves, constituyen simplemente procesos naturales que ayudan a la recuperación del cuerpo.

Eso significa que, en general, la infección es una buena señal, pues indica que ya has resuelto algo que te preocupaba, y no suele ser necesario usar medidas contra ella, como los antibióticos, sino que hay que reposar, cuidar las constantes vitales para que estén en márgenes seguros y permitir que el organismo haga él solo su trabajo.

Te recomiendo que, hagas lo que hagas, busques los miedos que te conducen a dejarte influir o invadir por los demás y que los transformes con tu amor para que no vuelvan a afectarte.

2. Investigación

Viaja con tu mente al momento en que apareció el síntoma; ayúdate de las **preguntas generales (p. 68)** y añade las siguientes:

- ¿Qué miedo permitiste que entrara en tu mente durante el período anterior a la aparición de la infección?
- ¿Qué creencias que no te benefician y te causan problemas en tu estado natural de paz has aceptado últimamente?
- ¿Qué parte de tu cuerpo ha sido afectada por la infección? Revisa su significado en el libro y verás en qué área has tenido miedo.

3. Creencias (erróneas)

Busca las creencias limitantes (normalmente inconscientes) con las que más te identificas o encuentra en ti algunas similares:

Nota: Las creencias relacionadas con la infección que podemos dejar entrar en nuestra mente son múltiples y variadas, y no siguen un patrón específico, aparte de estar relacionadas con un miedo. A continuación se muestran algunos de los principales miedos que afectan a los diferentes centros energéticos:

- «No estoy protegido, la vida no me cuida; no voy a tener alimento, o vestido, o un hogar, o amor, o voy a perder algo».
- «Tengo miedo de que alguien me controle o de tener que hacer algo en contra de mi voluntad; no soy libre».
- «Creo que debo protegerme y controlar todo, y a otras personas, para que no me hagan daño».
- «No debo abrir mi corazón; ser vulnerable es peligroso y puedo sufrir demasiado».
- «Debo cuidar lo que digo o lo que hago, porque, si ven cómo soy, me rechazarán».
- «Es importante cuidar las apariencias, ya que todos ven solo la superficie y hay que dar buena impresión».

4. Mensajes

Para cambiar tus creencias puedes usar las siguientes afirmaciones; te invito a crear las tuyas usando el **método general (p. 76):**

- «Elijo llenarme de amor para protegerme de los pensamientos externos que no resuenan con mi verdadero Ser».
- «Elijo confiar en la vida y en que todas las respuestas están dentro de mí».
- «Me perdono por haber dejado entrar miedos ajenos, y vuelvo a conectarme con el amor, confiando cada día más en mí mismo y en la vida».
- «Elijo confiar en que la vida me cuida y me protege siempre».
- «Soy siempre libre y elijo dejar a las demás personas libres».
- «Elijo abrir mi corazón a la vida y volverme vulnerable para sentir el amor más grande».
- «Me expreso siempre tal y como soy, desde mi verdad y de forma auténtica, y confío en que merezco amor».
- «Me permito ver el interior de todo y de todos y mostrar mi esencia tal y como es, como Creador que soy».

5. Acciones

- Repite los mensajes de tu cuerpo todos los días.
- Descansa y permite que tu cuerpo se recupere naturalmente de la infección dándole lo que necesite. Cuando estés mejor, busca las creencias que dejaste entrar y cámbialas por mensajes de confianza y amor.
- Antes de creer lo que dice alguien, pregúntate si eso que has oído o leído resuena con tu Ser, y, si no es así, rodéate de luz y amor, dejando esos pensamientos fuera de ti. Tú eres responsable de cuidar tu propio espacio interior.
- Investiga más posibles mensajes y… ¡ámate!

INFLAMACIÓN O EDEMA
(Y ENFERMEDADES TERMINADAS EN *-ITIS*)

Representa la aparición de un exceso de líquido en alguna zona del cuerpo, lo que provoca un aumento del volumen de la misma. Las enfermedades inflamatorias normalmente tienen un nombre terminado en -*itis*.

1. Significado

Lo más importante: Toda inflamación o acumulación de líquido en una zona del cuerpo te indica emociones acumuladas que se liberan, sobre todo la ira, y una dificultad para perdonar completamente algo que te ha dolido.

Consulta el significado de la parte del cuerpo donde aparece el edema para saber dónde has acumulado tus emociones negativas.

Añade el significado del lado afectado, DERECHO O IZQUIERDO (p. 50), para saber en qué área de tu vida debes buscar el mensaje.

Tu verdadero deseo: Dejar que tus emociones salgan antes la próxima vez y decidirte a resolver la situación, perdonando completamente lo que has vivido.

Significado en detalle: Dado que los líquidos en el cuerpo simbolizan las emociones, el edema representa una acumulación de esas emociones en la parte del cuerpo donde aparece la inflamación; es una forma que tiene el cuerpo de protegerse y de mostrarte esas emociones acumuladas.

Además, el edema es un síntoma de liberación que aparece cuando ya nos hemos alejado de aquello que nos preocupaba o cuando estamos en vías de resolverlo del todo. Mientras tengamos dudas respecto a dejar ir el problema o no, la inflamación perdurará.

Lo que te permite liberarte de la inflamación es la decisión de perdonar. Cuando has comprendido lo que te hizo sentir miedo o ira, tienes la oportunidad de aceptar tus emociones y sentir compasión hacia ti y hacia la otra persona, pero también puedes negarte a perdonar y dejar pasar la ocasión, de tal forma que en el futuro se te presentará una situación similar para que afrontes lo que sientes.

Por ejemplo, usando un caso de Lise Bourbeau (Bourbeau, 2000), una persona que tiene problemas con su jefe en el trabajo y siente mucha ira, pero la reprime para cumplir sus objetivos, cuando se va de vacaciones sufre de SINUSITIS, o varias enfermedades infecciosas o inflamatorias. En ese caso su cuerpo le dice que deje de guardarse lo que siente, porque, si lo hace, la ira saldrá cuando se permita descansar.

Una inflamación en las RODILLAS puede indicarte que has sido inflexible respecto a decisiones relativas a tu futuro y por ello has guardado tu ira durante un tiempo, pero te has liberado en el momento en que aparece la inflamación, al abrirte a ser más flexible en tus puntos de vista o al plantearte perdonar a alguien. En ese caso, la inflamación durará hasta que te decidas del todo a ir en la dirección que tu alma desea, o hasta que decidas perdonar completamente lo que has vivido.

Una inflamación del colon o colitis puede indicarte que has acumulado mucha ira por no dejar ir el pasado y que ahora te has liberado al pasar página o al resolver temporalmente el problema.

Así, el principal mensaje de cualquier inflamación (ya sea en una articulación, en un órgano, en un hueso, y todas las enfermedades que terminan en *-itis*) es que dejes de acumular tu ira y tus emociones negativas por miedo a que pase algo malo y que te permitas expresarlas de forma sana y amorosa, pero con claridad y firmeza.

Además, te dice que en el fondo de tu corazón deseas entender, aceptar y perdonar aquello que te hizo sufrir, comprender que lo que has vivido tiene cosas tanto buenas como malas, y que eso que no te gusta también está en ti, y está bien. Si comprendes el equilibrio que existe en todo, te será más fácil perdonar, y la inflamación desaparecerá definitivamente.

En caso de que decidas no perdonar aún, la inflamación se irá, pero seguramente volverás a vivir una situación parecida.

Actúa según te dicta tu corazón, y arriésgate a dejar salir tus capacidades y lo que sientes, sin dejarte atrapar por tus propios conflictos, para llegar de nuevo al amor.

2. Investigación

Viaja con tu mente al momento en que apareció el síntoma; ayúdate de las **preguntas generales (p. 68)** y añade las siguientes:

- ¿Qué situación, poco antes de que apareciera la inflamación, te hizo sentir ira o alguna emoción negativa que acumulaste, relacionada con el significado de la parte del cuerpo afectada?
- ¿Qué emociones negativas has estado guardando y te hacen mantener la duda entre perdonar a alguien o no hacerlo, impidiéndote soltar la situación?

3. Creencias (erróneas)

Busca las creencias limitantes (normalmente inconscientes) con las que más te identificas o encuentra en ti algunas similares:

- «Estoy preocupado por _____ (algo que te ha pasado) y siento ira, pero creo que debo guardarla; no sé qué hacer».
- «Me ha dolido lo que esta persona me ha hecho, pero ya está hecho y no puedo hacer nada, así que no sé si debo perdonar o no».
- «No puedo mostrar mi ira, así que me la guardo, y luego siempre exploto cuando me alejo del problema».
- «He estado un tiempo sufriendo por algo y no he dicho nada por miedo a _____ (algo que temes), y ahora no sé cómo dejarlo ir».
- «Esta situación me enfada, pero me siento incapaz de reaccionar, así que me guardo lo que siento y no hago nada».
- «Me cuesta perdonar a la persona que me ha hecho sufrir, no creo que lo merezca; no sé si me va a servir de algo abrir mi corazón».

4. Mensajes

Para cambiar tus creencias puedes usar las siguientes afirmaciones; te invito a crear las tuyas usando el **método general (p. 76):**

- «Me perdono por haber acumulado mi ira y mis emociones negativas, y aprendo cada día a expresarme lo antes posible, con claridad y firmeza».
- «Cuando muestro a otras personas mis verdaderos sentimientos y emociones, les permito mejorar sus acciones y me hago respetar».
- «Es sano expresar la ira con amor, mostrando lo que me ha dolido y aceptando mis emociones, y abrazar la reacción de la otra persona».
- «Me permito sentir compasión hacia quien me ha herido, viendo dentro de mí eso que no me ha gustado, y me abro a perdonar poco a poco».
- Rodilla izquierda: «Me perdono por haber sido inflexible en mi forma de avanzar hacia mi futuro sentimental o familiar, y perdono a los demás, tomando las decisiones que me llevan a lo que realmente deseo».
- Colitis: «Me perdono por haber sentido ira y dolor por mi pasado, y

elijo perdonar todo lo que sucedió en aquel momento, abrazándome con amor».

5. Acciones

- Repite los mensajes de tu cuerpo todos los días.
- Busca el significado de la parte del cuerpo con el edema o inflamación, y escribe o reflexiona sobre la situación que ha provocado que acumules ira o emociones negativas. Luego trata de buscar el equilibrio y la forma de perdonar lo sucedido, conectando con tu corazón.
- Habla con la persona o personas necesarias para resolver aquello que te preocupa de forma definitiva, tomando decisiones claras.
- Concédete un tiempo de reposo para que la zona inflamada se reduzca, pues es un síntoma de recuperación y el cuerpo necesita reponer energía tras resolver un conflicto interior.
- Investiga más posibles mensajes y… ¡ámate!

NEURALGIA (DE UN NERVIO)

Es un dolor agudo en el trayecto de un nervio del cuerpo.

1. Significado

Lo más importante: Cuando aparece un dolor en un nervio, significa que hay un dolor del pasado que no te has permitido afrontar hasta ahora y que sigues evitando afrontar, bloqueando lo que sientes por miedo a sufrir y a que duela cada vez más.

Busca también DOLOR y el significado de la parte del cuerpo donde aparece la neuralgia.

Tu verdadero deseo: Mirar ese dolor y esa culpa del pasado confiando en que puede atravesarte sin hacerte daño y en que puedes perdonar y dejar ir.

Significado en detalle: Al aparecer un dolor espontáneo en una parte de tu sistema nervioso, tu cuerpo te habla de una situación en la que hubo culpa en tu pasado (en tu infancia o en otras vidas) y en la que no te permitiste abrazar el dolor que sentías ni perdonar la culpa o el daño que viviste.

Al tratar de bloquear o tapar ese dolor en tu inconsciente, haces que tome cada vez más fuerza y se alimente.

Como ya tu alma no puede contener más esas emociones, seguramente porque las situaciones del presente las han revivido, ese dolor sale a través de tu cuerpo en forma de neuralgia para que lo puedas mirar por fin y darle el lugar que le corresponde.

Solo necesitas entender que, cuando viviste esa situación en el pasado, no supiste gestionarla mejor y la reprimiste, pero ahora has evolucionado y ya es el momento de que uses tus recursos y tu amor para abrazar el dolor de tu niño y dejar que salga la culpa y las emociones en forma de llanto, respiración o palabras.

Busca el significado de la parte del cuerpo donde tienes dolor para saber en qué área de tu vida está la culpa y el dolor que te cuesta sentir de nuevo. Cuando veas su significado, busca en esa área de tu vida situaciones de tu presente que te recuerdan al pasado.

Cuando vengan los recuerdos de esa situación dolorosa, ábrete a mirarla con amor y compasión; entiende que no supiste hacerlo mejor y que las personas que estaban ahí, tampoco. Llena la imagen o el recuerdo de perdón y amor, y confía en tu capacidad para dejar que ese dolor pase por ti y sane de una vez por todas.

2. Investigación

Viaja con tu mente al momento en que apareció el síntoma; ayúdate de las **preguntas generales (p. 68)** y añade las siguientes:

- ¿Qué situación actual, relacionada con el significado de la parte del cuerpo afectada, te puede estar removiendo un dolor del pasado?
- ¿Qué dolor o emoción antigua temes afrontar si te permites sentir de verdad y recordar lo que viviste, que fue muy intenso para ti?

3. Creencias (erróneas)

Busca las creencias limitantes (normalmente inconscientes) con las que más te identificas o encuentra en ti algunas similares:

- «No soy capaz de afrontar el dolor del pasado; no pude en ese momento y no puedo ahora; tengo que bloquear lo que siento».
- «Las heridas de mi pasado son demasiado dolorosas y me hicieron mucho daño; no quiero perdonar, solo olvidar».
- «Me equivoqué en el pasado y causé daño a otra persona; no merezco perdón y no puedo mirar lo que hice».

4. Mensajes

Para cambiar tus creencias puedes usar las siguientes afirmaciones; te invito a crear las tuyas usando el **método general (p. 76):**

- «Me abro a mirar el dolor del pasado, y confío en que tengo la fuerza y el amor necesarios para abrazarlo, perdonar y ser libre».
- «Me perdono por lo que creo que hice alguna vez y elijo ver que en toda situación hay amor, aunque no siempre puedo verlo».
- «Permito que el dolor me atraviese y me sane, mientras abrazo a mi niño interior, sanando el juicio y la culpa mediante el perdón».
- «Todos nos equivocamos alguna vez y todos merecemos siempre amor, pues somos hijos de Dios».
- «Me abro a sentir la vida, con su amor y su dolor, para que me lleve a conocer mi esencia y la luz que realmente soy».

5. Acciones

- Repite los mensajes de tu cuerpo todos los días.
- Haz una lista de las posibles situaciones en que puede haber culpa del pasado y revísalas una a una para ver qué sintió tu niño interior, mientras le hablas como un padre o una madre amorosa, dándole consuelo. Deja salir todo el dolor y abrázate con amor.
- Escribe una carta a la persona o personas hacia las que sientes carga del pasado, expresando cómo te sentiste, o cómo te sientes todavía, y tu disposición a perdonar cuando lo sientas.
- Investiga más posibles mensajes y… ¡ámate!

PARÁSITOS (PIOJOS, MOSQUITOS, ETC.)

Los parásitos son organismos que viven y se alimentan de otra especie (en este caso, de una persona) sin destruirla. Entre ellos están los mosquitos, las garrapatas, las pulgas, la tenia y muchos tipos de bacterias, virus y organismos animales y vegetales.

1. Significado

Lo más importante: Toda afección causada por un parásito te indica que te estás dejando «parasitar» por otras personas o seres, es decir, estás permitiendo que sus creencias o miedos te invadan y te roben tu energía o tu alegría.

Consulta el significado de la parte del cuerpo afectada por el parásito para saber en qué área de tu vida te dejas «parasitar».

Añade el significado del lado afectado, DERECHO O IZQUIERDO (p. 50), para saber en qué área de tu vida debes buscar el mensaje.

Tu verdadero deseo: Aprender a llenarte de amor, protegerte de las creencias y miedos ajenos y poner límites con firmeza, confiando más en tu propio criterio que en el de los demás.

Significado en detalle: Normalmente los parásitos te quitan una parte de ti para poder ellos vivir mejor o sobrevivir, como puede ser la sangre (que representa la alegría de vivir).

Como toda manifestación física en tu cuerpo proviene primero de una creencia que has mantenido en tu mente, la aparición de un parásito que, por ejemplo, se alimenta de tu sangre, es una indicación de que has permitido que lo que ha dicho o ha hecho otra persona te quite la alegría de vivir, por tomarte demasiado en serio lo que ha sucedido (ver HEMORRAGIA).

Debes observar la parte del cuerpo afectada, tanto si ha aparecido un grano como si se han manifestado más síntomas después de la picadura en otras partes del cuerpo, para averiguar lo que significa cada parte; así sabrás en qué áreas de tu vida te has dejado invadir por un miedo o has permitido que abusen de ti.

Por ejemplo, una picadura de **mosquito** en el muslo derecho puede indicarte que has dejado que un miedo de otra persona te impida avanzar hacia el trabajo que realmente quieres, y que has permitido que sus creencias te controlen, impidiéndote jugar y divertirte con lo que haces (ver MUSLO).

En cambio, los picores por **piojos** en la cabeza pueden ser una indicación de que has dejado que los miedos de otras personas (los adultos, probablemente, si eres un niño) te hagan perder la confianza en tu conexión con el Universo y tu fe en la vida (ver CABELLO).

Todos los parásitos que producen picor o marcas en la piel te indican que te preocupa lo que piensan los demás de ti y que deseas ser diferente a lo que esperan, pero no te lo permites, por eso has permitido ese abuso o «parasitismo» que se manifiesta mediante el parásito (ver PIEL [problemas]).

Si el organismo parásito se alimenta de tu propia comida, como la **tenia**, tu cuerpo te indica que estás dejando que otra persona o ser tome tu propia vida, es decir, que crees que lo correcto es dar tu vida por otro ser, y en tu caso esa es la creencia que te perjudica.

Cuando son microorganismos, como **bacterias o virus**, tu cuerpo te dice que has dejado entrar un miedo o una forma-pensamiento ajena; normalmente habrá sido un miedo primario relacionado con la supervivencia o los instintos básicos, si es el caso de bacterias, o un miedo o creencia más complejo relacionado con el rencor o juicios de «bueno o malo», si se trata de un virus.

En todos los casos, al permitir que entren dichos parásitos a tu cuerpo o que te afecten, tu cuerpo trata de avisarte de que tienes una «grieta» abierta en tu campo energético y mental, a causa de un miedo que todavía no has afrontado, abrazado y aceptado.

Debes dejar de creer que es bueno dar tu amor a costa de tu bienestar o de tu integridad física y empezar a dar solo lo que realmente te parece justo y apropiado en cada ocasión.

Descubre las creencias que te llevan a dejar que otras personas abusen de ti o te hagan perder tu energía o tu alegría de vivir.

2. Investigación

Viaja con tu mente al momento en que apareció el síntoma; ayúdate de las **preguntas generales (p. 68)** y añade las siguientes:

- ¿En qué situación, poco antes de que apareciera el primer síntoma causado por el parásito, crees que te dejaste robar la energía o te dejaste invadir por un miedo ajeno?
- ¿En qué área de tu vida, simbolizada por la parte del cuerpo afectada, te has dejado «parasitar» por otra persona?
- ¿En qué situación has creído que era mejor dar tu amor, tu energía o una parte de ti a alguien a costa de tu bienestar?

3. Creencias (erróneas)

Busca las creencias limitantes (normalmente inconscientes) con las que más te identificas o encuentra en ti algunas similares:

- «No puedo defenderme de lo que me dicen algunas personas; me da miedo su reacción y permito que abusen de mí».

- «Cada vez que _____ (una persona que te ha transmitido un miedo) me habla de sus miedos y preocupaciones, siento que la vida es un lugar peligroso».
- «Todo el mundo dice que hay una plaga de _____ (piojos, virus, enfermedad X) y creo que debo preocuparme mucho, porque es grave».
- «La vida es muy seria y, si esa persona que me importa me dice que es mejor hacer algo por ella, porque es lo correcto, debo hacerlo aunque no quiera».
- «Debo dar todo por los demás, y siempre debo dar más, aun a costa de mi bienestar».
- «Es correcto dar la vida por otro ser y perder mi integridad física, aunque la vida me haya demostrado que no es lo que realmente deseo».
- «Muchas personas hablan del terror, de desastres, de violaciones, de conspiraciones, y me hacen creer que me va a pasar algo y que estoy siempre en peligro».

4. Mensajes

Para cambiar tus creencias puedes usar las siguientes afirmaciones; te invito a crear las tuyas usando el **método general (p. 76):**

- «Soy perfectamente capaz de defenderme de cualquier abuso llenándome de amor y poniendo límites con firmeza».
- «Elijo confiar en la vida y verla con alegría y con fe, digan lo que digan otras personas».
- «Mis creencias basadas en el amor son más fuertes que cualquier opinión negativa de los demás; elijo vivir en un mundo de amor».
- «Elijo respetar mis límites y cuidar de mi tiempo y de mi energía».
- «Soy un Ser poderoso y mi forma de ver la vida con amor transforma el mundo a mi alrededor».
- «Elijo sacar de mi vida o protegerme de las personas y opiniones que tratan de meterme miedo; elijo rodearme sobre todo de seres amorosos y de mensajes de amor y confianza».
- «Cuido cada día de mi campo mental, y lo mantengo sano y en equilibrio para que solo entren en él pensamientos amorosos y agradables».
- «Elijo ver en mí lo que veo fuera de mí y me da miedo; aprendo a amarlo, a visualizar a mi niño interior y a abrazarlo con mi amor».

5. Acciones

- Repite los mensajes de tu cuerpo todos los días.
- Si has permitido un abuso claro, habla con la persona adecuada y pon tus límites; verás que es más fácil de lo que creías y que mejoras con la práctica.
- Observa si permites que demasiadas personas negativas te rodeen y te llenen de miedo y dudas. Si es así, toma decisiones para alejarte de esas personas o pídeles que no te hablen de aquello que sientes que no te beneficia. Poner límites es importante para tu bienestar.
- Elige nuevas fuentes de información que te gusten, basadas en el amor, como libros, películas, etc., y empieza a llenar tu vida de confianza y fe.
- Investiga más posibles mensajes y... ¡ámate!

PICADURAS DE INSECTOS (MOSQUITOS, ARAÑAS, ETC.)

La picadura de un insecto suele provocar la aparición de un grano y, en ocasiones, dolor o picor. Como es un problema de piel, te indica que te preocupa la opinión de los demás respecto de algún tema y que te dejas invadir o atacar en esa área.

Consulta PARÁSITOS y lee, además, la entrada destinada a la parte del cuerpo afectada por la picadura, teniendo en cuenta que puedes consultar PICOR y DOLOR si aparecen dichos síntomas.

QUISTE (O NÓDULO, TUMOR O PÓLIPO)

Un quiste es una acumulación de líquido, grasa, pus o tejido de forma más o menos esférica; puede aparecer en cualquier parte del cuerpo y permanecer en un tamaño determinado o crecer con el tiempo. Suele desaparecer después de una infección con inflamación.

1. Significado

Lo más importante: Un quiste te indica que tienes una pena acumulada dentro de ti y que, debido a un miedo, no te permites liberar el dolor que sientes.

Consulta el significado de la parte del cuerpo en la que aparece el quiste para saber en qué parte de tu vida sientes la pena que no sueltas. Si notas una esfera inflamada o infección bajo la piel, consulta ABSCESO e INFLAMACIÓN.

Añade el significado del lado afectado, DERECHO O IZQUIERDO (p. 50), para saber en qué área de tu vida debes buscar el mensaje.

Tu verdadero deseo: Liberar esa pena que tienes y dejar salir tus emociones, expresándolas a través de tus lágrimas y abrazándote con amor.

Significado en detalle: Dado que las emociones están representadas por los líquidos en el cuerpo y un quiste suele estar formado por líquidos, los quistes representan una acumulación de emociones negativas, normalmente pena y dolor, que se almacenan bajo tu piel o junto a un órgano para indicarte dónde debes buscar ese pesar acumulado que te guardas.

Cuando el quiste está formado por tejido, y cuando crece más de lo normal, suele indicar que, además de tristeza, guardas ira y rencor, hacia otra persona y hacia ti mismo, y te cuesta perdonarte y perdonar. El significado de la zona donde aparece te dirá el origen de dichas emociones acumuladas.

Por ejemplo, un quiste de grasa **en la cara**, cerca del ojo izquierdo, puede indicar que guardas una pena por algo que no te gustó ver en ti mismo poco antes de que apareciera; necesitas verte con más amor y llorar para liberar tu dolor (ver OJOS [problemas]).

En cambio, un quiste **en el ovario** derecho puede indicarte que te sientes triste por no poder crear lo que deseas en el mundo material o profesional y que necesitas expresar lo que sientes y liberar tu parte creativa (ver OVARIOS).

Los quistes que aparecen **en la piel** te hablan de una preocupación por lo que puedan pensar los demás de ti, mientras que los que aparecen en el interior del cuerpo se refieren a penas profundas que te cuesta dejar ver a los demás, pero que al aparecer encuentran la forma de llamar tu atención.

Cada zona del cuerpo donde aparece te dirá en qué área debes buscar la situación que te ha producido esa pena acumulada. Ten en cuenta que, en el momento en que reconozcas la tristeza de la que no eras consciente y la liberes, tu cuerpo expresará esa liberación mediante una inflamación e infección, y normalmente el quiste se reabsorberá o desaparecerá a través de la supuración, y es algo normal.

Como ves, el mensaje de tu quiste, sea pequeño o grande, es que te liberes de tu dolor, que reconozcas la parte de ti que está herida y que te permitas expresar lo que sientes y llorar, manifestando por fin tus verdaderos deseos.

Desde este punto de vista, todo tumor, incluso los considerados como cáncer, es un quiste que te muestra una pena que tienes, más o menos profunda, normalmente asociada con ira y rencor, y que se puede sanar mediante la comprensión y el amor (por eso lo llamo cáncer amistoso).

Descubre las creencias que te hacen guardarte tu pena y tu dolor y que te impiden liberarte del pasado al que te aferras.

2. Investigación

Viaja con tu mente al momento en que apareció el síntoma; ayúdate de las **preguntas generales (p. 68)** y añade las siguientes:

- ¿Qué pena o pesar sentiste poco antes de la aparición del quiste, pero te lo guardaste y no te permitiste expresarlo o llorar?
- ¿Qué crees que sucederá si te permites expresar tu dolor y todo lo que sientes?
- Cerca del ojo derecho: ¿Qué te entristece ver en los demás, pero te impides llorar y mostrar tu dolor?
- Útero: ¿En qué situación, poco antes de que apareciera el quiste, te sentiste triste por no estar creando el hogar que deseabas para ti o para otra persona?
- Pecho: ¿Qué te entristece en tu forma de actuar como una madre, en tu forma de cuidar a otros o de ser cuidado por los demás?

3. Creencias (erróneas)

Busca las creencias limitantes (normalmente inconscientes) con las que más te identificas o encuentra en ti algunas similares:

- «Me siento triste por algo que me sucedió, pero me da miedo expresarlo por si me juzgan por lo que hice».
- «No es correcto llorar ni expresarse; debo "ser fuerte"».
- «La pena es algo que debo guardar y esconder de los demás; no sé cómo liberarla ni lo que debo hacer con ella».

- «Siento un gran pesar por algo que hice y no sé cómo arreglarlo, pero me cuesta llorar para liberarme».
- Cerca del ojo derecho: «Me duele lo que no me gusta de lo que veo en los demás; me produce tristeza, pero no quiero que se den cuenta los demás».
- Útero: «Me siento triste por no haber podido dar el hogar que mi hijo necesitaba, y nunca he podido llorar mi pena».
- Pecho: «No he sido capaz de cuidar a _____ (un ser querido) y me siento triste y culpable por lo que le ha sucedido».

4. Mensajes

Para cambiar tus creencias puedes usar las siguientes afirmaciones; te invito a crear las tuyas usando el **método general (p. 76):**

- «Me permito llorar y liberar la pena por _____ (la situación que te afectó), y me abrazo con cariño y amor mientras me expreso».
- «Elijo abrazarme con compasión y amor, aceptar a mi niño interior con todo lo que siente y permitirle que se exprese con libertad».
- «Es bueno llorar y liberarme de mi dolor; confío en que Dios me apoya siempre con su amor».
- «Tengo todo el derecho a expresar mis sentimientos y emociones hacia fuera, y se lo muestro a las personas que me quieren y me escuchan».
- Cerca del ojo derecho: «Me permito ver a los demás con más amor y compasión y llorar por aquello que me produce tristeza».
- Útero: «Me perdono por no llorar mi pena en su momento y confío en que he creado el mejor hogar que he podido para mi hijo».
- Pecho: «Me perdono por no haber sabido cuidar mejor a _____ (tu ser querido) y confío en que siempre actúo de la mejor manera posible y en que merezco amor».

5. Acciones

- Repite los mensajes de tu cuerpo todos los días.
- Busca en tu interior las palabras o el llanto que no has expresado, y dedica un tiempo, solo o acompañado, a conectar con tu parte herida y a dejar salir tu dolor mientras te abrazas con amor y compasión.

- Habla con tu niño interior y dile que vas a estar con él siempre a partir de ahora y que puede expresar todo lo que siente, porque tú lo vas a comprender y a aceptar.
- Acepta que a veces las personas que te rodean pueden no entender bien lo que sientes; si te permites expresarlo, cada vez lo harás mejor.
- Investiga más posibles mensajes y… ¡ámate!

QUISTE SUBCUTÁNEO
(O LIPOMA O BOLA DE GRASA)

Es un tipo de quiste que está formado por células grasas y que se acumula bajo la piel; tiene una consistencia dura y esférica.

Consulta QUISTE.

5.10. Enfermedades víricas

Esta sección está dedicada a las enfermedades causadas por virus de cualquier tipo, o que se supone que son causadas por un virus, y que derivan en diferentes tipos de enfermedades y síntomas.

GRIPE

Es una enfermedad vírica que afecta al sistema respiratorio y que se manifiesta normalmente con fatiga, fiebre, dolor muscular, tos, dolor de cabeza y los síntomas de un catarro fuerte.

1. Significado

Lo más importante: Cuando aparece la gripe, tu cuerpo te indica que has estado un tiempo en tensión, hasta agotarte, y que ya no puedes más, ya sea porque te has exigido hasta más allá de tus límites o porque crees que una situación te está ahogando (puede ser en el trabajo o en una relación con alguien cercano).

Puedes consultar también el significado de CABEZA: DOLOR, CATA-
RRO, FATIGA, FIEBRE, TOS.

Tu verdadero deseo: Deseas respetar tus límites y concederte un
descanso antes de llegar a no poder más, y quieres también cambiar tu
actitud en el trabajo o en la situación que te molesta.

Significado en detalle: La gripe incluye muchos síntomas y cada
uno de ellos te da un mensaje diferente. Por ejemplo, el dolor de cabeza
te indica que has estado un tiempo tratando de esforzarte en ser lo que
no eres para agradar a otras personas y has ido más allá de tus límites.
La fatiga te indica que has dudado de tu capacidad para hacer lo que
realmente te gustaría hacer, o que te has sentido débil para hacer lo
que creías que era tu obligación aunque no desearas del todo hacerlo. La fiebre te dice que has acumulado un gran enfado por exigirte
mucho en cierta situación y que no has sabido o no has querido expresarlo en el momento oportuno.

Como ves, cada síntoma te lleva a recordar que debes respetar tus
necesidades físicas y emocionales sin esperar a que tu cuerpo falle para
concederte un descanso.

Ten en cuenta que los síntomas de la gripe aparecen cuando te liberas de la tensión acumulada, por lo que debes buscar la causa en los
días anteriores a su aparición.

Normalmente te habrás exigido tanto porque tienes miedo de lo
que pueda suceder o de lo que puedas sentir si afrontas la situación y te
enfrentas a alguna persona poniendo tus límites, y tu cuerpo quiere
recordarte que no debes preocuparte tanto, que eres una persona fuerte
y valiente y que, si expresas con amor y claridad lo que necesitas, todo
se colocará en su sitio.

Es posible que en esa situación en la que te presionas hayas
caído en una actitud de víctima, por creer que tienes la obligación
de hacer las cosas que piensas que te exigen y suponer que no tienes
alternativa.

El mensaje de la gripe es que vuelvas a confiar en ti y en tu libertad,
y en que, si pides lo que necesitas, la vida te mostrará el camino para
disfrutar de lo que haces o te llevará a un camino mejor, donde podrás
ser más libre y feliz.

Descubre las creencias que te hacen exigirte hasta llegar a tu límite y guardarte las emociones negativas y la ira que sientes, en lugar de
buscar tu equilibrio y armonía hablando claramente con otras personas.

2. Investigación

Viaja con tu mente al momento en que apareció el síntoma; ayúdate de las **preguntas generales (p. 68)** y añade las siguientes:

- ¿En qué situación (laboral o personal), poco antes de la aparición de los síntomas de la gripe, te has exigido más de lo necesario, hasta que tu cuerpo ha dicho «basta»?
- ¿Qué situación te ha enfadado mucho pero has preferido guardarte lo que sentías por miedo a perder algo o a alguien?
- ¿Qué creencias te impiden pedir lo que necesitas y respetar tu descanso y tus necesidades físicas o emocionales?

3. Creencias (erróneas)

Busca las creencias limitantes (normalmente inconscientes) con las que más te identificas o encuentra en ti algunas similares:

- «No soy capaz de pedir un descanso "porque sí"; debo hacer lo que es mi obligación, aunque eso me lleve al agotamiento».
- «Me gustaría descansar más y ser más libre, pero no soy capaz de pedirlo, me da miedo que me pase algo malo si lo hago».
- «Estoy en una situación estresante que me llena de ira y de rabia, pero no puedo hacer nada para salir de ella; estoy atrapado».
- «Mi trabajo me estresa y me enferma, pero no tengo alternativa, tengo que seguir haciéndolo para sobrevivir, y no puedo más».
- «Mi relación con _____ (mi jefe, mi pareja, etc.) es cada vez más difícil, pero no puedo hacerme respetar; me siento forzado a hacer algo».
- «No tengo derecho a expresar mi rabia en mi trabajo o con algunas personas; debo guardarme lo que siento».

4. Mensajes

Para cambiar tus creencias puedes usar las siguientes afirmaciones; te invito a crear las tuyas usando el **método general (p. 76)**:

- «Me permito expresar mis necesidades siempre y tomarme un descanso cuando lo necesito; confío en que el mundo seguirá girando y todo irá bien».
- «Tengo derecho a respetar mi descanso y a pedir lo que necesito, y acepto que alguna persona puede no entenderlo bien al principio, pero sabré expresarlo con amor».

- «Elijo hacer mi trabajo con alegría y amor, en la medida de lo posible, y, si no puedo, buscar una alternativa que me guste más».
- «No existen obligaciones, solo elecciones para servir con amor o no, y yo elijo servir con amor, respetando mis necesidades».
- «Soy perfectamente capaz de pedir lo que necesito y de hacerme respetar en lo que hago; soy una persona válida tal y como soy».
- «Me perdono por haber aceptado una situación estresante; me permito expresar mi ira y mis emociones y respetarme más la próxima vez».
- «Si me permito ser lo que soy, todo va a salir bien y mi alma encontrará la mejor manera de que disfrute de mi camino».

5. Acciones

- Repite los mensajes de tu cuerpo todos los días.
- Elabora una lista de las cosas que te han molestado en esa situación y te han hecho llegar a tu límite; cuando estés preparado, habla con la persona adecuada y expresa tus demandas. Verás que la próxima vez no necesitarás llegar a ese punto para tomarte un descanso.
- Acepta que eres humano y que tienes límites y necesidades; pide más lo que necesitas. En la vida todos necesitamos a veces ayuda o unas vacaciones.
- Si hay algo que te molesta, no dejes que se acumule dentro de ti, exprésalo con el mayor amor posible; di a la persona adecuada cómo te has sentido, sin culparla o responsabilizarla a ella, pero sí expresando lo que ahora mismo no estás dispuesto a tolerar. Así la otra persona sabrá dónde están tus límites.
- Investiga más posibles mensajes y... ¡ámate!

VARICELA Y SIMILARES
(ROSÉOLA, RUBEOLA, SARAMPIÓN)

Son enfermedades causadas por virus; suelen ocasionar síntomas similares todas ellas, como erupción cutánea, fatiga, fiebre, picor o dolor articular. Son habituales en niños pequeños y suelen tener consecuencias más graves en los adultos.

1. Significado

Lo más importante: Como son enfermedades víricas que afectan a la piel y a otras partes del cuerpo, son una indicación de que te has dejado influir por miedos complejos de otras personas y que guardas ira y rencor porque sientes que no puedes expresarte como realmente deseas o que no puedes ser tú mismo. Por eso las padecen los niños, ya que se dejan invadir mucho por el mundo adulto.

Puedes consultar también el significado de GRANOS (erupción), PICOR, FIEBRE, CABEZA: DOLOR, GRIPE, OÍDOS (problemas), FATIGA, ARTICULACIONES.

Tu verdadero deseo: Permitirte expresar lo que sientes, confiar en que eres amado y apreciado tal y como eres, y aceptar que otras personas pueden no entenderte bien siempre, respetando sus límites y los tuyos.

Significado en detalle: Cada enfermedad de las enumeradas posee sus matices, pero todas ellas suelen tener en común que afectan a la piel, los ojos, la nariz, los oídos y la garganta.

La VARICELA suele manifestarse con pequeñas vesículas en la piel, picor y, en ocasiones, fiebre y dolor de cabeza.

La RUBEOLA se manifiesta con una erupción en la piel de color rosáceo y síntomas gripales (malestar general, fiebre poco intensa, ojos rojos, dolor de garganta, inflamación de ganglios y otitis).

La ROSÉOLA es una enfermedad que suele darse en niños menores de dos años y que aparece como fiebre alta durante unos días y una erupción en tronco, piernas y cuello).

El SARAMPIÓN se manifiesta con fiebre alta durante más de tres días, tos, mucosidad, conjuntivitis y una erupción cutánea rojiza que desaparece al presionar con el dedo.

Si miras cada uno de los síntomas por separado, verás que el significado de la enfermedad te indica: una ira e impaciencia por hacer o expresar algo importante para ti (granos), un deseo de mostrar una «cara» diferente, que contienes por miedo al juicio (picor); un enfado reprimido (fiebre), un miedo a no ser suficientemente bueno (dolor de cabeza), una situación que no aceptas bien (dolor de garganta), un miedo a no ser capaz de manejarte en las relaciones con los demás (ganglios inflamados), una irritación por lo que ves (conjuntivitis) y una dificultad para aceptar lo que escuchas a tu alrededor (otitis).

Busca el significado de las partes del cuerpo afectadas, así como de los síntomas específicos, para averiguar más información sobre el mensaje de tu cuerpo.

Si eres niño, es normal que sientas muchas emociones y que no entiendas bien a tus padres o a las personas que te rodean, porque vienes de un lugar donde hay mucho más amor; en este planeta las cosas son más difíciles de comunicar y hay muchos retos que superar y de los que aprender.

En ese caso, tu enfermedad te dice que te permitas expresar lo que sientes, ya sea alegría, tristeza, miedo o ira, y que no te preocupes por lo que ves a tu alrededor, pues las personas que te rodean están, como tú, aprendiendo a adaptarse a la vida, y no es algo fácil.

Debes entender que tus seres queridos no pueden prestarte atención siempre, y que ellos también tienen sus límites, pero no te preocupes si sientes enfado a veces, simplemente exprésalo para que se libere, confiando en que, en cuanto sea posible, recibirás la atención que necesitas.

Aprende a ver y a escuchar con más amor y compasión a los que te rodean; acepta que a veces es normal gritar, pelearse y hacer cosas que para ti tal vez no tengan sentido, pero que son parte del juego en el que has nacido, y verás que adaptarte será más fácil y divertido de lo que creías.

Si eres una persona adulta, averigua el miedo que has dejado que otros te transmitan y descubre la forma de ser que estás deseando mostrar a los demás, pero que reprimes por miedo y por el juicio que emites hacia ti y hacia los que te rodean.

Entiende que te has dejado influir por un miedo de la sociedad (los virus son formas-pensamiento negativas) y que, si vuelves a confiar en Dios y en la vida, podrás expresarte tal y como eres, y aceptar más a los demás tal y como son, mediante el amor de tu corazón.

2. Investigación

Viaja con tu mente al momento en que apareció el síntoma; ayúdate de las **preguntas generales (p. 68)** y añade las siguientes:

- ¿En qué situación, poco antes de que aparecieran los síntomas, sentiste enfado y deseaste mostrar una parte de tu Ser, pero creíste que no podías o que te iban a juzgar?

- ¿Qué temor de otras personas decidiste creer y eso te hizo molestarte y guardarte tu enfado por no recibir suficiente atención?
- ¿En qué situación te dijeron algo que te hizo sentir miedo y, al creer a quien te lo dijo, te esforzaste en demostrar que merecías amor y te guardaste lo que sentías?
- ¿Qué cosas te molestan de las personas que te rodean, que te hacen enfadarte y juzgarlas, y a la vez te hacen sentir impaciencia porque crees que no puedes expresarte como deseas?

3. Creencias (erróneas)

Busca las creencias limitantes (normalmente inconscientes) con las que más te identificas o encuentra en ti algunas similares:

- «Tengo mucho que decir; sin embargo, las personas que me rodean no me entienden y siento mucha ira, pero tengo que callarme».
- «Esa persona no sabe amar y eso me molesta mucho, pero no sé cómo explicarle lo que debe hacer».
- «No aguanto que mis padres griten y peleen; deberían tratarse bien. ¡No lo acepto!».
- «Me gustaría que me hicieran más caso. ¿No ven que estoy solo y que tengo miedo?».
- «No sé por qué me hablan mal mis padres; quizás tengo algo equivocado y debería ser mejor o hacer las cosas mejor; me siento triste y enfadado, pero me da miedo expresarme».
- «Me duele lo que veo en las personas que me rodean, no está bien lo que hacen; deberían ser diferentes y escuchar lo que tengo que decir».
- «Estoy en un lugar peligroso y debo tener miedo y preocuparme para que no me pase nada, porque eso es lo que me enseñan, aunque yo sienta en el fondo que todo es amor y que no debería preocuparme».

4. Mensajes

Para cambiar tus creencias puedes usar las siguientes afirmaciones; te invito a crear las tuyas usando el **método general (p. 76):**

- «Elijo confiar en la vida y en que todo es amor y todo sale siempre bien».

- «Me permito expresar mi rabia y mi dolor y dejar salir todo lo que siento; acepto que las personas que me rodean lo hacen todo lo mejor que saben».
- «Estoy en un mundo nuevo y todos estamos intentando aprender a amarnos. Acepto que lleva su tiempo y que llegaremos a entendernos».
- «Me permito ver con más amor y escuchar con más amor a mis padres; acepto que son humanos y que tienen límites y necesidades, como yo».
- «Tengo derecho a expresar lo que pienso y lo que siento y, aunque no siempre sepa cómo hacerlo, aprendo cada día a expresarme mejor».
- «La vida es un lugar seguro y maravilloso; simplemente tiene retos que me ayudan a crecer y a amar más cada día».
- «Soy un Ser perfecto y maravilloso, y solo soy responsable de lo que hago yo. Entiendo que, cuando se enfadan mis padres, únicamente me muestran cómo se sienten ellos».
- «Me merezco amor y atención siempre; confío en que todo lo que necesito llegará en el momento adecuado y practico la paciencia».
- «Soy una persona fuerte y capaz de superar los retos que se me presentan. Confío en que sabré adaptarme y disfrutar del juego de la vida».

5. Acciones

- Repite los mensajes de tu cuerpo todos los días.
- Tómate un descanso para recuperarte y sentir tus emociones; permítete expresar aquello que te ha molestado o lo que necesitabas decir, aunque no sepas al principio encontrar las mejores palabras; lo importante es que muestres tu verdad como la sientes.
- Trata de ver la vida más como un juego y no tengas prisa; dedica un tiempo a ver como es más divertido todo si ves la película avanzar escena a escena, sin querer llegar ya al final.
- Visualiza a tu niño interior, imagina que lo abrazas y dale el amor que necesita; dile que todo va a salir bien y que siempre vas a estar ahí para ayudarlo a que se sienta mejor.
- Investiga más posibles mensajes y... ¡ámate!

5.11. Enfermedades físicas complejas

En esta sección podrás encontrar las enfermedades más complejas o sistémicas, que no pertenecen a una zona específica del cuerpo ni a un sistema concreto, sino que afectan a diversas partes a la vez pero tienen un denominador común, como la diabetes, el cáncer amistoso o la fibromialgia.

HIPERGLUCEMIA (O SUBIDA DE AZÚCAR)

Consulta PÁNCREAS.

HIPOGLUCEMIA (O BAJADA DE AZÚCAR)

Consulta PÁNCREAS.

SOBREPESO (Y OBESIDAD)

El sobrepeso aparece cuando se acumula tejido adiposo (grasa) en determinadas partes del cuerpo en una cantidad mayor de lo normal para esa persona. Si se supera un cierto límite, se considera obesidad. Hay que tener en cuenta que, aunque hay un Índice de Masa Corporal (IMC) que indica ambos problemas, solo se considera un síntoma cuando afecta a la salud de la persona.

1. Significado

Lo más importante: El sobrepeso tiene varias posibles causas, normalmente asociadas con guardarte emociones que te da miedo expresar y relacionadas con un miedo a la humillación. Las más importantes se explican a continuación.

Puede aparecer si te proteges ante los demás cuando tienes miedo de defenderte, poner límites o expresar tus necesidades.

También puede aparecer cuando no te das suficiente amor, por dárselo a otras personas, y tu cuerpo va guardando el «amor» que tomas en forma de alimentos por si en algún momento lo necesitas.

Otra posible causa es evitar ser deseado por otras personas por miedo a sentir demasiado o a no saber decir que no a los demás.

Puedes consultar también el significado de la parte o las partes del cuerpo donde aparece más el sobrepeso, para saber en qué área acumulas más tus emociones y tus miedos.

Tu verdadero deseo: Deseas, por un lado, expresar más tus emociones y tus necesidades, confiando en que mereces amor y atención; por otro, darte el amor que necesitas en cada momento, y por último, permitirte sentir lo que sientes y ocupar tu lugar en el mundo.

Significado en detalle: Cuando el cuerpo acumula grasa, te avisa de que estás acumulando emociones desde hace tiempo (los líquidos representan las emociones; la grasa, emociones más sólidas que permanecen en tu interior) y te indica que te cuesta expresar ciertas partes de tu ser, representadas por las zonas del cuerpo donde aparece más el **sobrepeso**. Cuanto más grave es el problema (OBESIDAD), más importante es que prestes atención al mensaje que te está dando tu cuerpo.

Las causas de esa acumulación de grasa son varias, pero normalmente están asociadas con haber vivido una herida emocional de miedo a la humillación. Es decir, que una parte de ti quiere expresarse de forma abierta y natural, pero otra parte de tu personalidad tiene miedo de hacer algo que resulte vergonzoso a ojos de los demás, o de que alguien te avergüence si eres tú mismo.

Una de las causas por las que aparece el sobrepeso es que te guardas tus emociones para protegerte de aquellos que temes que te hagan daño (emocional o de cualquier tipo). Te da miedo que vean lo que sientes, porque crees que eso te hará más débil, y tratas de evitar que vean tu miedo, tu rabia y tu tristeza. Quizás te gustaría poner más límites a los demás, con firmeza y amor, pero temes no saber gestionar tus emociones si te defiendes, o no saber decir que no, y muestras la apariencia de que todo te parece bien, cuando en realidad no es así.

En ese caso, lo que te indica tu cuerpo es que debes empezar a expresar lo que sientes, lo que te molesta, lo que deseas y lo que no deseas, afrontando tu miedo a que otras personas no te entiendan o te juzguen por ello. Permítete sentir, enfadarte o llorar más, y muestra tu vulnerabilidad y tus necesidades reales. Verás que las personas que te quieren lo entenderán, y, si no te quieren de verdad, estarás preparado para ponerles límites y seguir tu propio camino.

Otra de las causas del sobrepeso es la creencia de que debes ser siempre buena persona ante los demás, cuidar de las personas que te rodean y no preocuparte demasiado por ti. Al abandonar las necesidades de tu niño interior, inconscientemente tratas de compensar ese amor que no te das con un exceso de alimentos, sobre todo de dulces, que representan el cariño (artificial). Cada vez cargas con más «peso» (tareas que no deseas) para complacer a otras personas, lo cual te hace sentir que no te estás dando tu lugar entre tus seres queridos; tu sobrepeso es la forma que tiene tu parte inconsciente de decir: «estoy aquí, existo, quiero tener mi espacio entre vosotros».

Si es tu caso, es importante que empieces a darte verdaderamente tu lugar, eligiendo creer que eres una persona importante en el mundo, que mereces atención y cariño, y que no es necesario que lo devuelvas o que hagas constantemente cosas por los demás para recibir amor. Aprende a preguntarle a tu niño interior cuáles son sus necesidades y a cuidarlo como una madre amorosa cuida de sus hijos. Tienes derecho a no hacer nada por los demás si no te apetece y a disfrutar de lo que te gusta sin culpa y con amor. Si te das tú mismo el amor que necesitas, verás que el cuerpo no te pide tanto amor artificial en forma de alimentos.

Otra causa por la que puede aparecer el sobrepeso, conectada con las anteriores, es el deseo inconsciente de no ser deseado por el sexo opuesto (o el que te atraiga) por miedo a no saber decir que no o a sentir emociones que no puedas controlar.

En ese caso, debes aprender a confiar en que sentir emociones y deseos no es malo, que puedes abrazar lo que sientes con amor y que podrás hacer lo que creas conveniente, tanto si es decir que no a una propuesta como si es permitirte actuar tal y como deseas.

En general, el mensaje de tu sobrepeso es que expreses más tus emociones, que te permitas llorar más y sentir más, que aprendas a confiar en que mostrarte vulnerable es también mostrar tu fuerza y tu valor, y que confíes en que mereces cariño y atención incluso cuando haces cosas que a ojos de los demás no parecen adecuadas. Permítete llamar la atención y ocupar tu lugar en la vida de los demás, aceptando tus errores y las partes de ti (y de tu cuerpo) que no te gustan; aprende a rodearte de las personas que te ayudan a sentirte querido, aceptado, y pon límites a quien no te respeta como mereces.

2. Investigación

Viaja con tu mente al momento en que apareció el síntoma; ayúdate de las **preguntas generales (p. 68)** y añade las siguientes:

- ¿En qué situaciones, desde poco antes de que apareciera el sobrepeso, acumulas demasiadas emociones y te guardas tus verdaderos deseos por miedo a sentir vergüenza si te muestras como eres?
- ¿En qué situaciones te proteges de los demás, mostrando una apariencia de que todo te parece bien, en lugar de mostrar tus miedos y necesidades reales?
- ¿De qué personas sientes que no recibes el amor que te gustaría recibir? ¿Quién crees que no te ve o con quién sientes que no ocupas tu lugar?
- ¿A qué personas crees que debes agradar para que te den amor, personas de las que a la vez piensas que nunca recibes lo suficiente para llenarte?
- ¿En qué situaciones tienes miedo a ser deseado por otra persona por creer que no sabes decir que no o que sentirás demasiadas emociones que no sabrás gestionar?

3. Creencias (erróneas)

Busca las creencias limitantes (normalmente inconscientes) con las que más te identificas o encuentra en ti algunas similares:

- «Debo guardarme lo que siento; si muestro mis deseos, mis miedos y mis emociones, pareceré débil y me harán daño».
- «Me da miedo mostrar ciertas partes de mí que no aprecio; creo que voy a sentir vergüenza o me voy a sentir humillado».
- «No soy capaz de poner límites a los demás ni de decir lo que no me gusta; debo aceptar lo que me digan, porque soy demasiado emocional y los demás no me respetan».
- «No me gusta parecer vulnerable o temeroso; es mejor mostrar que puedo con todo y que todo está bien».
- «No está bien enfadarse ni poner límites: es agresivo y puedo hacer daño a los demás, así que prefiero guardarme mi dolor».
- «No debo cuidar de mí mismo; lo correcto es preocuparme siempre más por los demás y cuidar de que todos estén bien, aunque me sienta desatendido».

- «Nadie me da amor y me siento vacío; tendré que hacer más por los demás, así verán que soy buena persona, que soy importante, y seguro que me darán más amor».
- «No me gustan algunas partes de mí; es normal que nadie me dé amor, no me lo merezco».
- «No debería comer las cosas que me gustan tanto; soy una persona horrible y no sé controlarme, debería ser diferente a como soy».
- «Me da miedo que alguien me desee, bien porque no sé decir que no si no me apetece tener algo con esa persona, o bien porque me gusta mucho y no quiero sentir lo que siento por si se rompe mi relación actual o pasa algo malo».
- «No debo llorar aunque sienta mucha tristeza, porque los que me rodean se van a preocupar o me van a juzgar como una persona débil o llorona».
- «Si tengo a mi alrededor personas que me juzgan, será que no merezco nada mejor; debo esforzarme más por hacer todo bien y algún día recibiré el amor que necesito».

4. Mensajes

Para cambiar tus creencias puedes usar las siguientes afirmaciones; te invito a crear las tuyas usando el **método general (p. 76):**

- «Tengo derecho a respetar mis deseos y necesidades; me merezco amor solo por existir».
- «Me permito mostrar lo que siento a los demás y afrontar mis miedos, confiando en que todo saldrá bien y en que las personas que me quieren me aceptarán y seguirán en mi vida».
- «Cuando muestro mi vulnerabilidad estoy mostrando la verdad del amor hacia mí mismo, y soy fuerte y valiente por hacerlo».
- «Me permito ser vulnerable ante los demás y confío en que, si me quieren, me entenderán y me respetarán poco a poco y, si no me quieren ni me respetan, seré capaz de sacarlos de mi vida con firmeza y amor».
- «Puedo ser vulnerable y abrir mi corazón; estoy siempre protegido y elijo confiar en que todo saldrá bien».
- «Tengo derecho a ser una persona emocional y a que me vean».
- «Tengo derecho a ocupar mi lugar en la vida y entre mis seres queridos, soy una persona valiosa e importante para el Universo».

- «Está bien llorar y está bien enfadarse; todas las emociones son valiosas para el Creador y me permito experimentarlas con amor».
- «Cuando expreso lo que siento y lo que deseo, los demás son libres de aceptarlo o no, y yo elijo con quién quiero compartir mi Ser».
- «Está bien cuidar de mí y ponerme en primer lugar cuando lo necesito, pues, una vez recargado de amor, podré ayudar mejor a los demás».
- «Solo yo puedo darme el amor verdadero que necesito, y confío en que, si me lo doy cada día, se manifestará también a través de otras personas como reflejo de mi amor».
- «Elijo darme cada día el amor que quiero recibir y cuidar de mi niño interior, abrazándolo con sus miedos, su tristeza, sus deseos y sus partes maravillosas».
- «Me merezco siempre todo el amor del Universo. Incluso cuando veo partes de mí que no me gustan, soy digno de amor».
- «Me permito cuidarme como me gusta y darme el cariño y los alimentos que me hacen sentirme querido, y aprendo poco a poco a llenarme de mi propio amor».
- «Acepto que puedo ser deseado por otras personas y confío en que me puedo permitir sentir algo y no hacer nada, o en que puedo hacer lo que deseo y ver lo que pasa, o en que, si no deseo hacer nada, soy capaz de decir que no con firmeza y con amor».
- «Es bueno llorar y liberar mis emociones guardadas, mientras le doy a mi niño el amor que necesita en cada momento».
- «Las personas que me critican o me juzgan son un reflejo de mi propio juicio, así que elijo perdonarme y quererme, y decir a esas personas que me merezco cariño y respeto siempre».

5. Acciones

- Repite los mensajes de tu cuerpo todos los días.
- Busca en tu interior el amor que olvidaste darte hace tiempo y empieza a decirte cosas bellas cada día. Siempre estás a tiempo de quererte más.
- Afronta tu miedo a pasar vergüenza cuando eres tú mismo, de verdad, sin ponerte máscaras de que «todo va bien». Cuando te permitas mostrar tu tristeza y tu dolor, imagina a tu niño interior y rodéalo de amor y aceptación. Verás que, aunque otras personas no te entiendan o te juzguen, sentirás muy claramente tu amor, que es el amor del Creador.

- Cuando estés en situaciones en las que te da miedo ser vulnerable, piensa que la vida te protege y expresa tus miedos y tus necesidades. Observarás que las personas que te quieren, al ver tus miedos y debilidades, te cuidarán más. Y no te preocupes si descubres al hacerlo que la persona no te quiere lo suficiente y trata de aprovechar tu debilidad. En ese momento sabrás la verdad y podrás apartarla de tu camino, poniendo límites con firmeza y amor.

- Si tienes grasa acumulada, probablemente lleves un tiempo necesitando llorar o sacar emociones acumuladas. Dedica un tiempo, siempre que te sientas triste, a meditar y abrazar con amor a tu niño interior, permitiéndole que llore a través de tus ojos mientras le das todo lo que necesita. Verás que poco a poco el exceso de peso se va disolviendo de forma natural.

- Cuando tu cuerpo te pida comer dulces o cosas que te hacen sentir bien, trata de no juzgarte por ello y disfrútalo sin culpa, pensando que mereces todo tipo de amor, incluso ese que es un poco artificial. Con el tiempo, y si te das amor, afrontas tus miedos y lloras lo suficiente, verás que empiezan a apetecerte cada vez menos esas cosas y pierdes peso sin esforzarte ni controlar tanto lo que haces.

- Si te da miedo que te deseen otras personas, averigua cuál es tu mayor temor y busca la manera de afrontarlo, dándote confianza con los mensajes del apartado anterior o con los que necesites. Piensa que sentir no significa actuar y que siempre eres libre de hacer lo que deseas y de no hacer lo que no deseas.

- Cuando veas que otras personas no te entienden, te juzgan o te tratan mal, intenta comprender que seguramente sea porque no saben hacerlo mejor, pero que, para poder respetarte, necesitan ver que no te gusta lo que te hacen. Aprende a decirles lo que sientes y lo que quieres, respetando que pueden no querer cambiar, pero sabiendo que siempre eres libre de decir adiós a las personas que no deseas que sigan cerca de ti, porque no son capaces de aceptarte y respetarte tal y como eres.

- Investiga más posibles mensajes y... ¡ámate!

5.12. Síntomas psicológicos

Esta es la sección del libro donde podrás ver el significado y la posible solución de las distintas enfermedades o trastornos que afectan al estado mental y emocional de una persona.

Desde mi punto de vista, ningún diagnóstico psicológico representa una verdad inamovible (como cuando se dice que alguien es «bipolar» o «depresivo»), sino una forma de llamar a una serie de síntomas emocionales que manifiesta la persona en ese momento y que puede cambiar mediante la interpretación adecuada de su causa en cualquier momento.

Cada uno de ellos tiene su complejidad, y se debe trabajar desde la adecuada perspectiva espiritual y la interpretación del deseo del alma que hay detrás.

DEPRESIÓN

La depresión es un estado mental que se caracteriza por sentimientos permanentes de tristeza, desesperación, pérdida de la energía y dificultad para manejarse en la vida cotidiana normal.

1. Significado

Lo más importante: Si sufres depresión, es probable que lleves un largo tiempo alimentando una fantasía poco realista sobre cómo debería funcionar la vida y el amor, que te hace esforzarte todo el tiempo para que las cosas se ajusten a como tú querrías verlas, pero no lo consigues y te frustras una y otra vez, creando ese estado de tristeza permanente.

Tu verdadero deseo: Soltar tu fantasía, aprender a ver amor en lo que la vida te muestra en el presente y recuperar la alegría viendo la belleza de las cosas sencillas.

Significado en detalle: La depresión parece venir siempre de una realidad externa que no nos llena, pero en general suele venir de un fuerte desequilibrio interior de percepción, sumado a un esfuerzo enorme por nuestra parte de sostener una fantasía ilusoria.

El Amor nos enseña que el Universo es equilibrio y que cada experiencia está compuesta de dos polos, ambos necesarios y perfectos, para comprender dicha experiencia.

Por ejemplo, para comprender la experiencia de la temperatura, nuestros sentidos tienen que poder comparar el frío y el calor, en diferentes circunstancias y lugares, dentro y fuera, para comprender dicha experiencia. Pero si creemos que el frío o el calor son malos por sí mismos y nos aferramos al polo opuesto como lo único bueno, lo que sucede es que la vida nos muestra el polo contrario cada vez con más fuerza, para equilibrar nuestra percepción.

Si tienes depresión, es posible que hayas creado en tu mente una realidad que no existe, donde las personas siempre deberían tratarte con amor y sin desafiar nunca tus valores, o donde son siempre amables y nunca fríos o desconsiderados, o siempre generosos y nunca egoístas; así te has aferrado a una polaridad de la vida, sin abrazar con tu amor la contraria.

Eso es equivalente a agarrar muy fuerte una goma elástica del centro y tirar hacia uno de los lados, porque nos gusta más, sin entender que, tarde o temprano, cuando nos agotemos de tirar, la goma nos devolverá al lado contrario con fuerza, para que, después de varios vaivenes, volvamos al centro.

Así, la solución de la depresión no es buscar constantemente la alegría, sino aprender a abrazar los momentos difíciles de la vida también, entendiendo que nos llevan a algún buen lugar, y buscar la alegría en la gratitud por las pequeñas cosas, así como nuestro verdadero propósito y lo que nos lleva a la esencia de nuestro Ser.

Para equilibrar tu percepción, te invito a hacer una lista de las cosas positivas que tiene aquello que menos te gusta de tu vida (escribe todo lo que te aporta, lo que te hace evolucionar o crecer hacia donde tu alma sabe que deseas ir) y otra lista de las cosas negativas que tiene la vida de fantasía que imaginas, donde no ves nada que esté mal, pero que no es real, ya que toda experiencia del Universo tiene esas dos caras. Cuando alcances el equilibrio, verás que puedes observar la vida con otros ojos, los del amor, que mira desde el centro con gratitud y paz.

También permítete soltar los esfuerzos que haces por ser una persona que no eres; por ejemplo, si crees que todos deberían ser amables contigo, quizás te esfuerzas en serlo todo el tiempo con los demás, y eso te tiene exhausto. Como dice Jeff Foster, en inglés «deprimido» (*depressed*) es «descanso profundo» (*deep rest*), es decir, que la depresión te invita a descansar de las partes de ti que te agotan y que ya no te dan alegría. Y a veces necesitas permitirte enfadarte, ser desagradable, ser una persona fría o ponerle límites a alguien con toda la fuerza necesaria.

Tan solo busca tu visión más equilibrada de la realidad, entendiendo que en todo hay positivos y negativos, pero también que tienes derecho a ser humano, con tus luces y tus sombras, y que hay momentos para todo, como el invierno sigue al verano y al otoño.

Quién sabe, quizás mostrarte de verdad te lleve a reconocer quién eres y cuáles son tus verdaderos sueños, más allá de las ideas que cada uno hemos aprendido o nos han enseñado desde la familia o la sociedad pero que, sin darnos cuenta, nos alejan de nuestros deseos.

Permítete mirar al mundo que tienes delante con todo el amor de tu corazón, confiando en que tu alma no puede equivocarse y en que, si te ha puesto ciertas pruebas o experiencias, tienen que contener amor, aunque todavía no puedas verlo. Si sigues las pistas, seguro que tu depresión te lleva a una nueva versión de ti mismo en la que ya no tienes que ponerte más máscaras, sino solo ser y disfrutar de una vida hermosa, con luces y sombras, pero que abrazas porque estás realmente de camino a tu propósito y a la verdad de tu corazón.

2. Investigación

Viaja con tu mente al momento en que apareció el síntoma; ayúdate de las **preguntas generales (p. 68)** y añade las siguientes:

- ¿Qué situaciones de tu vida, que se repiten una y otra vez, percibes que son contrarias a tu ideal de vida y que te producen frustración y tristeza?
- ¿Qué ideas tienes sobre cómo debería ser la vida, que te producen mucho dolor al no mostrarse como verdaderas en tu experiencia diaria (el deseo de que alguien te trate siempre de una forma, de que la vida sea siempre de cierta manera, etc.)?
- ¿Qué partes de cómo son otras personas de tu vida te ponen muy triste o te enfadan, porque tú mismo no te permites expresar esas partes de ti?

3. Creencias (erróneas)

Busca las creencias limitantes (normalmente inconscientes) con las que más te identificas o encuentra en ti algunas similares:

- «La vida es injusta; creo que si hago ciertas cosas bien, deberían suceder ciertas cosas buenas siempre, y no es así».
- «La vida debería ser siempre buena, generosa y amable conmigo, y nunca lo contrario; no parece que haya amor».
- «Esta persona debería ser siempre amable, nunca cruel; siempre generosa, nunca egoísta; siempre sociable, nunca solitaria; siempre positiva, nunca negativa…».
- «Debo seguir esforzándome en mostrar al mundo cómo es la forma correcta del amor en la que creo, aunque me tenga agotado y sin alegría».
- «No puedo ver amor en eso: no lo entiendo, no lo acepto y no quiero amarlo, aunque esté en mi vida una y otra vez; no quiero verlo con amor».
- «Hay ciertos aspectos de las personas que son malos y no deberían existir».
- «Hay partes de mí que no son aceptables y que no quiero que nadie vea nunca; no puedo amarme tal y como soy».

4. Mensajes

Para cambiar tus creencias puedes usar las siguientes afirmaciones; te invito a crear las tuyas usando el **método general (p. 76):**

- «Elijo ver la vida desde hoy con más amor y equilibrio, entendiendo que cada aspecto positivo viene con cosas negativas y cada aspecto negativo viene con cosas positivas».
- «Renuncio a la idea de un Universo unipolar, donde solo existe lo bueno y positivo, y entiendo que el amor es la mirada que abraza las diferentes experiencias y las contempla con gratitud».
- «Todas las personas tienen todas las facetas, positivas y negativas, y las expresan en diferentes áreas de su vida, en función de sus valores y prioridades».
- «Todo aspecto negativo tiene cosas positivas, tanto para mí, cuando lo expresa otro, como para los demás cuando lo expreso yo».
- «Todo aspecto positivo tiene consecuencias negativas, tanto para mí, cuando lo expresa otro, como para los demás cuando lo expreso yo».

- «Soy el Creador, y soy capaz de abrazar cada día nuevos aspectos de mí y de los demás, ya que soy todo lo que existe».
- «Puedo dejar de ser lo que no soy y descansar profundamente de lo que me aleja de mi paz y mi gratitud».
- «El Amor es la síntesis de los opuestos, y me abro a ver todo con los ojos del Amor».
- «No existen aspectos malos o buenos, solo distorsiones de la Unidad, todas válidas en algún momento de la experiencia, hasta que puedo dejarlas ir».
- «Elijo abrirme a amar las cosas pequeñas y hermosas de la vida, y buscar aquello que me da paz, dicha y gratitud».

5. Acciones

- Repite los mensajes de tu cuerpo todos los días.
- Cada día haz una pequeña lista de las cosas buenas que tiene aquello que te deprime de tu vida. Por ejemplo, si te obliga a estar en la cama, escribe si eso te ayuda a estar más en contacto con tus emociones y sentimientos reprimidos, y si te ayuda a liberarlos, o a meditar y conectar con tu parte espiritual olvidada, o cualquier ventaja que puedas pensar. Al principio no es fácil, pero si lo intentas una y otra vez, y buscas lo positivo, cada vez será más fácil. ¡Busca al menos 200 cosas positivas de lo que no te gusta!
- Cuando pienses en esa vida maravillosa que imaginas y que no está en tu vida, haz una lista de las cosas negativas que te aportaría. Por ejemplo, si tuvieras la pareja de tus sueños, podrías anotar que tendrías que arreglarte con más frecuencia, que tendrías que compartir tus decisiones, o quizás que tenderías a someterte o a perder tu voluntad por exceso de compasión, etc. Anota todas las desventajas que se te ocurran, hasta que puedas ver que eso que crees tan bueno tiene tantos inconvenientes como beneficios.
- Cada día, antes de dormir, repasa tu día y trata de dar gracias por tres cosas, pequeñas o grandes, que han aportado algo a tu vida. Si puedes, añade incluso algún reto o dificultad a esa lista y da gracias por él, ya que de alguna forma te está llevando hacia tus sueños.
- Busca también en tu pasado personas a las que no hayas perdonado y observa si lo que no te gusta de tu presente tiene que ver con ellas

también, y si puedes dar gracias por la oportunidad de perdonar y dejar ir el pasado con amor.

- Investiga más posibles mensajes y… ¡ámate!

Insomnio (o dificultad para dormir)

El insomnio es la incapacidad de iniciar o mantener el sueño de forma adecuada; con el tiempo puede afectar a la salud física y emocional de la persona.

1. Significado

Lo más importante: Si sufres de insomnio, tu cuerpo te indica que tienes demasiadas preocupaciones en la mente antes de dormir o durante el día, y que tienes la esperanza de que se resuelvan «solas» durante la noche.

Puedes consultar también el significado de ANSIEDAD.

Tu verdadero deseo: Vivir más en el presente, confiar más en la vida, afrontar aquello que te preocupa y resolver cada parte de la situación paso a paso.

Significado en detalle: La aparición del insomnio es una indicación de que has permitido que tu mente se active demasiado y te has llenado de ideas imaginarias sobre las cosas negativas que podrían pasar en tu futuro, sin querer afrontar directamente el problema que tienes en el presente.

Es decir, que poco antes de aparecer el insomnio has tenido una situación que te ha causado una gran preocupación, has dejado que tu imaginación vuele y has inventado varias posibles consecuencias negativas de lo sucedido, ya que crees que no tienes la capacidad de afrontarlas. Por ello, has dejado situaciones reales sin resolver, porque piensas que, si no les prestas atención, desaparecerán.

El mensaje de tu insomnio es que dediques más tiempo del día a parar la mente y sentir el momento presente, aceptándolo con amor, tanto si lo sientes bueno como malo, y que te decidas a afrontar lo que realmente sucede a tu alrededor y sobre lo que sí puedes hacer algo, en lugar de vivir en el pasado o en el futuro.

Confía en que todo lo que te sucede es por una buena razón y en que todo va a salir bien, hagas lo que hagas, pues vives en un Universo amistoso y amoroso. Eso que te preocupa tanto es probable que no suceda nunca, y, si sucediera algo de lo que temes, tu alma estará preparada para ello, pues te lo habrá puesto en tu camino para que aprendas algo importante.

Dedica también un tiempo a descubrir cuáles son los problemas reales que tienes en el presente, es decir, cosas que puedes ver o sentir, que no son imaginarias y que te permiten actuar o aceptarlas con amor. Afróntalas de la mejor manera posible y verás que todo se va resolviendo poco a poco sin darte apenas cuenta.

Descubre las creencias que te hacen «pre-ocuparte» (ocuparte antes de tiempo) y dejar de afrontar el presente con confianza.

2. Investigación

Viaja con tu mente al momento en que apareció el síntoma; ayúdate de las **preguntas generales (p. 68)** y añade las siguientes:

- ¿Qué situación, poco antes de que empezara el insomnio, te hizo «pre-ocuparte» demasiado de algo e hizo volar tu imaginación sobre consecuencias negativas?
- ¿Qué problemas del presente no afrontas por exceso de preocupación mental sobre el pasado o el futuro, y crees que se solucionarán solos mientras duermes?

3. Creencias (erróneas)

Busca las creencias limitantes (normalmente inconscientes) con las que más te identificas o encuentra en ti algunas similares:

- «Ha pasado algo terrible y creo que cada vez puede ser peor. Tengo miedo, y debo seguir preocupándome más y más si quiero resolverlo».
- «La vida es un lugar peligroso donde pueden pasar muchas cosas malas; no puedo vivir tranquilo».
- «No debo dormir, debo dar muchas vueltas a todas esas cosas negativas que veo en mi mente para ver si las puedo resolver».
- «Tengo dificultades en mi vida ahora mismo, pero me preocupa demasiado mi futuro y no quiero afrontarlas; espero que se resuelvan solas mientras duermo».
- «Sufro mucho por el pasado o por lo que temo del futuro y no encuentro una solución; debo seguir pensando y pensando».

DICCIONARIO DE SÍNTOMAS | 555

- «Siento muchas emociones negativas y no me gustan, necesito que se vayan, y espero que suceda mientras duermo».
- «No confío en las personas que me rodean y me cuesta mostrarme como soy; no sé cómo salir de esta situación».

4. Mensajes

Para cambiar tus creencias puedes usar las siguientes afirmaciones; te invito a crear las tuyas usando el **método general (p. 76):**

- «Elijo confiar en que todo en la vida sucede por una buena razón, y en que todo va a salir bien, pase lo que pase».
- «Elijo sentir la paz que hay en mi corazón y aquietar mi mente, sintiendo mi cuerpo por dentro y aceptando mi presente tal y como es con amor».
- «Soy perfectamente capaz de afrontar cada día el pequeño reto que se me presenta, dando pasos hacia mi bienestar y mi salud física y espiritual».
- «La vida es un lugar seguro y amoroso, y mi alma me guía para crecer en el amor y servir al propósito del Creador de la mejor forma posible».
- «Me permito soltar el pasado y el futuro, pues solo puedo actuar en el presente, y confío en que cada día es nuevo y especial».
- «Me permito descansar cada día lo que me pida el cuerpo, confiando en que al despertar sabré lo que puedo hacer para estar mejor».
- «Me permito sentir mis emociones positivas y negativas durante el día, y acepto que son experiencias que mi alma necesita para aprender algo importante, abrazando a mi niño interior con amor».
- «Elijo confiar en las personas que me rodean y les expreso mis inquietudes para que me ayuden a resolver lo que puedo resolver y a soltar lo que no está en mis manos y dejarlo ir con amor».

5. Acciones

- Repite los mensajes de tu cuerpo todos los días.
- Haz una lista de tus preocupaciones futuras y marca, por un lado, las que crees que son reales y puedes hacer algo para resolverlas, y por otro, las que crees que son imaginarias. Luego decide dejar de alimentar las imaginarias y escribe algo sencillo que puedas hacer al día siguiente para afrontar las reales, sin prisa. Verás que descansas mucho mejor.

- Dedica cada día un tiempo a meditar y a silenciar tu mente, sintiendo tu cuerpo, escuchando música, visitando la naturaleza o haciendo lo que más te guste, pero sin distraer la mente, estando muy presente mientras observas lo que tienes a tu alrededor.
- Adquiere el hábito de observar a tu mente cuando piensa y descubre los momentos en los que está muy ocupada pensando en cosas que no puede resolver. Entonces dile con amor que puede parar y dirige tu atención a algo que esté en tu presente, como los sonidos que te rodean, las sensaciones en tu cuerpo de la ropa o del asiento, el aire en tus pulmones, o simplemente escucha con atención lo que otra persona te dice. Cuanto más enfoques tu atención en el presente, más fácil te resultará después descansar durante la noche, con la mente tranquila.
- Dedica un tiempo cada día a visualizar a tu niño interior y pregúntale qué necesita, de qué tiene miedo o qué puedes hacer para que se sienta mejor. Luego abrázalo con mucho amor y dile lo mucho que lo quieres y que lo aceptas completamente, sea como sea, y dale lo que necesita.
- Investiga más posibles mensajes y... ¡ámate!

PESADILLAS

Una pesadilla es un sueño intranquilo o angustioso en el que vives algo que te produce miedo y que suele hacerte despertar de repente.

1. Significado

Lo más importante: Una pesadilla suele ser una indicación de un miedo que tienes mientras estás despierto, pero que no ves o no te permites aceptar y afrontar, por lo que te ves obligado a revivirlo durante el sueño.

Puedes consultar también el significado de INSOMNIO.

Tu verdadero deseo: Afrontar tus temores durante el día, y confiar en que la vida te protege y en que vas a estar bien.

Significado en detalle: El sueño normalmente es una vía de escape para dejar salir lo que no hemos sido capaces de ver o de afrontar durante la vigilia, como ciertas situaciones que nos confrontan con nuestros miedos, aprendizajes que no queremos ver o señales que necesitamos seguir.

En el caso de los sueños negativos, como las pesadillas, el significado que tienen es que hay ciertas situaciones en tu presente que te preocupan y te angustian demasiado, pero no quieres verlas ni afrontarlas por miedo a que te pase algo malo o a no ser capaz de solucionarlas.

También pueden decirte que tienes un deseo que no estás cumpliendo y te avisan del miedo que te lo impide.

En ocasiones, los sueños que provocan miedo son «sugeridos» por entidades negativas que buscan atemorizarte, así como los positivos o inspiradores son sugeridos por entidades positivas de amor.

Es tu responsabilidad dar un significado de amor o no a esos sueños, pues cualquier información puede ser vista con miedo o con amor, independientemente del contenido aparente.

Algunos de esos sueños negativos pueden incluir situaciones en las que huyes de alguien o en las que se produce una muerte, tuya o de otra persona, o incluso en las que eres tú la persona que lo hace. Recuerda que un sueño suele ser una metáfora y solo indica emociones o sensaciones, no da información específica, para que tú seas quien le da sentido.

Sea cual sea el contenido del sueño, te ayudará si no le das mucha importancia pero al mismo tiempo reflexionas con serenidad sobre cuál puede ser su significado para ti desde el punto de vista del amor.

Normalmente, su mensaje será que afrontes un miedo que tienes, confiando en que no te pasará nada y todo saldrá bien. En el caso de una muerte, puede significar que estás queriendo que desaparezca una parte de ti que no te gusta (muere una parte de ti), y es bueno que aceptes el proceso y te permitas transformarte en algo nuevo, dejando ir lo que sientes que ya no te sirve, con amor.

En general, el mensaje de cualquier pesadilla es que busques en tu vida diaria la situación o situaciones que temes afrontar conscientemente y donde no actúas, y que hagas algo para vencer tus miedos y plantar cara a aquello que temes, con firmeza, respeto y amor.

Tu confianza crecerá y verás que tu entorno se adapta a tu nueva forma de ser poco a poco, mostrándote más amor cuanto más confías.

2. Investigación

Viaja con tu mente al momento en que apareció el síntoma; ayúdate de las **preguntas generales (p. 68)** y añade las siguientes:

- ¿Qué tipo de miedo sentiste durante el sueño y qué situación de alguna forma similar estás viviendo en tu vida en el presente?
- ¿Qué miedo en tu vida no quieres afrontar durante la vigilia por temor a las consecuencias?

3. Creencias (erróneas)

Busca las creencias limitantes (normalmente inconscientes) con las que más te identificas o encuentra en ti algunas similares:

- «No puedo afrontar lo que temo, siento demasiado miedo; no va a salir bien si lo hago».
- «Tengo miedo por algo durante el día, pero no quiero verlo, voy a sufrir demasiado o puede pasar _____ (algo que temes)».
- «No soy capaz de cumplir mis deseos; creo que existen fuerzas malignas que me lo impiden».
- «No puedo lograr vencer eso que temo, no tengo el valor o la fuerza necesaria; debo huir».
- «El mundo es un lugar peligroso donde pueden pasar muchas cosas malas, y me da miedo que me pase algo a mí».

4. Mensajes

Para cambiar tus creencias puedes usar las siguientes afirmaciones; te invito a crear las tuyas usando el **método general (p. 76):**

- «Soy completamente capaz de afrontar lo que temo y de superarlo con valor y confianza; elijo creer en mí».
- «Me perdono por haber sentido miedo hasta ahora y elijo desde hoy confiar en mi valor y en mi capacidad para salir adelante».
- «La vida es un lugar seguro y lleno de amor y, cuando abrazo mis miedos con la luz de mi amor, desaparecen y soy libre».
- «Siempre estoy seguro y protegido y siempre soy libre».
- «Soy capaz de cumplir mis deseos y de alcanzar mis sueños, y siempre encuentro nuevas formas de crecer en el amor».
- «Eso que temo está solo en mi mente, y reúno el valor necesario para afrontarlo y ser quien realmente deseo ser».
- «Aprendo a ver los mensajes simbólicos que me dan mis sueños y a encontrar pistas durante el día que me lleven a la solución».
- «Elijo creer en mí, en mi fuerza, en mi valor y en mi amor».

5. Acciones

- Repite los mensajes de tu cuerpo todos los días.
- Después de los sueños, anota lo que recuerdes y, sobre todo, anota las sensaciones y emociones que tuviste. Luego, repasa los días anteriores y descubre qué situación o persona te hace sentir un miedo o emoción similar, y averigua la situación que no estás afrontando como tu alma sabe que puedes hacerlo. Después, habla con la persona o personas indicadas y expresa tus demandas o necesidades, venciendo aquello que temes con fe y con amor.
- Visualiza a tu niño interior y dale la confianza y el amor que necesita para sentirse seguro y protegido, de forma cariñosa y protectora, como si fueras un padre o una madre. Dile también que lo amas aunque tenga miedo, que el miedo solo es ausencia de luz y que, si lleva la luz del amor a ese miedo, este desaparecerá.
- Investiga más posibles mensajes y... ¡ámate!

Agradecimientos

HAN PASADO UNOS AÑOS desde que publiqué la primera edición de este libro, pero sin duda sigue siendo actual, y me ha demostrado que sigue ayudando a muchas personas a lo largo del planeta.

En este tiempo he podido aprender mucho más de lo que podía imaginar sobre la vida, el amor y los mensajes del alma. Y en muchos momentos he podido recordar quién soy gracias a las palabras que un día escribí para este mismo libro.

Me gustaría dar las gracias a todas las personas que habéis participado más o menos directamente en que este libro saliera a la luz.

A mi familia de origen, por acompañarme al llegar a este planeta y por enseñarme tantas cosas sobre el amor, el cuidado y el delicado equilibrio entre la compasión y la sabiduría. Gracias papá, mamá, Elisa, Ester, Diana, por ser seres especiales que me habéis enseñado tanto solo por amor. Gracias, Eli, por ayudarme con amor a lanzar el proyecto de «los mensajes de tu cuerpo» en sus orígenes, y a ti, Day, por ayudarme a sacar la primera edición del libro, con tanto cariño.

A las personas que me repitieron una y otra vez que escribiera un libro con lo que sabía del cuerpo, aunque fuera para que dejara de hablar de ello a todas horas cuando no sabía respetar del todo el libre albedrío de quien no quiere saber más de lo que sabe.

A mi amiga Leonarda y a la familia Vela, por acogerme en Perú cuando necesitaba un lugar para escribir el libro, lejos del ruido de mi interior, que, aunque no me dejó, se calmó lo suficiente para escuchar la voz de mi alma.

A Raquel, la madre de mi primer hijo, Rubén, al que amo profundamente en mi corazón, por empujarme a vivir una vida diferente, en la que fuera libre y me respetara, aunque pagara un alto precio por ello.

A las personas que me han seguido desde que empecé y a lo largo del tiempo, por sus palabras de afecto y por decirme lo mucho que les ayuda mi obra, pues eso me ha dado aliento para seguir en los momentos difíciles y me ha hecho intentar llegar con ella a todo el planeta.

A las mujeres de mi vida que me han amado y me aman, por ayudarme a comprender el amor y sentirme acogido por la vida en momentos difíciles. Gracias a todas.

A Cristian, Alice y Noé, por ser mi familia, por las alegrías, los aprendizajes y los ratos compartidos con amor, y también los más difíciles que, aunque no lo parezca, también vienen con amor.

Y a Sami, mi amor, por ser un rayo de luz en mi vida, por traerme un Universo de experiencias, por tu inspiración, tu fuerza, tu valor; por ayudarme (y a veces empujarme) a crecer, a valorarme, a ser cada vez más yo mismo. Gracias por traerme tu brillo y tu amor y por abrirme las puertas a tu maravillosa familia, a Rosa, Andrés, Yaiza y todos los demás, que también me han acogido con amor.

Gracias, de verdad.

Índice alfabético
de síntomas

Síntomas nuevos de esta edición

Clavícula
Depresión
Excrecencia
Hernia discal
Neuralgia
Uretra
Uréteres
Vértigo

Actualizados

Cara
Dientes
Muslos
Parásitos
Quiste
Riñones
Testículos

Bibliografía y webgrafía

Bandler, R., y Grinder, J. (1993). *Trance-fórmate: Curso práctico de hipnosis con Programación Neuro-Lingüística*. Madrid: Gaia.

—— (2001). *De sapos a príncipes: Transcripción del seminario de los creadores de la PNL*. Madrid: Gaia.

Bourbeau, L. (2000). *Obedece a tu cuerpo*. Málaga: Sirio.

—— (2010). *Escucha a tu cuerpo: es tu mejor amigo en la Tierra*. Málaga: Sirio.

Brizendine, L. (2007). *El cerebro femenino*. Barcelona: RBA.

Dahlke, R., y Dethlefsen, T. (2003). *La enfermedad como camino*. Barcelona: Debolsillo.

Demartini, J. F. (2003). *La experiencia descubrimiento*. España: Urano.

—— (s. f.). *Demartini*. Recuperado el 5 de noviembre de 2015, de https://drdemartini.com/.

Elkins, D.; Rueckert, C., y McCarty, J. (1984). *The Ra Material: An Ancient Astronaut Speaks (Law of One)*. Atglen (PA), EE. UU.: Whitford Press.

Hamer, R. G. (1999). *Vermächtnis einer Neuen Medizin. Band 1: Das ontogenetische System der Tumoren mit Krebs, Leukämie, Epilepsie*. S. l.: Amici di Dirk.

Kribbe, P. (s. f.). *Las canalizaciones de Jeshua*. Recuperado el 20 de julio de 2012, de http://www.jeshua.net/esp/.

Ra. (1991). *The Law of One*. 5 vols., Atglen (PA), EE. UU.: Schiffer Publishing [ed. esp.: *La Ley del Uno*. 5 vols., Louisville (KY), EE. UU.: LL/Research, 1984].

—— (2018). *The Ra Contact: Teaching the Law of One*. 2 vols., Louisville (KY), EE. UU.: L/L Research (con un índice unificado que puede descargarse en www.llresearch.org).

Tolle, E. (2007). *El poder del ahora*. Madrid: Gaia.

Walsch, N. D. (2003). *Conversaciones con Dios I*. Barcelona: Debolsillo.

Wheelock, T. (s. f.). *The Law of One*. Recuperado el 6 de diciembre de 2015, de http://www.lawofone.info/

Wilber, K. (2005). *Sexo, ecología, espiritualidad: El alma de la evolución*. Madrid: Gaia.

En esta misma editorial

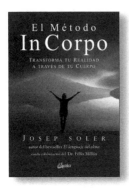

EL MÉTODO IN CORPO

Transforma tu realidad a través de tu cuerpo

JOSEP SOLER SALA

El Método In Corpo es la hoja de ruta que te revelará cuáles son esos hilos que tejen tus experiencias. Según explica Josep, el cuerpo no actúa respondiendo a una causa sino siguiendo un propósito, por lo que si prestas atención a las señales que el cuerpo te refleja como un espejo, conseguirás comprender no solo tu propia vida, sino la Vida en un sentido amplio.

EL ARTE DE ESCUCHAR EL CUERPO

Descodificación Biológica Original

ÁNGELES WOLDER HELLING

En esta obra, Ángeles Wolder Helling nos invita a relacionarnos con el cuerpo para comprender los mensajes que hay detrás de cada enfermedad. La autora tiene la virtud de describir el modelo de trabajo terapéutico de la DBO de manera didáctica, divulgativa y clara, y no solo propone entender la enfermedad desde otra perspectiva, sino comprender lo que implica la curación.

ESTE DOLOR NO ES MÍO

Identifica y resuelve los traumas familiares heredados

MARK WOLYNN

Mark Wolynn, fundador y director del Instituto de Constelaciones Familiares (FCI) y pionero en el estudio de los traumas familiares heredados, presenta en *Este dolor no es mío* un enfoque transformador que permite resolver problemas crónicos que no han podido ser aliviados mediante la terapia tradicional, los medicamentos u otras medidas.

GRUPO GAIA

Para más información
sobre otros títulos de
GAIA EDICIONES

visita
www.grupogaia.es
Email: grupogaia@grupogaia.es
Tel.: (+34) 91 617 08 67